高等教育“十二五”规划教材

房地产概论

主　编　韩国波
副主编　崔彩云　黄万新
参　编　王秀玲　岳晓光　王红霞

中国矿业大学出版社

内容提要

本书是本科院校工程管理专业系列教材之一。全书共11章内容，包括房地产与房地产业、房地产基本制度和政策、房地产项目策划、房地产开发、房地产投资分析、房地产市场营销、房地产估价理论与方法、房地产金融、房地产产权产籍管理、房地产经纪及物业管理。

本书注重实用性和系统性，以全面阐述房地产知识体系为着力点，详细介绍了房地产项目管理全过程所涉及的开发、投资分析、市场营销、资金融通、产权确认及物业管理等系列知识和房地产咨询业务中所涉及的房地产估价及房地产经济等相关知识，并与我国现行房地产管理的有关法律、法规、规范及标准相结合，更加贴近房地产实际项目运作的各项工作。本书在内容上注意深度与广度之间的关系，具有可操作性强、深浅适度、通俗易懂等特点。

本书可供本科院校工程管理专业、房地产经营与估价专业及其他相关专业的本科生使用，也可供从事房地产工作的人员自学和继续教育使用。

图书在版编目(CIP)数据

房地产概论 / 韩国波主编．—2版．—徐州：中国矿业大学出版社，2018.8

ISBN 978-7-5646-4076-7

Ⅰ．①房…　Ⅱ．①韩…　Ⅲ．①房地产—高等学校—教材　Ⅳ．①F293.3

中国版本图书馆CIP数据核字(2018)第184487号

书　　名　房地产概论
主　　编　韩国波
责任编辑　杨　洋
出版发行　中国矿业大学出版社有限责任公司
　　　　　　(江苏省徐州市解放南路　邮编 221008)
营销热线　(0516)83885307　83884995
出版服务　(0516)83885767　83884920
网　　址　http://www.cumtp.com　**E-mail**：cumtpvip@cumtp.com
印　　刷　江苏淮阴新华印刷厂
开　　本　787×1092　1/16　**印张** 15.75　**字数** 387千字
版次印次　2018年8月第2版　2018年8月第1次印刷
定　　价　27.00元

前　言

相对于其他房地产概论方面的出版物而言，本教材着力阐述房地产相关学科的系统性和完整性，具有以下几个主要特色：第一，突出实用性。本教材内容上要求突出实用。实用要求教材在内容安排上与实际工作需要紧密结合，强调“学了就能用”的原则。第二，突出基础性和精炼性。《房地产概论》是学生掌握房地产方面相关知识的主要材料之一，其课程内容为学生学习其他后续课程奠定基础。同时它还涵盖房地产专业其他主要专业课程，因此，要突出这些专业课程精髓，即要求内容精炼。第三，突出实效性。当前的中国房地产业形势不容乐观，与房地产有关的法律、法规、政策、规范及标准等不断出现，故本教材在各章节内容上力求紧跟目前房地产行业的发展形势，摒除过时的、废弃的标准，技术和资料，而将最新的资料、法规、技术标准等内容编进教材，并具有一定的前瞻性，使该教材的知识点既有理论深度，又与时俱进。第四，突出独特性。目前市面上关于房地产概论方面的出版物不少，作者从章节的选配、整体的排版、内容的构成、最新研究成果的渗透等，使之具有独特风格。

本书由华北科技学院教师编写，韩国波担任主编，崔彩云、黄万新担任副主编。韩国波为本书设定体例、编写大纲和编写要求并负责全书的统稿工作。具体编写分工：第1章由王秀玲编写；第2章、第3章由崔彩云编写；第4章、第5章、第6章、第8章由韩国波编写；第7章、第10章由黄万新编写；第9章由岳晓光编写；第11章由王红霞编写。

在本书编写过程中得到了中国矿业大学出版社的热情帮助和大力支持，在此致以最诚挚的感谢。

在本书编写过程中参考引用了相关规范、论著、文章等文献资料，且尽可能将它们在书末集中列出，在此向在书后已标注和未标注参考文献的作者致以崇高的敬意和衷心的感谢。

由于时间和作者水平所限，书中错误在所难免，恳请读者不吝赐教。

编　者

2011年12月

目 录

第 1 章　房地产与房地产业

本章提要

本章重点介绍房地产及房地产业的基本概念。要求学生掌握房地产的基本概念和属性；掌握房地产业的基本概念、特征及其在国民经济中的地位和作用；理解房地产业的运行机制及其与建筑业的关系；了解房地产业的发展趋势。

1.1　房地产概述

1.1.1　房地产的含义

在实物形态上来看，房地产是由土地及土地上的建筑物和构筑物构成的，即由房产和地产构成。地产是指具有一定权属关系的土地财产。地产与土地不同，地产是土地的经济形态，即人类投入了人力、物力、财力后的土地，且有一定的权属关系；土地是指土地的自然形态，即自然赋予的纯粹的自然地。房地产通常是指土地及其在土地上的建筑物(房产)，具有一定权属关系，作为财产的房屋及其所占用的土地的总称。

房地产英文中常用 Real Estate 或 Real Property 表示。前者指其物质实体，即土地以及与之相连的建筑物、构筑物和基础设施；后者则在此基础上，强调附带的各项权益。房地产又称不动产，不动产是指土地及定着物。定着物是指附着在土地上或建筑物上的有独立实用价值的物体，如果要使它们和土地或者建筑物分离开来，则要花费相当大的劳动，或者会使建筑物损坏的，称为定着物。例如房屋、水井、桥梁等均属不动产。在香港房地产也叫物业。在《香港房地产法》一书中对物业作了如下解释：物业是单元性的地产，一住宅单位是物业，一工厂楼宇是物业，一农庄也是物业，物业可大可小，大物业可分割成小物业。严格地讲，房地产、不动产、物业的概念都有区别。一般来说，物业用于指某项具体的房产、地产或房地产，房地产则用于指一个国家、地区或城市所有的房产与地产，但也可以用于指某项具体的房地产。即物业通常用于个体，房地产通常用于整体。所以人们会说“房地产业”，而不说“物业业”。尽管如此，我们仍然可以说，在房地产领域，房地产、不动产、物业是同一事物的三个不同的名称。

1.1.2　房地产的属性

房地产与其他经济物品相比，有许多不同点，这些不同点取决于房地产的特有属性。

(1) 房地产位置的固定性(不可移动性)

从前述房地产的定义中可以看出，房地产必须定着在一定的土地上，每一宗土地都有其固定的位置，不可移动，这一特性使土地利用形态受到位置的严格限制。因而房地产具有空间上的不可移动性，使得房地产的利用具有鲜明的地域特点。

(2) 房地产使用的持久性

一般的物品在使用过程中会较快磨损、消耗，但房地产的利用则具有长期性，一经建成，房地产就可以在此后数十年乃至上百年的时间内，持续不断地为使用者提供效用，直至其灭失(因为火灾等意外事故损毁，或者被人为拆除)。当然，物业的各种特征并非在使用期间始终保持不变，物业可能会发生老化和损坏，也可能受到修缮或改建。因此，房地产的物质使用价值相对其他商品具有耐久性。

(3) 房地产的异质性(独一无二性)

由于房地产位置固定，加上不同区位的自然、社会、经济条件各不相同，建筑物的式样、朝向、规模、装饰、设备等方面也千差万别，以及使用过程中的老化或翻新改造所造成的特征变化不同，使房地产成为一种典型的异质商品或差异化商品，可以说没有两宗完全相同的房地产。

(4) 土地供给的稀缺性

但凡经济物品都具有稀缺性，但土地供给的稀缺性具有特殊性。首先，土地的总供给量固定，这是由于土地是自然的产物，是不可复制的自然资源。虽然人类活动可以影响土地的相对位置的变化及土地的占有、分配、利用，但却无法创造土地。土地不可再生就使得土地的总量固定。其次，人们利用土地总是首先开发利用位置较为优越的土地。随着对土地需求的不断增加，劣等地也会投入使用，这会导致优等地的地租地价不断上涨，这就更加剧了土地的稀缺性。最后，土地异质性与固定性使可利用的土地具有一定的垄断性，在短期内土地的供给缺乏弹性。但从长期来看，土地用途的转换会使土地供给具有一定弹性。

(5) 房地产投资与消费的双重性

房地产可以作为一种生产要素用于生产消费(如厂房)，也可以用于生活消费(如住房)，但由于房地产的固定性、耐久性和稀缺性，使之也成为一种重要的投资品。虽然房地产的变现能力较差、流动性较低，但在通货膨胀情况下，投资房地产比投资其他资产更具保值功能。

(6) 房地产的相互影响性

一宗房地产与其周围房地产相互影响。房地产的价格不仅与其本身的用途等有直接的关系，而且往往还取决于其周围其他房地产的状况。例如，在一幢住宅楼旁边兴建一座工厂，可导致该住宅楼的价值下降；反之，如在其旁边兴建一个公园，可使其价格上升。房地产深受周围社区环境影响，不能脱离周围的社区环境而单独存在。政府在交通、绿化、文教卫体等公共设施方面的投资，能显著地提高附近房地产的价值。例如2008北京奥运会场馆的建设，使附近地段的房地产价值成倍增长。

(7) 易受政策的影响

任何国家基于社会经济发展和公共利益需要，都要对房地产占有、使用、分配、流转等作出某种限制。房地产受政府法令和政策的限制及影响较重要的有两项：一是政府基于公共利益，限制某些房地产的使用，如城市规划对土地用途、建筑容积率、建筑覆盖率、建筑高度和绿地率等的规定；二是政府为满足社会公共利益的需要，可对房地产实行强制征用或收买。房地产易受政策限制的特征还表现在：由于房地产不可移动，也不可隐藏，所以逃避不了未来政策制度变化的影响。

(8) 房地产的难以变现性

由于房地产价值巨大,加上不可移动性和独一无二性,使得同一宗房地产的买卖并不频繁,一旦需要买卖,要花费相当长的时间来寻找合适的买者并和其进行讨价还价。所以,当急需资金或有其他特殊情况时,不易将房地产变成现款,如果需要快速变现,只能采取相当幅度的降价。

1.1.3 房地产的分类

从物理形态上或开发程度上划分,房地产可分为土地、在建工程和建成后的物业三种类型。

(1) 土地

土地是房地产的一种原始形态,具有潜在开发利用价值,通过在土地上继续投资就可以最终达到为人类提供入住空间的目的。因此,土地属于房地产的范畴,并且是这一范畴中最重要的组成部分。土地又可分为未开发的土地和已开发的土地,即生地和熟地以及介于生地和熟地之间主要指城市中需要拆迁而尚未拆迁的土地,即毛地三种类型。

(2) 在建工程

在建工程是指工程已经开始建设但尚未竣工而投入使用的房地产,是房地产开发建设过程中的一种中间形态。受原有投资者融资能力、管理能力、投资策略以及市场环境因素变化的影响,房地产市场总存在一些针对在建工程的交易行为,如将在建工程转让、抵押等。

(3) 建成后的物业

建成后的物业是通常所说的已通过竣工验收、可投入正常使用的建筑物及其附属物。

① 居住物业——以服务人类居住为主要目的的土地及建筑物组成,是指供人们生活居住的房地产,包括普通住宅、高档公寓、别墅等。这类物业的购买者大都是以满足自用为目的,也有少量作为投资或出租给租户使用。由于人人都希望有自己的住房,而且这方面的需求随着人们生活水平的提高和支付能力的增强不断向更高的层次发展,所以居住物业的市场最具潜力,投资风险也相对较小。此外,居住物业以居民个人的购买行为为主,单宗交易规模较小,但市场交易量十分巨大。

② 商用物业——主要是由用于商业的土地及其定着物组成,又称经营性物业、收益性物业或投资性物业,是指能出租经营、为投资者带来经常性收入现金流的房地产,包括酒店、写字楼、零售商业用房(店铺、超市、购物中心等)、出租公寓等。这类物业的购买者大都以投资为目的,从物业出租经营收入和未来升值中获得投资收益,也有一部分购买者是为了自用、自营。商用物业市场的繁荣除了与当地整体社会经济状况相关,还与工商贸易、金融保险、咨询服务、旅游等行业的发展密切相关。这类物业交易涉及的资金数量巨大,所以常在机构投资者之间进行。物业的使用者多用其提供的空间进行商业经营,并用部分经营所得支付物业租金。由于商用物业内经营者的效益在很大程度上受其与社会接近程度的影响,所以位置对于这类物业有着特殊的重要性。

③ 工业物业——为人类生产活动提供空间的房地产,包括工业厂房、仓储用房、高新技术产业用房、研究与发展用房(又称工业写字楼)等。工业物业既有出售的市场,也有出租的市场。一般来说,重工业厂房由于其建筑物的设计需要符合特定工艺流程的要求和设备安装的需要,通常只适合特定用户使用,因此不容易转手交易。高新技术产业用房和研究与发展用房则有较强的适应性。轻工业厂房介于上述两者之间。随着物流行业的发展,传统的

以自用为主的仓储用房也越来越多地用于出租经营，成了工业物业的重要组成部分。

④ 特殊物业——物业空间内的经营活动需要得到政府特殊许可的房地产，包括高尔夫球场、汽车加油站、飞机场、车站、码头、高速公路、桥梁、隧道等。特殊物业的市场交易很少，这类物业投资多属长期投资，投资者靠日常经营活动的收益来回收投资、赚取投资收益。

1.2 房地产业及其在国民经济中的地位和作用

1.2.1 房地产业的概念

房地产业是从事房地产开发、经营、管理、服务等行业与企业的总称。房地产业是一个巨大的产业体系。具体来说，房地产业包括土地使用权的有偿出让与转让、土地开发、房屋建设、房屋的维修与管理、房屋所有权的买卖、租赁、房地产抵押、房地产中介咨询等行为，以及对经济活动进行控制和管理的行为。可以看出，这个行业涉及房地产开发建设、流通和消费服务、调控管理等领域的各类经济组织的活动。这些组织和部门之间相互联系、相互依存、相互制约，从而形成一个有机的产业整体。房地产业的主要内容具体地说就是：土地开发和再开发；房屋开发和建设；地产经营，包括土地使用权的出让、转让、租赁和抵押；房地产经营，包括房产（含土地使用权）买卖、租赁、抵押等；房地产中介服务，包括咨询、估价、测量、服务、公证等；房地产物业管理服务，包括家居服务、房屋及配套设施和公共场所的维修养护、保安、绿化、卫生、转租、代收代付等；房地产金融，包括信贷、保险和房地产金融资产投资等。

概括而言，房地产行业包括开发、经营、管理、服务等各个环节或过程的经济活动。各类经济组织和经纪人以及各类技术人员，构成了上述诸要素的有机体系。

1.2.2 房地产业的特点

(1) 资金积累的初始性

资金积累的初始性是指房地产业在进行资本循环之初，就形成了资本的子类，使房地产在筹集资金上具有极大的有利条件，这与其他行业需要在商品资金转换之后有资金的积累有很大不同。例如，房产预售即房屋未建成前先实施预售以筹集部分建设资金，就是一个资金实现初始积累的典型例子。

(2) 经济效益的可靠性

房地产业是一个高附加值的行业。对某个房地产企业或房地产项目而言，经济效益的取得是不具有绝对的保险系数的，但对整个房地产行业来说，由于房地产业的高附加值特点，决定了一旦经济效益好，即可以为国家和地方经济建设提供大量的资金。

(3) 房地产业的兴衰是经济发展状况的指示器

经济发达国家的实践表明，房地产业是国家和地方经济发展的寒暑表。经济迅速发展时，房地产业首当其冲热起来，并成为经济进一步发展的重要驱动力；经济衰退时，冷寂和下降最快的也是房地产业。

(4) 房地产业经营活动的政策性、计划性强

房地产资源因土地稀缺性的特点以及房地产业的社会地位和作用，决定了房地产业的全部经营管理活动都必须严格遵守国家和地方的政策、法令和规章制度，对房地产商品、房地产资源的分配和使用，是关系到国计民生的重大问题。房地产作为生产和生活的基本要素，与国民经济和社会生活的各个方面都有着重大的影响和密切的关系。几乎所有国家和地区，尤其是房地产业发展成熟的国家和地区，一般都有众多的法律、法规、条例、规章制度等多层次的法律条款规范房地产业的各类经营管理活动。

1.2.3 房地产业的运行机制

房地产业的运行机制与其他行业的经济活动一样由“生产—流通—消费”三个环节组成。

(1) 生产环节

房地产业的生产环节是通过对自然状态的土地投入人类劳动，进行房屋和基础设施建设，获得房地产劳动产品的过程。房地产生产环节的主要形式是房地产综合开发，这也是城市开发建设的全过程，具体内容包括规划设计、征地拆迁、土地开发、房屋建设、竣工验收、交付使用、房屋经营、房屋管理等。从横向来看，房地产开发的生产活动是对开发地区的开发，包括合理规划、统筹安排、配套建设；从纵向来看，房地产开发的生产活动是针对建设全过程，包括规划设计、征地拆迁、土地平整、建设施工等工程实施环节。

(2) 流通环节

房地产业的流通环节是房地产的劳动产品进入市场进行交易活动，实现其使用价值和价值的过程。房地产流通的活动内容可以分为两个层次：① 土地流通，包括土地征用，土地使用权的出让、转让、租赁、抵押等；② 房地产流通，包括房屋出租、出售、置换、抵押、典当。房地产流通的主要方式有房地产买卖、房地产租赁、房地产抵押。

(3) 消费环节

房地产业的消费环节是指通过对房地产的占有和使用实现其使用价值的过程。房地产消费的形式主要有：生产消费、生活消费、经营消费、行政消费等。

1.2.4 房地产业与建筑业的关系

按照我国《国民经济行业分类》(GB/T 4754—2011)分类标准，建筑业包括：房屋和土木工程建筑业(从事各类房屋工程建筑、全套或部分建筑的建造；土木工程、土木工程建筑、铁路、道路、隧道和桥梁工程建筑等)、建筑安装业、建筑装饰业及其他建筑业等。建筑业是完成固定资产投资的行业，为各行各业提供必备的物质条件或基础。它通过其生产的产品供社会使用；它是直接从事房屋生产和其他建造物的建设、改造、装修、安装等的一个物质生产部门，按照《中国国民经济核算体系(2002)》的产业部门分类，建筑业属于第二产业。

房地产业是现代国民经济中的一个重要行业。房地产业是从事房地产的投资、开发、经营、物业管理和房屋中介服务的总称，可以将其分为房地产公司的开发、投资业务，经营业务(如租赁等)，物业管理业务，房地产评估、代理、策划等中介服务业务。房地产业主要活动在流通领域和社会服务领域，不管是统计还是产业管理都是独立的一个产业部门。按照《中国国民经济核算体系(2002)》的产业部门分类，房地产业属于第三产业。

一般将从事房地产开发和经营的企业和组织称为开发商，将从事房屋建设和设备安装的企业或组织称为建筑商和承包商。在项目开发和建设活动中，房地产企业和建筑企业双方往往形成密切合作关系。

1.2.5 房地产业的发展趋势

(1) 房地产业发展潜力巨大

房地产,特别是住宅,是人们生活、工作的重要场所。当前,房地产业发展已初具规模,并对国民经济的发展和人民群众生活水平的提高产生了积极影响。在我国经济迅速发展和不断转型过程中,房地产业将有更大的发展空间和潜力。

首先,在未来几十年内,我国经济将持续稳定发展。经济增长必将要求房地产业保持适度增长,这是由住宅是人类生存、社会发展和一切经济活动得以进行的前提的属性所决定的。住宅业对经济增长和相关产业发展有很强的敏感性、超前性和关联性。然后,城市化进程的加快需要建设大量住宅。最后,住房的市场化需要广泛的中介服务行业的发展。随着住房由公有产权向家庭产权的转变,房屋换手率和交易量将大幅上升,物业管理业、中介服务业也将快速发展,从而将提高整个房地产业的发展水平。

房地产业的发展一方面可以带动几十个相关产业的发展,如钢铁、玻璃、建筑业和装饰装修业等,从而带动国民经济的发展;另一方面,房地产的市场配置和交易也改变了人们的消费观念和消费结构,住房消费将不断上升,从而对社会产生影响。同时,居民住房消费水平的提高也为金融业的发展提供了广阔的空间,金融业将全面介入房地产业,从而促进房地产业和金融业的共同发展。房地产业的迅速发展需要大量的房地产相关专业人才,这也会带来高等院校房地产相关专业的快速发展。

(2) 高舒适度、低能耗住宅将带来居住品质飞跃

高舒适度、低能耗住宅节能技术的建筑要素主要包括:室内温度条件、湿度条件、空气运转速度(风速)、辐射强度和新风补充量。其核心理念是强调现代住宅的密闭概念,即采用各种特殊的材料和技术在外墙、屋顶、门窗、外遮阳、地板等方面做足文章,阻隔乃至切断住宅的“热桥”、“冷桥”,有效隔绝室外大气中各种不利因素,一年四季不借助于空调及取暖设备保持室内恒温、恒湿,达到冬暖夏凉及照明不用电或仅用很少的电的高舒适度、低能耗的目标。

资源和能源正日益成为我国国民经济发展的制约因素。随着我国房地产开发完全进入品质时代,高舒适度、低能耗住宅将是我国未来一段时期内住宅产业的主要发展方向。2011年2月,北京市在全国率先发布实施接近世界先进水平75%的居住建筑节能设计标准。同年10月,北京市住建委公布《北京市既有非节能居住建筑供热计量及节能改造项目管理办法》和《北京市太阳能热水系统建筑应用管理办法》征求意见稿。其中要求,本市新建的城镇居住建筑和宾馆、酒店、学校、医院、浴池、游泳馆等有生活热水需求并有条件安装的新建城镇公共建筑,应当配备生活热水系统,优先采用工业余热、废热作为生活热水热源。不具备采用工业余热、废热的,应当安装太阳能热水系统,并实行与建筑主体同步规划设计、同步施工安装、同步验收交用。

由此可以看出,房地产向节能环保方向发展将是未来产品策划与市场竞争的焦点之一,未来将是建筑设计与开发相结合,开发高舒适度、低能耗住宅的时代,节能住宅也将成为楼市的下一个浪潮。

(3) 未来的房地产交易主要是围绕二手房展开

中国房地产大规模建设总有过去的时候,那时的明星不再是开发商,而是中介,就像今天的欧洲一样,90%的交易都是围绕二手房展开的。这是未来房地产发展的必由之路。

(4) 中国城市的修复性开发带来新的机遇和前景

在中国,城市修复性开发的机遇已经渐渐显露出来。

从内容来看,发达国家的修复性开发是城市老化产业的调整,而中国的修复性开发是因为以前开发的质量较低、开发的节奏过快、相关配套不能同步而引起的。所以,中国的修复性开发主要是改造及配套的完善。以北京的望京为例,望京住宅区聚集了大量人口,但是这个地区的配套设施却没有跟上,购物、娱乐、餐饮、交通等的贫乏一度制约了望京的发展。相关配套的改善不但为望京地区带来活力,同时也为开发机构带来了商机。

从目的来看,发达国家的修复性开发是刺激新的需求,而中国的修复性开发则是弥补需求缺陷。以北京的回龙观为例,该地区在开发过程中因交通系统不足为该地区的业主带来了极大不便,新的修复性开发以弥补交通、娱乐配套为主要内容,目的在于解决发展瓶颈。

不论从国外的经验,还是从国内的发展来看,城市修复性开发无疑都是中国房地产市场的新机遇,既促进了城市功能的完善,也创造了更多的开发项目,甚至将会催生一批专业的从事旧城改造、城市修复项目的开发商和相关服务机构。

(5) 资源将进一步向保障性住房倾斜

2007 年是既有住房政策理念发生转变的一年。在强调住房经济市场属性的同时,更重视其作为民生基础对社会公平和城市化的促进效应,住房保障体系建设被提上日程。2007 年 8 月,国务院下发 24 号文件《国务院关于解决城市低收入家庭住房困难的若干意见》,对我国未来住房行业的发展做出总体规划,标志着全面完善住房保障体系的开始。其后,国土资源部要求各地在制定土地供应计划时,应优先安排廉租住房、经济适用住房和中低价位、中小套型普通商品住房建设用地,并明确规定:“其年度供应总量不得低于住宅用地供应量的 70%”。廉租住房、经济适用住房等各类保障性住房的管理办法也相继出台,对保障性住房的建设、供应、分配与监督管理各个环节做出了细致规定。2008 年初,住房问题被置于关系民生的高度重点强调,国家住房和城乡建设部的组建意味着住房问题将得到更加强有力的领导,住房政策理念和方向将发生转变,土地、资金等资源将向保障性住房建设倾斜。

1.2.6 房地产业在国民经济中的地位和作用

房地产业与国民经济有着密切的联系,两者相互依存、相互促进。一方面,房地产业的发展受到国民经济的制约,国民经济发展水平决定房地产业的发展水平;另一方面,房地产业的发展又能促进国民经济的持续、快速、健康发展。因此,房地产业在国民经济中占有重要的地位。

(1) 房地产业在国民经济中的定位

① 房地产业是国民经济的基础产业。所谓基础产业,是指在国民经济生活中有重要影响、能较大程度制约其他产业和部门发展的产业。房地产是社会经济活动的基本要素和场所,是居民生活消费的载体。从事房地产开发经营的房地产业势必成为国民经济中不可替代的基础产业。

房地产业作为基础产业主要体现在四个方面:a. 房地产业是社会经济活动的基本物质前提,是国民经济发展的基本保证;b. 房地产业是人口素质提高和社会全面进步的基本条件;c. 房地产业是城市经济发展和城市现代化的重要基础;d. 房地产业是社会财富创造的重要源泉。

② 房地产业是国民经济的支柱产业。所谓支柱产业,是指在国民经济中生产发展速度

较快，对整个经济起引导和推动作用的先导性产业。支柱产业具有较强的连锁效应，能诱导新产业崛起，对为其提供生产资料的各部门、所处地区的经济结构及其发展变化，有着深刻而广泛的影响。2003 年 8 月 31 日国务院下发的《国务院关于促进房地产市场持续健康发展的通知》(国发〔2003〕18 号)中明确指出："房地产业关联度高，带动力强，已经成为国民经济的支柱产业。"这是我国首次将房地产业确定为国民经济的支柱产业，它既表明了我国房地产业发展已经取得的成就，也预示着房地产业在国民经济和社会发展中作出更大贡献。

(2) 房地产业在国民经济中的作用

房地产业在国民经济中的重要作用体现在以下几个方面：

① 为国民经济发展提供重要的物质条件。房地产是国民经济发展的基本生产要素，任何行业的发展都离不开房地产。

② 房地产业的发展能带动其他相关产业的发展。在房地产商品的生产、流通、消费过程中需要大量的物资和资金，与许多产业部门都存在比较密切的关系。因此，房地产业的振兴和发展，势必带动众多相关产业的发展，比如建筑业、建材业、交通运输业、金融业、通讯业、商业、服务业等。

③ 改善人们的住房条件和生活环境。

④ 加快旧城改造和城市基础设施建设，改变落后的城市面貌。

⑤ 有利于优化产业结构，改善投资硬环境。

⑥ 有利于扩大城乡就业。房地产业中既有资金密集、技术密集和知识密集性专业，又有劳动力密集性专业，房地产业本身的就业容量大，再加上能促进其他相关产业的繁荣，从而在促进就业方面具有显著的作用。

⑦ 可以增加政府的财政收入。

复习思考题

1. 房地产与其他工业产品相比，具有哪些特性？
2. 房地产有哪些类型？从房地产使用目的角度来分类，房地产又可分为哪些种类？
3. 房地产业的运行机制通常由哪些环节构成？
4. 房地产业在国民经济中的地位如何？发挥怎样的作用？

第 2 章　房地产基本制度和政策

本章提要

本章重点介绍房地产基本制度和政策的相关内容。要求学生掌握建设用地和集体土地的基本管理制度；掌握房地产相关的税收制度和政策；掌握房地产交易管理的制度与政策；理解城市房屋拆迁管理制度与政策；理解住房公积金的制度和政策。

2.1　房地产法律制度和政策概述

2.1.1　房地产法概念与调整对象

房地产法是调整房地产活动的法律、规范的总称，其调整的对象既不是一般的民事关系，也不是调整普通的商品交易关系，它调整的是与房地产开发、交易和管理有关的各种社会关系，具体包括以下四种关系：

(1) 房地产开发关系

房地产开发关系是指开发商在依法取得土地使用权并进行基础设施建设、建造房屋过程中产生的法律关系，包括两个方面的内容：① 获得土地使用权；② 在获得土地使用权的土地上建造房屋。

(2) 房地产交易关系

房地产交易关系是指参与房地产买卖、租赁、抵押等房地产交易行为的各方当事人在房地产交易过程中产生的法律关系，主要包括：房地产开发商对特定房地产拥有的所有权关系、开发商或所有权人将房地产出售给他人时所形成的转让关系、房地产权利人将房地产出租给他人所形成的租赁关系以及抵押关系。

(3) 物业服务关系

物业服务关系是指物业所有者（业主）委托特定的物业服务企业对其所有的物业提供修缮、养护、保管、看管等活动时产生的法律关系。物业服务涉及面比较广泛，酒店、办公楼、住宅小区等都可以通过这种方式来进行管理。

(4) 房地产行政管理关系

房地产行政管理关系是指房地产行政主管部门依据法律规定对房地产市场实施管理、监督、检查时发生的法律关系。这种法律关系同前几种关系不同，典型特征是其主体法律地位不平等，是管理与被管理的关系。

2.1.2　房地产法的基本原则

房地产法的基本原则是指房地产立法力图贯彻的，在执行上具有普遍意义的法律准则。

(1) 坚持社会主义土地公有制的原则

社会主义土地公有制是我国土地制度的核心。我国目前的土地所有形态表现为两种所有，即国家所有和集体所有。在土地所有权上的表现方面，也分为国家土地所有权和集体土地所有权。宪法规定了全民所有的财产和集体所有的财产神圣不可侵犯的原则，即任何组织或个人未经批准，不得侵占、买卖、出租或者以其他形式非法转让土地。

(2) 坚持土地有偿、有期限使用的原则

在计划经济体制下，国家用行政手段无偿、无期限划拨或调剂土地，土地使用价值的商品化未能得到发挥，一方面影响政府收入，另一方面使得土地利用率低，使用效益差，土地浪费严重且非法占地和违章建筑、买卖土地，非法出租和变相买卖土地现象层出不穷。在我国建立和完善市场经济体制的过程中，借鉴国际经验，在坚持土地所有权属于国家的前提下，国家将土地使用权有偿、有期限出让给使用者，由土地使用者向国家支付土地使用权出让金，然后按照土地使用权出让合同的约定开发经营土地，而国家通过土地使用权的出让获取财政收入，用这部分收入去发展经济，进行城市基础设施建设或进行其他方面的建设，从而使国民经济得到飞速发展，最终达到提高人民生活水平的目标。

(3) 合理节约用地和切实保护耕地的原则

《中华人民共和国宪法》(以下简称《宪法》)第十条规定："一切使用土地的组织和个人必须合理地利用土地。"土地是十分宝贵的资源和资产。我国耕地人均数量少，总体质量水平低，后备资源也不富裕。保护耕地就是保护我们的生命线。必须认真贯彻"十分珍惜和合理利用每一寸土地，切实保护耕地"的基本国策，必须采取治本之策，扭转在人口继续增长情况下耕地大量减少的失衡趋势，我国政府已经将保护耕地、合理节约用地提到了前所未有的高度。

(4) 符合城市规划的原则

城市规划是城市发展的纲领，也是房地产开发和城市各项建设的依据。我国相关法律规定，各项建设用地必须符合土地利用总体规划和城市总体规划，并纳入年度土地利用计划。城市规划、发展和建设的原则是：严格控制大城市的用地规模，特别要严格控制中等城市和小城市的用地。城市的建设和发展要严格按照经批准的城市总体规划，从实际出发，量力而行，分步实施。城市建设总体规划要与土地利用总体规划衔接，用地规模不得突破土地利用总体规划，要加强对用地的集中统一管理，不得下放规划管理权和用地审批权。

(5) 坚持经济效益、社会效益和环境效益统一的原则

坚持经济效益、社会效益和环境效益统一的原则，是保持房地产业强大生命力的根本保证。经济效益是房地产业赖以生存和发展的必要条件，房地产业发展的特点就是要按照市场经济的客观要求，采用灵活多样的经营手段和经营方式，积累和融通建设资金，提高投资回报率，为投资者带来可观的经济效益。社会效益是房地产业得以持续发展的重要条件，房地产开发不仅要解决住房问题，还要通过全面规划、合理布局、综合开发、配套建设，完善城市基础设施和公共服务设施，提高城市的综合服务功能。环境效益是房地产业能为城市建设作出贡献、造福人民和后代、恢复和保持城市的生态平衡、改善城市形象的重要途径。

（6）维护房地产权利人合法权益的原则

随着我国住房制度改革、住房商品化和人民居住需求的日益增长，个人所有的房屋越来越多，维护房地产权利人的合法权益不受侵犯，应是房地产法的基本任务，也是房地产立法、执法的出发点和最终归宿。房地产权利人的合法权益是其进行房地产交易和正常生产、生活的前提和基础。同时，保护房地产权利人的合法权益也是维护正常的房地产市场秩序，促进社会主义市场经济发展的必要条件。《中华人民共和国城市房地产管理法》（以下简称《城市房地产管理法》）第五条规定："房地产权利人的合法权益受法律保护，任何单位和个人不得侵犯。"也就是说，保障房地产权利人的合法权益是房地产立法的一项重要原则。另外，在《城市房地产管理法》和其他法律、法规中也有许多保障房地产权利人合法权益的规定，从中也可以看出这一原则的重要性。

2.1.3 房地产法律体系

房地产法律体系是指各种不同层次的调整房地产法律关系的法律法规，按照一定的内在联系而组成的一个共同的有机整体。从立法层次上来看，主要包括下列内容：

（1）宪法

《宪法》是国家的根本大法。对于房地产法，《宪法》也作出了原则性规定，如《宪法》第十条明确了土地的所有权权属关系："城市的土地属于国家所有。农村和城市郊区的土地，除由法律规定属于国家所有的以外，属于集体所有；宅基地和自留地、自留山，也属于集体所有。"该条也同时规定了关于土地的转让问题："任何组织或者个人不得侵占、买卖或者以其他形式非法转让土地。土地的使用权可以依照法律的规定转让"。《宪法》的第十条还对土地征收或征用作了原则性规定。《宪法》具有最高的法律效力，无论是房地产立法或执法都必须遵循宪法规定的原则。

（2）全国人民代表大会及其常务委员会颁布的法律

专门法律：如《城市房地产管理法》和《土地管理法》等。

相关法律：如《中华人民共和国物权法》（以下简称《物权法》）、《民法通则》、《城乡规划法》、《中华人民共和国合同法》（以下简称《合同法》）、《中华人民共和国担保法》（以下简称《担保法》）等。

这些法律效力仅次于《宪法》，是房地产法律体系中最重要的法律规定，都是制定有关房地产法规、规章的依据和基础。

（3）国务院发布的房地产方面的行政法规

《城市房地产开发经营管理条例》、《物业管理条例》、《中华人民共和国土地管理法实施条例》（以下简称《土地管理法实施条例》）、《城市房屋拆迁管理条例》、《城镇国有土地使用权出让和转让暂行条例》以及《住房公积金管理条例》等，是我国房地产法律体系的重要组成部分。行政法规须经国务院常务会议讨论通过并以国务院总理令的形式发布。

（4）地方性法规

地方性法规是指有立法权的地方人民代表大会及其常务委员会依据宪法、法律和行政法规的规定，制定的调整本行政区域内房地产法律关系的规范性文件，在本行政区域内有效，如《河南省城市房地产开发经营管理条例》、《上海市房地产登记条例》等。

（5）行政规章

行政规章包括国务院部委制定的部门规章和有立法权的地方政府制定的政府规章。房地产方面的部门规章主要是指国务院住房城乡建设行政主管部门制定的规章，如《城市商品房预售管理办法》、《城市房地产转让管理规定》、《城市房屋租赁管理办法》、《城市房地产抵押管理办法》、《城市房地产中介服务管理规定》、《商品房销售管理办法》、《房屋登记办法》、《房地产开发企业资质管理办法》、《房地产估价机构管理办法》、《注册房地产估价师管理办法》等，现行有效的房地产方面的部门规章有20多件。另外，国家发改委、国土资源部也颁布了一些房地产方面的部门规章。政府规章是有立法权的地方政府根据法律、法规的规定，制定的调整本行政区域内房地产管理的具体问题的规范性文件。行政规章须经部门或政府常务会议讨论通过，并以部门首长令或政府首长令的形式发布。

(6) 最高人民法院的司法解释

最高人民法院在审理房地产案件中，会对房地产领域的有关问题进行解释，或者对疑难问题进行研究并就此发布指导性文件，如最高人民法院《关于审理商品房买卖合同纠纷案件适用法律若干问题的解释》、最高人民法院《关于审理建设工程施工合同纠纷案件适用法律问题的解释》等，它们也是我国房地产法律体系的组成部分。

另外，有关房地产的技术规范及一些规范性文件，也可纳入广义的房地产法律体系的范畴。

2.1.4 城市房地产管理法

为了加强对城市房地产的管理，维护房地产市场秩序，保障房地产权利人的合法权益，促进房地产业的健康发展，第八届全国人民代表大会常务委员会第八次会议于1994年7月5日通过《中华人民共和国城市房地产管理法》，2007年8月30日第十届全国人民代表大会常务委员会第二十九次会议通过《关于修改〈中华人民共和国城市房地产管理法〉的决定》，修正了《城市房地产管理法》。《城市房地产管理法》中，与房地产经纪活动直接相关的规定有房地产交易、房地产转让、房地产抵押、房屋租赁和中介服务机构等内容。

(1) 房地产交易

《城市房地产管理法》第四章规定：房地产交易包括房地产转让、房地产抵押和房屋租赁。

(2) 房地产转让

《城市房地产管理法》第三十七条、四十一条、四十二条分别规定："房地产转让，是指房地产权利人通过买卖、赠与或者其他合法方式将其房地产转移给他人的行为。""房地产转让，应当签订书面转让合同，合同中应当载明土地使用权取得的方式。""房地产转让时，土地使用权出让合同载明的权利、义务随之转移。"

(3) 房地产抵押

《城市房地产管理法》第四十七条、四十九条、五十条分别规定："房地产抵押，是指抵押人以其合法的房地产以不转移占有的方式向抵押权人提供债务履行担保的行为。债务人不履行债务时，抵押权人有权依法以抵押的房地产拍卖所得的价款优先受偿。""房地产抵押，应当凭土地使用权证书、房屋所有权证书办理。""房地产抵押，抵押人和抵押权人应当签订书面抵押合同。"

(4) 房屋租赁

《城市房地产管理法》第五十三条规定："房屋租赁，是指房屋所有权人作为出租人将其房屋出租给承租人使用，由承租人向出租人支付租金的行为。房屋租赁，出租人和承租人应当签订书面租赁合同，约定租赁期限、租赁用途、租赁价格、修缮责任等条款，以及双方的其他权利和义务，并向房产管理部门登记备案。”

(5) 房地产中介服务机构

《城市房地产管理法》第五十七条、五十八条分别规定：“房地产中介服务机构包括房地产咨询机构、房地产价格评估机构、房地产经纪机构等。”“房地产中介服务机构应当具备下列条件：① 有自己的名称和组织机构；② 有固定的服务场所；③ 有必要的财产和经费；④ 有足够数量的专业人员；⑤ 法律、行政法规规定的其他条件。设立房地产中介服务机构，应当向工商行政管理部门申请设立登记，领取营业执照后，方可开业。”

2.2 建设用地制度和政策

《土地管理法》第二条规定：“中华人民共和国实行土地的社会主义公有制，即全民所有制和劳动群众集体所有制。”全民所有制的土地被称为是国家所有土地，简称国有土地，其所有权由国务院代表国家行使。劳动群众集体所有制的土地采取的是农民集体所有制的形式，该种所有制的土地被称为农民集体所有土地，简称集体土地。通常认为，城市市区的土地属于国家所有，城市郊区和农村的土地属于农民集体所有。而对于建制镇，既不属于城市的范畴，也不属于农村和城市郊区的范畴，所以对于镇的所有权问题，要视具体实际情况而定。如果镇的建制较大，今后还要发展，则可视为小城市；如果镇的建制较小，则可视为农村或城市郊区。

2.2.1 土地管理基本制度

(1) 国家实行土地登记制度

根据《土地管理法》和《土地登记规则》，国家依法对国有土地使用权、集体土地所有权、集体土地使用权和土地他项权利进行登记。土地登记由县级以上人民政府登记造册，确认有关土地权利。属于国有土地的，核发《国有土地使用证》，确认国有土地使用权，其中中央国家机关使用的国有土地的具体登记发证机关，由国务院确定；属于农民集体所有土地的，核发《集体土地所有证》，确认集体土地所有权；使用集体土地的，核发《集体土地使用证》，确认集体土地使用权；属于土地他项权利的，核发土地他项权利证明书，确认土地他项权。土地他项权利是指土地使用权和土地所有权以外的土地权利，包括抵押权、承租权以及法律、行政法规规定需要登记的其他土地权利。依法登记的土地所有权、使用权和他项权受法律保护，任何单位和个人不得侵犯。

土地登记以县级行政区为单位组织进行，具体工作由县级以上人民政府土地管理部门负责。土地登记以宗地为基本单元，拥有或者使用两宗以上土地的土地使用者或土地所有者，应当分宗申请登记，两个以上土地使用者共同使用一宗土地的，应当分别申请登记。跨县级行政区使用土地的，应当分别向土地所在地县级以上地方人民政府土地管理部门申请登记。

(2) 国家实行土地有偿有限期使用制度

除了国家核准的划拨土地以外，凡新增土地和原使用的土地改变用途或使用条件、进行市场交易等，均实行有偿有限期使用。

《土地管理法》第二条规定：“国家依法实行国有土地有偿使用制度。但是，国家在法律规定的范围内划拨国有土地使用权的除外。”《中华人民共和国城镇国有土地使用权出让和转让暂行条例》第八条也明确规定:“土地使用权出让是指国家以土地所有者的身份将土地使用权在一定年限内让与土地使用者,并由土地使用者向国家支付土地使用权出让金的行为。”

(3) 国家实行土地用途管制制度

根据土地利用总体规划,将土地用途分为农用地、建设用地和未利用土地。土地用途管制的核心是不能随意改变农用地的用途。农用地转用须经有批准权的人民政府核准。控制建设用地总量,严格限制农用地转为建设用地。

(4) 国家实行耕地保护制度

十分珍惜、合理利用土地和切实保护耕地是我国的基本国策。《中华人民共和国物权法》规定,国家对耕地实行特殊保护,严格限制农用地转为建设用地,控制建设用地总量。

2.2.2 集体土地制度与政策

2004年3月,全国人大对《宪法》作了修改,将原《宪法》第十条“国家为了公共利益的需要,可以依照法律规定对土地实行征用”修改为“国家为了公共利益的需要,可以依照法律规定对土地实行征收或者征用并给予补偿”。2004年8月,《土地管理法》也作了修改,第二条第四款修改为:“国家为了公共利益的需要,可以依法对土地实行征收或者征用并给予补偿。”除个别条文外,《土地管理法》中的“征用”均改为“征收”。土地征收和征用都是为了公共利益的需要或者因抢险、救灾等紧急需要,都具有一定的强制性,经过法定程序依法给予补偿。《物权法》第四十二条第二款规定:“征收集体所有的土地,应当依法足额支付土地补偿费、安置补助费、地上附着物和青苗的补偿费等费用,安排被征地农民的社会保障费用,保障被征地农民的生活,维护被征地农民的合法权益。”征收土地具有三个明显的特点:① 具有一定的强制性,征地是国家的特有行为,被征地单位和农民必须服从国家的需要。② 要妥善安置被征地单位和农民的生产和生活,依法给予被征地单位和农民补偿。③ 被征收后的土地所有权发生转移,即集体所有的土地变为国有土地。而征用土地只是土地使用权改变了;征用后,土地所有权仍然属于农民集体,使用结束后需要将土地还给农民集体。

2.2.2.1 征收集体土地的政策规定

《土地管理法》对征收土地的有关问题作了明确规定。

(1) 征收土地的范围

国家进行经济、文化、国防建设以及兴办社会公共事业和列入固定资产投资计划用地的,经有批准权的人民政府批准后可以征收集体土地,被征地单位和个人应服从国家需要,不得阻挠。对于征收的集体土地,其土地所有权属于国家,用地单位只有土地使用权。

(2) 征收土地批准权限的规定

① 征收土地实行两级审批制度,即国务院审批和省级人民政府审批;

② 征收农用地的,应办理农用地转用手续;

③ 基本农田,基本农田以外的耕地超过35公顷的,其他土地超过70公顷的,由国务院审批;

④ 其他用地和已经批准农用地转用范围内的具体项目,由省级人民政府审批并报国务院备案。

(3) 对被征地单位和农民进行安置、补偿和补助

征收土地由用地单位支付土地补偿费、安置补助费、地上附着物和青苗的补偿费等费用。

(4) 全民所有制企业，农村集体经济组织联营使用的集体土地

全民所有制企业、城镇集体所有制企业同农村集体经济组织共同投资兴办的联营企业所使用的集体土地，必须持县级以上人民政府按照国家基本建设程序批准的设计任务书或者其他批准文件，由联营企业向县级以上人民政府土地管理部门提出用地申请，按照国家建设用地的批准权限，经有批准权的人民政府批准。经批准使用的土地，可以按照国家建设用地的规定实行征收，也可以由农村集体经济组织按照协议将土地使用权作为联营条件。

(5) 合理使用征地补偿费

建设用地单位支付的各种劳动力的就业补助和应发的各种补偿及其他费用，应按有关规定管理和使用。土地补偿费归农村集体组织所有；地上附着物和青苗补偿费归地上附着物和青苗的所有者所有。由农村集体组织安置的人员，安置补助费由农村集体经济组织管理和使用；由其他单位安置的人员，安置补助费支付给安置单位；不需要统一安置的人员，补助费发放给个人。耕地占用税用于土地开发和农业发展；菜地基金、土地复垦费、土地荒芜费、防洪费用于菜田开发建设和土地的调整和治理；征地管理费用于土地管理部门的各种业务开支。各级人民政府和土地管理部门，严格监督征地费用的管理和使用，任何单位和个人均不得占用或挪作他用。

2.2.2.2　征收集体土地补偿的范围和标准

土地的补偿范围和补偿、补助标准的确定，是征地工作的主要内容，也是一项难度较大的工作，涉及国家、集体、个人的利益，不能高也不能低，高了将加大建设项目的投资，直接影响国家建设的发展，低了会影响被征地单位和农民的生产和生活水平。为了使标准接近合理和便于实施，《土地管理法》规定的数额有较大的幅度。用地单位必须按征地协议书如数支付补偿费，被征地单位也不得额外索取。

根据《土地管理法》的规定，征收耕地的补偿费用包括土地补偿费、安置补助费以及地上附着物和青苗的补偿费等费用。

(1) 土地补偿费

土地补偿费是征地费的主要部分。国家建设征收土地，由用地单位支付土地补偿费。土地补偿费的标准为：

① 征收耕地的补偿费，为该耕地被征收前 3 年平均年产值的 6 至 10 倍。

② 征收其他土地的补偿费标准由省、自治区、直辖市参照征收耕地的补偿费标准规定。

(2) 安置补助费

国家建设征收土地，用地单位除支付补偿费外，还应当支付安置补助费。安置补助费是为安置因征地造成的农村剩余劳动力的补助费。

安置补助费，按照需要安置的农业人口数计算。需要安置的农业人口数，按照被征收的耕地数量除以征地前被征地单位平均每人占有耕地的数量计算。每一个需要安置的农业人口的安置补助费标准，为该耕地被征收前 3 年平均年产值的 4 至 6 倍。但每公顷被征收耕地的安置补助费，最高不得超过被征收前 3 年平均年产值的 15 倍。

征收其他土地的安置补助费标准，由省、自治区、直辖市参照征收耕地的安置补助费标准规定。在人均耕地特别少的地区，按前述标准支付的土地补偿费和安置补助费，尚不能使需要安置的农民保持原有生活水平的，经省级人民政府批准，可以增加安置补助费。但土地补偿和安置补助费之和不得超过该土地被征收前 3 年平均年产值的 30 倍。

(3) 地上附着物和青苗的补偿费等费用

被征收土地上的附着物和青苗的补偿标准,由省、自治区、直辖市规定。地上附着物是指依附于土地上的各类地上、地下建筑物和构筑物,如房屋、水井、通上(下)管线等。青苗是指被征收土地上正处于生长阶段的农作物。征收城市郊区的菜地,用地单位应当按照国家有关规定缴纳新菜地开发建设基金。

(4) 临时用地补偿

经批准的临时用地,同农村集体经济组织签订临时用地协议,并按该土地前 3 年平均年产值逐年给予补偿。但临时用地逐年累计的补偿费最高不得超过按征收该土地标准计算的土地补偿费和安置补助费的总和。

2.2.3 城市建设用地制度与政策

2.2.3.1 建设用地审查报批程序

(1) 用地预审

建设项目可行性研究论证时,建设单位必须向土地行政主管部门提出建设用地预审申请。可行性研究报告报批时,必须附有土地行政主管部门出具的建设项目用地预审报告。凡应进行预审的建设项目,未申请预审的,市、县人民政府土地行政主管部门不受理建设用地申请。

建设单位提出预审申请时,应当提交下列材料,由负责预审工作的人民政府土地行政主管部门直接受理:

① 申请预审的正式文件;

② 项目建议书批复文件;

③ 建设项目可行性研究报告,其中应包含土地利用的章节,内容包括规划选址情况、用地总规模和用地类型等;

④ 单独选址的建设项目,拟占用地质灾害防治规划确定的地质灾害易发区内土地的,还应当提供地质灾害危险性评估报告。

(2) 申请用地

建设单位持建设项目的有关批准文件,向市、县人民政府土地行政主管部门提出建设用地申请,由市、县人民政府土地行政主管部门审查。建设单位提出用地申请时,应当填写《建设用地申请表》,并附下列材料:

① 建设单位有关资质证明;

② 项目可行性研究报告批复或者其他有关批准文件;

③ 土地行政主管部门出具的建设项目用地预审报告;

④ 初步设计或者其他有关材料;

⑤ 建设项目总平面布置图;

⑥ 占用耕地的,必须提出补充耕地方案;

⑦ 建设项目位于地质灾害地区的,应提供地质灾害危险性评估报告。

(3) 上报审批

市、县人民政府土地行政主管部门对材料齐全、符合条件的建设用地申请,在收到申请之日起 30 日内拟定农用地转用方案、补充耕地方案、征收土地方案和供地方案,报市、县人民政府批准;需要上级人民政府批准的,应当报上级人民政府批准。各项方案经批准后,同级土地行政主管部门应当在收到批件后 5 日内将批复发出。

(4) 组织实施

经批准的农用地转用方案、补充耕地方案、征收土地方案和供地方案，由土地所在地的市、县人民政府组织实施。

在土地利用总体规划确定的城市建设用地范围内，为实施城市规划占用土地的，经依法批准后，市、县人民政府土地行政主管部门应当公布规划要求、使用条件，确定使用方式，并组织实施。

(5) 颁发《建设用地批准书》

以有偿使用方式取得国有土地使用权的，由市、县人民政府土地行政主管部门与土地使用者签订土地有偿使用合同，并向建设单位颁发《建设用地批准书》。土地使用者缴纳土地有偿使用费后，依照规定办理土地登记。以划拨方式取得国有土地使用权的，市、县人民政府土地行政主管部门向用地单位颁发《国有土地划拨决定书》和《建设用地批准书》，依照规定办理土地登记。

通过招标、拍卖方式取得国有建设用地使用权的，由市、县人民政府土地行政主管部门会同有关部门拟订方案，报人民政府批准后，由市、县人民政府土地行政主管部门组织实施，并与土地使用者签订土地有偿使用合同。土地使用者应当依法申请土地登记。

2.2.3.2　国有建设用地的出让

(1) 国有土地使用权出让的概念

国有土地使用权出让(以下称土地使用权出让)是指国家将国有土地使用权在一定年限内出让给土地使用者，由土地使用者向国家支付土地使用权出让金的行为。土地使用权出让是国家作为国有土地所有权人将其所有权权能中的使用权分离出来，让与土地使用者的一种权利转移方式，其实质是国家行使对国有土地财产的处分权。

(2) 国有土地使用权出让的条件

按照有关法律、行政法规的规定，我国的土地使用权出让必须符合一定的条件。

① 土地使用权出让必须是国有土地；

② 土地使用权出让必须符合土地利用的总体规划、城市规划和年度建设用地计划；

③ 土地使用权用于房地产开发的必须经过批准；

④ 出让每幅地块、用途、年限等必须符合政府批准的条件。

(3) 土地使用权的出让年限

① 国有土地使用权出让的最高年限。国有土地使用权出让的期限应在法律规定的年限内确定。《中华人民共和国城镇国有土地使用权出让和转让暂行条例》规定了出让最高年限如下：居住用地 70 年；工业用地 50 年；教育、科技、文化、卫生、体育用地 50 年；商业、旅游、娱乐用地 40 年；综合或其他用地 50 年。根据我国《物权法》规定，居住用地 70 年使用期限届满之后可以自动续期。

② 国有土地使用权出让合同约定的出让年限。国有土地使用权出让合同约定的出让年限是指出让方与受让方在出让合同中具体约定的受让方得以使用土地的期限。合同约定的土地使用权出让年限不得超过法律规定的土地使用权出让的最高年限，在法律规定的土地使用权出让的最高年限内，出让方和受让方可自由约定土地使用权出让的年限。

③ 土地使用权出让年限的计算。一般而言，土地使用权出让年限以领取土地使用证之

日为期间的起算点；通过转让方式取得的土地使用权，其使用年限为土地使用权出让合同约定的使用年限减去原土地使用者已使用年限后的剩余年限。

④ 土地使用权出让年限届满与续展。土地使用权出让是一种附终期的民事法律行为，在期限未届满前，其效果效力不终止，而期限届满时则效果效力终止。

土地使用权的续展是指土地使用权出让年限的延续。《城市房地产管理法》规定：土地使用权出让合同约定的使用年限届满，土地使用者需要继续使用土地的，应当至迟于届满前一年申请续期，除根据社会公共利益需要收回该幅土地的，应当予以批准。经批准准予续期的，应当重新签订土地使用权出让合同，依照规定支付土地使用权出让金。

(4) 国有土地使用权出让方式

土地使用权出让可以采取拍卖、挂牌、招标或者双方协议的方式。

① 招标出让方式。以招标方式出让土地使用权是指由市、县土地管理部门向符合规定条件的单位发出招标邀请书或者向社会发布招标公告，邀请特定或不特定的自然人、法人和其他组织参加土地使用权投标，通过合法的程序择优确定中标者，向其出让土地使用权的行为。招标出让方式适用于需要优化土地布局、重大工程的较大地块的出让。

② 拍卖出让方式。以拍卖方式出让土地使用权是指由市、县土地管理部门或其委托的拍卖机构，在指定的时间地点，通过拍卖的方式公开叫价竞投，以出价最高者为受让人出让土地使用权的行为。拍卖出让方式适用于区位条件好，交通便利的闹市区、土地利用上有较大灵活性的地块的出让。

③ 挂牌出让方式。以挂牌方式出让土地使用权是指市、县人民政府土地管理部门或者其委托的中介机构就国有土地使用权发出挂牌公告，按公告规定的期限将拟出让宗地的交易条件在指定土地交易场所挂牌公布，接受竞买人的报价申请并更新挂牌价格，根据挂牌期限截止时的出价结果确定土地使用者的行为。挂牌出让方式的特点是方式简便、费用低廉，但仍具有很强的公开性，特别适用于那些地块较小、起价较低、参加竞买者较少的项目。

④ 协议出让方式。以协议方式出让土地使用权是指由市、县人民政府土地管理部门根据土地用途、建设规划要求、土地开发程度等情况，与受让申请人协商用地条件和土地使用权出让金，双方经过协商达成协议后，受让方依据协议取得土地使用权的行为。协议出让方式的特点是自由度大，因此不利于公平竞争。这种方式适用于公共福利事业和非盈利性的社会团体、机关单位用地和某些特殊用地。

2.2.3.3 国有建设用地的划拨

(1) 土地使用权划拨的概念

划拨土地使用权是指经县级以上人民政府依法批准，在土地使用者缴纳补偿、安置等费用后，取得的国有土地使用权；或者经县级以上人民政府依法批准后无偿取得的国有土地使用权。由此可见，划拨土地使用权有两种基本形式：

① 经县级以上人民政府依法批准，土地使用者缴纳补偿、安置等费用后取得的国有土地使用权。

② 经县级以上人民政府依法批准后，土地使用者无偿取得的土地使用权。

(2) 土地使用权划拨的主要特征

划拨土地使用权与出让土地使用权相比，具有以下主要特征：

① 土地使用权划拨不发生土地所有权的改变。在我国，城市规划区内的国有土地属国

家所有，除此之外的任何人都不得拥有国有土地的所有权。土地使用权划拨即是国家将土地确定给他人使用的一种方式。土地使用权划拨后，土地的使用权由土地使用者行使，但并不影响国家对土地的所有权，经划拨取得土地使用权的人并没有取得土地所有权，土地所有权仍然属于国家。因此，土地使用权划拨不发生土地所有权人的改变。

② 土地使用权划拨是一种行政行为。土地使用权划拨是经县级以上人民政府依法批准后，由法定的部门将土地直接交付给土地使用者使用的行为，因此土地使用权划拨是一种行政行为，而不属于民事行为。土地使用权划拨无需划拨双方协商一致，也无需事先获得被划拨土地上的原土地使用者的同意。土地使用者只要经过法定的程序即可获得土地使用权。

③ 土地使用权划拨必须依法经批准。由于土地使用权划拨是一种行政行为，所以土地使用权划拨必须依法经批准，即只有县级以上人民政府根据国家法律的规定，在其权限范围内批准某幅土地使用权的划拨，此时该幅土地使用权才能划拨。未经县级以上人民政府批准的，任何政府部门都不得划拨土地使用权，任何人也不能以划拨的方式取得土地使用权。

④ 土地使用权划拨具有无偿性。由于土地使用权划拨是一种行政行为，不是平等主体之间进行的商品交换行为，所以土地使用权划拨与土地使用权出让不同，具有无偿性，即土地使用权划拨无需因使用土地而向国家缴纳费用。县级以上人民政府批准了土地使用权划拨后，土地使用者就有权依法获得该幅土地的使用权，便可以在该幅土地上进行开发建设活动。

⑤ 土地使用者对原土地使用者所受损失的依法补偿。土地使用权划拨具有无偿性，是针对土地使用者与国家的关系而言的，它并不意味着土地使用者在任何情况下无需缴纳任何费用。因为国有土地虽然属于国家所有，但在国有土地上，存在着已经有土地使用者和尚未有土地使用者两种情况。如果因划拨而给原土地使用者造成损失的，土地使用者应当予以补偿。如果所划拨的土地上尚未有土地使用者，那么土地使用权的划拨不会给任何人造成损失，也就不存在需要补偿的情况，这时只要将国有土地使用权无偿交付给土地使用者使用即可。

⑥ 土地使用权划拨没有期限的限制。与土地使用权出让不同，土地使用权划拨没有期限的限制。也就是说，土地使用者经划拨取得土地使用权以后，即可长期使用该幅土地，无需在一定的年限以后，将该幅土地的使用权交归国家。土地使用权划拨没有期限的限制不是绝对的，如果法律、行政法规规定某一种类或者某幅土地使用权的划拨有一定的期限，那么，土地使用权划拨后、超过该期限，国家就无偿收回该幅土地。

(3) 国有土地使用权划拨范围

《城市房地产管理法》第二十四条规定下列建设用地使用权可以由县级以上人民政府依法批准划拨：

① 国家机关用地和军事用地；

② 城市基础设施用地称公益事业用地；

③ 国家重点扶持的能源、交通、水利等项目用地；

④ 法律、行政法规规定的其他用地。

根据这一规定，我们可以将建设用地使用权划拨范围细化为以下几种：

① 国家机关用地——包括国家权力机关用地、国家行政机关用地、国家审判机关用地、

国家检察机关用地等。

② 军事用地——军事机关和军事设施用地，包括军用机场、港口、码头、营区、训练场、试验场、军用公路、铁路专用线等用地。

③ 城市基础设施用地——城市供水、排水、污水处理、供电、通信、燃气、热力、道路、桥梁、市内公共交通、园林绿化、环境卫生以及消防、路标、路灯等设施用地。

④ 城市公益事业用地——城市内各种学校、医院、体育场馆、图书馆、文化馆、幼儿园、托儿所、敬老院、戏剧院等文体、卫生、教育、福利事业等用地。

⑤ 国家重点扶持的能源、交通、水利等基础设施用地。

2.3 城市房屋拆迁管理制度和政策

2.3.1 城市房屋拆迁的概念

城市房屋拆迁是指取得房屋拆迁许可证的拆迁人，拆除城市规划区内国有土地上的房屋及其附属物等，并对被拆迁房屋的所有人进行补偿或安置的行为。拆迁人是指取得房屋拆迁许可证的单位。被拆迁人是指被拆迁房屋的所有人，不包括被拆迁房屋的使用人，但对拆迁房屋的使用人的利益要依法保护。拆迁人应当依照规定对被拆迁人给予补偿、安置。被拆迁人应当在搬迁期限内完成搬迁。搬迁期限不同于拆迁期限。拆迁期限是拆迁许可证上载明的拆迁人完成拆迁事宜的期限。搬迁期限从属于拆迁期限，不能超出拆迁期限。

2.3.2 城市房屋拆迁工作程序

(1) 拆迁申请的提出

房屋拆迁是许多建设项目的前期工作。为了防止建设项目的实施者利用拆迁具有的强制性，损害被拆迁人的合法权益，同时也是为了保护拆迁人的合法权益，保障建设项目顺利进行，国家对房屋拆迁实行行政许可制度。《拆迁条例》规定申请领取房屋拆迁许可证的，应当向房屋所在地的市、县人民政府房屋拆迁管理部门提交下列资料：

① 建设项目批准文件；

② 建设用地规划许可证；

③ 国有土地使用权批准文件；

④ 拆迁计划和拆迁方案；

⑤ 办理存款业务的金融机构出具的拆迁补偿安置资金证明。

拆迁计划和拆迁方案是拆迁申请的组成部分，其内容必须确切说明下列内容：拆迁的范围、对象、实施步骤，对拆迁范围内被拆迁的居民、机关、团体、企事业单位的补偿安置方案，安置房和临时安置周转房的房源情况，涉及拆迁的各项补偿费、补助费的预算情况以及拆迁期限、具体时间安排等。

(2) 拆迁审批

房屋拆迁管理部门收到拆迁申请和规定提交的批准文件后，应对申请内容进行审查，并对拆迁范围进行现场调查。审查内容主要包括：申请人提供的批准文件是否齐全、有效；拆迁范围内是否有受保护不允许拆除的建筑；拆迁范围内的房屋产权是否明确或有争议；对被拆迁人的补偿安置是否符合政策规定；补偿安置方案是否可行；拆迁期限是否合理等。

经审查符合条件的，由房屋拆迁管理部门发给拆迁申请人《房屋拆迁许可证》。《房屋拆迁许可证》是房屋拆迁的法律凭证。获得许可证后，拆迁申请人就成为合法的拆迁人，其拆迁行为受法律保护。

房屋拆迁管理部门在发放《房屋拆迁许可证》的同时，应当依照《拆迁条例》的规定将《房屋拆迁许可证》中载明的拆迁人、拆迁范围、拆迁期限等事项，以房屋拆迁公告的形式予以公布。房屋拆迁管理部门和拆迁人有责任向被拆迁人做好拆迁宣传和政策解释工作。拆迁范围确定后，拆迁范围内的单位和个人不得新建、扩建、改建房屋，不得改变房屋和土地用途，不得租赁房屋。

(3) 拆迁协议

《拆迁条例》规定拆迁人与被拆迁人应当就拆迁的补偿和安置签订书面协议。

在拆迁过程中，拆迁人与被拆迁人之间所发生的民事关系主要是拆迁补偿安置，对于拆迁补偿安置以及相关的问题，拆迁当事人应该对双方的权利和义务作出明确的界定。拆迁当事人必须以拆迁补偿安置协议的形式确定双方的权利和义务。拆迁补偿安置协议是约定拆迁当事人之间民事权利与义务关系的合同，适用《中华人民共和国民法通则》(以下简称《民法通则》)和《中华人民共和国合同法》(以下简称《合同法》)。依法成立的拆迁补偿安置协议，对当事人具有法律约束力。当事人应当按照约定履行自己的义务，不得擅自变更或者解除协议。依法成立的协议，受法律保护。

拆迁补偿安置协议的主要内容包括：补偿方式和补偿金额、安置用房面积和安置地点、搬迁期限、搬迁过渡方式和过渡期限等事项。除上述主要内容外，协议一般还应包括违约责任、解决争议的办法等条款。上述所列拆迁补偿安置协议的主要内容，并非所有的拆迁补偿安置协议都应载明。具体载明哪些内容，还应视拆迁补偿方式的不同而不同。对于实行货币补偿的，拆迁补偿安置协议主要应载明补偿金额、搬迁期限；对于实行产权调换的，拆迁补偿安置协议主要应载明安置用房面积和安置地点、搬迁期限、搬迁过渡方式和过渡期限等。

拆迁补偿安置协议的签订通常情况是以房屋拆迁估价为依据的。城市房屋拆迁估价是指为确定被拆迁房屋货币补偿金额，根据被拆迁房屋的区位、用途、建筑面积等因素，对其房地产市场价格进行评估。在此基础上，综合考虑搬迁补助费、临时安置补助费和拆迁非住宅房屋造成停产停业等补偿费，以及被拆迁房屋室内自行装修装饰的补偿金额，从而最终确定拆迁补偿安置协议中货币补偿数额。

协议签订后是否公证由双方当事人自主选择。但根据《拆迁条例》规定，拆除代管房屋，必须经公证机关公证。

(4) 拆迁的实施

拆迁的实施方式有两种，即自行拆迁和委托拆迁。

① 自行拆迁——为了某项目建设需要已取得房屋拆迁许可证的建设单位，即拆迁人自己实施拆迁工作。拆迁工作一般包括对被拆迁人进行拆迁动员、组织签订和实施补偿安置协议、组织拆除房屋及其附属物等。

② 委托拆迁——拆迁人自己不承担拆迁工作，而是把拆迁工作委托给具有拆迁资格的单位去承担。

在实践中，由于建设单位的建设项目一般是单一的，拆迁工作是非经常性工作，在拆迁过程中由于从事拆迁工作的人员对有关法律、法规、政策的生疏和对拆迁业务不熟悉，往往容易造成失误或损失。为了适应社会化、专业化生产的要求，由专门从事城市房屋拆迁的单位承担拆迁，有利于节约人力、物力和财力，减轻建设单位前期工作的负担。因此大多数拆迁人通过委托拆迁形式完成拆迁。拆迁人委托拆迁的，应当向被委托的拆迁单位出具委托书，并订立拆迁委托合同。接受拆迁委托的单位必须取得拆迁资格。房屋拆迁管理部门不得作为拆迁人，也不得接受拆迁委托。

拆迁人必须在《房屋拆迁许可证》规定的拆迁范围和拆迁期限内进行拆迁，不得超越批准的拆迁范围和规定的拆迁期限。

(5) 拆迁补偿安置资金的监管

为了避免拆迁单位出具虚假证明、抽逃拆迁补偿安置资金，造成被拆迁人长期在外过渡，政府必须加强对拆迁补偿安置资金的监督管理。因此，《拆迁条例》规定申请领取房屋拆迁许可证的，应当向房屋所在地的市、县人民政府房屋拆迁管理部门提交办理存款业务的金融机构出具的拆迁补偿安置资金证明，并规定了"拆迁人实施房屋拆迁的补偿安置资金应当全部用于房屋拆迁的补偿安置，不得挪作他用。""县级以上地方人民政府房屋拆迁管理部门应当加强对拆迁补偿安置资金使用的监督。"监督的具体办法，《拆迁条例》没有明确，各地可以根据实际情况作出规定，确保拆迁补偿安置资金不被挪作他用。

2.3.3 城市房屋拆迁补偿与安置

城市房屋拆迁补偿是指拆迁人对被拆除房屋及其附属物的所有人补偿其因房屋及其附属物被拆除所受的损失。房屋拆迁使得原房屋所有人丧失了房屋的所有权，由于房屋及其附属物凝结了原所有人的资金与劳动，并且可能是他们赖以生存和生产的基本物质条件，因此必须对原所有人的损失给予补偿。城市房屋拆迁补偿安置不仅直接关系到拆迁双方当事人的切身经济利益，并且直接关系到城市建设发展。

(1) 拆迁补偿的对象

我国《宪法》第十三条规定："公民的合法的私有财产不受侵犯。国家依照法律规定保护公民的私有财产权和继承权。国家为了公共利益的需要，可以依照法律规定对公民的私有财产实行征收或者征用并给予补偿。"《物权法》第四十二条规定："征收单位、个人的房屋及其他不动产，应当依法给予拆除补偿，维护被征收人的合法权益；征收个人住宅的，还应当保障被征收入的居住条件。"依据上述法律的规定，为保护被拆除房屋所有人的合法权益，拆迁人应当对被拆除房屋及其附属物的所有人（包括房屋代管人、国家授权的国有房屋及其附属物的管理人）给予适当的补偿，对使用人的利益也要予以依法保护。但是需要说明的是，房屋拆迁补偿的对象是被拆除房屋及其附属物的所有人，而不是使用人。所有人既包括自然人，也包括法人。

(2) 拆迁补偿的方式

根据《拆迁条例》的规定，城市房屋拆迁补偿有两种方式，即货币补偿和房屋产权调换。

① 货币补偿——拆迁人将被拆除房屋的价值以货币结算方式补偿给被拆除房屋的所有人。实行货币补偿后，拆迁人不必另行交付房屋给被拆迁人。

② 房屋产权调换——拆迁人用自己建造或购买的产权房屋与被拆迁房屋进行调换产权，并按被拆迁房屋的市场评估价与调换房屋的市场评估价进行结算，结清产权调换差价的行为，即以房换房。

被拆迁人可以自由选择拆迁补偿方式，但是下列情况除外：

① 拆迁公益事业用房的，拆迁人应当依照有关法律、法规的规定和城市规划的要求予以重建，或者给予货币补偿。

② 拆迁租赁房屋的，被拆迁人与房屋承租人对解除租赁关系达不成协议的，拆迁人应当对被拆迁人实行房屋产权调换。产权调换的房屋由原房屋承租人承租，被拆迁人应当与原房屋承租人重新订立房屋租赁合同。

③ 拆除非公益事业房屋的附属物，不作产权调换，由拆迁人给予货币补偿。

(3) 拆迁补偿的标准

① 拆迁补偿的基本标准。

无论是货币补偿还是房屋产权调换，其补偿的标准都应遵循等价原则，依据房屋的区位、用途、建筑面积等因素，以房地产市场评估价格确定。

a. 区位是指某一房屋的地理位置，主要包括在市场或区域中的地位，离其他地方往来的便捷性，离重要场所（如市中心、机场、港口、车站、政府机关、学校、医院）的距离，周围环境、景观等。区位对房地产价值的决定作用是极其重要的，两宗实物和权益状况相同的房地产，如果区位不同，其价值可能有很大的差别。

b. 用途是指被拆迁房屋所有权证书上标明的用途。所有权证书未标明用途的，以产权档案中记录的用途为准。产权档案也未记录用途的，以实际用途为准。实际用途的界定以是否依法征得规划等部门同意，是否取得合法手续为依据。

c. 等因素包括被拆迁房屋成新程度、权益状况、建筑结构形式、使用率、楼层、朝向等。建筑面积、成新程度、权益状况、建筑结构形式、使用率、楼层、朝向等都应在评估时考虑。对于房屋内部装修，如果在评估时考虑装修，可能会加大评估成本，延长评估时间，不利于拆迁工作的进行。所以对装修进行的补偿，应当由拆迁人和被拆迁人在签订协议时协商确定。

② 产权调换房屋差价的结算。

在实践中，实行产权调换时，偿还房屋的建筑面积与被拆除房屋的建筑面积往往是不相等的，即使偿还的面积与原面积相等，也往往由于地理位置、结构、质量等方面的不同，而使实际价值不等，因而产生了关于价格结算的问题。《拆迁条例》注重的是房屋的价值量。产权调换在形式上表现出来的是以物换物，但是其本质是按照等价交换原则进行的。首先，由拆迁人按被拆迁房屋的评估价对被拆迁人进行补偿；然后，由被拆迁人按市场价购买拆迁人提供的产权调换房屋；最后，以被拆迁房屋的评估价与产权调换房屋的市场价进行差价结算，多退少补。

(4) 城市房屋拆迁安置

拆迁安置是指拆迁人对被拆除房屋的使用人另外提供房屋以供居住使用，并给予一定的补助费用。合理的拆迁安置是维护被拆迁人合法权益和做好拆迁工作的重要基础。

① 拆迁安置的对象。

拆迁安置的对象为被拆除房屋使用人，即在拆迁范围内具有正式户口的公民和在拆迁范围内具有营业执照或者作为正式办公地的机关、团体、企业、事业单位等。

② 拆迁安置的地点。

拆迁安置地点分为原地安置和异地安置两种。原地安置是指在拆迁范围内的建设工程完工后，将安置对象迁回原地安置。异地安置是指将安置对象迁往他处安置。

对被拆除房屋使用人的安置地点，应当根据城市规划对建设地区的要求和建设工程的性质，按照有利于实施城市规划和城市旧区改造的原则确定。对从区位好的地段迁入区位差的地段的被拆除房屋使用人，可以适当增加安置面积。

③ 拆迁安置的补助费。

在房屋拆迁安置过程中，涉及的补助费用包括搬迁补助费和临时安置补助费两大类。

a. 搬迁补助费是指被拆迁人或者被拆迁房屋的承租人因为原来居住、使用的房屋被拆除，需迁移他处，在搬迁过程中发生的由拆迁人支付的费用。由于我国各地经济发展不平衡，情况千差万别，搬迁补助费的标准由各省、自治区、直辖市人民政府规定。

b. 临时安置补助费是指在过渡期限内，拆迁人对自行安排过渡房的被拆迁人或者房屋承租人所付给的临时安置所需的费用。但是，如果被拆迁人或者房屋承租人使用拆迁人提供的周转房，拆迁人则不支付临时安置补助费。然而，由于拆迁人的责任导致延长过渡期限的，对自行安排住处的被拆迁人或者房屋承租人，应当自逾期之日起增加临时安置补助费；对周转房的使用人，应当自逾期之日起付给临时安置补助费。其中，过渡期限是指被拆迁人或者房屋承租人将原房屋交拆迁人拆除之日起至搬迁到拆迁人提供的新安置用房的时间。

2.3.4 城市房屋拆迁纠纷的处置

(1) *房屋拆迁纠纷的类型*

房屋拆迁纠纷按纠纷所处的环节可分为：① 拆迁人与被拆迁人、房屋承租人达不成拆迁补偿安置协议，形成纠纷；② 拆迁人与被拆迁人、房屋承租人达成拆迁补偿安置协议后，被拆迁人或者房屋承租人在搬迁期限内拒绝搬迁，形成纠纷。

(2) *达不成拆迁补偿安置协议的拆迁纠纷处理方式*

① 行政裁决。

从民事法律的角度来看，房屋拆迁补偿安置协议必须是有关当事人意思表示一致，协议才能成立。但是，由于当事人对补偿方式和补偿金额、安置用房面积和安置地点、搬迁期限、搬迁过渡方式和过渡期限等事项持有不同看法，从而使拆迁补偿安置协议一时无法达成。对拆迁人与被拆迁，或者拆迁人与被拆迁人及房屋承租人达不成拆迁安置协议，就补偿安置争议向人民法院提起民事诉讼的，人民法院不予受理，并告知当事人可以按照《拆迁条例》向有关部门申请裁决。《拆迁条例》规定拆迁人与被拆迁人或者拆迁人与被拆迁人、房屋承租人达不成拆迁补偿安置协议的，经当事人申请，由房屋拆迁管理部门裁决。实施裁决的房屋拆迁管理部门是县级以上地方人民政府房屋拆迁管理部门。房屋拆迁管理部门是被拆迁人的，由同级人民政府裁决。裁决的内容包括补偿方式和补偿金额、安置用房面积和安置地点、搬迁期限、搬迁过渡方式和过渡期限等事项。裁决应当自收到申请之日起 30 日内作出。

② 依法起诉。

若拆迁当事人对裁决不服，可以在接到裁决书之日 60 日内向做出裁决的房屋拆迁管理部门的本级人民政府申请行政复议，也可以向做出裁决的房屋拆迁管理部门的上一级主管部门申请行政复议。当事人也可以在接到裁决书之日起 3 个月内向人民法院起诉。

为了不影响拆迁工作的顺利进行，拆迁人已对被拆迁人给予货币补偿或者提供了拆迁安置用房、周转用房这种情况，诉讼期间可以不停止拆迁的执行。

③ 强制拆迁。

在城市房屋拆迁过程中，如被拆迁人或房屋承租人拒绝执行房屋拆迁管理部门作出的裁决，《拆迁条例》规定，被拆迁人或者房屋承租人在裁决规定的搬迁期限内未搬迁的，可以依法实施强制拆迁。

实施强制拆迁必须以裁决为前提。对在裁决规定的搬迁期限内未搬迁的，可以依法强制拆迁。实施行政强制拆迁，由房屋所在地的市、县人民政府责成有关部门执行，或者由房屋拆迁管理部门依法申请人民法院执行。

(3) 达成拆迁补偿安置协议后的拆迁纠纷处理方式

房屋拆迁补偿安置协议是约定房屋拆迁当事人之间民事权利和义务关系的合同。房屋拆迁当事人均是平等的民事主体，依法成立的房屋拆迁补偿安置协议对当事人具有法律约束力。因房屋拆迁补偿安置协议发生的纠纷，应当按照《民法通则》、《合同法》的有关规定处理。因此，拆迁补偿安置协议签订后，被拆迁人或者房屋承租人在搬迁期限内拒绝搬迁的，应当通过司法、仲裁途径来解决。如果拆迁当事人之间没有达成仲裁协议的，拆迁人可以向人民法院提起民事诉讼。诉讼期间，拆迁人可以依法申请人民法院先予执行。

如采取仲裁方式，拆迁当事人必须自愿达成仲裁协议。仲裁协议包括房屋拆迁补偿安置协议中订立的仲裁条款和以其他方式在纠纷前或纠纷后达成的请求仲裁的协议。仲裁委员会的选择由当事人协议确定。仲裁实行“一裁终局制”。

2.4　房地产交易管理制度和政策

2.4.1　房地产交易管理的概念

交易本指物物交换，亦包括商品与货币之间的交换，后来作为买卖的通称交易的方式多种多样，其中有现货交易，也有期货交易等。

房地产交易一般是指房地产买卖。《城市房地产管理法》对房地产交易进行了明确的立法解释：“房地产交易是指交易主体之间进行的房地产转让、房地产抵押和房屋租赁等的活动。”

2.4.2　房地产交易管理的基本制度

《城市房地产管理法》中规定的房地产的基本制度包括：房地产成交价格申报制度、房地产价格评估制度、房地产估价人员资格认证制度。

(1) 房地产成交价格申报制度

房地产交易价格管理是房地产交易管理的主要环节之一，它不仅关系着当事人之间的财产权益，而且也关系着国家的税费收益。因此，加强房地产交易价格管理，对于保护当事人的合法权益和保障国家的税收收入及促进房地产市场健康有序发展，有着极其重要的作用。

在房地产成交价格申报制度中，《城市房地产管理法》规定：“国家实行房地产成交价格申报制度。房地产权利人转让房地产，应当向县级以上地方人民政府规定的部门如实申报成交价，不得瞒报或作不实的申报。”《城市房地产转让管理规定》中指出，房地产转让当事人应当在房地产转让合同签订后 90 日内持房地产权属证书、当事人的合法证明、转让合同等有关文件向房地产所在地的房地产管理部门提出申请，并申报成交价格。房地产转让应当以申报的房地产成交价格作为缴纳税费的依据。房地产管理部门在接到价格申报后应核实申报的成交价，如成交价格明显低于市场正常价格的，应当及时通知交易双方当事人，按不低于税收机关确认的价格缴纳有关税费后，房地产管理部门办理房地产交易手续、核发权属证书。

(2) 房地产价格评估制度

房地产价格评估是指房地产专业估价人员根据估价目的，遵循估价原则，按照估价程序，采用科学的估价方法，并结合估价经验对影响房地产价格的因素进行分析后，对房地产最可能实现的合理价格所作出的推测与判断。《城市房地产管理法》规定国家实行房地产价格评估制度。房地产价格评估应当遵循公正、公平和公开的原则，按照国家规定的技术标准和评估程序，以基准地价、标定地价和各类房屋的重置价格为基础，参照当地的市场价格进行评估。基准地价、标定地价和各类房屋的重置价格应当定期确定并公布，具体办法由国务院规定。其中，基准地价是指按照不同的土地级别、区域分别评估和测算的商业、工业、住宅等各类用地的使用权的平均价格；标定地价是指对需要进行土地使用权出让、转让、抵押的地块评定的具体价格；房屋的重置价格是指按照当前的建筑技术、工艺水平、建筑材料价格、人工和运输费用等条件，重新建造同类结构、式样、质量标准的房屋的价格。

(3) 房地产价格评估人员资格认证制度

《城市房地产管理法》规定："国家实行房地产价格评估人员资格认证制度。"《城市房地产中介服务管理规定》进一步明确："国家实行房地产价格评估人员资格认证制度。房地产价格评估人员分为房地产估价师和房地产估价员。""房地产估价师必须是经国家统一考试、执业资格认证，取得《房地产估价师执业资格证书》，并经注册登记取得《房地产估价师注册证》的人员。未取得《房地产估价师注册证》的人员，不得以房地产估价师的名义从事房地产估价业务。"

2.4.3 房地产转让管理

(1) 房地产转让的概念

房地产转让是指房地产权利人通过买卖、赠与或者其他合法方式将其房地产转移给他人的行为，主要转让方式包括：房地产买卖、房地产赠与、房地产互换、房地产遗赠。房地产转让的实质是房地产权属发生转移，《城市房地产管理法》规定，房地产转让时，房屋所有权和该房屋所占用范围内的土地使用权同时转让。

(2) 房地产转让的分类

根据转让的对象，房地产转让可分为地面上有建筑物的房地产转让和地面上无建筑物的房地产转让，地面上无建筑物的房地产转让习惯上又被称为土地使用权转让。《城市房地产管理法》将原来的土地使用权转让与房屋所有权转移合并为一个整体通称为房地产转让，对于规范房地产市场行为，加强市场统一管理，具有积极的作用。

(3) 房地产转让的条件

房地产转让最主要的特征是发生权属变化，即房屋所有权连同房屋所占用的土地使用权发生转移。《城市房地产管理法》及《转让管理规定》都明确规定了房地产转让应当符合的条件，具体规定如下：

① 达不到下列条件的房地产不得转让。a. 以出让方式取得土地使用权用于投资开发的，按照土地使用权出让合同约定进行投资开发，属于房屋建设工程的，应完成开发投资总额的 25%以上；b. 属于成片开发的，形成工业用地或者其他建设用地条件；c. 按照出让合同约定已经支付全部土地使用权出让金，并取得土地使用权证书。

② 司法机关和行政机关依法裁定、决定查封或以其他形式限制房地产权利的。司法机关和行政机关可以根据合法请求人的申请或社会公共利益的需要，依法裁定、决定限制房地产权利，如查封、限制转移等。在权利受到限制期间，房地产权利人不得转让该项房地产。

③ 依法收回土地使用权的。根据国家利益或社会公共利益的需要，国家有权决定收回出让或划拨给他人使用的土地，任何单位和个人应当服从国家的决定，在国家依法做出收回土地使用权决定之后，原土地使用权人不得再行转让土地使用权。

④ 共有房地产，未经其他共有人书面同意的。共有房地产，是指房屋的所有权、国有土地使用权为两个或两个以上权利人共同拥有。共有房地产权利的行使需经全体共有人同意，不能因某一个或部分权利人的请求而转让。

⑤ 权属有争议的。权属有争议的房地产，是指有关当事人对房屋所有权和土地使用权的归属发生争议，致使该项房地产权属难以确定。转让该类房地产可能影响交易的合法性，因此在权属争议解决之前，该项房地产不得转让。

⑥ 未依法登记领取权属证书的。产权登记是国家依法确认房地产权属的法定手续，未履行该项法律手续，房地产权利人的权利不具有法律效力，因此也不得转让该项房地产。

⑦ 上述情形之外，其他法律、行政法规规定禁止转让的其他情形。

(4) *房地产转让的程序*

① 房地产转让当事人签订书面转让合同。

② 房地产转让当事人在房地产转让合同签订后持房地产权属证书、当事人的合法证明、转让合同等有关文件向房地产所在地的房地产管理部门提出申请，并申报成交价格。

③ 房地产管理部门对提供的有关文件进行审查，并做出是否受理申请的书面答复。

④ 房地产管理部门核实申报的成交价格，并根据需要对转让的房地产进行现场查勘和评估。

⑤ 房地产转让当事人按照规定缴纳有关税费。

⑥ 房地产管理部门办理房屋权属登记手续，核发权属证书。

此外，凡房地产转让或变更的，必须按照规定的程序先到房地产管理部门办理交易手续和申请转移、变更登记，然后凭变更后的房屋所有权证书向同级人民政府土地管理部门申请土地使用权变更登记。

2.4.4 房地产销售管理

商品房销售包括商品房预售和商品房现售。

(1) *商品房预售的概念*

商品房预售是指房地产开发企业将正在建设中的商品房预先出售给买受人，并由买受人支付定金或者房价款的行为。

由于房地产开发的投资额较大，房地产开发企业一般都希望通过商品房预售来扩大投资额，保证建设资金的供给，这也是房地产开发企业掌握市场情况、确定投资计划、加强市场竞争能力的最有效手段。同时，这些措施也有利于买受人和社会，它可以减轻买受人的经济负担，提高社会生产资金的周转效率，是市场经济的要求和通行做法。

(2) *商品房预售的条件*

《城市房地产管理法》明确规定，商品房预售实行预售许可制度。为了保障商品房买受人的合法权益，防止出现建设项目审批手续不全、资金短缺、拖延工期，或者房地产开发企业挪用、诈骗商品房预售款等情况的发生，从而避免给买受人造成意外风险损失，法律法规对商品房预售条件作了明确的规定：

① 已交付全部土地使用权出让金，取得土地使用权证书；

② 持有建设工程规划许可证；

③ 按提供预售的商品房计算，投入开发建设的资金达到工程建设总投资的25%以上，并已确定施工进度和竣工交付日期；

④ 向县级以上人民政府房产管理部门办理预售登记，取得商品房预售许可证明。

此外，部分地方政府对房地产预售还有进一步的相关规定，如北京市2010年出台的《商品房预售资金监督管理暂行办法》规定："自2010年12月1日起，严禁房地产开发企业直接收存商品房预售资金，商品房预售资金应当全部存入商品房预售资金监管专用账户，保证预售资金优先用于工程建设。"

(3) 商品房预售合同登记备案

房地产开发企业取得了商品房预售许可证后，可以向社会预售其商品房。房地产开发企业与买受人签订书面预售合同后，应当在签约之日起30日内持商品房预售合同到县级以上房地产管理部门和土地管理部门办理登记备案手续。

(4) 商品房现售的概念

商品房现售是指房地产开发企业将竣工验收合格的商品房出售给买受人，并由买受人支付房价款的行为。

《商品房销售管理办法》规定，房地产开发企业应当在商品房现售前将房地产开发项目手册及符合商品房现售条件的有关证明报送房地产开发主管部门备案。同时要求商品房现售应当符合以下条件：

① 现售商品房的房地产开发企业应当具有企业法人营业执照和房地产开发企业资质证书；

② 取得土地使用权证书或者使用土地的批准文件；

③ 持有建设工程规划许可证和施工许可证；

④ 已通过竣工验收；

⑤ 拆迁安置已经落实；

⑥ 供水、供电、供热、燃气、通信等配套设施具备交付使用条件，其他配套设施和公共设备具备交付使用条件或已确定施工进度和交付日期；

⑦ 物业管理方案已落实。

2.4.5 房地产租赁管理

(1) 房屋租赁的概念

房屋租赁是房地产市场中一种重要的交易形式。《城市房地产管理法》规定："房屋租赁，是指房屋所有权人作为出租人将其房屋出租给承租人使用，由承租人向出租人支付租金的行为。"《城市房屋租赁管理办法》(原建设部令第42号)对此概念作了细化，规定："房屋所有权人将房屋出租给承租人居住或提供给他人从事经营活动及以合作方式与他人从事经营活动的，均应遵守本办法"，即这几种行为也应按照房屋租赁关系进行管理。

(2) 房屋租赁的分类

按房屋所有权的性质，房屋租赁分为公有房屋的租赁和私有房屋的租赁。按房屋的使用用途，房屋租赁分为住宅用房的租赁和非住宅用房的租赁。其中，非住宅用房的租赁包括办公用房和生产经营用房的租赁。

(3) 房屋租赁的政策

《城市房地产管理法》规定："住宅用房的租赁，应当执行国家和房屋所在地城市人民政府规定的租赁政策。""租用房屋从事生产、经营活动的，由租赁双方协商议定租金和其他租赁条款。"

房屋租赁的有关政策主要包括：

① 公有房屋租赁，出租人必须持有《房屋所有权证》和城市人民政府规定的其他证明文件。私有房屋出租人必须持有《房屋所有权证》。承租人必须持有身份证明。

② 承租人在租赁期内死亡，租赁房屋的共同居住人要求继承原租赁关系的，出租人应当继续履行原租赁合同。

③ 共有房屋出租时，在同等条件下，其他共有人有优先承租权。

④ 租赁期限内，房屋所有权人转让房屋所有权，原租赁协议继续履行。

2.4.6 房地产抵押管理

(1) 房地产抵押的概念

房地产抵押是指抵押人以合法的房地产以不转移占有的方式向抵押权人提供债务履行担保的行为。债务人不履行到期债务或者发生当事人约定的实现抵押权的情形时，抵押权人有权就抵押的房地产优先受偿。

抵押人是指将合法的房地产提供给抵押权人，作为本人或者第三人履行债务担保的公民、法人或者其他组织。抵押权人是指接受房地产抵押作为债务人履行债务担保的公民、法人或者其他组织。

预购商品房贷款抵押，是指购房人在支付首期规定的房价款后，由贷款金融机构代其支付其余的购房款，将所购商品房抵押给贷款机构作为偿还贷款履行担保的行为。在建工程抵押是指抵押人为取得在建工程继续建造资金的贷款，以其合法方式取得的土地使用权连同在建工程的投入资产，以不转移占有的方式抵押给贷款银行作为偿还贷款履行担保的行为。

(2) 房地产作为抵押物的条件

房地产抵押的抵押物根据土地使用权的取得方式不同，对抵押物要求也不同。《城市房地产管理法》规定："依法取得的房屋所有权连同该房屋占用范围内的土地使用权，可以设定抵押权。以出让方式取得的土地使用权，可以设定抵押。"从上述规定可以看出，房地产抵押中可以作为抵押物的条件包括两个基本方面：① 依法取得的房屋所有权连同该房屋占用范围内的土地使用权同时设定抵押权。对于这类抵押，无论土地使用权来源于出让还是划拨，只要房地产权属合法，即可将房地产作为统一的抵押物同时设定抵押权。② 以单纯的土地使用权抵押的，也就是在地面上尚未建成建筑物或其他地上定着物时，以取得的土地使用权设定抵押权。对于这类抵押，设定抵押的前提条件是土地必须是以出让方式取得的。

《物权法》规定债务人或者第三人有权处分可以抵押的财产有：建筑物和其他土地附着物；建设用地使用权；以招标、拍卖、公开协商等方式取得的荒地等土地承包经营权；生产设备、原材料、半成品、产品；正在建造的建筑物、船舶、航空器；交通运输工具；法律、行政法规未禁止抵押的其他财产。抵押人可以将上列财产一并抵押。

《物权法》规定不得抵押的财产有：土地所有权；耕地、宅基地、自留地、自留山等集体所有的土地使用权，但法律规定可以抵押的除外；学校、幼儿园、医院等以公益为目的的事业单位、社会团体的教育设施、医疗卫生设施和其他社会公益设施；所有权、使用权不明或者有争议的财产；依法被查封、扣押、监管的财产；法律、行政法规规定不得抵押的其他财产。

《城市房地产抵押管理办法》(原建设部令第98号)也规定下列房地产不得设定抵押权：

① 权属有争议的房地产；

② 用于教育、医疗、市政等公共福利事业的房地产；

③ 列入文物保护的建筑物和有重要纪念意义的其他建筑物；

④ 被依法查封、扣押、监管或者以其他形式限制的房地产；

⑤ 依法不得抵押的其他房地产。

2.5 房地产税收制度和政策

税收是国家参与社会剩余产品分配的一种规范形式，其本质是国家凭借政治权力，按照法律规定的程序和标准，无偿取得财政收入的一种手段。

我国现行房地产业主要税种有房产税、城镇土地使用税、耕地占用税、土地增值税、契税。其他相关税种有营业税、城市维护建设税、个人所得税、企业所得税、印花税。

2.5.1 房产税

房产税，是指以房产为课税对象，按房产的计税余值或租金收入为计税依据，向产权所有人征收的一种财产税。

2008年12月31日，国务院总理温家宝签署第546号国务院令，宣布1951年8月8日由原政务院公布的《城市房地产税暂行条例》自2009年1月1日起废止。自2009年1月1日起，外商投资企业、外国企业和组织以及外籍个人，依照《中华人民共和国房产税暂行条例》(以下简称《房产税暂行条例》)缴纳房产税。《房产税暂行条例》是1986年9月15日由国务院发布，并于同年10月1日起施行的。为了确保其实施顺利开展，财政部、国家税务总局还于1986年9月25日发布《财政部国家税务总局关于房产税若干具体问题的解释和暂行规定》。

(1) 纳税人

房产税的纳税人，是指中国境内拥有房屋产权的单位和个人。

根据《房产税暂行条例》的规定，产权属于全民所有的，以经营管理的单位和个人为纳税人；产权出典的，以承典人为纳税人；产权所有人、承典人均不在房产所在地的，或者产权未确定以及租典纠纷未解决的，以房产代管人或使用人为纳税人。

(2) 课税对象

房产税的课税对象是房产。

根据《房产税暂行条例》的规定，房产税在城市、县城、建制镇和工矿区征收。

(3) 计税依据

房产税的计税依据根据房产是否出租分为两种。

① 非出租的房产。

以房产原值一次减除10%～30%后的余值为计税依据。具体减除幅度由省、自治区、直辖市人民政府确定。没有房产原值作为依据的,由房产所在地税务机关参考同类房产核定。

根据《财政部 国家税务总局关于房产税城镇土地使用税有关问题的通知》(财税〔2008〕152号)的规定:“自2009年1月1日起,对依照房产原值计税的房产,不论是否记载在会计账簿固定资产科目中,均应按照房屋原价计算缴纳房产税。房屋原价应根据国家有关会计制度规定进行核算。对纳税人未按国家会计制度规定核算并记载的,应按规定予以调整或重新评估。”

② 出租的房产。

以房产租金收入为计税依据。租金收入是房屋所有权人出租房产使用权所得的报酬,包括货币收入和实物收入。对以劳务或其他形式为报酬抵付房租收入的,应根据当地房产的租金水平,确定一个标准租金额按租计征。

(4) 纳税地点和纳税期限

房产税在房产所在地缴纳。房产不在同一地方的纳税人,应分别向房产所在地的税务机关纳税。

房产税按年计征,分期缴纳。具体纳税期限由各省、自治区、直辖市人民政府规定。

(5) 免税

根据《房产税暂行条例》的规定,下述房产免征房产税:

① 国家机关、人民团体、军队自用的房产。但是,上述单位的出租房产以及非自身业务使用的生产、经营用房,不属于免税范围。

② 由国家财政部门拨付事业经费的单位自用的房产。

③ 宗教寺庙、公园、名胜古迹自用的房产。但是,上述房产附设的营业用房及出租的房产,不属于免税范围。

④ 个人所有非营业用的房产。

房地产开发企业开发的商品房在出售前,对房地产开发企业而言是一种产品,因此,对房地产开发企业建造的商品房,在售出前,不征收房产税;但对售出前房地产开发企业已使用或出租、出借的商品房应按规定征收房产税。

⑤ 经财政部批准免税的其他房产。

2.5.2 城镇土地使用税

城镇土地使用税是指以城镇土地为课税对象,向拥有土地使用权的单位和个人征收的一种税。

征收城镇土地使用税的法律依据是:① 1988年9月27日国务院发布的《中华人民共和国城镇土地使用税暂行条例》(以下简称《城镇土地使用税暂行条例》),并于1988年11月1日起施行;② 2006年12月31日,对《城镇土地使用税暂行条例》进行了修订,并于2007年1月1日起施行。

(1) 纳税人

城镇土地使用税的纳税人,是指拥有土地使用权的单位和个人。

根据《城镇土地使用税暂行条例》的规定,单位包括国有企业、集体企业、私营企业、股份制企业、外商投资企业、外国企业以及其他企业和事业单位、社会团体、国家机关、军队以及其他单位;个人包括个体工商户以及其他个人。

拥有土地使用权的纳税人不在土地所在地的，由代管人或实际使用人缴纳；土地使用权未确定或权属纠纷未解决的，由实际使用人纳税；土地使用权共有的，由共有各方划分使用比例分别纳税。

(2) 课税对象

城镇土地使用税的课税对象，是指城市、县城、建制镇和工矿区内的土地。

(3) 计税依据

城镇土地使用税的计税依据，是指纳税人实际占用的土地面积；纳税人实际占用的土地面积，是指由省、自治区、直辖市人民政府确定的单位组织测定的土地面积。

(4) 适用税额

城镇土地使用税采用分类分级的幅度定额税率，根据《城镇土地使用税暂行条例》的规定，每平方米年幅度税额按照城市规模分为：大城市 1.5～30 元；二等城市 1.2～24 元；小城市 0.9～18 元；县城、建制镇、工矿区 0.6～12 元四个档次。

2.5.3 耕地占用税

耕地占用税是指对占用耕地建房或者从事其他非农业建设的单位和个人征收的一种税。征收耕地占用税的法律依据是：① 2007 年 12 月 1 日国务院发布的《中华人民共和国耕地占用税暂行条例》(以下简称《耕地占用税暂行条例》)，并于 2008 年 1 月 1 日起施行；② 2008 年 2 月 20 日财政部、国家税务总局发布的《中华人民共和国耕地占用税暂行条例实施细则》，并于公布之日起施行。

(1) 纳税人

耕地占用税的纳税人，是占用耕地建房或者从事其他非农业建设的单位和个人。

根据《耕地占用税暂行条例》的规定，耕地是指用于种植农作物的土地；单位包括国有企业、集体企业、私营企业、股份制企业、外商投资企业、外国企业以及其他企业和事业单位、社会团体、国家机关、部队以及其他单位；个人包括个体工商户以及其他个人。

对于农民家庭占用耕地建房的，家庭成员中除未成年人和没有行为能力的人外，都可为耕地占用税的纳税人。

(2) 课税对象

耕地占用税的征税对象，是占用耕地从事其他非农业建设的行为。

根据《耕地占用税暂行条例》的规定，占用林地、牧草地、农田水利用地、养殖水面以及渔业水域滩涂等其他农用地，建房或者从事非农业建设的，征收耕地占用税；建设直接为农业生产服务的生产设施的，不征收耕地占用税。

(3) 计税依据

耕地占用税以纳税人实际占用耕地面积为计税依据，按照规定税率一次性计算征收。

(4) 适用税额

耕地占用税实行定额税率。根据《耕地占用税暂行条例》的规定，以县为单位，耕地占用税税率分为：人均耕地在 1 亩以下(含 1 亩)的地区，10～50 元/平方米；人均耕地在 1～2 亩(含 2 亩)的地区，8～40 元/平方米；人均耕地 2～3 亩(含 3 亩)的地区，6～30 元/平方米；人均耕地在 3 亩以上的地区，5～25 元/平方米四个档次。

2.5.4 土地增值税

土地增值税是指对有偿转让国有建设用地使用权及地上建筑物和其他附着物的单位和

个人征收的一种税。征收土地增值税的法律依据是：① 1993年12月13日，国务院发布的《中华人民共和国土地增值税暂行条例》(以下简称《土地增值税暂行条例》)，并于1994年1月1日起施行；② 1995年1月27日，财政部发布的《中华人民共和国土地增值税暂行条例实施细则》(以下简称《土地增值税暂行条例实施细则》)，并于发布之日起施行；③ 1995年5月25日，财政部、国家税务总局发布的《关于土地增值税一些具体问题规定的通知》(以下简称《具体问题规定的通知》)；④ 2006年3月2日，财政部、国家税务总局发布的《关于土地增值税若干问题的通知》(以下简称《若干问题的通知》)，并于发布之日起施行；⑤ 2006年10月20日，财政部、国家税务总局发布的《关于土地增值税普通标准住宅有关政策的通知》。

(1) 纳税人

根据《土地增值税暂行条例》的规定，转让国有土地使用权(国土资源部于2007年11月1日起将"国有土地使用权"改称为"国有建设用地使用权")、地上的建筑物及其附着物(以下简称转让房地产)并取得收入的单位和个人，为土地增值税的纳税人。

根据《土地增值税暂行条例实施细则》的规定，转让是指以出售或者其他方式有偿转让房地产的行为，不包括以继承、赠与方式无偿转让房地产的行为；收入包括转让房地产的全部价款及有关的经济收益；单位是指各类企业单位、事业单位、国家机关和社会团体及其他组织；个人包括个体经营者。

(2) 课税对象

土地增值税的课税对象是有偿转让房地产所取得的土地增值额。

根据《土地增值税折行条例》的规定，土地增值额为纳税人转让房地产所取得的收入减掉规定扣除项目金额后的余额。纳税人转让房地产所取得的收入，包括货币收入、实物收入和其他收入。

(3) 计税依据

根据《土地增值税暂行条例》的规定，土地增值税按照纳税人转让房地产所取得的增值额和规定的税率计算征收。

纳税人若有隐瞒、虚报房地产成交价格，提供扣除项目金额不实，转让房地产的成交价格低于房地产评估价格，又无正当理由等情形之一的，按照房地产评估价格计算征收。

(4) 税率和应纳税额的计算

根据《土地增值税暂行条例》的规定，土地增值税实行四级超额累进税率：

① 增值额未超过扣除项目金额50%的部分，税率为30%；

② 增值额超过扣除项目金额50%，未超过100%的部分，税率为40%；

③ 增值额超过扣除项目金额100%，未超过200%的部分，税率为50%；

④ 增值额超过扣除项目金额200%以上部分，税率为60%。

根据《土地增值税暂行条例实施细则》的规定，每级"增值额未超过扣除项目金额"的比例，均包括本比例数。

2.5.5 契税

契税是指在土地、房屋权属发生转移时，对产权承受人征收的种税。征收契税的法律依据是：① 1997年7月7日，国务院发布的《中华人民共和国契税暂行条例》(以下简称《契税暂行条例》)；② 1997年10月28日，财政部发布的《财政部关于印发〈中华人民共和国契税暂行条例细则〉的通知》(以下简称《契税暂行条例细则》)。这两部法律规范都于1997年10

月1日起施行。

(1) 纳税人

根据《契税暂行条例》的规定，在中华人民共和国境内转移土地、房屋权属，承受的单位和个人为契税的纳税人。

根据《契税暂行条例细则》的规定，土地、房屋权属是指土地使用权、房屋所有权；承受是指以受让、购买、受赠、交换等方式取得土地、房屋权属的行为；单位是指企业单位、事业单位、国家机关、军事单位和社会团体以及其他组织；个人是指个体经营者及其他个人。

(2) 课税对象

契税的征税对象是发生产权转移变动的土地、房屋。

根据《契税暂行条例》的规定，转移土地、房屋权属的行为包括国有土地使用权出让；土地使用权转让，包括出售、赠与和交换；房屋买卖；房屋赠与；房屋交换。

根据《契税暂行条例细则》的规定，视同土地使用权转让、房屋买卖或者房屋赠与征税的土地、房屋权属转移方式包括以土地、房屋权属作价投资、入股；以土地、房屋权属抵债；以获奖方式承受土地、房屋权属；以预购方式或者预付集资建房款方式承受土地、房屋权属。

2004年9月2日，《国家税务总局关于继承土地、房屋权属有关契税问题的批复》明确指出，对于《中华人民共和国继承法》规定的法定继承人(包括配偶、子女、父母、兄弟姐妹、祖父母、外祖父母)继承土地、房屋权属，不征契税；非法定继承人根据遗嘱承受死者生前的土地、房屋权属，属于赠与行为，应征收契税。

2005年3月22日，《财政部国家税务总局关于城镇房屋拆迁有关税收政策的通知》明确指出，对拆迁居民因拆迁重新购置住房的，对购房成交价格中相当于拆迁补偿款的部分免征契税，成交价格超过拆迁补偿款的，对超过部分征收契税。

(3) 计税依据

根据房地产权属转让方式的不同，可将契税的计税依据划分为不同标准。

根据《契税暂行条例》的规定，当国有土地使用权出让、土地使用权出售、房屋买卖时，契税的计税依据为成交价格；当土地使用权赠与、房屋赠与时，契税的计税依据由征收机关参照土地使用权出售、房屋买卖的市场价格核定；当土地使用权交换、房屋交换时，契税的计税依据为所交换的土地使用权、房屋价格的差额。

(4) 税率和应纳税额的计算

根据《契税暂行条例》的规定，契税的税率为3%～5%，各地适用税率由省、自治区、直辖市人民政府按照本地区的实际情况，在规定的幅度内确定并报财政部和国家税务总局备案。

契税应纳税额依照税率和计税依据计算征收，即：

应纳税额＝计税依据×税率

2.5.6 其他房地产相关税收

(1) 营业税

营业税是对在我国境内提供应税劳务、转让无形资产或销售不动产的单位和个人，就其所取得的营业额征收的一种税。销售不动产的营业税的税率是5%。

(2) 城市维护建设税

城市维护建设税是我国为了加强城市的维护建设，扩大和稳定城市维护建设资金的来源，随增值税、消费税和营业税附征并专门用于城市维护建设的一个税种。

(3) 教育费附加

教育费附加是为加快地方教育事业发展，扩大地方教育经费的资金而征收的一项专用基金。

(4) 企业所得税

企业所得税是指以企业的生产经营所得和其他所得为征收对象所征收的一种税。中国境内从事房地产开发经营业务的企业都是企业所得税的纳税人。

(5) 个人所得税

个人所得税是指以个人(自然人)取得的各项应税所得为征收对象所征收的一种税。个人转让住房，以其转让收入额减掉财产原值和合理费用后的余额为应纳税所得额。财产租赁所得、财产转让所得，适用比例税率，税率为 20%。

(6) 印花税

印花税是指对因商事活动、产权转移、权利许可证照授受等行为而书立、领受应税凭证征收的一种税。中华人民共和国境内书立、领受本条例所列举凭证的单位和个人，都是印花税的纳税义务人，具体包括：① 立合同人；② 立账簿人；③ 立据人；④ 领受人。

2.6　住房公积金制度和政策

为建立适应社会主义市场经济要求的新的城镇住房制度，形成稳定的住房资金来源，促进住房资金的积累、周转和政策性抵押贷款等制度的建立，转换住房分配机制，提高职工解决自住住房能力，根据《国务院关于深化城镇住房制度改革的决定》，1999 年我国开始施行《住房公积金管理条例》(2002 年 3 月 24 日进行了修改)。

2.6.1　住房公积金的概念

住房公积金是指国家机关、国有企业、城镇集体企业、外商投资企业、城镇私营企业及其他城镇企业、事业单位及其在职职工缴存的长期住房储金。住房储金在职工工作期间，职工个人和所在单位均应按职工个人工资和职工工资总额的一定比例逐月缴纳，归职工个人所有，作为职工个人住房基金，专户储存、统一管理、专项使用。住房公积金包含以下五个方面的含义：

① 住房公积金只在城镇建立，农村不建立住房公积金制度。

② 只有在职职工才建立住房公积金制度。无工作的城镇居民不实行住房公积金制度，离退休职工也不实行住房公积金制度。

③ 住房公积金由两个部分组成：一部分由职工所在单位缴存；另一部分由职工个人缴存，职工个人缴存部分由单位代扣后连同单位缴存部分一并缴存到住房公积金个人账户内。

④ 住房公积金缴存的长期性。住房公积金制度一经建立，职工在职期间必须不间断地按规定缴存，除职工离退休或发生《住房公积金管理条例》规定的其他情形外，不得中止和中断。

⑤ 住房公积金是职工按规定存储起来的专项用于住房消费支出的个人住房储金，具有两个特征：一是积累性，即住房公积金虽然是职工工资的组成部分，但不以现金形式发放，并且必须存入住房公积金管理中心在受委托银行开设的专户内，实行专户管理；二是专用性，

即住房公积金实行专款专用，存储期间只能按规定用于购、建、大修自用住房，或缴纳房租。职工只有在离退休、死亡、完全丧失劳动能力并与单位终止劳动关系或户口迁出原居住城市时，才可提取本人账户内的住房公积金。

2.6.2 住房公积金制度的作用

住房公积金把住房改革和住房发展紧密地结合起来，解决了长期困扰我国的住房机制转换问题和政策性住房融资问题，其作用有：

① 在职工工作年限内，住房公积金储存在职工个人住房公积金账户内，计算利息，且连本带息全归职工个人所有。

② 每月缴存住房公积金相当于为职工自身的住房消费作储蓄，职工只要发生购房等政策允许的情况，就可以按照规定的限额及频率提取使用。

③ 职工或职工家庭遇政策规定范围内的突发事件，可以按照规定提取账户内的住房公积金，以缓解由此造成的经济压力。

④ 当职工退休时，职工个人账户内尚未提取的住房公积金，可以一次性结算本息后予以销户提取，这样，相当于一笔养老金。

⑤ 职工建立住房公积金满足一定条件后，在购建住房时，可以申请住房公积金贷款，该贷款较普通银行商业性个人住房贷款具有利率低等优势。

⑥ 按照规定缴存的住房公积金，免征个人所得税和利息所得税，即可以获得税收优惠。

2.6.3 住房公积金归集

住房公积金归集是指住房公积金管理中心作为住房公积金管理的法定机构，依据《住房公积金条例》和政府授予的职权，将职工个人按照规定比例缴存的及其所在单位按照规定比例为职工缴存的住房公积金，全部归集于管理中心在受委托银行开立的住房公积金专户内，存入职工个人账户，并集中管理运作的行为。

(1) 住房公积金归集的主要内容

① 缴存住房公积金的对象。国家机关、国有企业、城镇集体企业、外商投资企业、城镇私营企业及其他城镇企业、事业单位民办非企业单位和社会团体及其在职职工都应按月缴存住房公积金。有条件的地方，城镇单位聘用进城务工人员，单位和职工可缴存住房公积金，城镇个体、工商户、自由职业人员可申请缴存住房公积金。

对新设立的单位应当自设立之日起30日内到住房公积金管理中心办理住房公积金缴存登记，并自登记之日起20日内持住房公积金中心的审核文件到受委托银行为本单位职工办理住房公积金账户设立手续。

② 缴存基数。缴存基数是职工本人上一年度的月平均工资，共由六个部分组成：计时工资、计件工资、奖金、津贴和补贴、加班加点工资及特殊情况下支付的工资。住房公积金缴存基数不得高于职工工作所在区城市统计部门公布的上一年度职工月平均工资的三倍。具体标准由各地根据实际情况确定。职工单位对职工缴存住房公积金的工资基数每年核定一次。

③ 缴存比例。缴存比例是指职工个人按月缴存(或职工单位资助职工按月缴存)住房公积金的数额占职工上一年度月平均工资的比例。单位和职工缴存比例不应低于5%，不高于12%。具体缴存比例由住房公积金管理委员会拟订，经本级政府审核后报省、自治区、

直辖市人民政府批准后执行。

④ 住房公积金月缴存额，为职工本人上一年度月平均工资分别乘以职工和单位住房公积金缴存比例后的和，即：

$$\text{住房公积金月缴存额}=\begin{array}{l}(\text{职工本人上一年度月平均工资}\times\text{职工住房公积金缴存比例})+\\(\text{职工本人上一年度月平均工资}\times\text{单位住房公积金缴存比例})\end{array}$$

住房公积金汇缴年度为上年 7 月 1 日至当年 6 月 30 日。

(2) 住房公积金的查询和对账

住房公积金管理中心要为每一位缴存住房公积金的职工发放住房公积金的有效凭证。有效凭证是全面反映职工个人住房公积金账户内住房公积金资金的增减、变动和结存情况的证明。目前个人住房公积金有效凭证有几种形式：凭条、存折或磁卡等。职工个人可以直接到管理中心或商业银行查询个人住房公积金缴存情况，也可以通过住房公积金磁卡、电话、网络系统查询。每年 6 月 30 日为住房公积金结息日。结息后，管理中心要向单位和职工发送住房公积金对账单，与单位和职工对账，职工对缴存情况有异议的，可以向管理中心和受委托银行申请复议。

2.6.4　住房公积金的提取和使用

职工有下列情形之一的，可以提取职工住房公积金账户内的存储余额：

① 购买、建造、翻建、大修自住住房的；

② 离休、退休的；

③ 完全丧失劳动能力，并与单位终止劳动关系的；

④ 出境定居的；

⑤ 偿还购房贷款本息的；

⑥ 房租超出家庭工资收入的规定比例的。

依照第②、③、④项规定，提取职工住房公积金的，应当同时注销职工住房公积金账户。职工死亡或者被宣告死亡的，职工的继承人、受遗赠人可以提取职工住房公积金账户内的存储余额；无继承人也无受遗赠人的，职工住房公积金账户内的存储余额纳入住房公积金的增值收益。

职工提取住房公积金账户内的存储余额的，所在单位应当予以核实，并出具提取证明。职工应当持提取证明向住房公积金管理中心申请提取住房公积金。住房公积金管理中心应当自受理申请之日起 3 日内作出准予提取或者不准提取的决定，并通知申请人；准予提取的，由受委托银行办理支付手续。

缴存住房公积金的职工，在购买、建造、翻建、大修自住住房时，可以向住房公积金管理中心申请住房公积金贷款。住房公积金管理中心应当自受理申请之日起 15 日内作出准予贷款或者不准贷款的决定，并通知申请人；准予贷款的，由受委托银行办理贷款手续。

复习思考题

1. 房地产法律体系包括哪些内容?
2. 土地使用权出让的方式有哪几种?
3. 什么是土地使用权划拨?
4. 简述城市房屋拆迁的工作程序。
5. 房屋拆迁的基本拆迁补偿的标准如何确定?
6. 简述房地产交易的基本制度。
7. 限制房地产转让的情形有哪些?
8. 商品房预售的条件有哪些?
9. 我国现行的房地产业有哪些税种?
10. 简述公积金制度的基本作用。

第 3 章　房地产项目策划

本章提要

本章重点介绍房地产项目策划的基本过程和基本策略。通过学习，要求学生掌握房地产项目策划的程序和内容；掌握 STP 策划的基本过程；熟悉房地产项目产品策划和形象策划；熟悉房地产项目策划报告的内容及编制原则。

3.1　房地产项目策划概述

房地产项目策划，是以房地产开发项目为对象，以客观的市场调研、消费者心理行为分析和市场定位为基础，以独特的概念设计为核心，综合运用建筑策划、营销策划理论和方法，按照一定的程序对未来房地产开发项目进行既有创造性又有可操作性的筹划与安排。

3.1.1　房地产项目策划在房地产开发中的地位

房地产项目策划在房地产开发项目建设中贯穿始终，房地产开发项目建设要完成一个项目周期，需要经过市场调研、项目选址、投资研究、规划设计、建筑施工、营销推广、物业服务等一系列过程，这些过程中某一环节出现问题，都会影响项目的开发进程。房地产项目策划参与项目的每个环节，通过概念设计及各种策划手段使开发的房地产商品满足消费者需求，适销对路，占领市场。如果策划不合格或不到位，很可能造成项目进展不顺、产品滞销等现象，所以房地产项目策划是非常重要的。

3.1.2　房地产项目策划的作用

① 房地产项目策划能使企业决策准确，避免项目运作出现偏差。

房地产项目策划是在对房地产项目市场调研后形成的，它是策划人不断面对市场总结出来的智慧结晶。因此，它可以作为房地产企业的参谋，使企业及企业家决策更为准确，避免项目在运作中出现偏差

② 房地产项目策划能有效地整合房地产项目资源，使之形成优势。

要开发好一个房地产项目，需要调动很多资源协调发展，如概念资源、人力资源、物力资源、社会资源等。这些资源在房地产项目策划还没参与以前是分散的、凌乱的，甚至是没有中心的。房地产项目策划参与到各种资源中去，理清它们的关系，分析它们的功能，帮助它们团结在一起，围绕中心形成共同的目标。

③ 房地产项目策划能探索解决企业管理问题，增强企业的管理创新能力和竞争力。

房地产企业要赢得市场，商品房要卖得出去，重点是管理创新。房地产企业要想在竞争

日趋激励的今天赢得市场，重点是提高竞争力。策划人帮助房地产开发企业管理创新和提高竞争力，就是遵循科学的策划程序，从寻求房地产开发项目的问题入手，探索解决管理问题和提高企业竞争力的有效途径。

3.1.3 房地产项目策划的程序

一个完整的房地产项目策划，主要由项目选址直至物业管理策划九个环节的工作组成，其程序与阶段划分如图 3-1 所示。

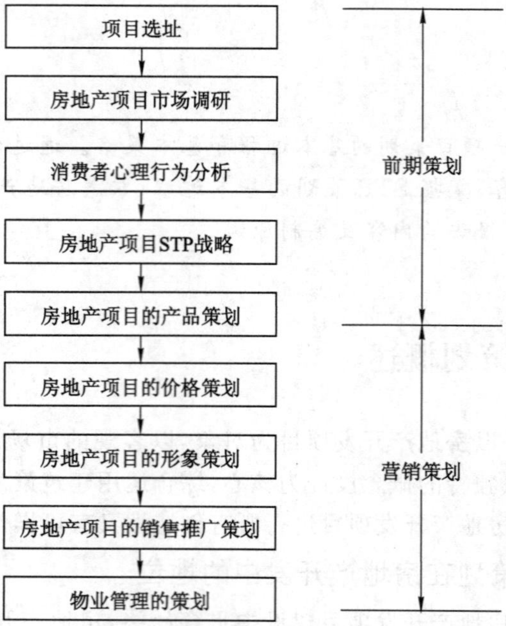

图 3-1 房地产项目策划的程序

3.1.4 房地产项目策划的内容

(1) 项目选址

在项目选址阶段，开发商及策划人员在对城市规划和当地房地产市场充分把握的基础上，需对拟开发地块进行优势、劣势、机会、威胁分析，在研究地块开发价值基础上做出地块选择，然后研究获取该地块的方式与策略。

(2) 房地产项目市场调研

目前，市场调研方法是开发商了解消费者行为心理以及竞争对手产品实力的重要方法。此间，开发商及策划人员要考虑通过哪些具体的调查方法获得有关信息和资料、如何设计调查问卷、如何与市场调查机构打交道等。

(3) 消费者心理行为分析

这一步主要是对市场调查结果进行分析研究，以及对消费者心理行为模式进行探讨。

(4) 房地产项目 STP 战略

通过市场调查和开发地块条件的分析，对潜在市场进行细分，确定项目的市场定位，即项目主要销售给谁。在此期间，策划人员还要根据消费者的心理与行为，考虑导入什么样的概念才能适应目标消费者的爱好与习惯。

(5) 房地产项目的产品策划

房地产项目的规划设计，一般是由开发商委托设计单位来做。在设计单位具体的规划设计之前，开发商及其策划人员要依据市场调查的结果和项目的市场定位，给设计人员提出具体的建议和指导。规划设计完成之后，开发商要选择施工单位进行施工。当项目完工或建设至符合预售条件时，策划人员就要进行营销策划，具体包括价格策略、形象策略以及销售策略等。

(6) 房地产项目的价格策划

房地产价格犹如一把双刃剑：制定好，可以挫败竞争对手，使开发商自己的楼盘畅销；制定不好，楼盘可能卖不出，企业就可能被别的对手所打败。因此，制定合理的价格策略，是策划人员的重要工作之一。价格策略主要包括定价目标、基本定价方法、单元价格确定以及定价技巧等。

(7) 房地产项目的形象策划

良好的项目形象对吸引顾客、扩大市场份额有极大的促进作用。所以，如何确定项目形象、塑造项目整体形象的个别性、展示与竞争楼盘的差异性等问题都要求策划人员必须精心策划，并且认真实施有效的形象策略，从而激发消费者对项目产生一致的认同感，并赢得消费者的信赖和肯定，以达到促进房地产营销的目的。

(8) 房地产项目的销售推广策划

在具体的销售过程中，项目是自行销售还是委托代理，如何进行促销及处理好与社会和大众的关系等问题，都是需要策划人员认真考虑的。

(9) 物业管理的策划

物业管理工作虽然属于楼盘销售之后的事，但是物业管理策划工作却需要提前完成。因为良好的售后服务是楼盘销售的有力保证、策划人员应本着以人为本的思想，为购房者制定完善的物业管理措施，从而提供高质量的物业服务。

3.2 房地产项目STP策划

由于房地产市场容量巨大，客户群体的组成结构十分复杂，他们的需求和品位又各不相同，为了能与对手展开竞争，开发商需要在营销过程中确定能提供最有效服务的目标市场，根据选定的目标市场需求开发和销售有针对性的产品。这一系列的过程在营销学领域被称为“STP战略”，即：S—Segmentation（市场细分），T—Targeting（目标市场选择），P—Positioning（产品定位）。

3.2.1 房地产项目市场细分

市场细分，即房地产开发商把市场按照客户需求上的差异划分为具有类似性的若干不同购买群体的过程。市场细分的工作程序一般可划分为调查、分析和细分三个阶段。调查是对市场信息原始资料的收集，分析是对市场信息的研究，细分是按研究结论对市场的分解。

房地产商品由于用途不同、性质不同、顾客群不同，消费者的需求除了一些基本要素（如安全、质量等）外，其他要素也有较大的差异。因而，房地产市场细分的依据也应按房地产商品的类别分类研究。由于市场细分的目的是尽可能赢得顾客、扩大市场份额，因此市场细分的依据也体现在顾客身上。对于住宅市场，市场的细分包括以下三类。

(1) 人口细分

人口统计因素是消费者群体分类的基本变量。职业与文化程度的不同,决定着住房消费偏好,以及对居住环境、配套设施的特殊要求;宗教信仰、种族、民族、国籍等因素,往往也会形成完全不同类型的消费群体及某些特殊的消费偏好等。所以,人口的年龄分组、性别分类、家庭结构、收入水平、职业、文化程度、宗教、种族、民族、国籍等,均可作为市场细分的变量。

(2) 地理细分

地理因素作为住宅市场细分变量主要是指潜在消费者的地理分布状况,如地区、地域特征(市区、郊区、远郊区、农村等)、人口密度及地区自然环境、生活环境、交通环境等。潜在的消费者原来所处的地理环境因素或多或少地影响着消费者的生活方式,也影响着他们对新购住房的需求偏好。

(3) 心理与行为细分

心理与行为细分是以人们购买住宅的动机、生活方式以及个性等心理参数作为划分住宅消费群的基础。近年来,随着房地产市场的日趋成熟,国内知名开发商开始摒弃按照一般性社会统计变量进行市场细分的做法,逐步采用以消费者偏好为基础的STP战略。

具体说来,包括以下几个方面:① 购买动机,居住性购房和投资性购房所关注的侧重点是不同的。② 生活方式,家庭生活方式影响对各种住宅的兴趣。③ 个性,不同个性的消费者对住宅的建筑风格、房屋结构、社区环境等方面有不同的要求。④ 追求利益,有的注重配套,特别是住宅附近的重点学校;有的注重交通便利,特别是地铁沿线;有的注重周边环境。企业可根据消费者在购买住宅时所追求的利益的不同来细分住宅市场。

若将人口、地理细分和心理与行为细分相比,前者具有相对稳定性,但它们只是影响购买与消费的最基本因素,未必能促成最终购买;后者虽不够稳定,但它是影响消费者购买的直接因素。心理与行为细分强化了市场研究人员对消费者态度的研究,由态度和习惯判断其生活方式,由生活方式寻找更具针对性的营销策略。

3.2.2 房地产项目目标市场的选择

目标市场就是企业决定进入的那个细分市场,即企业经过市场细分以及对细分市场评估以后决定以相应的商品和服务去满足细分市场的顾客群,就房地产企业而言,目标市场就是一个满足细分市场的特定项目,以及该项目一系列的开发理念、市场定位、卖点设计等营销策略的组合。

3.2.2.1 影响目标市场选择的主要因素

(1) 市场规模

市场规模因素是指细分市场的规模大小及其发展潜力。具有足够发展空间的市场,即使当市场规模不够大,仍然具有吸引力。对房地产项目而言,市场规模的大小往往成为目标市场决策的首要因素。

市场规模大小的预测是依据市场调查进行的。市场调查资料是否真实描绘了市场的本质,一则取决于抽样方案,二则取决于样本规模。因此,市场细分的调查方案编制一定要充分坚持科学性、真实性原则。

(2) 资源条件

资源条件是指公司所拥有的或公司能筹集到的可供支配的资源。对房地产公司而言,从事房地产项目开发所涉及的主要资源条件有资金、土地、技术和人力资源。资金是第一位的，任何一个新的目标市场的决策（新项目的开发决策），首先遇到的就是资金，只有有条件筹集到足够的资金，项目才能决策；土地是房地产项目立足的根基，只有找到了适宜于细分市场开发的土地，目标市场才能够确定；技术是指公司从事该类房地产项目投资经营、开发建设的技术力量；人力资源是指公司所拥有的具备同类项目开发建设及经营管理的人才。

(3) 环境条件

环境条件是指项目所在地块的环境是否与目标市场的要求相适应。房地产项目目标市场关注的环境条件主要有：① 自然环境条件。主要包括项目所在地的地质、地貌（山脉、河流）、地形、植被（森林、草地、树木）、气候（风、雨、气温、湿度、温度）。② 社会环境条件。主要包括项目所在地的风俗、社区文化、社区管理机构、社区治安及社区服务环境等。③ 基础设施环境条件。主要包括项目所在地块的基础设施状况，如给水、电力、通信、排水、排污设备等。④ 配套设施环境条件。主要包括交通、商业、生活、医疗、卫生、保健、文化、娱乐、教育等配套设施条件。

(4) 盈利性因素

盈利是指扣除投资成本后的收益。目标市场盈利性主要取决于目标市场的结构吸引力，由竞争对手、替代品、购买方、供应商以及潜在的进入者共同决定。反映房地产项目投资盈利性的主要指标有投资收益率、投资回收期、内部收益率、净现值等。

(5) 风险性因素

风险客观存在于一切项目投资过程之中。用来描述房地产项目投资风险的主要指标有投资风险损失强度和投资风险分布状况（标准偏差及变异系数）。衡量、评估项目风险状况的常用方法有风险调整贴现率法、决策树法（期望值法）、盈亏平衡分析法、敏感性分析法等，应当视具体情况采用不同的方法和指标。

(6) 政策性因素

政策性因素是指项目所在国和所在地颁布的与项目有关的各种法律、法规、产业政策。应从有利和不利两方面来分析政策性因素对项目带来的影响。对房地产开发项目而言，最主要的政策性因素包括城市规划、利率政策、环境保护政策、住房政策、土地政策以及相关的税收政策等。

3.2.2.2 目标市场选择的主要模式

(1) 单一目标市场化

单一目标市场化是指房地产开发商只选择一个细分市场作为目标市场。选择一个细分市场，能够集中公司的优势资源，企业通过集中营销能更清楚地了解细分市场的需求，在细分市场上建立巩固的市场地位。

单一目标市场的选择可细分为单一目标市场、产品单一化以及单一目标市场、产品多元化两种模式。

其中，单一目标市场、产品单一化模式具有较大的市场风险，如单一的市场、单一的户型等，一旦消费者在该细分市场上的消费意愿下降或其他竞争对手进入该细分市场，那么企业将面临很大的风险。对于单一目标市场选择，开发商应进行非常深入的市场调研，以确定客户需求意愿与特征，进而规避市场风险。此时，产品的适度多元化则成为关键，如针对高端客户进行豪宅开发时，也应根据市场需求具备适度多元化的户型配比。

为了规避上述风险，一些开发商在单一目标市场化中选择具有较大潜力的、市场可持续的项目进行开发，从而把风险降到最低，如选择国家鼓励的具有较大市场需求的经济适用房项目进行开发建设等。

(2) 多目标市场化

多目标市场化是指房地产开发企业选择若干细分市场作为目标市场，其中每个目标市场对企业都具有一定的吸引力，且符合企业的目标和资源能力。这些目标市场之间无联系或很少发生联系，但在每个目标市场上都可以盈利，这样可以在某些程度上分散企业的市场风险，因为即使某一个目标市场失去了吸引力，企业还可以在其他细分市场上盈利。

多目标市场的选择又可以细分为多目标市场、产品单一化模式和多目标市场、产品多元化模式。

① 多目标市场、产品单一化——房地产开发企业只开发一种类型的物业产品，并向多个目标市场的客户群体销售这种产品。

② 多目标市场、产品多元化——房地产开发企业通过投资开发各种类型和物业来满足各种目标市场的需求。一般只有大型或实力较强的房地产企业采用这种投资战略。

3.2.3 房地产项目市场定位

房地产开发项目市场定位，是指在房地产市场调研和分析的基础上根据市场环境、企业资源及项目自身条件特征，选定目标市场，确定消费群体，明确项目档次、功能和设计建造标准。房地产开发过程中的市场定位是围绕开发项目进行的，又称项目定位，是房地产开发的重要工作内容。

房地产项目定位是在市场调研和细分的基础上研究和分析潜在消费者的客户定位，是对消费者使用方式和使用心理进行分析研究基础上的产品定位，是将产品按消费者的理解和偏好方式传达出去的形象定位。房地产项目定位的目的是通过准确定位形成项目的市场竞争优势。

房地产开发项目的类型千差万别，潜在客户居住和生活的多元化、个性化和情感化的倾向越来越明显，因此每一个开发项目的市场定位工作内容都不相同，但一般都应具有以下内容。

(1) 客户定位

房地产项目定位的核心是客户定位，客户定位，即主要解决产品卖给谁和目标客户有哪些消费习惯等问题。由于客户对象在年龄、收入、职业、教育程度及兴趣等方面差异很大，其消费需求也是复杂的。因此，房地产开发商应当结合项目自身品质和特点，正确分析项目的客户群体组成及消费特征，从而展开目标客户群的研究，主要包括：① 客户群年龄结构；② 客户群职业特征；③ 客户群区域结构；④ 客户群的商品房消费能力、消费方式；⑤ 客户群对商品房特征的需求；⑥ 客户群对环境及配套的需求；⑦ 客户群对物业管理的需求；⑧ 客户群购买商品房的目的。

(2) 产品定位

确定开发什么样式的产品，找出拟开发产品限制条件，制定具体的产品定位方案和定位策略。在产品定位中，要对开发内容和规模进行分析，在符合城市规划的限定条件下，按照最高最佳使用原则，选择最佳用途和最合适的开发规模，包括总建筑面积、楼盘档次、建筑风格、空间形态、户型配比、平面布局、交通组织、景观方案等。

(3) 形象定位

主要研究房地产项目的市场表达方式,确定房地产项目从产品到商品的过程中的最佳表达方式。

(4) 价格定位

根据客户定位和产品定位确定租、售价格的区间。

3.3 房地产项目产品策划

3.3.1 产品策略

房地产项目产品策略,是寻求自身产品差异化的过程。房地产项目产品差异化策略,即在目标市场确定后,开发商根据目标市场需求特点,努力挖掘自身产品的特色用以区别其他竞争项目,以期在市场中实现竞争优势,更大程度地满足消费者需求。

房地产开发商可以从项目区位等存在明显差异性的地方体现自身特色,还可以从规划设计、新技术、新材料、产品价格和营销服务等方面来实现房地产产品的差异化策略,做到产品领先、服务领先、品位领先,从而取得较高的市场占有率。

(1) 规划设计

产品的规划设计是实现产品差异化的重要突破点,如何能够在规划设计上更加满足消费者需求,从而区别于其他竞争项目,这是开发商应着重考虑的内容。在符合城市规划的要求基础上,在规划设计的理念构建方面还应注意与自然生态、社会发展和用户需求变化相和谐。

(2) 新技术、新材料

现在建筑技术和建筑材料的创新与突破是房地产开发项目创新中的重要一环,也是实现人居环境本质提升的有效手段。天棚柔和辐射采暖制冷系统技术、卫生间同层排水技术等建筑节能技术与环保理念越来越得到开发商的重视,这也将成为房地产项目未来发展的一个重要方向。

(3) 产品价格和营销服务

价格是市场的晴雨表,开发商在市场营销中应特别注重价格的运用,特别是基价与各项价差(楼层差、朝向差、景观差等)的制定以及调价策略的运用等,应充分结合市场状况和产品特征进行价格制定与调整。

房地产营销服务主要包括售前咨询服务、售中代办手续服务和售后物业管理服务等,这些都属于房地产延伸产品的内容。良好的产品服务质量可以显著提升企业与楼盘品牌,为产品赢得良好市场声誉,为企业争取更多的潜在客户,促使企业在市场竞争中占据更大的优势。

3.3.2 产品定位

房地产项目的产品定位是在市场细分、客户需求分析、客户群确定的基础上,对房地产项目的主要技术参数、模式等的确定,对产品效用、产品形式、产品功能的设计与创新,最终反映产品独特的市场形象。

3.3.2.1 产品定位的限制条件

房地产产品定位要求在各种限制条件(地形地貌、户型配比、容积率、绿地率、限高、朝向、楼间距、日照间距、单套面积等)下寻求最佳方案,考虑产品是否满足市场和客户需求。

房地产项目的产品定位存在的限制因素主要包括以下几个方面：

(1) 土地

土地方面主要考虑:① 土地的自然条件,如地块的面积以及周边的自然景观等。通常面积越大、形状越规则,产品定位的空间越大。② 土地的使用条件,如土地的规划要求、地理位置和其他限制条件。③ 土地周围的使用现状和发展趋势。④ 土地开发的条件,如是自主开发还是合建,自主开发的话会使产品定位有了更大的空间。

(2) 城市规划

城市规划方面主要考虑相关城市规划的限制,例如容积率、覆盖率、建筑物高度、用途及环境等。城市中心地块的规划要求一般比较严格,在用地范围、容积率、建筑物高度甚至是建筑物的外观、外墙颜色和装饰材料等方面的限制条件较为苛刻,使得房地产产品的定位受到较大限制。

(3) 顾客需求

顾客需求方面主要考虑客户需求的地理位置、价格区间和产品种类,例如别墅一般考虑建在离城市较远的地方,定位于开敞的空间,具有优美和恬静的田园环境,满足高收入、自己配备汽车的家庭。

(4) 资金供应

资金供应方面主要考虑是自有资金还是借贷资金,采用何种融资方式,即采用独资、招商、集资还是贷款等手段,不同资金来源会影响到房地产产品成本的不同,会造成产品定位空间不同。

(5) 市场条件

市场条件方面主要考虑房地产市场的发展阶段、发展水平和发展趋势。例如,市场是处于一个供方市场还是需方市场,市场是一个良性市场还是一个不正常的市场,不同的市场条件会影响房地产产品定位。

(6) 开发商思维

房地产产品定位很容易受到开发商思维的限制,开发商对市场的把握、创新性或对项目的理解深度的不同,会在很大程度上影响房地产项目的产品定位,特别是在项目的创新性等方面。目前在户型创新等方面,很多开发商都进行了一些有益的尝试,并取得了成功,但是个别地区的项目在规划和户型设计上还过于陈旧,体现不出时代感和创新性。

3.3.2.2 产品定位的方法

(1) 房地产市场分析方法

房地产市场分析方法是指运用市场调查方法,对房地产项目市场环境进行数据搜集、归纳和整理,形成项目可能的产品定位方向,然后对数据进行竞争分析,利用普通逻辑的排除、类比、补缺等方法形成项目的产品定位的方法。市场分析法中的市场调查方法包括实地调查法、问卷调查法、访谈法、座谈会等。

(2) SWOT 分析方法

SWOT 是优势(strength)、劣势(weakness)、机会(opportunity)和威胁(threats)的合称。SWOT 分析方法即对项目面临的内、外部各方面条件进行概括和总结,分析项目自身具备的优势和劣势因素、面临的外部发展机会和存在威胁等因素,将调查得出的各种因素根据轻重缓急或影响程度等进行排序并构造 SWOT 矩阵,以此为基础,从而提出项目解决方案。

(3) 建筑策划方法

房地产项目产品核心集中体现在建筑环节,同时也是产品差异化竞争优势的产生方式。房地产项目产品定位中的建筑策划不等同于建筑设计本身,它是在建筑设计之前,在市场调研的基础上提出的建筑设计内容,是房地产项目产品构思、概念和形象的组成部分,是产品定位的重要构成部分。

建筑策划是指根据总体规划的目标,从建筑学的角度出发,依据相关经验和规范,以实态调查为基础,经过客观分析最终得出实现既定目标所应遵循的方法和程序。建筑策划中,人在建筑环境中的活动及使用的实态调查和分析是关键。

(4) 目标客户需求定位法

目标客户需求定位法是指房地产开发商在物业产品定位时,根据所选定的目标市场的实际需求,开发建设出能满足他们个性化需求的产品,步骤如下:① 确定目标市场。市场细分后,开发商要对选择进入哪些目标市场或为多少个目标市场服务做出决策。② 目标客户特征分析。根据目标市场,分析目标群体所处的目标角色状态和追求的核心价值,确定主要目标客户的特征,包含目标客户的购买动机、欲望、需求等特征,从而提出相应的产品定位。③ 产品定位。在充分掌握目标顾客的需求特征之后,需要对产品效用、产品形式、产品功能等进行定位与创新,以此来反映产品独特的市场形象。

(5) 头脑风暴法

在房地产产品定位中,头脑风暴法是实践中经常采用的一个方法。头脑风暴法又可以分为直接头脑风暴法和质疑头脑风暴法。① 直接头脑风暴法是指房地产专家群体决策尽可能激发创造性,产生尽可能多的设想的方法;② 质疑头脑风暴法是对直接头脑风暴法提出的设想、方案逐一质疑,分析其现实可能性的方法。房地产产品定位使用头脑风暴法,就是针对产品定位这一主题,发动集体思想进行创造性沟通,从而确定产品定位。

3.3.3　产品策划

房地产项目的产品策划是在产品定位的基础上,以满足客户需求为出发点,确定组成产品特征的各项要素的具体实现的方式。其实现途径可从规划布局、建筑类型、住宅户型、绿地景观、配套设施等方面体现。

(1) 规划布局

规划设计包含很多内容,例如建筑的布局、间距、朝向、绿化和道路的布置等。这些内容直接关系居民的生活环境质量乃至人身、财产安全。在规划设计中,建筑的规划布局要考虑到室内外、噪音、有无污染及交通方面的因素,创造便利、安全、舒适的居民生活环境。建筑的间距应满足防火间距和日照采光的要求,如果建筑间距留得不够,就不能为火灾的防范、扑救创造条件。同时建筑的朝向也是一个非常重要的因素,特别是在北方地区,应考虑到人们的居住习惯,例如在北方住宅多为南北朝向。在规划设计中,绿化、道路交通、户外工程的设计也同样重要且不可或缺,这些都影响小区的档次和居住品质等。

居住区的规划布局策划就是要求在考虑上述因素的基础上,选择合理的建筑群体布局。常见的规划布局形式有行列式、周边式、混合式、自由式等(图 3-2)。

① 行列式是按一定的房屋朝向和间距成排布置,大部分是南北向重复排列,其优点是每户都有好的朝向,而且施工方便,但形成的空间较为单调。

② 周边式是沿街坊或院落周围布置，其优点是内部环境比较安静，土地利用率高，但其中部分住宅的通风和朝向均较差。

③ 混合式是采取行列式和周边式相结合的方法进行布置，可以采纳上述两种形式之长，形成半敞开式的住宅院落。

④ 自由式是结合地形、地貌、周围条件，不拘泥于某种固定的形式，灵活布置以取得良好的日照通风效果。

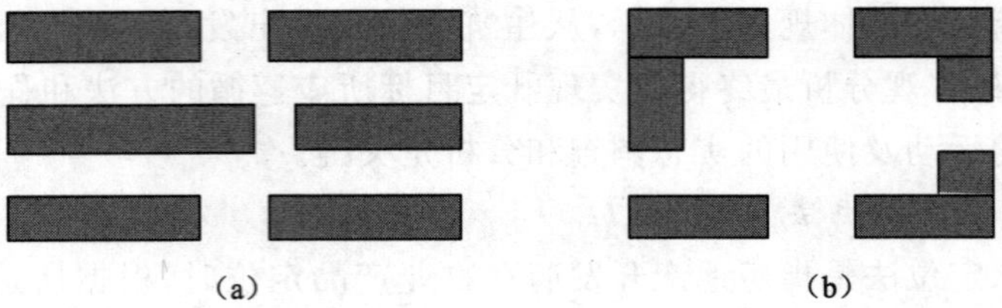

图 3-2　规划布局形成

(a) 行列式；(b) 周边式

(2) 建筑类型

住宅规划设计的优劣不仅关系到楼盘开发的品质，而且在体现城市面貌方面也起着重要的作用。住宅建筑类型选择是规划的重要内容之一，直接影响到土地的经济利用、住宅需求、建筑造价、景观效果以及施工的难易程度。住宅建筑类型有多种分类方式，常见的分类方式有以下几种：

① 按建筑层数划分：低层住宅、多层住宅、高层住宅。

② 按结构类型划分：砖混结构、框架结构、框架剪力墙结构。

③ 按户内空间布局划分：平层式、错层、复式。

(3) 住宅户型

住宅的面积和空间是有限的，而住宅的使用功能相互间会有很多的关联，经济能力、设备配置等客观因素对功能分区也会产生一定的制约。因此，设计住宅户型时必须抓住主要矛盾，强调空间组合的层次清晰，功能分区布局合理。功能分区原则如下：

① 内外分区原则。内外分区是住宅内部按照使用空间的私密性程度所进行的功能分区的划分，即家庭内部活动(对内)与接待客人活动(对外)分区。在住宅内部，对家庭使用空间的公共性和私密性有严格的区分，按照私密性由低到高的顺序对住宅空间进行排列，依次是过厅(前室)、客厅、公用卫生间、起居室、餐厅、厨房、家务室、洗衣房、健身房、储藏室、工作室(书房)、客房、次卧室、主卧室及主人卫生间。

② 动静分区原则。动静分区是按照空间的使用是否需要安静和需要安静的程度来进行划分的。在住宅内部，属于静区的空间是卧室和书房，属于动区的空间包括起居室、客厅、餐厅等活动时间较多的空间。

③ 洁污分区原则。住宅的洁污分区是指住宅的房间在正常使用的过程中会产生油烟、污水、臭气、垃圾等污染源，将有污染源和没有污染源的房间按清洁程度进行功能分区。洁污分区主要指住宅的厨房、卫生间与起居室、卧室之间的分区。住宅中易产生污染源的房间主要有厨房、卫生间，它们也是住宅内需要用水的房间，体现在用水与非用水之间的分区上，也可理解为干湿分区。

④ 功能分区设计原则。功能分区设计要为住户提供最佳的功能空间，要以我国城市住宅建设基本原则为指导，并与一定的技术经济条件相适应，具体原则如下：a. 每套住宅具有良好的通风、采光、日照、隔热、保温、隔声等性能。根据功能和使用要求，要综合考虑各个房间的大小、日照、采光、通风等。b. 套内功能空间应具有一定的适应性、可变性，以适应不同家庭居住和生活模式变化的需求，且功能空间还应满足适用、安全、卫生、舒适、经济、美观、长效的要求。c. 卧室设计应该避开来自户内其他房间或周围邻居的视线干扰，以保证卧室的私密性。d. 必须设置户内的室外空间——阳台。合理设置阳台，把自然环境引入室内，可促进室内外环境交融，发挥多功能作用。

(4) 绿地与景观

① 绿地规划。绿地规划不应该简单追求绿地率，还要追求绿地的布局，从而提高绿化设计品位。如公共绿地、宅旁绿地、配套公建所属绿地、道路绿地等，应坚持“一切可绿化的用地均应绿化”和“宜保留和利用规划或改造范围内的已有树林和绿地”的原则。

② 景观规划。景观是室外环境的重要组成部分，具体包括：步行环境、铺地环境、水体环境、户外设施环境。

(5) 配套设施

配套设施的策划包括：

① 公共服务设施，如菜市场、超市、幼儿园、门诊、社区活动中心等。

② 市政公用设施，如通信、燃气、环卫、工程管线等。

③ 停车设施，随着私家车数量的增多，居住区停车问题被广泛关注。机动车停车设施可以以停车场形式体现，非机动车停车设施可以以停车库(房)方式体现。

④ 安全设施，居住区安全设施根据所采用的安全系统一般较为常用的有对讲系统设施和视频监视系统设施。

3.4　房地产项目形象策划

形象策划旨在塑造项目整体形象的个别性，展示与竞争楼盘的差异性，激发消费者对项目产生一致的认同感，并赢得消费者的信赖和肯定，以达到促进房地产营销的目的。良好的项目形象对吸引顾客、扩大市场份额有极大的促进作用。房地产项目形象策划主要包括形象定位和形象包装两个方面。

3.4.1　形象定位

形象定位主要是找到该房地产项目所特有的、不同于竞争对手、能进行概念化描述、能通过广告表达并能为目标客户所接受且产生共鸣的特征。形象定位需要研究房地产项目的市场表现方式，确定房地产项目从产品到商品的过程中的最佳表达方式。该部分研究中要回答的问题有：如何让消费者理解产品的内涵？如何对产品的特点进行描述和提升？如何让消费者对项目产生认同感而发生购买行为？等等。形象定位一般通过统一的广告、包装、模型与样板房等形式来表达。

在产品定位和客户定位的基础上，就可以确定项目的形象定位。形象定位诉求点源自产品和客户诉求。在产品定位和客户定位后，房地产经纪人和广告人一起罗列项目产品定位和目标客户特征，内容包括一些易于展示的主题概念和卖场包装，其中包括楼盘名称、主打广告语等表现项目特点的内容。

形象定位的原则：

① 项目形象易于展示和传播。例如项目命名和广告主题，应有丰富的内涵和优美的表现，应该有利于该项目的展示和传播。

② 项目形象定位应与项目产品特征符合。一个好的形象定位可以传递产品品质特征，引发消费者的联想。与产品特征毫无联系的形象定位或牵强附会的形象定位，对项目销售绝无益处。

③ 项目形象定位与项目周边的资源条件相符合。例如，项目定位于国际化社区必须与周边的资源条件，如国际学校、国际俱乐部等匹配。

④ 项目形象与目标客户群的需求特征符合。项目定位应呼应目标客户的需求，向客户传递产品信息，在客户心目中引发“这就是我想要的”触动和共鸣。

⑤ 项目形象定位应充分考虑市场竞争的因素，与其他楼盘有明显的差异和区别。

3.4.2 形象包装

(1) 项目案名

一个优秀的案名是项目推广成功的开始，案名效应是吸引目标客户群体和刺激其购买欲望的重要途径之一，同时案名设计也是体现开发理念的一种途径。对于案名的设计要做到：名实相符、个性突出、渗透文化、易于记忆。

案名设计有很多思路，归纳起来，有以下可以作为案名设计的参考：

① 强调楼盘区位，如“竺山湖小镇”、“静安河滨花园”；

② 强调人文积淀，如“乾唐雁月”、“大唐芙蓉园”；

③ 强调自然环境，如“三江 · 鸣翠蓝湾”、“蔚蓝海岸”；

④ 强调品牌形象，如“万科 · 城市花园”、“保利 · 康桥”、“金地 · 格林春晓”；

⑤ 强调项目定位，如“奥林匹克花园”(功能定位)、“万家灯火”(目标市场定位——普通收入阶层)；

⑥ 强调时尚创意，如“BOBO 自由城”、“巧克力公寓”等。

(2) 售楼处

售楼处位置多选择在城市主干道等交通便捷、停车方面、人流较大的位置，装修风格应该根据项目定位及目标客户的特点而定，同时必须要与项目的整体建筑风格相一致。此外，售楼处还应该是集多种功能于一体的综合场所，其最基本功能包括宣传、迎宾、模型展示、洽谈签约、基本事务、财务相关工作等功能需求。

(3) 样板房

不必每一种户型都设置样板房，通常选择几套在户型、朝向、面积等方面具有典型性的主力户型就可以了。样板房不必选择项目中户型最好的房源，因为好户型通常无须样板房促销，但是样板房一定不能选择户型、朝向等最差的房源，通常选择品质中等的房源。

样板房的装修具有两个目的：① 展示产品优点；② 掩饰产品的缺点。最终的目的是使客户产生购买的冲动。样板房的装修风格应该与售楼处的风格一致，都要根据项目的定位以及目标客户的具体情况来确定。

(4) 楼盘模型

房地产项目开始预售时，实际的楼盘还处于建设过程中，实际形态无法展现，此时具有立体性和真实性的楼盘模型就成了工程唯一完整的立体形象，成为与客户沟通的主要手段。楼盘模型包括楼盘区域模型、楼盘形象模型及户型模型等。模型首先要真实反映项目的客观情况，但同时模型在色彩调配和景观布局上也需要进行适当的艺术加工。

区域模型主要反映项目所在区段周边的地理环境与配套情况。区域模型由于范围小，有周边配套设施的距离感。楼盘模型主要针对项目内部的总体布局、景观环境、配套设施等，要求做工精细，建筑细部表现完整。在规划布局上应该保持与设计图纸的一致，但对整体色彩关系等方面不要求与真实产品完全一致，可以进行适当的艺术加工，使得形象模型具有艺术性和视觉效果。户型模型由于尺寸较小(通常是 1∶30 左右)，因此不要求室内布置面面俱到，可以做一些适当的简化，如小的装饰物可以不必摆设，在颜色选择上应该以浅色为主，家具设备等尺寸可以适当缩小，以增加房间的空间宽阔感。

(5) 楼盘标识

楼盘标识(即 Logo)是体现楼盘档次、品味和精神内涵的符号，是楼盘形象包装不可缺少的手段之一，一般采用图案、字母、美术字等表现形式及统一的公司标识和各个不同的项目标识相结合的做法。

楼盘标识一般应用于广告、楼书、灯箱、彩旗、导示牌、证件(如员工工作卡、车辆出入证、会所会员卡等)、文具(如信封、笔记本、资料袋)、看房车、纪念品(如挂历、明信片、纪念伞等)以及日常用品类(如一次性茶杯等)。

(6) 工地现场

工地形象主要体现在施工围墙、建筑立面及工地环境等方面，如施工道路、临时设施、材料摆放、工地绿化等。工地形象策划要与建筑工程的安全、文明施工相结合。施工围墙常规的形象包装主要是宣传项目概况，如楼盘名称、楼盘标识、建设单位、设计单位、承建单位、销售电话等，也有项目对围墙形象包装进行创新，如绘制宣传环保的卡通画，也有将围墙改造成橱窗进行相关的图片和摄影展等。建筑立面必须安全、整洁，可以采用条幅等进行适当的广告宣传。

(7) 销售人员

任何氛围的营造都比不上销售人员的热情、耐心、亲切和细心的接待和服务。人与人之间的沟通交流始终是第一位的，销售人员的素质是营造温馨氛围的决定性因素。因此销售人员的形象也是销售现场形象的一个重要甚至是最重要的方面。

销售人员(很多地方称为置业顾问)必须对自己所销售的产品了如指掌，从规划布局到建筑风格、从户型结构到公建配套、从政策法规到按揭利息、从施工现场到物业管理、从自身项目到周边项目都应该对答如流。目前销售人员在推介产品时的问题主要有如下几个：① 专业水平不高，语焉不详，一问三不知甚至干脆胡编乱造；② 隐瞒真相、存心欺骗、昧着良心说假话；③ 以偏概全，拿自己项目的优点与竞争项目的缺点比较；④ 态度高傲冷漠(常见于销售旺季)，或没有工作激情(常见于项目尾盘)。上述问题涉及专业化服务和职业道德两个方面，前者通过培训和自身学习能够在短期内得到提高，而后者则需要更长时间来改变。

3.5 房地产项目策划报告编制

房地产项目策划报告是策划机构向策划委托人提交的反映策划创意与计划方案等思维创造活动的文本文件，是房地产策划活动的完整、系统总结，是策划委托人进行项目投资决策、规划设计、营销推广等房地产开发经营活动的依据，也是策划机构策划水平的体现。房地产策划报告又称为房地产策划书、策划方案、策划文案、策划提案等。

由于策划市场竞争非常激烈，很多时候开发商处于非常强势的买方市场的地位，通常会有签订合同之前要求策划机构提供策划报告的现象。对于开发商的无偿要求，策划机构通常不可能花很大的代价去进行全面、深入的调研，而往往是临时东拼西凑出一份策划报告交给开发商。由于这样的策划报告质量不高，而导致了开发商越来越不看重策划。如何避免这种现象？这就要求策划人员先从策划报告入手，提高策划报告质量。

3.5.1 房地产策划报告的分类

(1) 按照策划范围划分

按照策划活动所包含的范围不同，房地产策划报告可以分为单项策划报告和综合策划报告两类。单项策划报告是指反映不能再细分的策划活动的报告，如市场调查报告、定价策划报告、广告策划报告等；综合策划报告是指至少包含两项及以上单项策划活动的报告，如营销策划报告包括营销渠道策划、定价策划、促销策划、广告策划等多项内容。最完整的综合策划，即所谓的全程策划，包括从市场调查到物业管理策划的全过程。

(2) 按照策划阶段划分

按照策划活动所针对的房地产项目不同开发阶段，策划报告可以分为前期策划报告和后期策划报告。前期策划又称为项目策划，包括市场策划、投资策划、设计(产品)策划、主题策划等内容；后期策划主要包括营销策划和物业管理策划两个方面。

(3) 按照文本形式划分

按照文本形式不同，策划报告可以分为书面报告和演示报告。包含文字、图片、表格等在内的书面报告是最常见的策划报告形式，要求内容完整、报告格式规范，相对而言比较正式；演示报告主要用于向策划委托人汇报工作之用，要求文字精练简洁、形式美观、重点突出，能吸引观众的注意。演示报告一般要在书面报告的基础上加工而成。

3.5.2 房地产策划报告编制原则

(1) 客观性原则

房地产策划是建立在充分的市场调查与分析基础上的思维创造活动，是房地产项目后续开发经营活动的依据，因此房地产策划报告必须要具有客观性。房地产策划报告编制的客观性要求策划报告中所采用的材料、数据、分析过程及最终的结论等都不能虚构，不能夸大或缩小，必须要客观、真实、可信，切忌主观臆断和一厢情愿地推测。

(2) 针对性原则

房地产策划是针对一系列需要解决的问题而开展的活动，因此策划报告也必须具有针对性。房地产策划报告编制的针对性原则要求报告内容必须围绕需要解决的核心问题进行阐述，深入分析，提出有针对性的措施与对策，并且要重点突出。策划报告不能为了篇幅而增加太多不相关的内容，以免影响报告使用人的阅读效率。

(3) 创新性原则

房地产策划报告编制的创新性原则不仅是指报告形式和格式的创新，更主要的是指报告中所提的观点、手段、措施等内容方面的创新。报告形式的创新有助于更好地表现创意，而内容的创新则是房地产策划的灵魂。

(4) 操作性原则

房地产策划报告是用于指导房地产项目实际开发经营活动的规划性文件，因此必须要具有可操作性。没有可操作性的策划方案，即使创意再好也没有价值，而不易于操作的策划方案也必然要耗费大量人力、物力和财力，不是一个好的策划报告。

(5) 准确性原则

房地产策划报告编制的准确性原则要求策划报告的表述要准确，语义要鲜明，不能含混不清、模棱两可。尽量采用定量的描述，用数据来说话，避免采用“大概”、“可能”、“似乎”等字样，尤其是结论性的意见，更不能模棱两可。另外，报告用词应该褒贬得当，尽量使用客观、中性的词汇，不能带有太多的感情色彩。

(6) 逻辑性原则

房地产策划的目的在于解决房地产项目前期定位和后期营销中的实际问题，策划工作具有很强的程序性和逻辑性，因此房地产策划报告必须能够反映策划活动的逻辑过程。从总体上来看，一般是先介绍项目概况以及策划目的，然后是房地产市场现状或市场调查分析，再分析房地产项目目前存在的问题，最后提出解决问题的对策与措施。

3.5.3 房地产策划报告的主要内容

房地产项目策划报告没有要求一成不变的固定格式，其内容主要取决于不同项目的具体要求。从房地产项目策划活动的一般规律及房地产策划所要反应的问题来看，一份完整的房地产策划报告文本应该包括封面、目录、前言或摘要、正文及附件等组成部分。

(1) 封面

房地产策划报告的封面应该主要包含以下信息：

① 房地产策划报告的标题。

② 房地产策划报告的编制机构，最好标明策划机构的全称。

③ 房地产策划报告完成或提交的日期。

④ 其他内容，如策划人员名单和联系方式及相关的图片等。

(2) 目录

设置目录的目的主要有以下几个：

① 使策划报告使用人对本报告的内容有一个宏观的概略了解；

② 方便报告使用人阅读和使用策划报告，尤其是在报告内容丰富的情况下；

③ 目录是策划报告的编制人员检查策划报告有无结构性问题的便捷方法。

(3) 前言或摘要

前言主要包括策划机构和策划人员的致词、策划工作的主要内容、策划工作的简要过程、策划机构和策划人员对本策划活动的感受等内容。

摘要是对报告正文的提炼、浓缩和概括，主要包括策划的目的、策划的主要内容、主要的调查和分析方法、策划结论与建议四大部分。摘要的写作需要策划报告的编制人员仔细推敲、字斟句酌,要求既全面完整,又要高度概括、言简意赅,字数通常不超过1 000字。

(4) 正文

正文是策划工作的系统总结,是策划报告的主体和中心。不同的策划项目由于其策划目标和任务的不同,策划报告正文的组成内容也有所不同。从全程策划的角度来看,一份完整的房地产策划报告的正文大致包括以下内容:

① 项目概况。

简单介绍本项目的概况,包括项目立项背景、产品类型、开发规模、进度安排等。

② 策划目标。

策划目标就是策划活动所要实现的目的,是策划活动的委托人希望策划机构能够解决的问题,如实现项目的快速销售,或者改进项目的规划设计,或者树立项目品牌等。

③ 市场策划。

a. 市场调查——包括市场环境调查、消费者情况调查及竞争对手调查等方面。

b. 市场分析——在市场调查的基础上进行,包括市场供求情况分析和项目自身因素分析。

c. 市场定位——包括客户定位、形象定位、产品定位和价格定位等。

④ 投资策划。

完整的房地产项目投资策划应该包括房地产投资环境分析、项目经济评价、项目融资策划等内容,并以策划报告的形式作为投资策划的成果。

⑤ 设计(产品)策划。

产品策划包括:规划布局、建筑类型、户型设计、绿地和景观设计、小区道路及配套设施。

⑥ 营销策划。

营销策划通常包括:营销渠道策划、定价策划、广告策划、促销策划、形象策划等具体和营销密切相关的要素。

除上述内容外,在策划报告正文中,除了文字内容以外,还可以采用表格、流程图、图像等形式来表示,尤其是对一些数据资料采用图表形式更能体现其内在的规律,而建筑风格之类的内容采用图像来表示比文字说明更为直观和准确。

(5) 附录

附录是对正文内容的补充,有时为了使正文内容简洁和精练,可以将内容庞杂的相关资料放在附录中,如市场调查的原始资料、相关的房地产法律法规及政策、本项目的规划限制条件、建筑风格等图片资料、策划机构和策划人员的宣传资料等。附录的内容需要根据本项目的具体情况和需要来确定,如果没有相关资料,也可以不设附录。

复习思考题

1. 房地产项目策划的作用具体表现在哪几个方面?
2. 目标市场选择的主要模式有哪几种?
3. 房地产市场细分的方法有哪几种?
4. 房地产项目产品策划应考虑哪些方面?
5. 房地产项目形象包装的具体内容是什么?
6. 房地产项目策划报告正文通常包括哪些部分?

第4章　房地产开发

本章提要

本章重点介绍房地产开发过程中的基本程序，以及其中重要程序的相关工作内容。通过学习，要求学生掌握房地产开发的基本程序；掌握房地产项目可行性研究的内容和相关步骤；掌握土地使用权的获取方式；掌握房地产开发资金的筹措渠道；掌握房地产开发项目管理的内容；了解房地产开发资金各筹资方式的要求及注意事项；了解房地产项目合同变更和索赔管理的过程和内容。

4.1　房地产开发概述

4.1.1　房地产开发的概念

房地产开发是房地产活动中一项重要制度，属于房地产生产、流通、消费诸环节中的首要环节。所谓房地产开发，是指在依据《中华人民共和国城市房地产管理法》取得国有土地使用权的土地上进行基础设施、房屋建设的行为。因此，取得国有土地使用权是房地产开发的前提，而房地产开发也并非仅限于房屋建设或者商品房屋的开发，而是包括土地开发和房屋开发在内的开发经营活动。房地产开发与城市规划紧密相关，是城市建设规划的有机组成部分。为了确定城市的规模和发展方向，实现城市的经济和社会发展目标，必须合理制定城市规划和进行城市建设以适应社会主义现代化建设的需要。

综上所述，可以得出如下结论：

首先，房地产开发的对象是以基础设施建设为主的土地开发和以民用住宅、商业用房、工业通用厂房为主的房屋建设。

其次，房地产开发的目的是实现一定的效益，包括开发主体的经济效益、满足社会需要而产生的社会效益和改变环境而带来的环境效益。

然后，房地产开发的前提是在合法的条件下取得国有土地使用权。

最后，房地产开发必须遵守有关的法律法规，如《中华人民共和国城市房地产管理法》、《中华人民共和国土地管理法》、《中华人民共和国城乡规划法》、《中华人民共和国建筑法》、《中华人民共和国招标投标法》、《城市房屋拆迁管理条例》，等等。

因此，房地产开发可以理解为是指根据有关的法律法规而从事的以一定效益为目的的土地开发和房屋建设行为的总称。

4.1.2　房地产开发的形式

从不同的角度，房地产开发的形式可以有不同的划分。

(1) 按房地产产品类别分类

根据目前的情况，一般可将房地产开发产品类别划分为以下四种：单项工程的开发、建设项目的开发、区域开发和综合区开发。

① 单项工程的开发——零星分散建造的单项工程或单位工程的开发建设，如单独建造一栋住宅、一座商业中心、一座写字楼、一条道路等。开发者的主导思想是完成某一单项工程。单项工程开发，需要综合协调的工作并不复杂，只要各项前期工作协调安排妥当，进入施工阶段以后资金能落实，一般都能按计划完成。

② 建设项目的开发——开发者的主导思想是建设几幢建筑物，并投入使用，这较单项工程的开发就复杂得多了。建筑一幢能够投入使用的房屋，至少需要各项设施的配套，要有敷设电线、上水道、下水道、污水道四个单项工程与之配合。由于城市经济的发展，要求配套的项目日趋增多，如增加煤气管道、电话通信线路，有的城市为保障居民健康，提供无污染燃料烧的饮用水而专门敷设饮用水管道，寒冷地带的城市设有供暖取暖系统，绝大多数地区还设有闭路电视系统，等等。这就要求有很强的计划性，要求各个项目密切配合，共同行动，而且在施工程序上要做到“先地下，后地上”。

③ 区域开发——开发者的主导思想着眼于建成一个区域，他们所思考的是从建筑单体扩大到建筑群体。群体之间要考虑一定的区域面积，它可大可小，并无定规，但要保持一定的规模。如目前国内倡议建设一个居住小区为区域开发的对象，也可共建几个居民小区为区域开发对象。

④ 综合区开发——建设者的着眼点在于综合一切工作，不但要在建设规划和实施中加以贯彻，还应重视各种配套设施的正常运行。综合区集办公、商业、金融、旅馆、娱乐、停车场、体育、文教科技、公园、公共服务、公共广场于一个区域之内，它开始于旧城市中心的再开发，把衰落的市中心重新建设成为繁荣和能够创造财富的区域。总之，综合区的建设已是目前城市建设中的一股新潮，房地产开发也将不可避免地朝此方向发展。

(2) 按开发项目性质分类

按开发项目性质分类是指开发项目本身属于全新开发建设，还是旧区改造建设。

① 全新开发建设——新区开发，是通过对新建城市和城市郊区土地进行改造，使之成为满足城市发展和经济发展需要的建设用地，在此基础上进行房屋道路公用设施等项目的建设。

② 旧区开发——有的称为再开发，主要是对早已建成的成群路段内的建筑群和单体建筑物进行拆迁、改造和重新建设，其目的是满足城市总体规划、经济社会发展及居民生活需要。

(3) 按开发对象分类

按房地产开发对象进行分类包括土地开发、房屋开发和综合开发三种形式。

① 土地开发——投资者依法获得国有土地使用权并完成征地拆迁安置等工作之后，对土地进行平整和地下设施的开发建设。

② 房屋开发——在已完成平整和地下设施开发的土地上，依据规划要求，建造各类房产商品进行的开发。

③ 综合开发——将土地、房屋、市政公用建筑配套设施等方面联合起来进行开发。

(4) 按开发的承担方式分类

承担方式是从经营角度出发进行房地产开发分类，一般有独立开发、委托开发和分包开发三种形式。

① 独立开发——房地产开发企业独立承担从立项到建筑产品销售完成的全部准备、协作、投资、建筑施工和营销工作。

② 委托开发——房地产开发企业接受用户和投资者委托，在已获使用权的土地上，按照委托要求进行从规划设计到建筑产品完成的开发建设工作。

③ 分包开发——委托开发的房地产企业根据自身实力和工程项目的性质，将开发项目的部分或全部分包给有关专业工程公司施工，建筑物内部的装饰、装修、水煤电气供应等工程一般都采取分包方式解决，分包开发的经营风险最终由开发企业完全承担。因此，房地产开发企业必须拥有相应的工程监管能力和控制能力。

(5) 按房地产开发投资期限分类

房地产开发投资，就时间来说，分中长期(5～10 年，甚至更长)投资和中短期(2～4 年)投资。中长期房地产开发项目，并不是所有房地产开发企业都能进行的，其中最重要的条件是企业的资金规模和融资能力，毕竟 5～10 年甚至更长时期的市场波动状况并不是分析师所能绝对准确预测的。

4.1.3 房地产开发程序

房地产开发商从有投资意向开始至项目建设完毕，出售或出租并实施全寿命周期的物业管理，大都遵循两个合乎逻辑和开发规律的程序。一般来说，这个程序包括八个步骤，即投资机会寻找与筛选、细化投资方案、可行性研究、合同谈判、正式签署有关合作协议、工程建设、竣工投入使用和房地产资产管理。这八个步骤又可以划分为四个阶段，即投资机会选择与决策分析、前期工作、建设阶段和租售阶段。当然，房地产开发的阶段划分并不是一成不变的，在某些情况下各阶段的工作可能会交替进行。

(1) 投资机会选择与决策分析

投资机会选择与决策分析是整个开发过程中最为重要的一个环节。

投资机会选择主要包括投资机会寻找和筛选两个步骤。在机会寻找过程中，开发商往往根据自己对某地房地产市场供求关系的认识，寻找投资的可能性。在机会筛选过程中，开发商将其投资设想落实到一个具体的地块上，进一步分析其客观条件是否具备，通过与土地当前的拥有者或使用者、潜在的租客或买家、自己的合作伙伴以及专业人士接触，提出一个初步的方案，如果认为可行，就可以草签购买土地使用权或有关合作的意向书。

投资决策分析主要包括市场分析和项目财务评估两部分工作。前者主要分析市场的供求关系、竞争环境、目标市场及其可支付的价格水平；后者则是根据市场分析的结果，就项目的经营收入与费用进行比较分析。这项工作要在尚未签署任何协议之前进行。这样，开发商可以有充分的时间和自由度来考虑有关问题。

(2) 前期工作

通过投资决策确定了具体的开发地点与项目之后，在购买土地使用权和开发项目建设过程开始以前还有许多工作要做，这主要涉及与开发全过程有关的各种合同、条件的谈判与签约。通过初步投资分析，开发商可以找出一系列必须事先估计的因素，在购买土地使用权和签订建设合同之前，必须设法将这些因素尽可能精确量化，这样可能会使初步投资决策分析报告被修改，或者在项目的收益水平不能接受时被迫放弃这个开发投资计划。前期工作主要包括以下内容：① 分析拟开发项目用地的范围、周边环境与特性，规划允许用途及获益能力的大小。② 获取土地的使用权。③ 征地、拆迁、安置、补偿。④ 规划设计及建设方案的制订。⑤ 与城市规划管理部门协商，获得规划部门许可。⑥ 施工现场的水、电、路通和场地平整。⑦ 市政设施建设衔接工作的谈判与协议。⑧ 安排短期和长期信贷。⑨ 对拟建中的项目寻找预租(售)的客户。⑩ 对市场状况进行进一步的分析，初步确定目标市场、租金或售价水平。⑪ 对开发成本和可能的工程量进行更详细的估算。⑫ 对承包商的选择提出建议，也可与部分承包商进行初步洽商。⑬ 开发项目的保险事宜洽谈。

以上各项工作内容落实之后就可以开始进入建设阶段。

(3) 建设阶段

建设阶段是开发项目建筑工程的施工过程，即把开发过程中所涉及的所有原材料聚集在一个空间和时间点上的过程。项目建设阶段一开始，就意味着在选定的开发地点，以在特定时间段上分布的特定成本，来开发建设一栋或一组特定的建筑物。此时，尤其对许多小项目而言，一旦签署了承包合同，就几乎不再有变动的机会了。

开发商在此阶段的主要任务转为如何使建筑工程成本支出不突破预算。同时，开发商还要出面处理工程变更问题；解决施工中出现的争议，支付工程进度款；确保工程按预先进度计划实施。

(4) 租售阶段

项目建设完毕后，开发商除了要办理竣工验收和政府批准入住的手续外，往往要看预计的开发成本是否被突破，实际工期较计划工期是否有拖延。但开发商此时更为关注的是，在原先预测的期间内能否以预计的租金或价格水平为项目找到买家或使用者。在很多情况下，开发商为了分散投资风险和减轻借贷的压力，在项目建设前或建设过程中就通过预租或预售的形式落实了买家或使用者；但在有些情况下，开发商也有可能在项目完工或接近完工时才开始进行市场营销工作。

对出租或出售两种处置方式而言，一般要根据市场状况、开发商对回收资金的迫切程度和开发项目的类型来选择。对于居住物业，通常以出售为主，而且多为按套出售；对写字楼、酒店、商业用房和工业厂房，常是出租、出售并举，以出租为主。

上述开发过程主要程序中的每一阶段都对其后续阶段产生重要的影响。例如，准备工作中的方案设计与建筑设计，既是投资机会选择与决策分析阶段工作的结果，又对建设过程中的施工难易、成本高低有影响，更对租售阶段使用者对建筑物功能的满足程度、物业日常维修管理费用的高低、物业经济寿命的长短等有举足轻重的影响。

因此开发商在整个开发过程中每一阶段的决策或工作，都要“瞻前”，更要“顾后”，这是开发商成功与否的关键。

4.2 房地产开发项目的可行性研究

4.2.1 可行性研究的概念和内容

4.2.1.1 可行性研究的定义

所谓可行性研究，是指运用多种科学手段综合论证一个建设工程在技术上是否先进、实用和可靠，在财务上是否盈利，提出环境影响、社会效益和经济效益的分析和评价及建设工程抗风险能力等的结论，为投资决策提供科学的依据。可行性研究还能为银行贷款、合作者签约、工程设计等提供依据和基础资料，它是决策科学化的必要步骤和手段。

一般来讲，可行性研究是以市场供需为立足点，以资源投入为限度，以科学方法为手段，以多项评价指标为结果，它通常要处理两个方面的问题：① 确定项目在技术上能否实施；② 如何才能取得最佳的效益，主要是指经济效益。从房地产项目开发的实际情况来看，单从建筑施工技术上来讲，一般不存在一时无法突破的重大难点，无论是大跨度桥梁，还是超高层建筑。如上海市的杨浦、南浦大桥以及金茂大厦和东方明珠塔就是很好的佐证。从而可见，可行性研究的关键在于投资的回报，即能否取得最佳的经济效益，并兼顾社会效益和环境效益。

4.2.1.2 **可行性研究的内容**

由于开发项目的性质、规模和复杂程度不同，其可行性研究的内容也不尽相同，各有侧重。一般房地产开发项目可行性研究的内容，主要包括以下几个方面：

(1) 项目概况

项目概况具体包括：项目名称、开发建设单位；项目的地理位置，如项目所在城市、区和街道，项目周围主要建筑物等；项目所在地周围的环境状况，主要从工业、商业及相关行业现状及发展潜力、项目建设的时机和自然环境等方面说明项目建设的必要性和可行性；项目的性质及主要特点；项目开发建设的社会、经济意义；可行性研究的目的、依据和范围。

(2) 开发项目用地的现状调查及拆迁安置方案的制订

开发项目用地的现状调查及拆迁安置方案的制订，主要包括：① 土地调查。包括开发项目用地范围内的各类土地面积及使用单位等。② 人口调查。包括开发项目用地范围内的总人口数、总户数以及需拆迁的人口数、户数等。③ 建筑物调查。包括开发项目用地范围内建筑物的种类，各种建筑物的数量及面积，需要拆迁的建筑物的种类、数量和面积等。④ 单位调查。包括生产、经营企业以及个体经营者的经验范围、占地面积、建筑面积、营业面积、职工人数、年营业额、年利润额等。⑤ 管线调查。主要调查上水管线、雨水管线、污水管线、热力管线、燃气管线、电力和电讯管线的现状及规划目标和其可能实现的时间。⑥ 其他地下、地上物的调查。其他地下物包括水井、人防工程、菜窖等；地上物包括各种树木、植物等。开发项目用地的现状一般要附平面示意图。⑦ 制订拆迁计划。⑧ 制订安置方案。包括需要安置的总人数和户数，需要安置的各房屋套数及建筑面积，需要安置的劳动力人数等。

(3) 市场分析和建设规模的确定

市场分析和建设规模的确定主要包括：市场供给现状分析及预测；市场需求现状分析及预测；市场交易数量与价格的分析与预测；服务对象分析，制定租售计划；拟建项目建设规模的确定。

(4) 规划设计方案的选择

规划设计方案的选择主要包括：① 市政规划方案选择。其主要内容包括各种市政设施的布置、来源、去路和走向的大型商业房地产开发项目重点要规划安排好交通组织和共享空间等问题。② 项目构成及平面布置。③ 建筑规划方案选择。其内容主要包括各单项工程的占地面积、建筑面积、层数、层高、房间布置、各种房间的数量、建筑面积等。要附规划设计方案详图。

（5）资源供给的条件分析

资源供给条件分析主要包括：建筑材料的需要量、采购方式和供应计划；施工力量的组织计划；项目施工期间的动力、水等供应；项目建成投入生产或使用后水、电、热力、煤气、交通、通讯等供应条件。

（6）环境影响评价

环境影响评价的主要包括：建设地区的环境现状；主要污染源和污染物；开发项目可能引起的周围生态的变化；设计采用的环境保护标准；控制污染与生态变化的初步方案；环境保护投资估算；对环境影响的评价结论和环境影响分析；存在的问题及建议。

（7）项目开发组织机构和管理费用研究

项目开发组织机构和管理费用研究的主要包括：拟定开发项目的管理体制、机构设置及管理人员的配备方案；拟定人员的培训计划；估算年管理费用支出情况。

（8）开发建设计划的编制

开发建设计划的编制主要包括：① 前期开发计划。包括从项目创意、可行性研究、下达规划任务、征地拆迁、委托规划设计、取得开工许可证直至完成开工前准备等一系列工作计划。② 工程建设计划。包括各个单项工程开、竣工时间，进度安排，市政工程的配套设计计划等。③ 建设场地的布置。④ 施工队伍的选择。

（9）项目经济及社会效益分析

对项目经济及社会效益分析主要包括：① 项目总投资估算。包括开发建设投资和经营资金两个部分。② 项目投资来源、筹措方式的确定。③ 开发成本估算。④ 销售成本、经营成本估算。⑤ 销售收入、租金收入、经营收入和其他营业收入估算。⑥ 财务评价。分析计算项目投资回收期、财务净现值、财务内部收益率和投资利润率、借款偿还期等技术经济指标，对项目进行财务评价。⑦ 国民经济评价。对于工业开发区等大型房地产开发项目，还需要运用国民经济评价方法计算项目经济净现值、经济内部收益率等指标，对项目进行国民经济评价。⑧ 风险分析。一方面，结合政治形势、国家方针政策、经济发展趋势、市场周期、自然等方面因素的可能变化，进行定性风险分析；另一方面，采用盈亏平衡分析、敏感性分析、概率分析等分析方法进行定量风险分析。⑨ 项目环境效益、社会效益及综合效益评价。

（10）结论及建议

结论及建议包括：① 运用各种数据从技术、经济、财务等诸方面论述开发项目的可行性，并推荐最佳方案；② 存在的问题及相应的建议。

4.2.2　可行性研究的步骤

可行性研究一般按以下五个步骤进行：

（1）接受委托

根据用途不同，可行性研究报告可由公司内部专业人员编制，也可以委托有资质的工程咨询或投资咨询机构编制。为了提高投资决策的科学性，也为了使可行性研究报告具有更广泛的用途，开发建设单位通常委托咨询机构编制，以获得来自第三方的独立专业意见。在可行性研究工作的委托合同中，要明确规定可行性研究的工作范围、目标意图、进度安排、费用支付办法及协作方式等内容；咨询机构接受委托时，应获得委托方提供的项目构想、有关背景资料，搞清楚委托方的目的和要求，明确研究内容，制订计划，并收集有关的基础资料、指标、规范、标准等。

(2) 调查研究

调查研究主要是从市场调查和资源调查两个方面进行。市场调查应查明和预测市场的供给和需求量、价格水平、竞争能力等,以便确定项目的经济规模和项目构成。资源调查包括建设地点、开发项目用地现状、交通运输条件、外围基础设施、环境保护、水文地质、气象等方面的调查,为下一步规划方案设计、技术经济分析提供准确的资料。

(3) 方案选择和优化

方案的选择和优化是根据委托方提供的项目构想,结合市场和资源调查,在收集到的资料和数据的基础上,建立若干可供选择的开发方案,进行反复的方案论证和比较,会同委托单位或部门明确方案选择的重大原则问题和优选标准,采用技术经济分析的方法,评选出合理的方案。

(4) 财务评价和国民经济评价

对经上述分析后所确定的最佳方案,在估算项目投资、成本、价格、收入的基础上,进而对方案进行详细财务评价和国民经济评价。研究论证项目在经济上的合理性和盈利能力,进一步提出资金筹措建议和项目实施总进度计划。

(5) 编制可行性研究报告

经过上述分析与评价,即可编制详细的可行性研究报告,推荐一个以上的可行方案和实施计划,提出结论性意见、措施和建议,供决策者作为决策依据。上述工作步骤可参见图 4-1。

4.3 土地使用权的获取和开发前期准备

任何房地产开发项目都必须以获取土地使用权为前提,没有土地,一切开发项目的实施都只能是空谈。完成项目的投资机会选择和可行性研究之后,房地产开发就进入了实施阶段,而实施阶段最重要的一环就是获取土地使用权。下面将分别介绍房地产开发企业获取土地使用权的几种途径,具体包括国有土地使用权的出让、转让和行政划拨。

4.3.1 国有土地使用权出让

4.3.1.1 国有土地使用权出让的概念

国有土地使用权出让是指国家以土地所有者身份将国有土地使用权在一定年限内出让给土地使用者,并由土地使用者向国家支付土地使用权出让金(土地使用权出让金指土地使用权受让人为获得土地使用权而支付给政府的货币金额)的行为。国有土地使用权出让不包括地下资源、埋藏物和市政公共设施。城市规划区内的集体所有的土地,经依法征收转为国有土地后,该幅国有土地的使用权方可有偿出让。

国有土地使用权出让的方式有协议出让、招标出让、拍卖出让和挂牌出让四种。

4.3.1.2 国有土地使用权出让的特征

国有土地使用权出让必须符合土地利用总体规划、城市规划和年度建设用地计划。通过出让方式取得土地使用权主要具有以下四个特征:① 土地所有权与使用权分离。② 受让主体的多样性。③ 有偿、有限期性。④ 土地利用的可持续性。

4.3.1.3 国有土地使用权出让的基本原则

(1) 国家主权神圣不可侵犯

国家出让土地使用权后,土地仍然是国家所有,仍然是国家的领土。因此,土地使用者

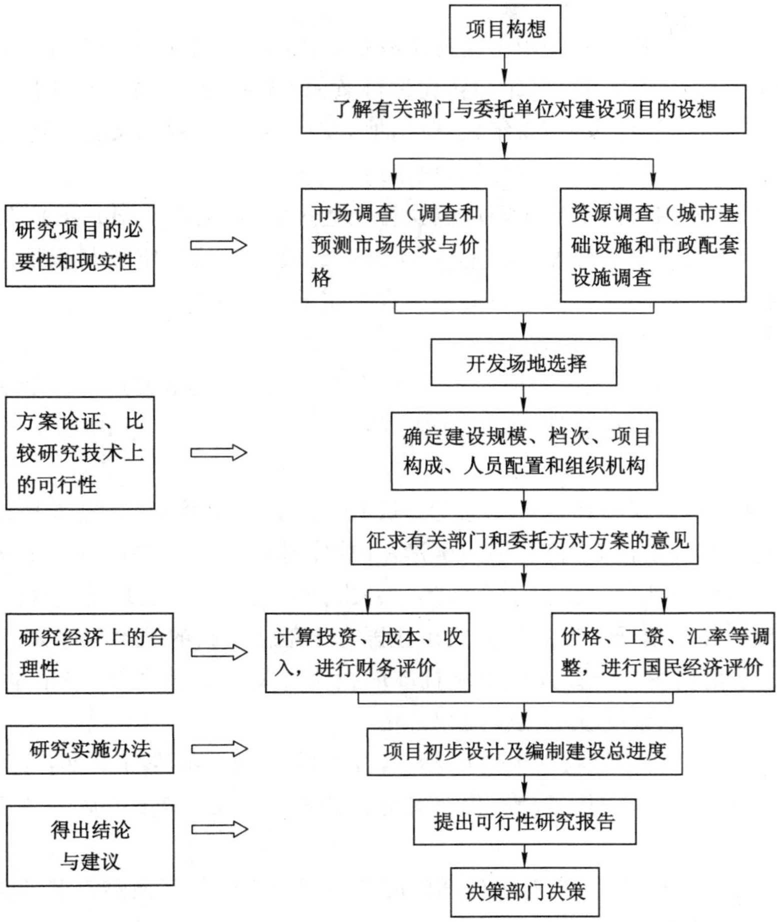

图4-1　可行性研究的工作步骤

不得拒绝或阻拦国家主权的行使。任何单位或个人，未经国家合法授权，均不得行使出让土地使用权的权力，否则将追究单位或个人的法律责任。

(2) 平等、自愿、有偿

"平等"是指土地使用权出让双方法律地位的平等，不因受让方的国籍、地位、财富等不同而有所差异，不允许任何一方将自己的意愿强加于另一方；"自愿"是指土地使用权出让合同的内容必须是双方当事人的真实意愿，任何一方不得采取欺骗、蒙蔽的手段损害对方当事人利益；"有偿"是指受让方必须按照土地使用权出让合同的约定，在一定期限内向国家支付土地使用权出让金。

(3) 所有权与使用权分离

土地使用权是土地所有权的四项权能之一，两者的分离是土地使用权出让的基础，土地所有者对土地使用权的转移必须在经济上得以实现。

(4) 合理利用土地

土地使用权出让制度是我国土地制度改革的重要组成部分，其目的是实现土地资源的有效、持续利用和科学配置。因此，国有土地所有者出让土地使用权之前及之后，都要严格管制土地用途，防止对土地资源的滥用。

4.3.1.4 国有土地使用权出让年限

国有土地使用权出让年限是指土地使用权受让人在出让地块上享有土地使用权的总年期。根据《城镇国有土地使用权出让和转让暂行条例》规定:各类国有土地使用权出让最高年限按下列用途确定:居住用地 70 年;工业用地 50 年;教育、科技、文化、卫生、体育用地 50 年;商业、旅游、娱乐用地 40 年;综合或其他用地 50 年。

出让国有土地使用权的最高年限应当执行上述规定,但最高年限并不是唯一年限,具体出让项目的实际年限是由国家根据产业特点和用地项目情况确定或与土地使用者协商确定。土地使用权出让的实际年限不得突破国家规定的最高年限。

4.3.1.5 国有土地使用权出让方式

根据《中华人民共和国城市房地产管理法》和《城镇国有土地使用权出让和转让暂行条例》的规定,土地使用权出让包括以下几种方式:

(1) 国有土地使用权协议出让

国有土地使用权协议出让是指土地使用权有意受让人直接向市、县人民政府土地行政主管部门(土地使用权出让人)提出用地申请,并就土地的用途、范围、价格等进行谈判和协商,达成一致后签订土地使用权出让合同的一种出让方式。其特点是受主观因素影响大,缺乏公平竞争,地价往往偏低。以协议方式出让国有土地使用权的基本程序如下:

① 申请。土地使用权受让人持政府批准的投资计划及有关文件,向土地所在地的市、县土地管理部门提出协议受让土地使用权的申请。

② 协商。土地管理部门收到申请后,对其提交的有关材料进行审查,认为符合用地条件的,则与其就土地用途、面积、范围、价格等进行谈判和协商,初步达成一致后双方草签意向书。

③ 报批。意向书草签后,土地管理部门应按照规定权限将意向书以及其他有关材料报有批准权的人民政府批准。

④ 签约。获得有批准权的人民政府的正式用地批文后,由市、县人民政府土地管理部门与受让方签订正式的《国有土地使用权出让合同》。

⑤ 登记和领证。受让方按照土地出让合同的约定,付清全部土地使用权出让金后到市、县土地管理部门办理土地使用权登记手续,领取《国有土地使用权证》。

(2) 国有土地使用权招标出让

招标出让国有土地使用权,是指市、县人民政府土地行政主管部门(以下简称出让人)发布招标公告,邀请特定或者不特定的公民、法人和其他组织参加国有土地使用权投标,根据投标结果确定土地使用者的行为。其基本特点有:

① 从发布招标公告开始,经过投标阶段,直到开标,标底和标价都是密封的,即招标人不说明自己的标底,投标人各自也不公开自己的投标报价。

② 摆脱了"价高者得"的禁锢。因为标价并非是定标的唯一因素,投标人以往的工作业绩、规划设计方案等也作为评标内容。决标时评标委员会要经过全面、综合评价后择优确定中标者,因此与拍卖方式相比,中标者不一定是最高投标报价者。

③ 投标人只有一次投标机会,不像拍卖那样可以多次报价。标书送达后即不得再对投标内容作实质性修改。

国有土地使用权招标出让的基本程序如下:

① 发布招标公告或通知。招标公告的内容主要包括出让土地的位置、现状、面积、使用年限、用途、规划设计要求、招标时间、招标方式、投标保证金等。

② 获取招标文件。有意参加的投标人经过招标人资格审查后，在规定的时间内领取或购买招标文件，了解招标人的出让意愿及相关要求。

③ 投标。投标人领取招标文件后，交纳投标保证金（一般不超过土地使用权成交价的20％）后，在投标截止时间前将标书投入标箱。投标人投标后，由于特殊原因，可以在投标截止日期前报送补充文件，补充文件作为原标书的补充，与原标书具有同等法律效力。

④ 开标、评标和中标。招标人会同有关部门并聘请专家组成评标委员会，按照招标文件规定的日期和地点，在公证员现场公证的情况下，当众开标、验标，宣布不符合投标规定的标书。然后由评标委员会主持评标和定标，对有效标书进行评审并确定中标者。评标委员会签发决标书后，招标人给中标人发出中标通知书，中标通知书一经发出，即具有法律效力。

⑤ 签订合同。中标人在收到中标通知书后，在规定的日期内持中标通知书与招标人签订合同，并支付规定数额的土地出让金。若中标人在所规定的日期内不与招标者签订出让合同，则招标人将取消其中标权，同时，所交纳的投标保证金也不予退还。

⑥ 登记、领证。中标人依照《国有土地使用权出让合同》的约定付清全部国有土地使用权出让金后（中标人支付的投标保证金可抵作国有土地使用权出让金，其他投标人支付的投标保证金，出让人必须在招标活动结束后的 5 个工作日内予以退还，不计利息），应当依法申请办理土地登记，领取市、县人民政府颁发的《国有土地使用权证》，取得土地使用权。

(3) 国有土地使用权拍卖出让

拍卖出让国有土地使用权，是指出让人发布拍卖公告，由竞买人在指定时间、指定地点进行公开竞价，根据出价结果确定土地使用者的行为。

① 国有土地使用权拍卖出让具有如下特点：

a. 完全竞争。从拍卖公告的发布，到拍卖时的叫价、应价以及最终成交价格，都是在公开的场合进行，拍卖现场的信息是均衡的和公开的，对于竞拍人来说是一种完全竞争。

b. 无主观因素影响。由于拍卖出让是在公开场合通过竞争获取土地使用权，不像协议出让那样，只是土地使用权受让人与出让人双方协商进行，所以土地成交价格的高低和最终由谁获得土地使用权等，都不受主观因素影响。

c. 价高得胜。拍卖出让土地使用权除了参加竞买人主体资格必须合格外，拍卖成交的唯一决定因素就是价格，即谁出价高谁就取得拍卖土地的使用权。

d. 多次报价。拍卖时，竞买人有多次报价的机会。在拍卖过程中，每个竞买人都可以在其他竞买者出价后，根据自己的心理价位，决定是否继续加价竞买。

② 国有土地使用权拍卖出让的程序为：

a. 发布拍卖公告。

b. 资格审查及交纳保证金。竞买人应在拍卖公告规定的时限内，向土地管理部门提交能够证明其主体身份、资格以及资信状况等方面的证明文件，经审查认为其符合竞买人的要求的，发给入场证及应价号牌，同时按要求交纳竞买保证金。

c. 组织拍卖会。拍卖会依照下列程序进行：Ⅰ. 主持人点算竞买人。Ⅱ. 主持人介绍拍卖宗地的位置、面积、用途、使用年限、规划要求和其他有关部门事项。Ⅲ. 主持人宣布起拍价和增价规则及增价幅度。没有底价的，应当明确提示。Ⅳ. 主持人报出起拍价。

Ⅴ. 竞买人举牌应价或者报价。Ⅵ. 主持人确认该应价后继续竞价。Ⅶ. 主持人连续三次宣布同一应价而没有再应价的，主持人落槌表示拍卖成交。Ⅷ. 主持人宣布最高应价者为竞得人。竞买人不足三人，或者竞买人的最高应价未达到底价时，主持人应当终止拍卖。另外，拍卖主持人在拍卖中可以根据竞买人竞价情况调整拍卖增价幅度。

d. 签约。以拍卖方式确定竞得人后，出让人应当与竞得人签订成交确认书。竞得人按照成交确认书约定的时间，与出让人签订《国有土地使用权出让合同》。

e. 登记、领证。竞买人依照《国有土地使用权出让合同》的约定付清全部国有土地使用权出让金后（竞得人支付的竞买保证金可抵作国有土地使用权出让金，其他竞买人支付的竞买保证金，出让人必须在拍卖活动结束后 5 个工作日内予以退还，不计利息），应当依法申请办理土地登记，领取国有土地使用权证书。

（4）国有土地使用权挂牌出让

挂牌出让国有土地使用权，是指出让人发布挂牌公告，按公告规定的期限将拟出让宗地的交易条件在指定的土地交易场所挂牌公布，接受竞买人的报价申请并更新挂牌价格，根据挂牌期限截止时的出价结果确定土地使用者的行为。

① 国有土地使用权挂牌出让有自己的特点：

a. 公开竞争。挂牌也是一种公开的形式，要在有关媒体上事先发布挂牌公告，并在指定的地点通过“挂牌显示”，公布交易条件。同时，公开出价，即出让人在规定的期限内接受竞买人的报价申请，并在报价栏内更新挂牌价格，同一竞买人也可多次报价，这一特点与拍卖方式基本相同。

b. 有一定的挂牌期限。与拍卖不同的是，挂牌接受报价要有一定的期限。按照《招标拍卖挂牌出让国有土地使用权的规定》，挂牌时间不得少于 10 个工作日，挂牌期间可根据竞买人竞价情况调整增价幅度。这就不像拍卖那样，起拍后在短时间内通过激烈的竞争便可落槌成交。因此，挂牌出让有较长的期限，使竞买人有充分的时间分析市场情况，决定加价策略，从而使每一次加价更有理性。

c. 价高得胜。与拍卖相同，挂牌出让成交的确认依据，除主体资格等方面的要求外，价格是唯一的确认依据。即根据挂牌期限截止时的出价最高者确定竞得人（如挂牌期限截止时仍有两个或两个以上的竞买人报价相同且为最高的，则进行现场竞价）。

d. 简便、节省。招标方式一般周期较长，而且要组织复杂的招标班子以及评标委员会，而拍卖则必须委托专门的拍卖机构进行。因此招标、拍卖不仅组织工作复杂，而且费用高，而挂牌方式则简便易行，成本较低。

e. 有利于土地有形市场的形成和运作。

② 国有土地使用权挂牌依照以下程序进行：

a. 在挂牌公告规定的挂牌起始日，出让人将挂牌宗地的位置、面积、用途、使用年限、规划要求、起始价、增价规则及增价幅度等，在挂牌公告规定的土地交易场所挂牌公布。

b. 符合条件的竞买人填写报价单报价。

c. 出让人确认该报价后，更新显示挂牌价格。

d. 出让人继续接受新的报价。

e. 出让人在挂牌公告规定的挂牌截止时间确定竞得人。

综合分析国有土地使用权出让的招标、拍卖、挂牌三种交易方式，可得出如下比较，见表 4-1。

表 4-1　　招标、拍卖和挂牌交易比较

类别/交易方式	招　　标	拍　　卖	挂　　牌
底价是否公开	不公开	不公开	公开
底价由谁确定	招标委员会	拍卖委员会	委托人
是否设立独立于委托人的集体决策组织	设立招标委员会	设立拍卖委员会	不需要
报价方式	填写投标书	举牌	交易中心电脑报价
报价次数	一次报价机会	可多次报价	可多次报价
竞买(投)人/数	≥3 人	≥2 人	≥1 人
公告发布地点	在交易中心和互联网发布，报纸刊登	在交易中心和互联网发布，报纸刊登	一般在交易中心和互联网发布
公告期限	—	拍卖前不少于 30 日	不少于 30 日
公告发布方	委托机构	委托机构	委托机构

4.3.1.6　国有土地使用权出让合同

国有土地使用权出让合同的主要内容实质是指合同当事人用以确定土地使用权出让中双方权利义务的各项条款。完整意义上的出让合同，一般包括下列主要内容：

① 出让合同的双方当事人，即合同主体。甲方(出让方)为人民政府土地管理部门及国有土地代表，乙方(受让方)为土地使用者。

② 出让土地的位置、面积、界线等土地自然状况及现状、附图，这是作为合同的标的而要求的。

③ 出让金的数额、支付方式和支付期限，确定土地使用权出让金的数额是订立出让合同的关键。出让金通过受让方在协议阶段与出让方协商确定或通过投标、拍卖应价等竞争方式确定。支付期限一般为合同签订后 60 日内，成片开发出让金在特殊情况下可分期支付。有时合同还规定出让金的币种。

④ 出让期限。土地使用期限的最高年限，一般由立法确定，土地所有者或其代表在确定具体某块土地的出让期限时不得突破。

⑤ 建设规划条件，又可称为土地使用条件。土地所有者或其代表一般在城市总体规划的前提下编制出所有出让土地的建设规划条件和方案，即该土地的类别、用途、覆盖率、容积率、地上物、外观及配套设施等方面的具体要求，作为出让土地使用权的一个条件，并作为出让合同的一部分予以确认，由双方遵守。

⑥ 定金及违约责任。交付定金是合同的一种担保方式。出让合同的定金是合同当事人为了保证合同的履行，在订立出让合同时或者履行前，由受让方付给出让方一定数量货币金额的担保方式。依照规定，签订合同时必须由受让方向出让方缴纳相当于出让金额 5%～20%的定金。违约责任是指出让合同的当事人任何一方不履行合同，或者不适当履行合同规定的义务，而应承担的法律责任。

⑦ 土地使用权转让、出租、抵押的条件。此项内容一般都依法律规定确定，允许出受让

双方在不违反法律规定的前提下，在合同中约定。

⑧ 合同生效和终止的条件。出让合同一般可由双方约定在签订之日起生效，或在签字之后受让方交纳定金之日起生效，但成片开发出让合同须在有权批准部门批准之日起生效。出让合同终止的条件一般也由法律作出规定，出受让双方可在不违反法律规定的前提下决定。

⑨ 合同争议的解决。尽管这一问题有关法律、条例均未作出规定，出受让双方可以在不违反我国法律基本原则和制度的前提下，在合同中约定争议纠纷的解决方式。

4.3.1.7 出让国有土地使用权终止

出让国有土地使用权因土地使用权出让合同规定的使用年限届满、提前收回、违反合同及土地灭失等原因而终止。

(1) 因土地使用权期满终止

土地使用权期满，土地使用权及其地上建筑物、其他附着物所有权由国家无偿取得。土地使用者应当交还土地使用证，并依照规定办理注销登记。当然，土地使用权期满，土地使用者可以申请续期，但必须在届满前一年申请续期，政府除根据社会公共利益需要收回该宗土地外，对申请续期的应当予以批准，经批准予以续期的，应当重新签订土地使用权出让合同，按规定支付土地使用权出让金。如果使用者未提出续期申请或申请未获批准，则政府无偿收回土地使用权及其地上建筑物。

(2) 因土地使用权提前收回终止

国家对土地使用者依法取得的土地使用权一般情况下不得提前收回。在特殊情况下，根据社会公共利益的需要，国家可以依照法律程序提前收回，并根据土地使用者已使用的年限和开发、利用土地的实际情况给予相应的补偿。

(3) 因违反出让合同有关规定终止

土地使用者违反出让合同有关规定，国家可无偿收回土地使用权。例如，《城镇国有土地使用权出让和转让暂行条例》第十四条规定："土地使用者应当在签订土地使用权出让合同后 60 日内，支付全部土地使用权出让金。逾期未全部支付的，出让方有权解除合同，并可请求违约赔偿。"第十七条规定："土地使用者应当按照土地使用权出让合同的规定和城市规划的要求，开发、利用、经营土地。未按合同规定的期限和条件开发、利用土地的，市、县人民政府土地管理部门应当予以纠正，并根据情节可以给予警告、罚款直至无偿收回土地使用权的处罚。"

(4) 因土地灭失终止

土地灭失是指由于非人力和自然力的原因，使土地性质彻底改变或地貌彻底改变。土地灭失将导致土地使用权人实际不再享有土地使用权。

4.3.2 国有土地使用权转让

(1) 国有土地使用权转让的概念

国有土地使用权转让是指经出让方式获得土地使用权的土地使用者，通过出售、交换或赠与等方式将土地使用权转移给他人的行为。土地使用权的转让是在土地使用权出让的基础上，土地使用权在土地使用者之间的横向流动，对于房地产开发企业而言，这种土地使用权间的横向流动就是土地交易的二级市场。

(2) 国有土地使用权转让的特征

① 以土地使用权出让为基础。受让方在签订国有土地使用权出让合同后，就享有对该土地使用权的占有、收益和部分的处分权，可以依照合同规定，对土地使用权全部或部分进行合法转让。因此，土地使用权是以土地使用权出让为前提和基础，转让合同必须与出让合同确定的内容相一致，不得擅自改变土地用途和土地使用条件等。

② 转让时需要具备一定的条件。我国的《城市房地产管理法》(2007 修订)第三十九条、《城镇国有土地使用权出让和转让暂行条例》第十九条至第二十三条对土地使用权转让条件做了如下规定："按照出让合同约定已经支付全部土地使用权出让金，并取得土地使用权证书；按照出让合同约定进行投资开发，属于房屋建设工程的，完成开发投资总额的百分之二十五以上，属于成片开发土地的，形成工业用地或者其他建设用地条件；转让房地产时房屋已经建成的，还应当持有房屋所有权证书；土地使用权转让是指土地使用者将土地使用权再转让的行为，包括出售、交换和赠与。未按土地使用权出让合同规定的期限和条件投资开发、利用土地的，土地使用权不得转让；土地使用权转让应当签订转让合同；土地使用权转让时，土地使用权出让合同和登记文件中所载明的权利、义务随之转移；土地使用者通过转让方式取得的土地使用权，其使用年限为土地使用权出让合同规定的使用年限减去原土地使用者已使用年限后的剩余年限；土地使用权转让时，其地上建筑物、其他附着物所有权随之转让。"

③ 转让是平等民事主体之间的一种民事法律行为。土地使用权转让是土地使用者之间的横向流动，是当事人之间进行的民事活动，遵循平等、自愿、诚实、信用及不损害社会公共利益等民事活动的基本原则。

④ 土地使用权转让的同步性。若土地使用权发生转让，则其地上建筑物及附着物必须同时转让；若建筑物及附着物发生转让，则其土地使用权也必须同时转让，但地上建筑物和其他附着物作为动产转让时，其土地使用权无须同时转让，但需要办理相关的过户手续。

(3) 国有土地使用权转让的内容

一般而言，国有土地使用权转让的内容主要包括以下三个方面：

① 土地使用权转让时，国有土地使用权出让合同和登记文件中所载明的权利、义务随之转移给新的受让人。

② 转让国有土地使用权的使用年限为国有土地使用权出让合同规定的使用年限减去原土地使用者已经使用年限后的剩余年限。

③ 对于国有土地使用权转让价格，如果明显低于市场价格的，市、县人民政府具有优先购买权；如果市场价格不合理上涨时，市、县人民政府可以采取措施，平稳价格；土地使用权与地上建筑物、其他附着物一同转让时，其价格应分别作出评估。

(4) 国有土地使用权转让的方式

根据《城镇国有土地使用权出让和转让暂行条例》第三章第十九条规定，土地使用权转让是指土地使用者将土地使用权再转让的行为，包括出售、交换和赠与三种方式。

① 土地使用权出售——现有土地使用者将其土地使用权依法转移给受让人，并由受让人向其支付地价款的行为。土地使用权出售是土地使用权转让最常见的形式，也是土地使用权转让的主要方式。其特殊法律特点表现为以下三点：a. 土地使用权出售是买卖双方当事人等价有偿行为。b. 合同的标的是国有土地使用权。c. 土地使用权的转移以登记为

要件。

② 土地使用权交换——双方当事人约定相互转移土地使用权，其本质是一种权利交易。多数情况下，交换的双方都是为了更好地满足自己的经济需要。其特殊法律特点主要表现为：a. 本质是权利交易。b. 标的的双重性。c. 双方的权利和义务具有相同性。

③ 土地使用权赠与——土地使用权人自愿将土地使用权无偿转移给受让人的行为。土地使用权赠与是土地使用权转让的方式之一，因而在赠与转移土地使用权的过程中，其地上建筑物和附着物必须同时赠与转移。赠与行为与出售和交换行为的显著差别在于，赠与是一种无偿、单方的行为，它不需要货币补偿或是权利补偿，它是赠与人无条件对受赠人的转移。

4.3.3 国有土地使用权行政划拨

(1) 国有土地使用权行政划拨的概念

土地使用权行政划拨是指县级以上人民政府依法批准，在土地使用者交纳补偿、安置等费用后将该幅土地交付其使用，或者将土地使用权无偿交付给土地使用者使用的行为。在传统的计划经济体制下，我国的各种资源均由国家计划控制、调拨。土地资源的使用和分配亦不例外，主要由政府无偿拨给。

(2) 国有土地使用权行政划拨的主要特征

按照《城市房地产管理法》规定，土地使用权行政划拨具有如下法律特征：

① 土地使用权划拨关系中的划拨主体是特定的，即行使国有土地使用权划拨权的只能是县级以上人民政府，其他任何单位和个人无此权利。而划拨土地的使用者则可以是不特定的单位和个人。

② 划拨土地使用权包括土地使用者缴纳拆迁安置、补偿费用两种形式，无须支付土地使用权出让金。

③ 划拨土地使用权无使用期限的限制。根据法律规定，除法律、行政法规对划拨土地使用权的期限有特别规定以外，划拨土地使用权没有使用期限的限制。

④ 划拨土地使用权属性的非独立性。与出让土地使用权不同，划拨土地使用权在未经政府主管部门批准办理出让手续或者批准可不办理手续但未向国家支付相当于土地出让金的土地收益之前，不得将土地使用权转让、出租和抵押。

(3) 国有土地使用权行政划拨的适用范围

国土资源部根据《中华人民共和国土地管理法》和《中华人民共和国城市房地产管理法》等的有关规定，制定了《划拨用地目录》。该目录规定的划拨用地范围如下：国家机关用地和军事用地；城市基础设施用地和公益事业用地；国家重点扶持的能源、交通、水利等基础设施用地；法律、行政法规规定的其他用地。对于开发商来说，可通过划拨方式得到的开发用地目前主要是经济适用房项目建设用地；对较大规模的旧城改造项目，为了减少开发商前期土地开发的负担，部分城市也采取了先划拨土地给开发商进行土地开发，在开发商转让熟地或开发建设商品房阶段再补办土地使用权出让手续的做法。

(4) 国有土地使用权行政划拨的审批权限

对于政府划拨的新区建设用地，开发商还需经过征地过程。根据被征地面积的大小和原用地性质，征地的审批权由各级人民政府掌握，具体标准如下：① 征用基本农田、基本农田以外的耕地超过35公顷的，其他土地超过70公顷的，由国务院批准；② 征用前款规定以外的土地，由省、自治区、直辖市人民政府批准，并报国务院备案。

（5）国有土地使用权行政划拨的补偿标准

开发项目必须征用土地时，要按照被征用土地的原用途给予补偿。征用耕地的补偿费包括土地补偿费、安置补助费以及地上附着物和青苗补偿费。征用耕地土地补偿费，为该耕地被征用前 3 年平均年产量的 6～10 倍。征用耕地的安置补助费，按照需要安置的农业人口数计算。而需要安置的农业人口数，应按照被征用的耕地数量除以征地前被征用单位平均每人占有耕地的数量计算。每一个需要安置的农业人口的安置补助费标准，为该耕地被征用前 3 年平均产量的 4～6 倍。但是，每公顷被征用耕地的安置补助费，最高不得超过被征用前 3 年平均年产值的 15 倍。

征用其他土地的土地补偿费和安置补助费标准，由省、自治区、直辖市参照征用耕地的土地补偿费和安置补助费标准确定。被征用土地上的附着物和青苗的补偿标准，由省、自治区、直辖市规定。征用城市郊区的菜地，用地单位应按照国家有关规定缴纳新菜地开发建设基金。依照前述规定支付的土地补偿费和安置补助费，尚不能使需要安置的农民保持原有生活水平的，经省、自治区、直辖市人民政府批准，可以增加安置补助费。但土地补偿费和安置费的总和不得超过土地被征用前 3 年平均年产值的 30 倍。

（6）国有土地使用权行政划拨的程序

① 用地单位提交用地申请。建设单位申请建设用地，按照《城乡规划法》和《土地管理法实施条例》的规定，应持国家批准建设项目的有关文件，首先向城市规划管理部门办理建设用地规划许可的申请手续，在取得建设用地规划许可证后方可向县级以上政府土地管理部门申请用地。

② 审核批准。建设项目可行性论证时，由土地行政主管部门对建设项目用地有关事项进行审查，提出建设项目用地预审报告，拟订供地方案，报市、县人民政府批准，需要上级人民政府批准的，应当报上级人民政府批准。供地方案批准后，由市、县人民政府向建设单位颁发建设用地批准书。

③ 划拨土地和登记发证。关于城市土地储备制度、闲置土地处理、集体土地征收等主要涉及政府土地行政主管部门的相关事务，因从房地产开发企业的角度出发，很少甚至不能参与这些土地管理工作，具体内容可参考有关书籍酌情掌握，故本书在此不再赘述。

4.4　房地产开发资金筹措与风险防范

4.4.1　房地产开发资金筹措特征与基本原则

（1）房地产开发资金筹措的特征

纵观房地产开发全过程，房地产开发资金随着房地产开发经营活动的进行而不断运动，并在其运动过程中不断改变其形态，从货币资金开始，分别转化为储备资金、生产资金和成品资金，最后又回到货币资金形态。这样的房地产资金的运动过程具备如下几个特征：

① 资金占用量大。

由于房地产开发需要耗用大量的土地资源、人力资源以及各种材料的设备等工业产品，而城市经济的发展、土地的稀缺性及市场需求的拉动又使这些资源和产品价格昂贵，使房地产开发需占用大量的资金，并进一步影响到房地产流通和消费领域，从而使房地产再生产和资金运动的各个环节都要大规模占用资金。这种资金运用规模，如果仅仅是依赖于自有资金，不仅容易发生财务风险，甚至可能难以实现。如果其中某一环节有资金缺口，就会使资金运动受阻，影响再生产过程的顺利进行，房地产的价值和使用价值也难以实现。

② 资金占用时间长，周转速度慢。

由于房地产开发建设周期长，往往在半年、一年甚至更长时间内只有资金投入而没有资金回收。如果采用出售方式，资金回收和周转速度相对较快。但前提必须是市场需求旺盛，产品适销对路，否则产品滞销，交易困难，同样会延长资金占用时间。若采用出租方式，由于必须以租金方式逐年、分期收回资金，所以资金占用量虽然可以逐渐减少，但全部收回资金时间相当长。

③ 资金运动受区域范围的影响。

由于房地产区位的固定性，加上房地产的流通和消费有较强的地域性，从而使其资金运动受区域范围的显著影响，往往局限于某一城市或某一区域内。

由于房地产开发周期长、流动性差，资金运动过程中的各种资金状态转化的速度慢，使得房地产资金投入与回收在时间上、数量上极端不平衡。因此，如何通过各种渠道有效筹集资金，保证房地产开发资金投入与回收在时间上、数量上的协调平衡，从而保证资金的循环运动和开发项目建设的顺利进行，具有十分重要的意义。

(2) 开发资金筹集的基本原则

尽管企业的财务状况不相同，各项目的投资计划与工程建设进度也不尽相同，但房地产开发资金运动的特点决定了筹集房地产开发资金必须遵循以下基本原则：

① 安全性原则。衡量安全性的指标主要是风险程度，一方面，筹集资金要考虑利率变动、汇率变动的风险，同时要考虑到影响企业财务状况和偿债能力的举债规模、偿债日期、利率高低等各种因素；另一方面，从筹集资金的目的来看，筹集资金主要是为了更好实现资金平衡，使开发项目顺利进行，并最终取得预期利润。因此，筹集资金应以不改变既定目标或以顺利实现既定目标(如进度目标、利润目标等)为原则。任何由于筹集资金而可能影响既定目标的因素都是不安全因素，筹集资金必须以筹资风险尽可能小为原则。

② 经济性原则。由于房地产开发资金需求量极大，资金筹集的成本(包括有关费用)，直接影响开发项目的效益及资金周转。因此，筹资成本必须尽可能低。一般来说，筹资成本不能高于开发项目可能的投资效益率。

③ 可靠性原则。可靠性主要是指资金来源的保证程度要高。从房地产资金运动的特征可以看出，在一定的时点保证一定数量的资金投入尤为重要。因此筹集资金的渠道、方式、时间、数量等必须是切实可靠的。

4.4.2 房地产开发资金筹集渠道

由于房地产开发资金需求量特别大，房地产开发商的自有资金一般不可能完全满足需要，通过哪些渠道落实资金就成为房地产开发商必须解决的一个重要问题。随着我国房地产市场的逐步完善，房地产金融业的逐步发展，房地产开发资金的筹集渠道也越来越多。通常，房地产开发商的资金筹集渠道主要有：自有资金、银行贷款、发行债券及预收房款等形式，对股份制企业而言，发行股票也是有效的筹资方式。

(1) 自有资金的筹集

房地产开发商对任何房地产开发项目都必须投入相当量的自有资金，这是房地产开发的基本条件之一。通常，开发商可以筹集的自有资金包括现金和其他速动资产，及近期可收回的各种应收款。有时企业内部一些应计费用和应交税金，通过合理安排，也可应付临时的资金需求。

一般情况下，开发商不可能在银行存有大量的货币资金等待开发项目，货币资金只是自有资金筹集的一方面，速动资产的变现也是重要的资金来源之一。它包括企业持有的各种银行票据、股票、债券等（可以转让、抵押或贴现而获得货币资金），以及其他可以立即售出的建成楼宇等。至于各种应收款，包括已定合同的应收售楼款及其他应收款。

只要开发项目的预期收益高于企业自有资金的机会收益（如银行存款利息等）或速动资产变现损失（包括机会损失）等，开发商都可以根据自身的能力，适时投入自有资金。

（2）银行贷款

任何房地产开发商要想求得发展，都离不开银行和其他金融机构的支持。而且由于“杠杆效应”的存在，任何开发商都不可能也不愿意完全靠自有资金周转而不利用银行或其他金融机构的借贷资金。常用的银行贷款方式有：

① 房地产开发企业流动资金贷款。

房地产开发企业流动资金贷款是房地产金融机构对开发企业发放的生产性流动资金贷款，其贷款对象是在规定贷款范围内、具有法人地位、实行独立经济核算的从事房地产开发活动的企业。一般来说，应具备以下贷款条件：a. 必须具有开发企业资格证书，持有工商营业执照；b. 必须在贷款银行开立账户，持有贷款证；c. 必须拥有一定量的自有资金；d. 必须具有开发计划，必须具有有关部门下达的年度投资计划和开发项目的有关批准文件；e. 必须具有健全的管理机构和财务管理制度；f. 必须具有还本付息的能力等。另外，贷款银行对企业的实有资本、信誉、拟开发项目的成本和效益情况、开发商在建筑工程情况（是否超能力开发）等也将进行审核。

② 房地产开发项目贷款。

房地产开发项目贷款是指房地产金融机构对具体房地产开发项目发放的生产性流动资金贷款。它的特点是贷款只能用于规定的开发项目，贷款对象是一些投资额大、建设周期长的开发项目，如大型住宅小区等，承担项目开发的房地产开发企业是开发项目贷款的债务承担者。

开发项目贷款，除必须符合房地产开发企业流动资金贷款条件外，还必须具备以下条件：a. 贷款项目必须列入当年的开发计划；b. 必须具备批准的设计文件，并经过银行的项目评估；c. 前期工作准备必须就绪，落实施工单位，具备开工条件。

与房地产开发企业流动资金贷款不同，开发项目贷款时，银行参与项目的选择，参与可行性研究工作，并进行项目评估，未经评估的项目一般不承诺贷款。银行参与项目扩充设计及概算的审查，并根据项目有关情况参与销售价格的评估。银行参与项目年度计划的安排，并根据计划执行情况编制年度贷款计划和核定贷款额度。

③ 房地产抵押贷款。

房地产抵押贷款是指借款人以借款人或第三人合法拥有的房地产以不转移占有的方式向银行提供按期履行债务的保证而取得的贷款。当借款人不履行债务时，银行有权依法处分作为抵押物的房地产并优先受偿。当处分抵押房地产后的资金不足以清偿债务时，银行有权继续向借款人追偿不足部分。

可以设定抵押权的房地产有：依法取得的土地使用权；依法取得的房屋所有权及相应的土地使用权；依法取得的房屋期权；依法可抵押的其他房地产等。

以划拨方式取得的土地使用权设定抵押权的，依法处分该房地产后，应当从处分所得的价款中缴纳相当于应缴纳的土地出让金的款额后，贷款银行方可优先受偿。

房地产抵押贷款的对象可以是符合条件、具有可抵押的房地产的法人，也可以是具有可抵押的房地产并具有完全民事行为能力的自然人。

房地产抵押贷款的条件除一般贷款的基本条件外，最主要的就是拥有可抵押的房地产。房地产抵押是建立贷款关系的前提，也是取得贷款的条件。

房地产抵押贷款的程序与房地产开发企业流动资金贷款基本相同，不同之处在于：a. 房地产抵押贷款的额度由贷款银行根据借款人的资信程度、经营收益、申请借款金额和借款时间长短确定，但最高不超过抵押物现行作价的70%，并且抵押物的现行作价一般由具备专业资格条件的房地产评估机构评估确定。b. 抵押合同由借款人或抵押人与贷款银行双方共同签订，抵押合同是房地产抵押贷款合同不可分割的文件。c. 房地产抵押贷款合同和房地产抵押合同签订后，必须办理抵押登记手续，若按规定须公证的，贷款合同和抵押合同必须经过公证机关公证。

(3) 债券筹资

发行公司债券是房地产开发商的资金来源之一。与银行贷款一样，同属企业外来资金，但可使用时间较长。由于公司债券较政府债券风险大，因此其利率要高于政府债券利率。其发行主体为房地产股份有限公司、国有独资房地产公司和两个以上国有企业或者两个以上的国有投资主体设立的房地产有限责任公司。

① 发行企业债券的一般条件。

a. 企业规模达到国家规定的要求；

b. 企业财务会计制度符合国家规定；

c. 具有偿债能力；

d. 企业经济效益好，发行债券前连续三年盈利；

e. 所筹集的资金用途符合国家产业政策；

f. 债券利率不得高于国务院限定的水平；

g. 国务院规定的其他条件。

对房地产企业而言，在此一般条件上，还有一系列的限制性规定。

② 企业债券的发行程序。

a. 由公司权力机构作出决定有限责任公司或股份有限公司发行债券由董事会制订方案，股东大会或股东会作出决议；国有独资公司由国家授权投资的机构或国家授权部门作出决定。

b. 报请国务院证券管理部门批准申请时应提交下列文件：Ⅰ. 公司登记证明；Ⅱ. 公司章程；Ⅲ. 公司债券募集办法；Ⅳ. 资产评估报告和验资报告。

c. 公告债券募集办法在债券募集办法中一般还包括该公司债券经证券主管机关指定的评估机构评定的债券等级。

d. 债券承销机构承销。

(4) 股票筹资

对股份公司而言,发行股票是有效的筹资渠道之一,其发行主体限于房地产股份有限公司,包括已经成立的房地产股份有限公司和经批准拟成立的房地产股份有限公司。

① 股票发行条件。

设立房地产股份有限公司申请公开发行股票,应当符合设立股份有限公司申请公开发行股票的一般规定:

a. 符合国家产业政策;

b. 发行的普通股限于一种,同股同权;

c. 发起人认购的股本数不低于总股本的规定比例;

d. 向社会公众发行的部分不低于股本总额的规定比例;

e. 证券委规定的其他条件。

② 原有企业改组申请公开发行股票的,还应具备以下两个条件:

a. 发行前一年末,净资产在总资产中的比例不低于规定要求;无形资产在净资产中的比例不高于规定要求。

b. 近三年连续盈利。增资扩股发行股票,除上述条件外,还应当具备以下条件:Ⅰ. 前一次发行的股份已募足,并间隔一年以上;Ⅱ. 最近三年连续盈利,并可向股东支付股利;Ⅲ. 公司预期利润率可达同期银行存款利率;Ⅳ. 证券委规定的其他条件。

(5) 其他筹资方式

① 各类信托基金。

各类信托基金除将部分资金用于购买可以确保其利息收入的政府债券等风险较小、收益水平相对较低的投资外,仍有愿望将基金的一部分用于有一定风险性但收益相对较高,又有相对较高安全保证的房地产投资,作为其投资组合的一部分。开发商可以约定的利益向各类基金组织融资,也可以吸收其投资入股。尽管其利率水平相对高于银行贷款,但对资金需求量很大的房地产开发企业而言,仍不失为一条有效的筹资渠道。

② 预收购房定金或购房款。

在房地产开发进行到一定的程度,政府允许房地产企业预售房屋。预售房屋对于购房者来说,由于只需支付少量定金或部分房款,即可以享受未来一段时间的房地产增值收益;而对开发商来说,预售部分房屋既可以筹集到必要的建设资金,又可降低市场风险。适时、适价地预售部分房屋仍是必要的,尤其对自有资金实力不强的开发商来说,成功地组织预售是房地产开发成败的关键。

③ 寻找经济实力雄厚的承包商。

一方面,可以在资金临时短缺时,争取由承包商垫付部分费用(这种方式应慎用),而将部分融资困难和风险分担给承包商。同时,延期支付工程款的利息通常不会超过银行贷款利率。另一方面,对于一些预期效益好的开发项目或具有投资价值的房地产,开发商可以吸引承包商投资参与房地产开发,承包商和开发商共担融资风险和市场风险。此外,寻找有实力的合作伙伴合作,共同开发房地产项目也是一条有效的筹集资金的方式。

以上是在房地产开发过程中,房地产开发商通常使用的资金筹集的渠道。一般情况下,在进行具体项目的开发建设时,上述各种渠道是综合运用的。例如,开发商将汇集到的自有资金用于支付地价款和各项前期费用,达到开工条件。在取得土地使用权后,将土地使用权抵押取得贷款，用于建筑物的建造。当达到预售条件后，收回部分售楼款或定金，再加上其他渠道筹集的资金，将楼宇开发完毕，交付使用。如果开发商拟将楼宇建成后以出租为主经营，则开发商重点要考虑长期融资，在投入使用后，以每年的租金收入逐年还本付息。由于以出租为主的开发项目投资回收期很长(一般要10年左右)，只有实力很强又有银行或财团支持的大型房地产开发企业才愿做。

另外，需要说明的是，由于房地产开发资金的筹集一般必须以房地产开发企业——法人为主体进行，因而上面从企业角度介绍了开发资金筹集的各种渠道。而实际上，我们在进行开发项目的可行性研究、资金筹集方案的比较时，一般都是以具体项目为主体而展开的。对具体开发项目而言，其资金筹集渠道主要有：自有资金(项目资本金)、借入资金和预收定金或购房款等三种形式，项目资本金可能来自投资开发企业的自有资金，也可能来自投资开发企业通过发行债券、股票取得的资金或房地产开发项目贷款，也可能是来自共同投资开发企业的自有资金。因此，由于主体不同，资金筹集渠道是有区别的。当然，除自有资金外，其他渠道基本相同。

4.4.3 房地产开发资金筹集风险分析

在一般财务管理活动中，未来的风险难以测定和计量。然而，风险是客观存在的，企业财务管理工作几乎都是在各种风险和不确定状态下进行的，资金筹集活动也不例外。

(1) 资金筹集的风险

通常我们把由于企业采用各种方式筹集资金而产生的风险，尤其是企业负债筹资而面临的风险，称为财务风险，也称为筹资风险或破产风险。当企业由于资金不足或出于其他目的而运用一定的方法筹集资金后，有可能使企业取得更多的利润，也有可能使企业发生亏损。但无论如何，企业都必须按规定向债权人按期支付利息和偿还本金等，如果企业的经营收入不足以偿付负债利息和本金时，则可能使企业面临财务危机，严重的可能导致企业破产。

产生财务风险的主要原因有：① 筹资决策时缺乏可靠的信息。在大多数决策中，决策事项(如收入、价格、销路等)未来变化的各种情况在决策时是无法掌握的，或者说不能取得可靠的信息。这可能是根据现行的预测手段根本无法取得将来各种正确的信息，也可能在许多情况下，由于要取得这种正确的信息要花费极高的成本，而使决策者无法承受。因而，进行筹资决策时，往往只能根据历史资料或经验来判断，只是一种近似的估计，或多或少带有主观性，从而使决策具有一定的风险性。② 筹资决策者不能控制事物未来发展的过程。决策事项未来发展的过程，直接受到未来客观经济环境的影响，如政府宏观经济政策的改变、市场景气与否、产业结构的调整、顾客需求的变化、市场价格和利息率的波动等。所有这一切都使筹资决策处于风险之中，而且这种风险与时间长短有关，未来收益的风险就明显大于近期收益的风险。

因此，由于上述原因的存在，在项目开发过程中，实际的现金流量就会与筹资决策时预期的现金流量发生偏差，从而使企业面临财务风险。

资金结构与财务风险短期负债的利息费用较长期负债要低，但使用短期负债比使用长期负债有更高的风险，主要表现在：① 企业使用长期负债筹资，在既定负债时期内，其利息费用是固定的。但如以短期负债来取得长期的资金使用权，则可能由于利率的调整造成利息费用的不确定性。② 企业利用长期负债筹资，可利用较长的经营期为偿还债务提供现金来源，虽有风险，但相对较小。如果企业以重复的短期负债来筹措长期资金，可能会因频繁的债务周转而产生一时无法偿还的情况，从而落入财务困境，甚至导致企业破产。因此，在筹集房地产开发资金时，必须充分重视房地产开发项目投资量大、投资回收时间长，正好与短期负债还款期短的特征相反的特点，避免产生过度的财务风险。因此，自有资金严重缺乏、负债比例较高的企业更应避免以短期负债的连接来达到长期使用资金的做法，应根据企业的资产结构来确定企业的资金结构，选择合适的资金筹集方法。

(2) 资金筹集风险的度量

通常我们以各种条件下项目可能的收益率与期望收益率的差异程度来衡量风险程度，常用的统计指标有期望收益率、标准差和变异系数。

① 期望收益率(额)。

期望收益率是指一定资金筹集方案下根据各种可能的收益率和不同概率计算出来的加权平均报酬率。如果以现金流入反映项目收益，则可计算其现金流入的期望收益额，也称期望值。期望收益率的计算公式为：

$$\bar{K} = \sum_{i=1}^{n} K_i P_i \tag{4-1}$$

式中　$\bar{K}$——期望收益率；

K_i——第 i 种可能结果的收益率；

P_i——第 i 种可能结果发生的概率；

n——各种可能结果的总数。

② 标准差。

标准差是反映各种可能结果的收益率偏离期望收益率的综合差异，或称离散程度的指标。标准差一般用 R 表示，其计算公式如下：

$$R = \sqrt{\sum_{i=1}^{n} (K_i - \bar{K})^2 P_i} \tag{4-2}$$

标准差是以期望收益率为基准的概率加权平均离差，标准差越大，说明实际数值(实际收入或收益率)偏离期望值或期望收益率的可能性越大，风险也就越大；反之，说明实际收入或收益率偏离期望值或期望收益率的可能性越小，风险也就越小。

③ 变异系数。

变异系数是标准差与期望收益率(或期望值)的比值。由于标准差的作用具有局限性，它只适用于相同的期望收益率(或期望值)的各种资金筹集方案进行比较，分析其风险的大小，而不能比较分析不同的期望收益率(或期望值)的各种资金筹集方案的风险大小，变异系数以相对数来表示离散程度，即风险的大小，更具有可比性。变异系数的计算公式如下：

$$Q = \frac{R}{\bar{K}} \times 100\% \tag{4-3}$$

式中　Q——变异系数。

必须注意的是，由于风险与收益的权衡永远是一个矛盾，而且往往可能收益越高，风险越大。因此，对于风险相对较高、收益也较高的房地产开发而言，并不是 Q 越小越好，比较风险(Q)的大小仍必须以达到一定的期望收益率为前提，否则开发商便不会有开发项目的积极性，这种资金筹资方案也就失去了现实性，自然也没有比较风险大小的必要。

考虑风险因素后，按风险调整的资金成本应包括无风险资金成本和风险资金成本两部分，其计算公式为：

$$C' = C + bQ \tag{4-4}$$

式中 C'——按风险调整的资金成本；

C——无风险资金成本；

b——风险报酬系数；

Q——风险程度，一般用变异系数表示。

(3) 资金筹集风险的控制

由前述分析可知，由于取得信息的不完全性及事物发展的不可控性，使得实际现金流量与预期现金流量的偏差较大而发生财务风险；而财务杠杆作用方向的不确定性则加剧了财务风险的作用程度。因此，控制财务风险，可以从以下方面考虑：

① 针对企业自身财务状况，合理编制资金筹集方案，选择筹集资金的渠道通常应注意以下四点：

a. 除资金回收较快且利润丰厚的项目以外，要注意适量地直接投入自有资金，当然，必须保证达到投入自有资金的最低限额；

b. 应视市场情况灵活选择支付固定利息或分割固定利润的筹资方式，对于风险较大的项目，自己又难以筹措到足够的资金时，寻找有实力的伙伴合作开发可以分散风险，共享利润；

c. 在政府许可的条件下，尽可能提前预售部分楼宇，是保证开发商利益、分散风险、筹措建设资金的有效办法，认真做好营销策划和销售组织工作是确保预售收入按计划实现的关键；

d. 应针对企业状况及项目开发的风险程度、资金回收情况选择合理的资金来源结构，避免短期资金的长期使用。

② 加强债务管理，尽可能保持资金流动过程中的收支平衡。

一般应遵循如下基本原则：

a. 债务与自有资本保持适当的比例，避免过度负债；

b. 债务的偿还日期分布尽可能均匀，避免集中在某一时期，并且债务中应保持一部分长期负债，以保证资金供给的相对稳定性；

c. 贷款利息尽可能均匀分布，减少现金支付的压力；

d. 如开发项目有外汇负债，应采用各种方法减少汇率变动风险；

e. 借款时应考虑赋税条件。

③ 采取各种措施，分散风险因素。

除通过前述寻找合作伙伴和尽可能预售及合理安排债息偿还时间等以外，应尽可能分散在不相关的筹资渠道上筹集资金、选择合理的币种、渠道组合使相关的风险因素相互抵消，等等。

此外，对于周期长的项目，应随着开发的不断进行，不断分析资金的投入与回收情况，及时调整资金筹集方案。

4.5　房地产开发的项目管理

4.5.1　房地产开发项目建设管理模式

(1) 自行建设管理

自行建设管理模式是指房地产开发企业自行组织工程建设管理机构进驻施工现场对开发项目的工程质量、工程进度和建设投资进行控制，甚至还负责主材与设备的采购供应。

一些大型房地产开发公司专业技术力量较为雄厚，自行建设管理模式可以发挥其人才优势，也能够按照统一开发部署进行施工组织，并可确保工程控制指令的贯彻执行和及时反馈，从而确保进度、质量和投资目标的实现；缺点是开发企业拥有一个专业配套、结构合理、经验丰富的智力型群体并非易事，而当开发过程中投资决策和前期准备占据了较多时间时，容易造成专业人才资源的闲置和浪费，从而造成管理成本的提高。这种管理模式在房地产市场化初期较为普遍。

(2) 委托建设管理

委托建设管理模式是指开发企业将开发项目建设管理任务通过招标(协商)等办法委托给具有相应资质的工程咨询服务企业来完成，目前在我国承担这一任务的主要是监理企业。

对于一个大型的房地产开发项目，开发企业既可以把所有的项目建设管理任务委托给一家监理公司，也可以分别委托几家监理公司。前者的优点是可以减少开发企业许多具体事务工作，开发企业的工作重点就可以放在检查监督上，可以减少管理力量的投入；后者的优点是开发企业具有较大的主动权，也便于不同合同的进度与工程质量之间的对比考查，缺点是协调的工作量大。

无论委托一家或者几家工程建设监理公司都要对工程建设过程实施管理。开发企业与施工承包企业、监理企业均应分别签订合同，施工合同中要明确承包企业接受监理的义务和监理范围，监理合同明确工程监理的范围和内容。

4.5.2　房地产开发项目进度管理

进度管理是指以进度计划为依据，综合利用组织、技术、经济和合同措施，确保项目工期目标得以实现。进度是房地产开发企业最为关心的目标之一，能否按时完成任务、及时交付直接影响到企业的商业信誉和公众形象。

(1) 房地产开发项目进度管理的主要内容

① 论证与分析开发项目建设总周期。论证与分析开发项目建设总周期就是在充分考虑房地产市场走势、市场周期波动以及周边的竞争性项目和企业资金情况的基础上，对整个项目进行通盘考虑、全面规划，用以指导开发项目人力、物力的运用和时间、空间的安排。理想的开发项目建设总周期安排为房地产市场的低谷投入生产，高峰期时产出项目。

② 编制开发项目建设总进度计划、年度计划。开发项目建设总进度计划是指依据初步设计文件对工程建设项目从开始建设到竣工验收的全过程的统一部署，其主要目的是安排各单位工程的建设进度、合理分配年度投资、组织各方面的协调。开发项目建设年度计划是依据工程建设项目总进度计划和设计文件确定开发项目的年度建设任务。

在项目计划编制的过程中，人们往往求助于 WBS 方法进行项目工作内容的分解。在此基础上再进行资源的分配、进度计划并估计项目的成本。WBS(work breakdown structure)即工作分解结构,是通过将细分化了的所有项目要素统一编码,使其代码化。

编制总进度计划和年度计划的程序包括:a. 将全部开发项目的建设工程内容分解为WBS任务;b. 统计计算每项WBS任务的工作量;c. 估算每个WBS任务所需时间,可用天数表示;d. 按正常施工的各个单项工程内容的逻辑顺序和制约关系,排列先后次序;e. 根据总进度纲要的总体部署的要求,做适当完善;f. 报请公司项目经理层进行批准。

③ 核准施工进度计划。施工企业编制的施工进度计划主要是确定工程承包合同内各单位工程及单项工程的施工期限和开竣工日期,在正式开工前由施工单位依据总进度计划编制并由监理工程师审查通过后经开发企业批准确认后执行。房地产开发企业应对其中总工期和阶段性里程碑事件的时间进行核准,以便于同整个项目的营销计划或其他工作计划相对应。

④ 编制其他配套进度计划。其他配套进度计划包括以下两类:材料供应、设备采购计划和临时工程计划。

⑤ 督促监理工程师。在施工过程中,监理机构委派的监理工程师的进度控制的任务主要是:通过完善项目控制进度计划、审查施工单位施工进度计划、做好各项动态控制工作、协调各单位关系、预防并处理好工期索赔,以求实际施工进度达到计划施工进度的要求。

⑥ 检查与纠偏进度计划。进度计划的执行主体是施工企业,开发商应强化对计划执行情况的检查工作,开发企业要抓好以下三个方面的工作:一是抓好计划完成情况的检查,正确估测完成的实际量,计算已完成计划的百分率;二是分析比较,每月(旬、周)组织召开一次计划分析会和认真审阅监理工程师提交的监理报告,使计划适应变化了的条件,保证计划的时效性,从而保证整个项目工作目标的实现;三是认真搞好计划的考核、工程进度动态通报和信息反馈,为领导决策和项目管理协商提供依据。图4-2反映了在不同的项目建设阶段的主要进度管理任务。

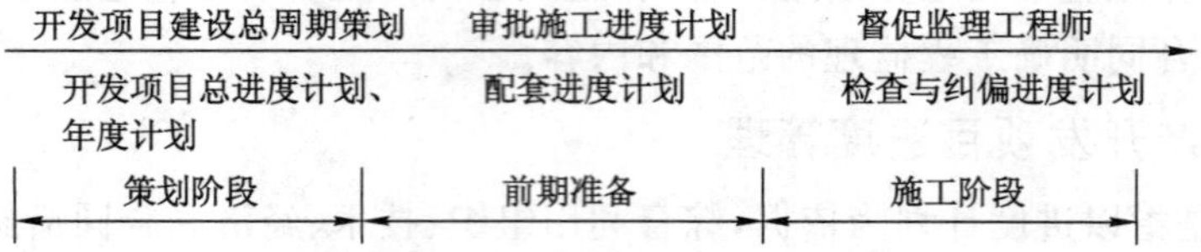

图4-2 项目建设进度管理任务与项目建设阶段的关系

(2) 进度计划的编制方法

进度计划编制是进度管理的重要内容,进度计划编制通常采用表格法、横道图法和网络图法。

① 表格法是用表格的形式表明单位工程的数量和开竣工日期,主要用于总进度控制和里程碑事件时间的表示。该方法内容单一,反映的信息量较少,主要在开发企业的高层使用。表格法的主要编制工具可以使用Office系列办公软件。

② 横道图法是用直线线条在时间坐标上表示出单项工程内容进度的方法。横道图的优点是制作简便,明了易懂;缺点是从图中看不出各项工作之间的相互依赖和相互制约的关系,看不出一项工作的提前或落后对整个工期的影响程度,看不出哪些是关键工作。横道图的绘制可以使用专门的项目管理软件,如P3、Project 2003、梦龙智能项目管理系统等,也可

以用 Excel、Visio 等绘制。

③ 网络图法是应用网络形式来表示计划中各项工作的先后顺序和相互关系，可以通过参数计算找出计划中的关键工作和关键线路，在计划执行过程中进行有效的控制和监督。常用的网络图有单代号网络、双代号网络、时标网络、单代号搭接网络。

4.5.3 房地产开发项目投资管理

房地产开发项目投资管理是在保证工期和质量的前提下，利用组织、经济、技术和合同等将成本控制在计划范围之内，并且寻求最大限度的投资节约。

投资在不同的阶段有着不同的表现形式，一般地，按照建设工程的深入程度不同，开发项目投资表现为投资估算、投资概算、施工图预算、标底和合同价。在开发项目的实施阶段，主要是对合同价的管理，包括投资计划、投资跟踪、工程款支付和投资分析等。

(1) 编制投资计划

编制投资计划必须对开发项目建设总投资进行分解。投资的分解方法有按照投资构成、子项目、时间三种。在开发项目实施过程中，往往三种分解方法是混合使用，以便于开发企业从不同的角度考察资金的使用情况。投资计划的表示方法有时间—投资使用计划、S形累计曲线和投资计划表，也可使用时标网络计划对投资直接进行标注。房地产开发企业制定投资计划表时，要注意项目分解和工程成本的分解的统一。在工程量清单计价条件下，要有一个恰当的和承包商投资控制系统的接轨点，甚至有些时候要结合工程的形象进度加以说明。

(2) 跟踪投资

房地产开发项目工程建设阶段需要投入大量的人力、物力和财力，是项目费用消耗最多的阶段。在做好投资计划之后，应定期地将计划投资与实际投资相互比较、发现偏差、分析偏差的原因、适当采取措施、保证项目开发成本的最合理化。投资跟踪的主要内容包括设置跟踪指标和定期采集信息两个方面。

(3) 支付工程款

工程款的种类分为工程预付款和工程进度款两种。其具体的支付方式可以分为按月支付、竣工后一次支付和分阶段支付等。开发企业应根据单项合同或者单位工程建立自己的支付报表来掌握工程费用的支付情况和工程进度情况，并及时扣回预付给施工单位的各种款项。此外，还应加强对诸多工程变更、索赔、价格调整等类型的意外工程费用支付的管理，尽量减少额外工程费用的支付。对一些确需变更的情况，应严格控制变更单价和施工工艺，并做好现场记录和有关数据的收集整理工作，避免浪费。开发企业也可以通过合同设置支付合同价比例上限，在合同支付达到上限时停止支付，到工程决算后支付工程尾款。

(4) 分析投资

分析投资就是利用会计核算、业务核算和统计核算的资料，对投资的支出过程和影响因素进行分析，寻求成本降低的途径，为实现成本目标创立良好的条件。投资分析的主要方法有比较法、因素分析法和比率法。

事实上，工程投资一旦失控，要在既定的投资计划内完成工程项目是非常困难的。开发企业的各级管理者一定要树立这个概念，不要放过任何投资超支的蛛丝马迹，要防患于未然。对于工程节约，开发企业也不可掉以轻心，要认真研究是否有进度过缓、偷工减料的因素，当然，对于真实的成本节约，可以适当给承包商以合同奖励。

4.5.4 房地产开发项目质量管理

(1) 质量管理的基本任务

质量管理是指房地产开发企业贯彻执行建设工程质量法规和强制性规范、标准,确保合同中规定的质量目标的监督与管理行为。在目前的建设管理体制下,工序质量、分项工程和分部工程的质量监督主要是由监理工程师负责。开发企业的重点是对开发项目全过程的质量监督、协调和决策,其质量管理的主要任务是编制工程质量计划、督促各方的质量行为、制定质量控制要点和工程质量档案管理。

(2) 工程质量控制计划

开发企业的质量计划是本企业向外部环境表明开发项目的质量、目标以及具体的实施方法、手段和措施。主要内容一般包括:工程项目特点和作业条件分析;工程质量总目标和分解目标;质量组织结构、人员和资源配置;为保证质量采取的主要措施;工程验收的方法;材料设备等甲方供应材料的质量选择;工程质量控制要点;对监理工程师的管理。

(3) 各方质量行为的督促

建设工程的参与方应贯彻执行工程建设质量法规和强制性标准,正确配置施工生产要素和采用科学管理的方法,实现工程预期的使用功能和满足质量标准。对于设计方来说,是通过施工质量的验收、设计变更以保证竣工项目的各项施工结果与设计文件和国家规范的标准相一致;对于施工单位来说,是通过施工过程的工序、分部分项、单位工程的质量自控,保证交付满足合同和设计文件约定质量标准的建设产品;对于监理单位来说,通过审核文件、批准施工组织设计、旁站监理等一系列的控制手段,履行监理委托合同赋予的监督责任,保证工程质量达到合同和设计文件的规定;对于开发企业来说,是通过对开发项目的全过程的全面的监督管理、协调和决策,保证竣工项目达到决策和设计文件中的标准。

(4) 主要质量控制要点

房地产开发项目主要质量控制要点包括审核施工组织设计、对原材料的检验、对工程中的配套设备进行检验、控制混凝土质量和隐蔽工程验收等五个方面。

(5) 确立有关质量文件的档案制度

为了便于信息随时调用,应汇集所有质量检查和检验证明文件、实验报告,包括承包商在工程质量方面应提交的文件,按照统一的编码规则,进行分类管理,定期归档。

4.5.5 房地产开发项目合同管理

合同是平等主体的自然人、法人及其他组织之间设立、变更、终止民事权利义务关系的协议。现代社会的企业的经济往来,主要通过合同形式进行,房地产开发项目的经营成败和合同与合同管理有着密切的关系。

(1) 房地产开发项目中的主要合同关系

现代社会是以社会化生产和专业分工为标志的,稍微大一点的房地产开发项目,工程合同就有几十份之多。合同之间存在着复杂的关系,形成一个合同网络体系。在这个体系中,承包商和业主是两个主要的节点。

房地产开发企业必须将开发项目以委托的形式发包出去,总承包商模式下可能只有几份合同,而平行承发包模式下可能会有几十份合同。通常开发企业要与承包单位、建设单位、勘察设计单位、材料设备供应单位、金融机构等分别签订合同。

(2) 合同管理的主要任务

合同管理贯穿于整个房地产开发项目过程之中，合同管理的主要任务如图 4-3 所示。

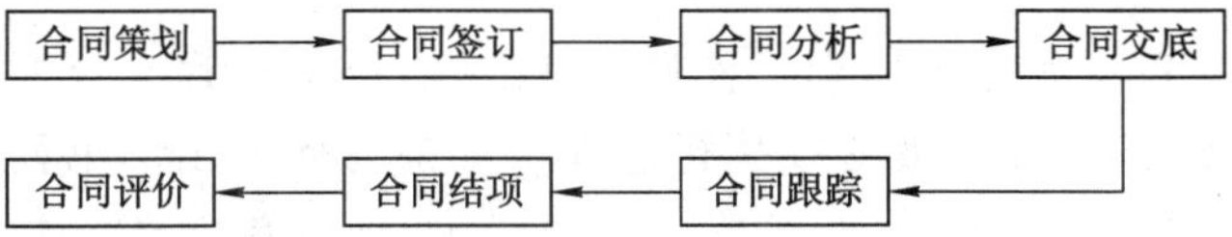

图 4-3　房地产开发项目中合同管理的主要任务

① 合同策划。

合同策划是指开发企业对整个开发项目进行深入研究，划分合同界面、合同实施的接触条件、标包的工作范围、承包方式、合同的主要条款以及合同的签订过程中应注意的问题。即房地产开发项目应分为几个独立的合同、每个合同有多大工程范围、合同之间的关系、合同委托的方式、合同的主要条件。

合同策划主要考虑的因素包括以下几点：合同应有利于竞争投标，标包内容按工程量大小调整，不同标包之间的工作内容具有近似性或者区别性；材料设备标的发布应和施工计划紧密配合，且应结合市场情况作出合理的批次安排；合同发包时机应和企业的资金计划紧密结合。

② 施工合同签订。

开发项目实施阶段，对于开发企业来说，最为主要的是施工合同，施工合同还可分为土建工程施工合同、设备安装施工合同、管线工程施工合同和装饰装修施工合同。签订施工合同应使用我国的建筑工程施工合同(示范文本)，其中的要点包括：工期、合同价款、对双方有约束力的合同文件、开发企业和承包人的工作等内容。

③ 合同分析。

大型房地产开发项目中，工程建设合同往往是几份、十几份甚至上百份交叉在一起，有着十分复杂的合同关系。合同条文繁杂，法律语言不容易理解，合同文件和工程活动的具体要求混杂在合同条文之中，工程项目管理职能人员所涉及的活动和问题可能只是一个合同的某一个侧面，合同中可能存在某些未知的风险，因此房地产开发企业必须加强合同分析的工作。

房地产开发企业的合同分析成果可以归结为合同要点和应注意事项，在工程正式开工前编制成册。合同管理人员向项目管理人员和企业的各有关职能部门进行合同交底，组织大家学习合同分析的结果，对合同的内容做出阐释，把合同事件的责任人分解到工程小组和分包人，规定合同执行中的经常性的检查与监督任务。合同分析一般包括以下内容：界定承包人和开发企业的主要权利、义务和主要任务；合同的价格分析；合同工期的分析；违约责任的理解；验收责任的理解等。

4.5.6　合同变更和索赔管理

4.5.6.1　合同变更

合同变更是指合同实施过程中由于各种原因引起的合同内容变化和更改，包括工程量变更、工程项目的变更、进度计划变更、施工条件变更以及原招标文件和工程量清单中未包括的新增工程等。工程变更管理是施工过程合同管理的重要内容，工程变更常伴随着合同价格的调整，是合同双方利益的焦点，因此，合理确定并及时处理好工程变更，既可以减少不必要的纠纷，保证合同的顺利实施，又有利于开发企业对工程造价的控制。

(1) 合同变更的方式

工程的任何变更都必须获得监理工程师的批准，监理工程师有权要求承包商进行其认为是适当的任何变更工作，承包商必须执行监理工程师为此发出的书面变更指示。如果监理工程师由于某种原因必须以口头形式发出变更指示，承包商应遵守该指示，并在合同规定的期限内要求监理工程师书面确认其口头指示，否则，承包商可能得不到变更工作的支付。

(2) 合同变更的程序

监理工程师、承包商、开发企业均可提出工程变更申请。监理工程师必须与项目业主进行充分的协商，最后由监理工程师发出书面变更指示。开发企业可以委任监理工程师一定的批准工程变更的权限，在此权限内，监理工程师可自主批准工程变更，超出此权限则由开发企业批准。

监理工程师依据变更批准文件制定变更指令，说明工程变更的原因及详细的变更内容，以及变更执行的时间和费用结算的情况。最后审批承包商项目部的合同管理负责人员向监理工程师发出合同调整和工期延长的索赔通知。

(3) 变更管理

开发企业的合同变更管理包括变更通知、变更的处理程序、落实变更的措施、修改变更相关的材料、检查变更措施的落实情况。

4.5.6.2 房地产开发项目索赔管理

在房地产的项目实施阶段，若合同当事人一方因对方不履行或不完全履行既定义务，或由于对方行为使自己受到损失时，可要求其补偿损失，即“索赔”。索赔是房地产开发过程中发包方和承包方之间承担风险比例的合理再分配，是开发过程中经常发生的现象。

(1) 索赔的原因

引起索赔的原因包括：开发企业违反合同规定；设计缺陷和变更；意外风险和不可抗力事件；法律的修改；暂停部分工作、停工、终止合同；合同缺陷或对合同文件的歧义解释并造成损失；行使权利过当、增加特殊要求而造成的损失；对方原因导致项目缺陷而发生损失；支付延误造成的损失；物价上涨；汇率变化。

(2) 索赔的程序

① 承包商的索赔程序。

开发企业未能按合同约定履行自己的各项义务和发生应由其承担责任的其他情况，造成工期延误或延期支付合同价款及造成承包商的其他经济损失，承包方可按系列过程以书面形式向开发企业索赔：索赔事件发生 28 天，向监理工程师发出索赔意向通知书；发出索赔意向通知书 28 天内，向监理工程师提出补偿经济损失(或)延长工期的索赔报告及有关资料；监理工程师在收到承包方送交的索赔报告和有关资料后，在 28 天内给予答复，或要求承包方进一步补充索赔理由和证据；监理工程师在收到承包方送交的索赔报告和有关资料后 28 天内未给予答复或未对承包方进一步要求，视为对该项索赔已经认可。

当该索赔事件持续进行时，承包方应当阶段性地向监理工程师发出索赔意向，在索赔事件终了 28 天内，向监理工程师送交索赔的有关资料和最终的索赔报告。

② 索赔证据。

证据作为索赔文件的一部分，关系到索赔的成败，证据不足或没有证据，索赔是不成立的。索赔证据应具有真实性、全面性、及时性和相应法律证明效力。承包商的索赔证明主要有：招标文件、合同文本及附件；来往文件、签证及更改通知等；会谈纪要；进度计划和实际施工进度表；现场工程文件；照片；报告；交接班记录；材料和设备采购、订货运输使用记录等；市场行情记录；各种会计核算资料；国家法律、法令及政策文件等。

(3) 索赔计算

索赔计算的内容主要包括费用索赔和工期索赔。

① 费用索赔。费用索赔内容一般包括以下几个方面：人工费、设备费、材料费、保函手续费、贷款利息、保险费、利润、管理费。

索赔费用的计算方法包括实际费用法、总费用法和修正总费用法。在工程实践中一般多采用实际费用法和修正总费用法。

实际费用法是按照每项索赔事件所引起损失的费用项目分别分析计算索赔值，然后将各费用项目的索赔值汇总，即可得到总索赔费用值。这种方法以承包商为某项索赔工作所支付的实际开支为依据，但仅限于由于索赔事项引起的超过原计划的费用。

修正总费用法是对总费用法的改进，即在总费用计算的原则上，去掉一些不确定的可能因素，对总费用法进行相应的修改和调整，使其更加合理。其具体做法如下：将计算索赔额的时段局限于受到外界影响的时间，计算受影响时段内该项工作的实际单价进行核算，乘以实际完成的该项工作的工作量，得出调整后的报价费用，索赔金额等于某项工作调整后的实际总费用扣减该项工作的报价费用。

② 工期索赔。因承包商的原因造成施工进度滞后，属于不可索赔的内容，承包商不应承担任何责任的延误，可以索赔工期。有时工期延期的原因中可能包含双方责任，此时工程师应进行详细分析，分清责任比例，只有非承包商责任部分才能批准顺延合同工期。

被延误的工作应是处于施工进度计划关键路线上的施工内容。只有位于关键线路上工作内容的滞后，才会影响到竣工日期。此时的工期索赔额度一般为被延误的工作的尚需完成的工作日。

被延误的工作不在批准进度计划的关键线路上，但对后续工作的影响导致进度计划中后续工作由非关键路线转化为关键路线，其滞后将影响总工期的拖延。此时，工期索赔额度等于工作延误时间和工作自由时差的差值。

(4) 索赔报告

一个完整的索赔报告应该包括以下四个部分。

① 总论部分。一般包括以下内容：序言，索赔事项概述，具体索赔要求，索赔报告编写及审核人员名单。文中首先应概要地论述索赔事件的发生日期与过程，承包商为该索赔事件所付出的努力和附加开支，承包商的具体索赔要求。

② 根据部分。本部分主要是说明自己具有的索赔权利，这是索赔能否成立的关键。根据部分的内容主要来自该工程项目的合同文件，并参照有关法律规定。该部分中承包商应引起合同中的具体条款，说明自己理应获得经济补偿或工期延长。

③ 计算部分。索赔计算是以具体的计算方法和计算过程，说明承包商应得经济补偿的款项或延长时间。在款项计算部分，承包商必须阐明系列问题：索赔款的要求总额；各项索赔款的计算，如额外开支的人工费、材料费、管理费和所失利润；指明各项开支的计

算依据及证据资料，施工单位应注意采用合适的计价方法。至于采用哪一种计价法，应根据索赔事件的特点及自己所掌握的证据资料等因素来确定。另外，承包商还应注意每项开支款的合理性，并指出相应的证据资料的名称及编号，切忌采用笼统的计价方法和不实的开支款额。

④ 证据部分。证据部分包括索赔事件所涉及的一切证据资料，以及对这些证据的说明，证据是索赔报告的重要组成部分，没有可靠的证据，索赔是不能成功的。

复习思考题

1. 按房地产产品类别分类，房地产开发可分为哪几类？
2. 简述房地产开发的程序。
3. 房地产开发项目的可行性研究包括哪些内容？
4. 房地产开发项目的可行性研究的具体实施步骤有哪些？
5. 房地产开发资金筹集渠道有哪些？
6. 房地产开发资金筹集风险的控制措施有哪些？
7. 房地产开发项目质量控制包括哪些内容？
8. 房地产开发索赔报告包括哪些内容？

第 5 章　房地产投资分析

本章提要

本章重点介绍房地产投资环境分析、外在效应分析、投资项目方案比选、不确定性分析及房地产投资面临的风险。要求学生掌握房地产投资的构成、方式、特征；掌握房地产项目投资环境分析的内容；掌握房地产投资外在效应分析的内容和程序；掌握房地产投资项目方案比选的指标；掌握房地产投资风险的分类及处置方式；了解房地产投资外在效应分析的方法；了解不确定性分析的基本方法。

5.1　房地产投资概述

5.1.1　房地产投资构成

房地产投资的构成包括两个方面含义：房地产投资主体的构成和房地产投资的资金构成。

5.1.1.1　**房地产投资主体构成**

投资主体是指直接从事房地产投资活动的投资者，即直接投资者。它是相对于间接投资者而言的，例如一般房地产股票、债券的持有者、房地产投资信托资金的存入者、房地产信贷资金的发放者等都不视为投资主体。

(1) 政府

当前在我国，政府仍是重要的投资主体，也是特殊的投资主体。一方面，大量的投资行为是国有企事业单位进行的；另一方面，重大的房地产投资项目中，很多是政府投资。从另一角度来看，作为投资主体的政府一般并不以政府的面目出现，而是以有关行政管理部门组织的某种投资机构或相关的企事业单位的形式出现。

(2) 企业

企业是房地产投资的主要主体。在我国，房地产投资企业包括许多事业性质的投资单位在内。从经济成分来看，房地产投资企业包括全民所有(即国有)、集体所有、个体所有、外资所有、股份制形式混合所有等几种。我国目前专业的房地产投资企业不多，投资活动主要由房地产开发企业承担。其他企业也有从事此行业的，但多数为自用投资建设，只有少数企业在房地产市场利润可观时，才涉足房地产开发等投资形式，并以此作为企业投资构成的一部分。企业与政府作为投资主体的主要差别在于：企业是纯营利性的，而政府则是把全局利益和政治需要放在首位。如近几年政府投资的“安居工程”、“廉租住房工程”等，就是政府通过投资以扶助中低收入家庭实现“居者有其屋”的目的，同样的低利对于企业是绝对不能采用的。

(3) 个人

个人作为投资主体一般只能从事房地产买卖。由于房地产买卖需要巨额资金投入，国家又以契税、土地增值税等经济手段对房地产买卖加以限制，以前从事这种方式投资的公民并不多，但近年来，随着房地产市场的空前繁荣，以及中国房地产金融政策与制度的不断优化，个人投资房地产的现象和规模不断扩大。另一方面，自然人从事房地产开发等投资活动实际上又是被禁止的，所以即使是个人想做投资主体，也必须先注册为企业法人。法人从事投资活动，必须受各种法规约束，同时也受法规保护。

5.1.1.2 **房地产投资资金构成**

房地产投资资金需要量巨大，一般投资者难以负担。所以，利用各方面的资金是投资者的惯用做法。另外，利用他人资金可获取巨大的杠杆效益和经济收益，只要内部收益率大于贷款利率，投资者就有利可图。

(1) 企业自有资金

企业自有资金包括企业自我积累的资金、主管部门拨入的资金和联合经营的单位提供的资金三部分。对于这些资金，房地产开发商可以自行支配、长期拥有，因而称为自有资金。《城市房地产管理法》规定，房地产开发企业的注册资本与投资总额的比例应当符合国家的有关规定，一般认为这个比例不低于 30%(不同房地产市场环境下适当调整这个比例已成为政府宏观调控房地产市场的手段之一)。这一规定是为了防止企业资金不足而使所投资的项目延误、中断、夭折，造成重大损失。

(2) 信贷资金

房地产投资者向银行或非银行金融机构借入的资金即信贷资金。它包括短期透支贷款、存款抵押贷款、房地产抵押贷款、担保贷款等。对于这类资金，房地产投资者必须按期还本付息。

(3) 集资

集资是指房地产投资者通过吸引社会闲散资金筹集到的房地产投资。它包括发行企业债券、发行企业股票、外单位取利或取息投资。对于这些资金，房地产投资者必须出让部分利润才能得到。

(4) 利用外资

外资是指房地产投资者吸引的外国投资、境外财团或个人投入的资金。外资投入的形式多种多样，包括合资、合作、入股、贷款、债券及股票等。

(5) 财政资金

财政资金是国家作为投资主体投入的资金。中国目前作为房地产投资的财政资金一般是以贷款形式发放的，使用单位收回后要加利偿还，资金使用方向是特定的。还有一部分是无偿的，如国防、科研、公益用房等投资。

(6) 预售收入

预售收入是指房地产投资者利用房地产建成之前预先收取的销售收入，作为后期房地产投资的那部分资金。它是房地产投资者所需投资的主要来源(就此种开发方式而言)。利用这部分投资，开发商付出的代价仅仅是得到一部分销售收入就使得房地产在市场上脱手。

(7) 承包商垫资承包

承包商带资是指承包商以垫付部分工程款为代价，获得房地产开发项目的施工任务，从而形成的房地产投资。

5.1.2 房地产投资方式

所谓房地产投资方式，是指投资于房地产的可能选择。这可以从两个方面来讨论：① 各种引导资金进入房地产市场的方法；② 可作为房地产投资的各种类型的房地产。前者可称为房地产投资的资金方式，后者可称为房地产投资的资产方式或房地产投资开发的对象。

5.1.2.1 房地产的资金投入方式

目前在我国，由于房地产市场的发育程度仍不足，房地产投资工具相对较少，下面只介绍几种常见的房地产资金投入方式。

(1) 房地产投资信托

房地产投资信托采用股份公司的形式，将被动的股东投资者的资金吸引到房地产中来。简而言之，房地产投资信托就是一家致力于持有，并在大多数情况下经营那些收益型房地产(如公寓、购物中心、办公楼、酒店、工业厂房和仓库)的公司。符合规定的房地产投资信托不需要交纳公司所得税和资本利得税，但其资产构成、收入来源和收益分配均需符合一定的要求。房地产投资信托同其他信托产品一样，如果信托的收入分配给受益人的话，信托是不需要交税的。房地产投资信托免交公司所得税和资本利得税，但股东要对自己所得的分红按照自己的适用税率交纳所得税和资本利得税。

房地产投资信托和其他房地产公司的一个主要区别在于：房地产投资信托收购和开发物业，必须是为了经营这些物业，将其作为组合投资的一部分，而不是在开发完毕后卖掉这些物业。房地产投资信托分为收益型、按揭型和混合型三种类型。

(2) 房地产辛迪加

辛迪加组织近似于企业组织中的合伙式。而合伙一般有两种：一般合伙形态和有限合伙形态。在一般合伙的情形下，每一合伙人的地位是相同的，利益或损失由每个合伙人依其投入资金的比例或事先的约定参与分配或分摊，而且每一位合伙人具有参与管理和投资决策的权利。但房地产辛迪加很少采用这种方式，通常采用后一种形式，即有限合伙方式。有限合伙辛迪加通常由主要合伙人和有限合伙人组成。主要合伙人负责整个辛迪加资金的投资运用与经营管理，并须负无限清偿辛迪加负债的责任。相应地，有限合伙人无权过问辛迪加的各项投资管理活动，但也不需要负无限清偿辛迪加所积欠的债务。

(3) 房地产抵押贷款和房地产抵押贷款证券化

投资于房地产抵押贷款或房地产抵押贷款证券，都可以获得良好的流动性，而且债务清偿责任有限。但是这两种投资不能享有其他房地产投资的好处，诸如赋税减免等。从本质上讲，这两种投资与债券投资的性质很接近，因此具有债券投资的优点和缺点。

(4) 直接购置房地产

这种方式在国内已比较普遍。它与普通购置的区别在于：普通购置的目的在于消费或作为生产资料，而投资性购买的目的是保值增值。这种投资方式可以克服或减少其他间接投资方式中因代理人的疏忽或不负责任而导致的损失，而且自己可以直接操持投资等。但其缺点是明显的：① 投资者须完全负担投资风险，而且负无限责任。② 比其他投资方式承担更多的流动性风险。③ 投资金额需求较大，个人投资往往因资金有限而无法实现或仅能投资于少量房地产而无法实现风险的分散。

5.1.2.2 房地产投资开发的对象

一般而言，可作为投资对象的房地产类型包括：

(1) 未开发的土地

作为房地产投资对象的土地有两类：旧城区和新区。旧城区投资的土地属于房地产的二次开发，是由于原有城区因使用性质改变或城市老化，房屋陈旧、破损或基础设施改造而进行的投资建设。旧城区开发的主要经济活动有拆迁安置和改造建设两个方面。新区开发是指城市郊区新征土地的投资开发，其主要经济活动是征用农村集体所有的土地，并进行土地改造和基础设施建设。新区开发的土地需拆迁安置的负担并不高，地价也相对便宜得多，因而新区开发的投资成本相对较低。不过，新区开发将受到农田保护的限制。

(2) 住宅

住宅历来是房地产投资的主要对象。随着城市化及城镇化的进展及居民对改造居住条件的强烈愿望，在今后相当长一段时期内，住宅将始终保持为房地产投资的首选对象。住宅投资可分为两类，即出租性住宅和销售性住宅。出租性住宅是指那些由开发商经营，将住宅的使用权分期出租给承租人的住宅；销售性住宅是指那些通过一次性付款或分期付款将住宅产权让渡给购房人的住宅。住宅还可分为普通住宅、高级住宅及别墅等，其区分的主要因素有装修的档次、设备、面积、功能、材料和设计标准等。住宅投资成败的关键是市场定位是否准确、配楼设施是否完善、价格定位是否合理、营销力度是否到位等。

(3) 办公楼宇

办公楼宇通常被称为写字楼。随着城市经济的发展，尤其是那些新兴城市，将会吸引大量新的企业来开设办事处或分公司，将需要大量办公场所，这就是办公楼宇成为一些城市房地产投资热点的关键。然而，写字楼投资的风险较大，主要是因为它一般是租赁经营，租赁效益的高低主要取决于楼宇的使用率的高低。另外，写字楼市场与宏观经济环境及区域经济环境关系最为密切，受经济景气循环状况影响较大。

(4) 商场、酒楼、旅店

商场、酒楼、旅店的投资回报较高，通常是房地产投资的热点，但由于这类物业无明确的租约保障、无固定的消费对象，竞争往往激烈，投资风险很大。这类投资对象经营收益的高低不仅取决于自身的环境条件、经营方略，还取决于区域经济发展状况，商业、旅游及经济情况的波动将直接影响消费需求水平，进而影响收益。

(5) 工业厂房和仓储性物业

这类物业用地的决定因素可分为两大类：成本因素和非成本因素。对不同因素的偏重，不同的产业间有着极为显著的不同。就成本因素而言，有两种成本必须考虑：① 取得生产原料的成本，包括直接成本和间接成本。② 转换成本，包括人工成本及各种所需服务成本。值得强调的是，工业厂房和仓储性物业的投资风险是相当高的。一是工业厂房和仓储性物业的需求受经济状况的影响很大，特别是区域经济因素；二是工业厂房和仓储性物业可以分为两类：多用途的和单一用途(为某特定制造业设计)。后一种的风险非常高。尤其是中国，目前处于产业结构调整之际，不确定性很大，风险很高。这类物业的投资者，在中国当前状况下，大多数同时又是这类物业的使用者，以出售或出租为目的的还比较少。

(6) 休闲性物业

休闲性物业是指那些具有娱乐、休闲性的房地产，如健身中心、游乐场、剧院、电影院、养老院、保健医院以及各种俱乐部性质的网球馆、高尔夫球场等。休闲性房地产需求并非人类的基本需求，所以该类房地产投资时既要重点考虑当地人口的收入水平、教育水平及年龄层等人口统计变数，又要考虑所投资房地产的区位因素、社会可达性等。

5.1.3　房地产投资的特征

同一般投资相比，房地产投资具有以下特征：

(1) 房地产投资对象的固定性和不可移动性

房地产投资对象是不动产，土地及其地上建筑物都具有固定性和不可移动性。不仅地球上的位置是固定的，而且土地上的建筑物及其某些附属物一旦形成，也不能移动。这一特点给房地产供给和需求带来重大影响，如果投资失误会给投资者和城市建设造成严重后果，所以投资决策对房地产投资更为重要。

(2) 房地产投资的高投入和高成本性

房地产业是一个资金高度密集的行业，投资一宗房地产，少则几百万，多则上亿元的资金。这主要是由房地产本身的特点和经济运行过程决定的。房地产投资的高成本性主要源于以下几个方面原因：

① 土地开发的高成本性。由于土地的位置固定，资源相对稀缺程度较高以及其具有不可替代性，土地所有者在出售和出租土地时就要按照土地预期的生产能力和位置、面积、环境等特点，作为要价的依据，收取较高的报酬；同时作为自然资源的土地，不能被社会直接利用，必须投入一定的资本进行开发，所有这些因素都使土地开发的成本提高。

② 由于房屋建筑的高价值性。房屋的建筑安装成本，通常也高于一般产品的生产成本，这是由于房屋的建筑安装要耗费大量的建筑材料和物资，需要有大批技术熟练的劳动力、工程技术人员和施工管理人员，要使用许多大型施工机械。此外，由于建筑施工周期一般较长，占用资金量较大，需要支付大量的利息成本。再加上在房地产成交时，由于普遍采用分期付款和抵押付款的方式，使房地产的投入资金回收缓慢，因此也增加了房屋建筑物的成本量。

③ 房地产经济运作中交易费用高。一般而论，房地产开发周期长、环节多，涉及的管理部门及社会各方面的关系也多。这使得房地产开发在其运作过程中的广告费、促销费、公关费都比较高昂，从而也增大了房地产投资成本。

(3) 房地产投资的回收期长和长周期性

整个房地产投资的实际操作，就是房地产整个开发过程。对每一个房地产投资项目而言，它的开发阶段一直会持续到项目结束，投入和使用的建设开发期是相当漫长的。房地产投资过程中要经过许多环节，从土地所有权或使用权的获得和建筑物的建造，一直到建筑物的投入使用，最终收回全部投资资金需要相当长的时间。房地产投资的资金回收期长，原因包括：

① 因为房地产投资不是一个简单的购买过程，它受到房地产市场各个组成部分的制约，如受到土地投资市场、综合开发市场、建筑施工市场、房产市场的限制，其中特别是房屋的建筑安装工程期较长。投资者把资金投入房地产市场，往往要经过这几个市场的多次完整的运动才能获得利润。

② 由于房地产市场本身是一个相当复杂的市场，其复杂性不是单个投资者在短期内所能应付得了的。所以，一般投资者必须聘请专业人员来进行辅助，才能完成交易。这样，又会增加一定的时间。

③ 如果房地产投资的部分回收是通过收取房地产租金实现的，由于租金回收的时间较长，这样更会使整个房地产投资回收期延长。

(4) 房地产投资的高风险性

由于房地产投资占用资金多，资金周转期又长，而市场是瞬息万变的，因此投资的风险因素也将增多。加上房地产资产的低流动性，不能轻易脱手，一旦投资失误，房屋空置，资金不能按期收回，企业就会陷于被动，甚至债息负担沉重，导致破产倒闭。

(5) 房地产投资的强环境约束性

建筑物是一个城市的构成部分，又具有不可移动性。因此，在一个城市中客观上要求有一个统一的规划和布局。城市的功能分区、建筑物的密度和高度、城市的生态环境等都构成外在的制约因素。房地产投资必须服从城市规划、土地规划、生态环境规划的要求，把经济效益、社会效益、环境效益统一起来。只有这样，才能取得良好的综合投资效益。

(6) 房地产投资的低流动性

房地产投资成本高，不像一般商品买卖可以在短时间内马上完成轻易脱手，房地产交易通常要一个月甚至更长的时间才能完成，而且投资者一旦将资金投入房地产买卖中其资金很难在短期内变现，所以房地产资金的流动性和灵活性都较低。当然房地产投资也有既耐久又能保值的优点。房地产商品一旦在房地产管理部门将产权登记入册，获取相应的产权凭证后，即得到了法律上的认可和保护，其耐久保值性能要高于其他投资对象。

5.2 房地产投资环境分析

5.2.1 房地产投资环境要素分析

5.2.1.1 房地产投资环境的含义

房地产投资环境，是房地产项目生存发展所必须依赖的经济、社会、文化、科技等外部条件的总称。按照尼古拉斯·斯特恩对于投资环境的解释，房地产投资环境主要是指现在和未来影响房地产投资的风险和收益的政策、制度和行为环境。

对房地产投资环境进行分析，是房地产投资和开发的第一步，只有确认了投资环境的健康和稳定，此后的市场研究和地块选择才能开始。

5.2.1.2 房地产投资环境要素及其分析

正确判断和评估投资所在地的投资环境，从而选择最佳投资点，已成为投资者决策前的重要一环。影响投资环境的因素广泛，几乎包含一个城市（或地区）的所有情况，但一般把投资环境因素划分为六大类，即政治、经济、基础设施和配套设施、法律、社会文化、自然地理，而每种因素又包含大量的子因素。

一般地，从投资环境表现的形态可将投资环境分为硬投资环境和软投资环境。硬投资环境是指房地产项目所在地及周边区域的自然地理条件、基础设施和配套设施（其中包括市政、办公、商业、娱乐、休闲、餐饮等），也就是投资区域的物质条件。良好的硬环境是项目成功的物质条件。软投资环境就是该项目运作的非物质条件，如政治、经济、法律、文化等。软环境的好坏难以定量分析，其方向性、程度和可控性比硬环境更难以把握。下面按照硬环境和软环境的分类对投资环境要素进行阐述。

(1) 硬环境要素

从房地产市场来看，硬环境的改善能够对房地产需求产生较大的拉动作用，促进客群聚集，活跃房地产市场。硬环境主要包括：

① 基础设施。美国《现代经济词典》把基础设施定义为：社会的间接资本，支撑一国的经济基础（运输、通讯系统、电力设备和其他公共服务设施），还可以包括人们受教育的水平、社会风尚、生产技术以及管理经验等无形资产。

一般来讲，城市基础设施主要包括六大系统：城市能源系统；城市水资源和供水排水系统；城市交通运输系统；城市邮电通信系统；城市生态环境系统以及城市防灾系统。这六大系统构成了城市基础设施的整体，它们相对独立，又互相协调，从而保证了城市生产和生活的顺利进行。

完备的市政基础设施是区域房地产市场健康发展的基础。市政基础设施在成熟区域很少出现问题，而对于快速成长的中小城市和大城市的边缘地带，问题则比较复杂且频繁。例如，在我国一些中小城市，城市长期以来只在一个很小的核心区域生长，市政基础设施只在这一中心地区比较完善。而近年来随着城市化进程加快，城市核心区已经不能满足其空间要求，迫切需要开拓新的土地用于城市建设，但却遇到了市政基础设施条件严重缺陷的瓶颈。这对于异地开发房地产项目的开发商是最应该谨慎对待的问题，必须事先调查清楚，避免已经开始开发才发现没有热力管线、没有煤气等。这样的失误在目前是较为常见的。因此，分析房地产投资环境时，必须将市政基础设施作为一个非常重要的影响因素加以考虑。

② 生活配套。生活配套主要指项目周边区域的生活设施，如商场、饭店、娱乐场所、邮局、银行、医院、学校等。生活配套完善与否决定了该区域生活氛围的优劣，对项目定位和开发策略有较大影响。生活配套的水平和数量，反映了区域消费群体的层次和特点。在一个生活配套数量不足、经营规模小、层次低、缺少品牌店的区域，如果要开发高档社区，难度就比较大，而且难度大小与项目规模成反比。

因此，进行房地产开发，必须认真考虑周边生活配套，不仅是要依据调查结果调整自己的物业配比，同时也要保证生活配套的水平和质量与所开发项目定位保持一致。

③ 商务设施。商务设施的成熟度对房地产需求的影响是非常明显的。一个繁荣的商务中心，其内部和周边的写字楼市场、公寓市场和商铺市场都有较高的价格和旺盛的需求。典型的实例是北京CBD等地的房地产市场发展情况。

④ 其他因素。除了上述以外，还有一些配套设施或公共设施会对房地产投资环境和市场产生有利或不利的影响，也应该特别注意。诸如工厂、传染病医院、发电厂、垃圾中转站等如果在项目周边，对地块开发有不利的影响。繁忙的铁路线也会严重破坏社区的生活环境（主要是噪音污染），影响产品品质的提高。

(2) 软环境要素

硬投资环境对房地产投资活动固然重要，软投资环境同样也不可忽视。一般地，软环境要素主要包括：

① 社会文化环境。社会文化环境是指一个地区在社会与文化等方面所具有的基本条件。它的内容比较广泛，主要包括民族语言、文字、宗教信仰、风俗习惯、文化传统、价值观

念、道德准则、教育水平及人口素质等。

② 政治环境。政治环境是指拟投资地区的政治制度、政局稳定性、社会安定性、信誉度、政策连续性以及是否存在战争风险等方面的基本条件。众所周知，房地产开发需要涉及的环节和接触的层面是一般产业投资所无法相比的。政治环境的变化、土地、房产等法律法规的变化，都将对项目开发产生影响，甚至是至关重要的影响。

③ 经济环境。在影响房地产价格变动的市场因素中，经济周期变动，或称景气的变动，是最重要的因素之一，它对投资效率和安全性的影响极大。因此对经济周期与房地产投资的关联性是开发企业不能忽略的。经济周期包括衰退、萧条、复苏和繁荣四个阶段。一般来说，在衰退时期，房地产价格逐渐下跌，到萧条时，房地产跌至最低点，在经济复苏开始时，房地产价格又逐渐上升，到繁荣时，房地产价格上涨至最高点。经济周期的变化，影响着房地产市场的供求关系和房地产价格的走势，使其也呈现出周期性的变化。通过对经济周期变化的研究，能够指导和提高人们对房地产市场行情变化规律的认识。

④ 法制环境。市场经济在一定意义上来说是法制经济。只有加强法制建设，才能保护投资企业在市场竞争中的平等、有序、有效，才能保护投资企业的自主权和利益。因此，加强法制建设，为投资企业和开发企业创造良好的法制环境，能够对保证投资安全和开发过程的顺利进行起到促进作用。对于房地产开发企业来说，法制环境对房地产影响最大的是土地政策及房地产法律法规，还包括国家和当地对于规划建设条件的规定，这些政策的变化常常导致房地产开发方向、开发重点和盈利模式的重大转变。

⑤ 金融环境。金融是房地产开发投资前必须重点考察的因素，这是由房地产项目投资的特殊性和现实性决定的。房地产投资与普通项目投资相比，一个突出的差别就是资金需求量大、占用时间长，对资金和融资的依赖性更强。因此，金融政策和融资渠道的变化强烈影响着房地产开发活动。

5.2.2 房地产投资环境的分析评估

5.2.2.1 房地产投资环境的评估方式

投资环境的分析评估是一项复杂的涉及面十分广泛的工作。全面评价一个地区的投资环境，不仅要考虑经济因素和经营条件，还要认真研究政治、法律、自然资源等诸方面的因素。一般来说，并非每个企业都拥有上述所有领域的专家。这就要求评估者根据自身的条件和被评估的情况，选择适当的评估方式，对投资环境进行科学客观地评估。

(1) 专家实地论证

为了解某地区的投资环境，投资者可以派遣一个专家组前往当地进行实地考察和评价。专家组对该地区投资环境进行实地考察论证时，所获得的资料、信息的来源是影响评价结论的一个重要因素。采用专家实地论证方式评估投资环境，可以增加评价者的感性认识，获得许多从官方公布的统计资料中无法获得的第一手资料，有利于对该地区投资环境作出比较客观的评价。

(2) 问卷调查评价

问卷调查评价是指用函询调查方式，将影响投资环境的因素及其重要程度编写成几个意见征询表寄给有关的投资者、政府官员和专家，并要求用书面回答并寄回，然后用统计方法来归纳、整理调查结果，最后得出对投资环境的评价。采用调查问卷方式评价投资环境，一般包括两个方面的内容：① 对各个投资环境因素的重要性进行评估；② 评价各个投资环境因素的现状。由于投资者对各因素的重视程度各不相同，这就要求在评价投资环境时，应区别各个因素的重要程度，并在问卷调查表中予以反映。选择适当的评价者是问卷调查评价成败的关键。最后，还应对调查结构进行统计归纳和处理。

(3) 咨询机构评估

同其他研究工作一样，咨询机构的评估工作也有一定的程序。大体可分为评估前的洽谈、评估阶段、评估报告三个阶段。

5.2.2.2 房地产投资环境的分析方法

对投资环境分析方法的研究始于20世纪60年代末，到目前为止，已经形成了多种广为采用的评价方法，主要包括冷热对比法、等级尺度法、道氏评估法、多因素与关键因素评价法、相似度法及综合评价法。此外，部分学者尝试了其他方法，如将层次分析法、灰色系统理论等引入到房地产投资环境比较分析中。

5.3 房地产投资外在效应分析

5.3.1 房地产投资外在效应分析概述

5.3.1.1 外在效应的含义

当人们从事经济活动时，有时会给不参与同一经济活动的其他人造成影响(有利的影响和不利的影响)。经济学上把这种由某种经济活动所产生的没有被市场承认的对不参与同一经济活动的其他人造成的影响称为经济的外在效应(外在经济效应)。

在存在外在效应的情况下，当事者不必承担负外在效应所造成的损失，也无法从正外在效应中得到报酬。正因为这样，这种经济活动的私人成本和私人利益与社会成本和社会利益就发生了不一致。这时，对于个人或者企业来说是最优的决策，却不一定是社会的最优决策。这也就是为什么在有外在效应的情况下，完全竞争并不能达到最佳效率的资源配置的原因。

5.3.1.2 房地产投资外在效应分析的内涵

房地产投资外在效应分析，是指对项目为实现国家和地方的各项社会发展目标所做的贡献和影响，以及项目与社会的相互适应性所进行的一种系统的调查、研究和分析。

房地产投资外在效应分析的目的是使项目与社会相互适应，相互协调，避免投资的社会风险，保证项目顺利实施，以提高投资效益；同时，采取措施增加项目的外在效益，减少或消除项目的外在成本，以维护社会稳定，促进社会进步与发展，从而使项目投资决策建立在可行的科学分析的基础之上，促使项目顺利实现，并促进社会经济协调发展，走可持续发展道路。

5.3.1.3 房地产投资外在效应分析的特征

房地产投资外在效应分析的主要特征为以下两个方面：

(1) 外在效应分析定量难

社会发展目标是可以用货币或者实物来定量衡量的，但是房地产投资对社会发展目标所做出的贡献与影响有许多是不能通过定量的方法加以衡量的。近年来，国外对投资项目进行外在效应分析时，也采用一些综合定量法，运用较普遍的是多准则分析法，它主张对社会发展目标的贡献和影响利用权重和评分的方法进行定量化，但这种方法也有一定的缺点，如主观偏好强，费时费力，不能客观地予以详细、具体描述，让决策者自己判断选择最佳方案。因此，房地产投资分析需要采用定量与定性分析相结合的方法，其中定性分析在外在效应分析中占据重要地位。

(2) 外在效应分析具有多面性

社会发展目标是根据社会发展确定的，因而房地产投资外在效应分析需要从全社会这一宏观范围考察项目的实施为社会所做的贡献。外在效应分析是研究项目的社会效益和影响，是针对国家、地方和当地社区多层次的社会发展目标的。国家、地方和当地社区的社会发展目标是根据国家、地方和社区发展战略与发展任务制定的。虽然并非每一项目为社会所做出的贡献和影响都涉及社会的各个领域，然而由于社会的发展目标涉及范围很广，所以对每个房地产投资项目外在效应分析的角度都应包括各个方面。

5.3.1.4 房地产投资外在效应分析的原则

房地产投资外在效应分析涉及的内容多、难度大，需要花费大量的时间和精力进行较多的价值判断。在外在效应分析过程中，应遵循以下原则：

(1) 客观性原则

外在效应分析是整个房地产投资分析的重要组成部分，分析的结果将直接影响整个项目效益水平的评价质量。因此，为了准确、全面地反映项目的效益水平，外在效应分析应建立在科学的基础上，分析方法要有科学依据，从而在客观上成为项目取舍的衡量标准。同时，在现阶段要结合中国国情进行项目的外在效应分析，而不能对国外的经验和方法生搬硬套。

(2) 可比性原则

比较择优而取是判断优劣的一般方法，也是进行项目外在效应分析的目的所在。在外在效应分析过程中由于受到可采用的方法及数据的制约，所以更应注意可比性。在对公平目标的分析中，一般来讲，不求公平目标的全面性，只求适用性和项目之间的可比性，即只需考虑公平目标中某一个或某几个因素。总之，在外在效应中，应十分重视研究相互比较指标在内涵、单位、范围、时间及基础条件等方面的一致性，尽可能把不一致的指标改造成具有可比性的指标。

(3) 统筹兼顾，从全局出发的原则

房地产投资建设是一个复杂的开放的系统工程，它既有内在的联系和运动，又有外在的联系和运动。项目投资建设过程本身就是一个不断受到内外因素影响和制约的复杂过程。因而，在进行外在效应分析时，应采用系统的方法，即用联系的观点来看待事物，要从全局出发，高瞻远瞩，不仅要从事物的相互联系中研究事物和事物的变化规律，还要正确处理不同利益主体间的关系，把握影响全局的最主要的未来的利益所在，以满足社会整体、未来的需要。

(4) 定性与定量分析相结合原则

定量分析是对项目中能直接或间接量化的部分进行定量计算和分析。其基本原理是运用社会费用—效益分析理论，进行费用—效益分析。定性分析则是对不能量化部分进行分析和评价。定性分析应客观、全面，防止主观片面化，应采用德尔菲法、评分法等现代方法，使定性指标定量化。由于房地产投资的外在效应分析涉及范围广、内容繁杂、难度大，因此应尽可能多采用定量分析，最好以定量分析为主。

5.3.1.5 房地产投资外在效应分析的内容

房地产投资开发要占用土地资源、资金、劳动，消耗大量的建材、能源与水资源，直接为人们提供生产、生活或休闲的房屋或房屋设施。房地产开发必然会破坏原来的植被、地形地貌，改变环境条件；城市房地产开发还会带来拆迁问题及城市景观和历史文物遭受破坏问题，所以房地产投资外在效应分析极为重要。

但另一方面，房地产投资有其自身的规律和特殊性，其外在效应分析与一般项目的分析有所区别。下面讲述房地产投资各个阶段外在效应分析的主要内容。

(1) 投资机会研究阶段的外在效应分析

投资机会研究是在项目建设周期中，在可行性分析之前，为寻找投资机会，选择项目地址，确定项目类别、功能与规模等所进行的调查研究阶段。这一阶段外在效应分析的主要内容包括以下四个方面：

① 调查研究拟开发建设地点所处地域的社会经济状况，明确项目目标与当地社会经济发展目标是否一致或相适应。要调查研究地域社会经济发展水平、产业政策、居民收入水平、同类房地产的市场状况等，然后研究该项目对当地社会经济发展的贡献、对该地域城建的影响、该项目可享受的优惠政策、该项目的大致市场定位等，初步确定项目的基本目标。

② 预测和分析拟开发项目可能产生的主要社会效益及其影响。调查分析项目的受众，如住宅的未来住户或租户、写字楼的未来租户、厂房的未来业主等，了解他们的基本需要以及对该项目的态度；调查分析主要受影响群体，如拟拆迁安置户、拟选地址所在社区群众等，了解他们的要求和对项目的态度。在上述基础上，初步预测项目的可能外在影响。

③ 分析受众对项目的接纳能力。接纳是指受众对项目的认同，包括对项目的认可和对项目外在效应的适应及承受能力。

④ 估计项目的外在效应风险，判定项目是否可行。根据前面所获得的资料及初步分析，对项目开展外在效应分析，对于那些符合当地社会经济发展需要、适应受众需求、没有较严重的消极影响、能被受影响群体接受的项目，可判定为外在效应分析可行项目，可进入项目建设周期的下一阶段工作，即可行性分析阶段。同时，还可判定以后的阶段有无进行深入分析外在效应的必要。

相反，那些与当地社会经济发展目标不适应或不一致、受众的需要不旺、受影响群众有较大的抵触情绪的项目，如果估计外部性风险较大，且难以消解，就需否决该项目，否则，进入下一阶段进行详细分析。

(2) 可行性分析阶段的外在效应分析

凡是前述阶段确定需进一步进行外在效应分析的项目，在可行性分析阶段，可结合可行性分析，全面而深入地研究与评价项目的外在效应及项目与社会的适应性。

① 深入研究受众和受影响群体。在前面一个阶段初步、粗略的外在效应分析基础上，更深入地调查研究项目拟建地域的受众或当地社区受影响群体的各子群体。详细研究受众的需求、消费倾向、承受能力等，详细研究项目所在地域的社会文化、风俗习惯、历史、文物、自然景观等，并将这些调研结果形成对项目规划设计有影响的意见，在项目规划设计中反映受众的要求，如住宅的户型、建筑风格、绿地等，并与当地社区环境、自然景观协调一致。

详细调查研究项目影响群体的状况、社会阶层、项目可能带来的影响及程度和受影响各子群体对这些影响的承受能力及可能的态度，特别是城市贫民、孤寡老人对拆迁的承受能力,知识分子阶层和老年群体对项目施工阶段噪音的承受能力等。要使这些调研结果形成对开发建设项目方案的明确意见,并真正影响方案。

② 鉴别外在效应风险,并提出规避或消减风险的措施。根据详细调查结果,分析和鉴别该项目可能存在的外在效应风险,并分析其程度。例如,在立项时会否遭到群众或有关组织的抵制;在拆迁时,会否受到"钉子户"等的抵制;在施工时,会否因环境污染而遭受抵制等。通过对上述的详细而深入的分析,提出规避或消减这些风险的措施。

③ 投资实施阶段的外在效应分析。一般地,项目可能产生的负外在效应,在可行性分析阶段被详尽考虑到了,而且也确定了化解措施,不会有什么问题。但是,项目的实施是一个动态的过程,不确定性因素很多。所以,在项目实施阶段,外在效应分析的功能在于构建一套监测信息系统,及时发现问题,并尽快确定解决对策。

④ 营销或经营阶段的外在效应分析。营销侧重于明确如何使项目被受众接受、购买或承租。这一阶段,外在效应分析的着眼点在于让受众明确项目的正外在效应以及项目负外在效应的可接受性等,将社会效益和影响与受众的需求对接起来。

经营阶段,包括出售房地产的售后服务(包括物业服务)和出租性房地产的物业服务等,这一阶段外在效应分析的主要内容有:

① 关于房地产设施功能及其维护状况的分析。房地产设施指房屋建筑物的各种设施,如通讯、给水、排水、供电、供暖等;住宅区内的配套设施,如配电、绿化、道路等。

② 关于房地产环境质量的分析。例如,小区内的卫生状况、噪音控制状况、空气质量状况、安全状况等。

③ 关于社区服务质量的分析。对于写字楼、商厦之类的项目,社区服务质量应主要包括通讯服务、保安服务、卫生服务及生活、娱乐、休闲服务等。住宅小区的服务包括对社区内老人生活的护理服务、家政服务;各类退休人员的休闲服务等。不同类型房地产服务项目有差别,但都应以满足受众需要为目标。

④ 关于社区文化等的分析。房地产的功能主要是供人居住、生活、工作或休闲、购物等,因而在使用阶段要特别关注"人",营造一种祥和、舒适的人际关系氛围。建设优质、健康的社区文化应该是物业服务追求的目标。

5.3.1.6 房地产投资外在效应分析的程序

外在效应分析虽然因项目类型、规模、性质不同而有所差异,但从总体上来看,大致上遵循一定的基本工作程序。这个工作程序一般可以归纳为筹备计划、调查研究、分析评价、总结报告四个阶段。对于一般大中型房地产开发项目,在可行性研究阶段,进行外在效应分析时,具体工作可以分为筹备与计划;确定项目目标与分析范围;选择分析指标;调查预测,确定分析基准;制定备选方案;进行分析评价;选择最优方案;专家论证;评价总结,编制"项目外在效应分析报告"等九个步骤。

(1) 筹备与计划

项目外在效应分析一般由独立的咨询单位选派外在效益分析专家和若干熟知外在效应分析的工作人员组成一个外在效应分析小组来承担。一旦外在效应分析小组组成后应着手进行分析的准备工作,如熟悉项目的基本情况、确定分析小组成员的分工、确定调研地点、制定分析工作计划等。工作计划应包括九个步骤的工作安排与进度。工作计划论证通过后,即可实施。

(2) 确定项目目标与分析范围

① 确定项目目标。房地产投资的社会目标取决于项目类型、性质和规模。一般地，工业项目(如厂房、仓储等)及社会公益性项目(公共品或半公共品)注重于当地投资的改善；生活服务性项目(如住宅区、商业大厦等)注重于生活环境的改善；办公用项目(如写字楼)注重于工作环境的改善，等等。从另一角度来看，大中型项目关注国家或地区、宏观或中观的外在影响；小型项目则主要关注局部社区的社会环境影响。对于较大型的住宅小区项目，其直接目标就是提供住宅的套数及配套服务设施，其直接的成果是项目的开发建设面积和预计销售收入。

② 确定分析范围。分析范围包括项目影响所直接波及的空间范围与时间范围。空间范围一般是项目所在的社区、县(市)。时间范围一般是指项目的经济寿命，对于中国的房地产项目而言，主要取决于土地使用权出让年限。

(3) 选择分析指标

根据国家或地方的社会发展目标与社会政策，由分析人员结合项目的类型、性质、规模等具体情况，找出项目可能产生的外在效应与影响、项目与社会相互适应的各种因素，选出项目外在效应分析的指标。

(4) 调查预测，确定分析基准

外在效应分析，重要的是要进行广泛深入的社会调查，包括社区调查，并预测项目经济寿命或影响时限内的社会变化，作为分析的基本资料。调查预测主要解决以下问题：

① 调查分析的基线情况。基线情况是指没有拟开发项目情况下的基本情况。要采用各种必要的调查方法，收集项目影响区域现有社会经济状况，以及项目分析指标涉及的有关社会环境、自然资源、自然环境等方面的资料，并采用科学预测方法预测项目影响时限内可能的变化，作为分析的基线。

② 调查预测项目所在社区和受影响社会的基本社会经济情况及其在项目影响时限内可能的变化，作为社区影响分析的基线情况及分析项目与社区相互适应性的基本资料。

③ 调查社区各群体对项目的反应与要求，作为分析项目与社区相互适应性的资料。

④ 调查社区参与项目活动的可能性及程度，作为制定参与规划的基本资料。

(5) 制定备选方案

根据项目的拟建地址、类型、规模、规划设计、开发方案、市场定位等，提出若干可供选择的方案(或财务分析中已提出的不同方案等)。

(6) 进行分析评价

根据调查预测资料、事先确定的分析指标，对每一备选方案进行定量与定性分析，其步骤为：

① 对各备选方案计算各项外在效益和外在影响能够定量的指标。通过运用调查预测资料、各种有关的评价参数、对历史资料的分析以及同类项目历史经验等资料，对比“有”和“无”项目实施的不同情况，从而计算出各项定量指标的数据，并评价其优劣。

② 对各种不能定量的效益与影响，可采用德尔菲法或其他方法，予以定性化。判断各种定性分析指标对有关社会发展目标与当地社会环境相互影响的程度，并找出项目实施期间当地社区各群体将因项目带来的社会变化发生什么社会问题，揭示项目可能存在的外在效应风险。

③ 分析判断各种定量与定性指标对项目实施与社会发展目标的重要程度，进行各种效益与影响的权重排序，并对若干重要指标特别是不利影响的指标进行深入的分析研究，制定减轻不利影响的措施，研究存在的外在效应风险的性质与重要程度，提出防止和消减风险的措施。

④ 对各备选方案进行综合分析评价。

(7) 选出最优方案

根据各备选方案的综合分析结果进行比较分析，从中选出最优方案。值得注意的是，不仅要比较综合评价结论或评出的总分数，还要比较方案中重要的关键指标，并要注意比较各方案存在的外在效应风险。

选择最优方案应与项目的财务分析结果结合起来研究，选择财务效益好、外在效益好、不利影响最少、受损群众最少、社会补偿措施费用最低、外在效应风险最小的方案为最优方案。如果财务分析和外在效应分析最优方案有矛盾，一般另选方案或对有关方案的各项经济、技术因素进行调整。总之，应根据项目的具体情况，解决方案的财务和外在效应方面存在的矛盾，对最优方案的不利影响及存在的外在效应风险提出补救措施与解决办法，并估算各项补偿费与措施费，计入项目总投资中。

(8) 专家论证

根据项目的不同情况，召开不同规模的专家论证会，将选出的最优方案提交专家论证。必要时，根据专家意见对方案予以修改、调整与完善。

(9) 评价总结，编制“项目外在效应分析报告”

将上述调查、预测、分析、比较的结果，推荐最优方案的过程，分析、论证方案中的重要问题与有争议的问题，最优方案中尚存在的问题，特别是尚存在的外在效应风险问题以及采取的措施所涉及的费用等，写成书面报告，提出项目的外在效应分析的优劣，并从外在效应方面分析项目是否可行的结论和建议，形成“项目外在效应分析报告”，作为项目投资分析报告的组成部分。

5.3.2 房地产投资外在效应分析方法

房地产投资外在效应分析涉及的内容比较广泛，面临的问题比较复杂。因此，遵循外在效应分析的原则，依据分析程序，能够量化的一定要进行定量分析，不能定量的要根据国家方针、政策及当地的具体情况和房地产本身特点进行定性分析或者采用德尔菲法等方法对其实行定性化，然后进行分析。

(1) 定量分析法

由于房地产的特性，决定了其不能像一般建设项目那样，通过确定外在效应价格，然后衡量项目的费用与效益，再采用有关方法进行外在效应分析。一般采用如下几种方法：① 生态经济损失的估算方法；② 文物古迹经济损失估算方法；③ 水污染经济损失估算方法；④ 噪声污染经济损失估算方法。

(2) 定性分析法

定性分析方法基本上是运用逻辑推理，采用文字描述，说明事物的性质。但定性分析与定量分析的区别不是绝对的，定性分析也可能引用数据资料说明问题的性质和趋势；定量分析法也离不开理论分析与说明。关键是分析结论来源于何方。如果结论来源于经验、推理或判断，则称为定性分析；如果结论来自于运算结果，则称为定量分析。

在外在效应分析中，科学的定性分析，要求与定量分析一样，首先确定分析评价的基准线；其次，在可比的基础上进行“有”项目和“无”项目的对比分析；再次，制定定性分析的调查提纲，以利于调查与分析的深入；最后，在衡量影响重要程度的基础上，对各种指标进行权重排序，以利于综合分析评价。

5.4　房地产投资方案的比较与选择

房地产投资方案的比较与选择是寻求合理的经济和技术决策的必要手段，也是房地产投资分析工作的重要组成部分。房地产投资决策工作的实质是选择最佳方案以取得最好的投资效益，实现利润（价值）最大化的目标。

5.4.1　房地产投资方案比选概述

5.4.1.1　房地产项目投资方案的类型

一个房地产开发项目假如可以接受的方案很多而资金有限，则如何进行方案选择，以使有限的资金得到最佳的利用呢？值得注意的是，方案之间的关系不同，则方案选择的指标和选择的结果将有很大的不同。为了正确地进行多方案选择，首先必须搞清方案之间的关系，即方案的类型。依据方案之间的关系，可以分为独立方案、互斥方案和混合方案。

（1）独立方案

独立方案是指一组方案中，各个方案间互不干扰，即一个方案的执行不影响另外方案的执行，在选择方案时可以任意组合，直到资源得到充分运用为止。例如想投资开发几个项目时，这些方案之间的关系就是独立的，可以同时存在。

就一组完全独立的方案而言，其存在的前提条件是：① 投资资金总量无限制；② 投资资金无优先使用的排列；③ 各投资方案所需的人力、物力均能得到满足；④ 不考虑地区、行业之间的相关性及其影响；⑤ 每一投资方案是否可行，仅取决于本方案的经济指标。

更严格地讲，独立方案的定义是：若方案间加法法则成立，则这些方案是彼此独立的。例如，现有 A、B 两个方案（假设投资期为一年），仅向 A 方案投资，其投资额为 200 万元，收益为 260 万元；仅向 B 方案投资时，投资额为 300 万元，收益为 375 万元。若以 500 万元同时向两个方案投资，收益正好为 635 万元，则说明这两个方案间加法法则成立，即 A、B 两个方案是相互独立的。

（2）互斥方案

互斥方案是指在若干个方案中选择其中任何一个方案，则其他方案就必须被排斥的一组方案。例如在某一个确定的地点有建商场、办公楼、住宅等方案，此时选择其中任何一个方案时其他方案就无法实施，方案具有排他性，因此这些方案间的关系就是互斥型的。

与独立方案相对应，互斥方案存在的主要前提是：① 投资资金总量有限制；② 投资资金有优先使用的排列；③ 各投资方案所需的人力、物力不能同时得到满足；④ 需要考虑地区、行业之间的相关性及其影响。

（3）混合方案

混合方案是上述独立型与互斥型的混合结构，具体说是在一定条件（如资金条件）制约下，有若干个相互独立的方案，在这些独立方案中又分别包含着几个互斥型的方案。例如某公司欲开发几个项目，而每个项目分别有几个方案，如 A 地块有 a、b，B 地块有 c、d，C 地块有 e、f、g 等互斥方案。但由于资金有限，需要选择能使资金得到充分运用的方案，这时就面临着混合方案的选择问题。

5.4.1.2 **投资方案比选的必要性**

房地产投资方案的比选是寻求合理的经济和技术决策的必要手段，也是房地产投资分析工作的重要组成部分，其必要性包括：

① 投资方案比选是实现资源合理配置的有效途径。房地产投资者进行决策时，必然受到预算线的制约。房地产投资者手中有限的资源如何实现以较小的投入获取尽可能多的收益，是必须考虑的问题。房地产投资方案的合理比选就是实现途径之一。

② 投资方案比选是实现投资决策科学化和民主化的重要手段。当前，中国尚处于市场经济初级阶段，房地产领域中公有企业仍占有一定比例，还有一些私有小企业的老板素质不高，决策时受传统思想惯性影响仍较严重，强调投资方案比选工作尤其具有重大意义。投资方案比选是一种科学的定量分析方法，通过对拟开发房地产项目各个方案的分析、比较和排队，选出最优方案，可以为房地产投资决策提供可靠的依据，实现投资决策的民主化和科学化。

③ 投资方案比选是寻求合理的经济和技术决策的必然选择。在房地产投资过程中，影响投资决策的因素是多方面的，经过多方案的比选才能得出正确的结论。就某一拟开发房地产项目而言，不同的投资方案采用的技术经济措施不同，其成本和效益会有较大的差异，因此，拟开发房地产项目的建设规模、建材类型、设计要求等，都需要根据实际情况提出各种可能的方案，从中筛选出最佳方案。

5.4.2 房地产投资方案比选的指标

房地产投资方案比选中常用的分析指标有净现值、净现值率、内部收益率、差额内部收益率等。分析指标是方案比选的重要基础和依据，与此同时，各分析指标都各自有一定的应用范围。在进行房地产投资方案比选时，首先应明确这些问题。

5.4.2.1 **静态指标**

(1) *差额投资收益率*

差额投资收益率又称为追加投资效果系数或相对投资效果系数，其含义：增加投资所带来的年成本节约额之效率，其表达式为：

$$\Delta R = \frac{C_1 - C_2}{K_2 - K_1} \times 100\% \tag{5-1}$$

(2) *差额投资回收期*

差额投资回收期是利用差额分析法(增量分析法)，考虑投资额不等的两种方案收益和投资差额的投资回收期，即用两种方案收益差额将投资差额收回所需的期限。

$$\sum_{t=0}^{T_P} \Delta CF_t (P/F, i_0, t) - \Delta CF_0 = 0$$

5.4.2.2 **动态指标**

(1) *净现值率*

净现值率是净现值与投资现值的比率，记作 $NPVR$。

单位投资现值获得的净现值，表示单位投资除获得符合设定折现率要求的净收益外，还可获得的超额净收益。

净现值率常用于有资金约束条件下多个方案的排队和优选，是一个折现的绝对值指标，是投资决策评价指标中最重要的指标之一。净现值率是反映项目的净现值占原是投资现值的比率，可将其理解为单位原始投资的净现值所创造的净现值。

计算公式：

$$NPVR = \text{项目的净现值} / \text{原始投资的现值合计} \tag{5-2}$$

(2) 差额投资内部收益率

差额投资内部收益率法又称为“差额投资内含报酬率法”，是指在计算出两个原始投资额不相等的投资项目的差量现金净流量的基础上，计算出差额内含报酬率，并据以判断这两个投资项目优劣的方法。

采用此法时，当差额内含报酬率指标大于或等于基准收益率或设定贴现率时，原始投资额大的项目较优；反之，则投资少的项目为优。差额内含报酬率与内含报酬率的计算过程一样，只是所依据的是差量现金净流量。

该方法适用于原始投资不相同但项目计算期相同的多个互斥方案的比较决策，不能用于项目计算期不同的方案的比较决策。

(3) 总费用现值

费用现值比较法也称为现值比较法，是以社会折现率、基准收益率分别计算各方案的费用现值(PC)，并进行比较，以费用现值较低的方案为优。该方法一般应用于计算期相同项目之间的比较。

这种方法可视为净现值法的一个特殊情况，它是以各个比选方案的费用现值为对比条件，以所计算出来的费用现值最少的方案为最优方案。

费用现值比较法的计算公式：

$$PC = \sum_{t=1}^{n}(I + C - S_{\mathrm{v}} - W)^{t}(P/F, i_{\mathrm{c}}, t) = \sum_{t=1}^{n} CO_t (P/F, i_{\mathrm{c}}, t) \tag{5-3}$$

式中　I——全部投资，包括固定资产投资和流动资金；

C——年经营总成本；

S_{v}——计算期末回收固定资产残值；

W——计算期末回收流动资金；

CO_t——各年净现金流出额；

n——计算期；

i_{c}——财务评价时为基准收益率，国民经济评价时为社会折现率。

(4) 等额年费用(AC)

年费用比较法是指通过计算各方案等额年费用(AC)来进行方案比较和选择的一种方法。将项目计算期内所有的费用现值，按事先选定的基准收益率，折算为每年等额的费用，称为等额年费用。一般来说，选择等额年费用最小的方案作为最优方案。其计算公式为：

$$AC = \left[\sum_{t=1}^{n}(I + C - S_{\mathrm{v}} - W)_t (P/F, i_{\mathrm{c}}, t)\right](A/P, i_{\mathrm{c}}, n) \tag{5-4}$$

式中符号意义同前。

5.4.3 房地产投资方案的比选

(1) 独立方案的比选

独立方案的采用与否只取决于方案自身的经济性，即只需检验它们是否能够通过净现值、净年值或内部收益率指标的评价标准。因此，多个独立方案与单一方案的评价方法是相同的。独立方案经济评价常用的评价指标有：*NPV*，*IRR*，*NAV* 等。凡通过绝对效果检验标准(如 $NPV\geqslant 0$，$NAV\geqslant 0$，$IRR\geqslant i_0$)的方案，就认为它在经济效果上是可以接受的，否则就应予以拒绝。

(2) 互斥方案的比选

方案之间存在着互不相容、互相排斥关系的称为互斥方案，在对多个互斥方案进行比选时，至多只能选取其中之一。互斥方案的决策、评价包含了两个部分内容：① 考察各个方案自身的经济效果——绝对(经济)效果检验；② 考察哪个方案相对最优——相对(经济)效果检验。两种检验的目的和作用不同，通常缺一不可，只有在众多互斥方案中必须选择其中之一时才可以只进行相对效果检验。

对互斥方案，分方案寿命期相等与不等两种情况进行经济效果评价。使用的主要评价指标有净现值、净年值、费用现值、费用年值和内部收益率指标。互斥方案经济效果评价的特点是要进行方案比选，不论使用何种评价指标都必须满足方案间具有可比性的要求。

5.5 房地产投资不确定性分析

5.5.1 房地产投资不确定分析的含义

房地产投资不确定性分析是分析不确定因素对项目可能造成的影响，并进而分析可能出现的风险。不确定性分析是房地产项目经济评价的重要组成部分，对房地产项目投资决策的成败有着重要的影响。房地产开发项目不确定性分析可以帮助投资者根据房地产项目投资风险的大小和特点，确定合理的投资收益水平，提出控制风险的方案，有重点地加强对投资风险的防范和控制。

房地产投资不确定性分析主要包括敏感性分析、临界点分析和概率分析。可进行不确定性分析的因素主要有租售价格、销售进度、出租率、开发周期、项目总投资、土地费用、建安工程费、融资比例、融资成本等。

5.5.2 敏感性分析

(1) 敏感性分析的概念

敏感性分析是通过预计房地产项目不确定性因素发生的变化，分析对项目经济效益产生的影响。通过计算这些因素的影响程度，判断房地产项目经济效益对于各个影响因素的敏感性，并从中找出对于房地产项目经济效益影响较大的不确定性因素。敏感性分析包括单因素敏感性分析和多因素敏感性分析。

① 单因素敏感性分析。单因素敏感性分析是敏感性分析的最基本方法。进行单因素敏感性分析时，首先假设各因素之间相互独立，然后每次只考察一项可变参数的变化而其他参数保持不变时，项目经济评价指标的变化情况。

② 多因素敏感性分析。多因素敏感性分析是分析两个或两个以上的不确定性因素同

时发生变化时，对项目经济评价指标的影响。由于项目评估过程中的参数或因素同时发生变化的情况非常普遍，所以多因素敏感性分析也有很强的实用价值。多因素敏感性分析一般是在单因素敏感性分析基础上进行的，且分析的基本原理与单因素敏感性分析大体相同。但需要注意的是，多因素敏感性分析必须进一步假定同时变动的几个因素都是相互独立的，且各因素发生变化的概率相同。

进行房地产项目敏感性分析时，可以采用列表的方法表示由不确定性因素的相对变动引起的评价指标相对变动幅度，也可以采用敏感性分析图对多个不确定性因素进行比较。

(2) 敏感性分析的步骤

房地产开发项目敏感性分析主要包括以下几个步骤：

① 确定用于敏感性分析的经济评价指标。通常采用的指标为内部收益率，必要时也可选用其他经济指标。在具体选定评价指标时，应考虑分析的目的，显示的直观性、敏感性以及计算的复杂程度。

② 确定不确定性因素可能的变动范围。

③ 计算不确定性因素变动时评价指标的相应变动值。

④ 通过评价指标的变动情况，找出较为敏感的变动因素，作出进一步的分析。

5.5.3　临界点分析

临界点分析是测算一个或多个不确定性因素变化时，房地产项目达到允许的最低经济效益时的极限值，并以不确定性因素的临界值组合显示项目的风险程度。不确定性因素临界值的分析计算可以采用列表或图解的方法。通常可进行临界点分析的因素有：

(1) 最低售价和最低销售量、最低租金和最低出租率

售价和销售量是房地产项目重要的不确定性因素，能否在预定的价格下销售出预想的数量，通常是房地产开发项目成败的关键。最低售价是指房地产产品售价下降到预定可接受的最低盈利水平时的价格，售价低于这一价格时，项目盈利水平将不能满足预定的要求。最低销售量是指在预定的房屋售价下，要达到预定的最低盈利水平所必须达到的销售量。最低售价与预测售价之间的差距越大，最低销售量与房地产产品商品量之间的差距越大，说明房地产开发项目抗市场风险的能力越强。

当房地产产品以出租为主时，可相应进行最低租金和最低出租率的分析。

(2) 最高土地取得价格

土地费用是影响房地产开发项目盈利性的重要因素，也是重要的不确定性因素。最高土地取得价格是指房地产开发项目销售额和费用不变的条件下，保持预期收益水平所能承受的最高土地费用。当土地费用超过这一价格时，项目将无法获得足够的收益。最高土地取得价格与实际估测的土地价格之间差距越大，房地产开发项目承受土地使用权价格风险的能力就越强。

(3) 最高工程费用

最高工程费用是指在预定销售额下，满足预期的项目收益要求所能承受的最高工程费用。当土地开发工程量不大时，最高工程费用是指最高建筑安装工程费用。最高工程费用与预测的工程费用之间差距越大，说明房地产项目承受工程费用增加风险的能力越强。

5.5.4 概率分析

(1) 概率分析的概念

概率分析又称为风险分析，是使用概率研究预测不确定性因素对房地产开发项目经济效益影响的一种定量分析方法，通过分析不确定性因素的变化情况发生的概率，计算在不同概率条件下房地产开发项目的经济评价指标，说明房地产开发项目在特定收益状态下的风险程度。

(2) 概率分析的步骤

概率分析的一般步骤为：

① 列出需要进行概率分析的不确定性因素。

② 选择概率分析使用的经济评价指标。

③ 分析确定每个不确定性因素发生的概率。

④ 计算在给定的概率条件下的经济评价指标的累计概率，并确定临界点发生的概率。

(3) 概率分析的方法

概率分析的方法有多种，常用的有期望值法和蒙特卡罗模拟法。

① 期望值法。

期望值法主要是计算开发项目的净现值 $\overline{K} = \sum_{i=1}^{n} K_i \cdot P_i$ 的期望值和净现值大于或等于零时的累计概率，并以此判定项目的可行性。

净现值的期望值是反映净现值取值的平均值，但这个平均值绝不是一般意义上的算术平均值，而是以净现值各种取值的概率权重的加权平均值。

项目净现值的期望值计算公式为：

$$E(NPV) = \sum_{i=1}^{n} NPV_i P_i \tag{5-5}$$

式中 $E(NPV)$——NPV 的期望值；

NPV_i——各种现金流量情况下的净现值；

P_i——对应于各种现金流量情况的概率值。

② 蒙特卡罗模拟法。

不确定性因素虽然不可避免存在着，但是它们的变化是有一定规律的，并且是可以预见的。对其进行模拟，通过大量统计试验，可以使之尽可能接近并反映出实际变化的情况。蒙特卡罗模拟法就是对变量值概率分布进行随机抽样，并计算相应的评价指标，经过多次重复，从而得到评价指标的概率分布。模拟的次数越多，结果就越准确，一般要借助于计算机来完成。其优点在于无须进行复杂的运算，就能得到一个足够准确的近似结果，尤其适合那些难以用数学求解的多变量项目的评估。这种方法的要点是需要准确估计各变量的变化范围以及各变量变化的概率，这是保证分析结果准确的前提，而在实际分析中，当市场资料不完整时是较困难做到的。但由于计算机的大量使用和信息收集、分析、处理等方面的大量研究，蒙特卡罗模拟法在风险分析中已得到普遍的应用，但限于篇幅，本书在此不再细述。

5.6 房地产投资风险分析

5.6.1 房地产投资风险的含义

“风险”一词是我们经常遇到的，但要下一个完整的定义却非易事。一般来讲，风险就是发生不幸事件的概率，或者说，风险就是一个事件产生人们不希望后果的可能性。风险分析要包括发生的可能性和它所产生的后果大小两个方面。

因此，风险的一般定义为：风险是某一项事业预期后果估计较为不利的一面。这里指的较为不利是相对于人们预期达到的目标而言的。事实上，风险表示一种观点，即用考虑到各种可能性的统计的观点来观察、研究事物，因此可以使人们考虑得更全面，决策更合理。

房地产投资风险就是指由于投资房地产而造成损失的可能性。这种损失包括投入资本的损失和预期的收益未达到的损失。在房地产投资活动中，风险的具体表现形式有：① 高价买进的房地产，由于种种原因只能以较低的价格卖出。② 尽管卖出价高于买入价，但是卖出价低于预期价格。③ 垫支于房地产商品的货币资金由于某种原因遭受损失，投资的资金没有按期收回或不能收回。④ 由于财务等方面的原因，在违背自己意愿的情况下抛售房地产。

就房地产开发商而言，投资各个阶段的投资风险表现是不同的，它伴随着各个阶段主要工作的发生而产生。例如在论证设计阶段，主要的风险是市场研究与项目评估分析和预测的准确性；在资金筹措阶段，资本结构的变化会对未来收益产生很大的影响；在项目建设阶段，承包商的项目控制与管理能力、通货膨胀及不可预料事件的发生都对投资者投资目标的实现构成威胁。

房地产投资对于投资者来讲具有一种诱惑力，风险利益会使人作出某种风险选择，并导致风险行为的发生。房地产投资风险不但存在着风险损失，对风险成本的威胁，还存在风险利益对投资者的诱惑。然而风险利益不是现实的利益，而是一种可能的未来的利益，只有在实现风险目标之后才能获得这种利益。另外，存在着风险利益的同时又存在着风险损害，使之对投资者具有约束作用。一般来讲，投资者大多是回避风险的，风险因素出现的概率、损害能力和风险成本投入与变动情况会加强这种对投资者的约束。这两种力量的同时存在，必然要求投资者在决策过程中寻求一个平衡点。

在确定降低风险因素的影响时，房地产投资者必须在报酬与安全之间进行适当的权衡。一般而言，房地产投资者所获取的收益会随着安全度的增加而减小，亦即房地产投资者所获取的收益是对其承担的投资风险的一种回报。在市场经济条件下，市场的变动是经常存在的，没有谁甘愿放弃高于银行存款利率的收益，问题是如何处理“收益——安全性——风险”之间的关系。当然，房地产投资者的首要目标不会是承担投资风险，无论是谁以投资者身份出现时都是偏向安全而远离风险的。

此外，风险的大小往往与拟开发项目的规模、类型和复杂程度直接相关。例如，在城市中心区开发较在新区开发风险为小，因为市中心区各项配套设施已经具备，且比较容易找到租住或购买的客户；但在新区开发则有一个投资聚集的过程。虽然在新区开发费用较低，但开发出的房屋难以租售出去的情形会经常出现，这在很大程度上加大了投资开发的风险。

所谓风险，是指未来可能发生的危险或遭受损失的可能性，它是与收益相伴随的，且与收益成正相关关系。房地产投资风险，是指从事房地产投资而造成损失的可能性大小或程度，这种损失包括投入资本及实际收益小于预期收益的差额损失等。

房地产投资虽然具有可以获取较高投资收益和保值功能等优势，但它与其他投资形式一样仍然存在风险，尤其是房地产投资具有所需资金量大、周期长，其实物形态为不动产，房地产市场竞争是不完全竞争，信息不完全对称等特点，使房地产投资更具有不确定性。因此，投资者在进行房地产投资时，应谨慎、耐心地进行选择和科学决策，以最大限度地规避投资风险，获取最大限度的投资利润。

5.6.2 房地产投资风险的分类

对房地产投资风险进行分类，可以使我们更加具体地把握房地产投资风险，并且分析来自各方面风险的可能性大小与程度高低，以便根据房地产经营的具体情况区分轻重缓急，对症下药，从而有效地降低房地产投资风险。

5.6.2.1 房地产投资风险的粗分类

(1) 按风险性质划分

按风险性质划分，房地产投资风险可以分为静态风险和动态风险两种。静态风险主要是指由于自然灾害和意外事故带来的风险；动态风险主要是由于企业的经营管理状况和市场需求变动等因素引起的风险。区别静态风险和动态风险的主要意义在于静态风险可以通过保险即投保的方式加以避免，而动态风险则需要经营者自己通过自身努力解决。

(2) 按风险产生原因划分

按风险产生原因划分，房地产投资风险可分为自然风险、社会风险和经营风险三种。自然风险是指由于自然因素引起的风险，如雷电、火灾、洪水、地震等；社会风险是指由于个人或团体在社会上的行为引起的风险，如偷盗、事故、战争等；经营风险指由于经营活动所带来的风险。区分自然风险、社会风险与经营风险的意义在于根据不同的原因采取不同的防范措施。

(3) 按风险承担主体划分

按风险承担主体划分，房地产投资风险可分为投资风险、生产风险和销售风险三种。投资风险指投资者在进行某项投资时所承担的风险；生产风险指生产者在生产某种商品时承担的风险；销售风险指销售者在从事商品的销售活动时承担的风险。区分这三种风险的意义在于帮助人们在从事不同的生产经营活动时，注意对不同经营活动的风险。

(4) 按风险经济强度划分

按风险经济强度划分，房地产投资风险可分为高度经济风险、中度经济风险和低度经济风险三种。区分高度、中度与低度经济风险，其目的在于区别风险的轻重缓急，采用恰当的防范措施。

5.6.2.2 房地产投资风险的细分类

(1) 总体性风险

总体性风险是一种所有房地产投资都会遇到的风险。这种风险发生时，所有的房地产投资者都会蒙受损失。它包括以下几种：

① 市场风险——由于各种因素所导致的整个房地产市场价格大幅度波动，从而给房地

产经营者带来损失的风险。

② 利率风险——由于利率发生变动，引起房地产形势变化，从而给房地产投资者带来的损失。

③ 购买力风险——由于通货膨胀、货币贬值、购买力下降而给房地产投资者带来的风险。

（2）个别性风险

个别性风险指由于种种不利因素的影响而给个别房地产投资者带来的风险。个别性风险与总体性风险的不同处在于：它不是房地产业共同的风险，而是发生在个别房地产投资者身上的风险，它可以通过房地产投资者自身的努力加以控制与降低，甚至避免。它包括以下几类：

① 经营风险——房地产企业由于经营条件恶化、经营管理不善而招至的风险。

② 业务风险——由于收益的变动而造成的风险，也就是营业收入和销售成本的变动而影响房地产经营利润和利润率大小的风险。

③ 财务风险——由于筹资及财务状况不良不足以维持企业偿债能力而产生的风险。

④ 信用风险——赊销房地产商品，或采用分期付款的方式出售房地产商品时，客户不能偿付款项，或延期偿付款项所带来的风险。

⑤ 流动性风险——房地产投资者所掌握的房地产商品难以脱手而抛售出去，或者必须以较大损失为代价才能抛售出去造成的风险。

⑥ 预测、决策风险——由于房地产投资者错误地预测房地产形势，以及决策失误、行为失当所带来的风险。

（3）意外性风险

意外性风险是指由于意外事件的发生所带来的风险。自然灾害的发生、战争爆发、环境污染、政治动荡等原因导致的风险都属此类。

一般地，为了分析问题和论述方便，经常把以上分类中的主要风险归结为商业风险、金融风险、购买力风险、变现风险、不可抗力风险。

5.6.3 房地产投资风险的特征

房地产投资风险的特征是房地产风险的本质及其规律的表现。正确认识房地产投资风险的特征，对于建立和完善风险控制和管理机制、减少风险损失、降低风险发生的可能性、提高投资活动的效率是具有重要意义的。

（1）客观性

房地产风险的客观性是指房地产风险是客观存在的，它不以某个人的意志为转移。例如，对市场风险中的购买者来说，单个购买者的行为是受其思想支配的，但其来源也是受个人的经验和社会环境的影响，就其物质性来讲，购买力的整体性是客观存在的，受社会力量支配并有其规律性。内外部事物发展的不确定性的存在是客观事物发展变化过程中的特性，因而风险也必然是无处不在、无时不有的客观存在。客观性要求我们采取正确的态度，承认风险和正视风险，积极对待风险。

（2）不确定性

风险的主要特征是不确定性，也就是难以预知。例如国家政策的变化，战争的爆发，台风的形成，虽有其具体的原因，但其发生的时间是难以预知的。这种难以预知的特性就造成了房地产投资风险的不确定性。客观条件不断变化导致不确定性是风险的客观体现,房地产投资风险是投资过程中各种不确定因素的伴随物。

(3) 潜在性

房地产风险不仅仅具有随机性,同时它是附着在房地产经营中的某些确定事物中间,并通过它们的发生而起作用,从房地产投资的规律来看,房地产风险具有潜在性,它不是显现在表面的东西。但是,这并不是说风险是不可认识的,人们可以根据以往发生的类似事件的统计资料,经过分析,对某种风险发生的概率及其所造成的经济损失程度作出客观判断。尽管处处充满风险,投资时时有遭遇风险的可能,但可能变为现实是有条件的。因此,潜在性是风险存在的基本形式。认识风险的潜在性特征,对于预防风险具有重要意义。

(4) 损益双重性

房地产风险对于房地产经营收益不仅仅有负面的影响,如果能正确认识并充分利用风险,反而会使收益有很大程度的增加。例如开发一个房地产项目,若预期收益很大,那么风险也必定大,如果形势不好,极有可能发生亏损,但若采取科学决策顶着风险上,形势会转为有利,收益也会大为增加,风险结果的双重性说明对待风险不应该消极预防,更不应该惧怕,而是要将风险当做一种经营机会,敢于承担风险,并在同风险斗争中战胜风险。

(5) 可测性

不确定性是风险的本质,但这种不确定性并不是指对客观事物的全然无知。人们可以根据以往发生的一系列类似事件的统计资料,经过分析,对某种投资风险发生的频率及其造成的经济损失程度作出主观上的判断,从而对可能发生的风险进行预测和衡量。风险的测量过程就是对风险的分析过程。它对风险的控制与防范、决策与管理具有举足轻重的影响。

(6) 相关性

相关性是投资者面临的风险与其投资行为及决策是紧密相连的。同一风险事件对不同的投资者会产生不同的风险,同一投资者由于其决策或采用的策略不同,会面临不同的风险结果。实质上,风险空间是由决策空间和状态空间结合而成的。状态空间是客观必然,人们无法自由选择,而决策空间是人们根据状态空间自主选择的结果,决策正确与否,直接影响人们面临的风险及其程度。

5.6.4 房地产投资风险的处置

5.6.4.1 处置房地产投资风险的方法

(1) 风险自留

风险自留是指房地产投资者以其自身的财力来负担未来可能的风险损失。风险自留可以包括两个方面的内容:承担风险和自保风险。承担风险与自保风险都是房地产投资者以自己的财力来补偿风险的损失,区别在于后者需要建立一套正式的实施计划和一笔特别的损失储备或者基金;而前者则无需建立这种计划和基金,当损失发生时,直接将损失摊入成本。有些风险虽然也会带来经济损失,但由于损失规模较小,对房地产经营者影响不大,在此情况下可以采用承担风险的方法加以处理。承担风险要考虑企业的财务承受能力。自保风险用于处理那些损失较大的房地产风险,由于这些风险带来的损失较大,无法直接摊入成本。

① 承担风险——某种风险不可避免或该风险的存在可能获得较大利润或较少支出时,

企业本身将风险承担下来，自身承受风险所造成的损失。它分为两类：a. 消极的自我承担，是由于没有意识到风险的存在，因而没有处理风险准备时，或明知风险存在却因疏忽怠慢而低估了潜在的损失程度时，所产生的风险自留，都属于消极的自我承担；b. 积极的自我承担，是指自己承担风险比其他方法更经济合理，或者预计损失不大，企业有能力自我承担的情况。

承担风险要考虑企业的财务承受能力，其适用范围为：a. 用其他方法处理的成本大于自我承担风险的代价。b. 有些风险虽然也会带来经济损失，但由于损失规模较小，对房地产经营者影响不大，在此情况下可以采用承担风险的方法加以处理。c. 不可转移出去的风险。d. 风险管理人员由于缺乏风险管理的技术知识或疏忽处理而造成的风险损失。

② 自保风险——企业本身通过预测其拥有的风险损失发生的概率与程度，并根据企业自身的财务能力预先提取基金以弥补风险所致损失。自保风险用于处理那些损失较大的房地产风险，由于这些风险带来的损失较大，无法直接摊入成本，所以需要采用自保风险的办法。自保风险通常是根据对未来风险损失的测算，采取定期摊付、长期积累的方式在企业内部建立风险损失基金，用以补偿这些风险所带来的损失。自保风险与保险经营的基本原理基本一致，但是由于自保风险的损失成本在一个企业内部进行，因而房地产投资者只支付实际损失额，免除了保险公司的利润和管理费。自保风险主要有以下三种表现形式：a. 将风险损失摊销计入成本。b. 建立和使用内部风险损失基金。c. 组织和经营专业自保公司，降低企业总体风险水平，提高收益能力。

(2) 风险转移

风险转移是指房地产投资者以某种方式将风险损失转给他人承担。风险转移是房地产经营者处理风险的一种重要方法。对于任何一个房地产投资者而言，因其财务能力有限，故其自留风险的能力也有限。在房地产投资活动中，有些房地产风险可能会给房地产投资者带来灾难性的损失，以房地产投资者自身的财力根本无法承担，因此房地产投资者必须采用风险转移方法将房地产风险转移出去。房地产风险的转移可以采用多种方法，如参加保险、租赁等。风险转移的主要形式是通过契约或合同将损失的财务负担和法律责任转移给非保险业的其他人，以达到降低风险发生频率和缩小损失程度的目的。

(3) 风险组合

风险组合是将许多类似的但不会同时发生的风险集中起来考虑，从而能较为准确地预测未来风险损失发生的状况，并使这一组合中发生风险的损失部分能得到其他未发生风险损失且取得风险收益的部分补偿。例如，房地产投资者分别将资金投入住宅与办公大楼，如果投入住宅的部分遭受损失，而投入办公大楼的部分不但未遭受损失，而且获得较高的收益，则投入办公楼部分的收益就可以补偿投资于住宅所遭受的损失。

风险组合可以通过投资者所面临的风险单位进行空间与时间的分离，这样便可以达到减轻风险损失的目的。房地产投资项目独立性的增加和相关性的降低，在其他情况不变的情况下是能够减轻风险的。风险组合也可以通过增加风险单位数量来提高企业预防未来损失的能力。房地产投资者可以通过企业合并或内部扩大规模从事多种经营规避风险，这在市场波动大、竞争激烈的市场环境中是极为成功的。

(4) 风险预防

风险预防是指事先采取相应的措施阻止房地产风险损失的发生。在房地产投资活动中，风险预防也是处理房地产风险的重要方法之一。例如，预防火灾的发生以保护房地产商品的完善，利用保护装置防止意外事故的发生，对危险品采用控制措施等都属此列。风险预防一般包括以下措施：① 防止危险因素的产生；② 减少已经存在的危险因素，并对其进行监控；③ 对风险因素进行时间和空间上的隔离；④ 加强投资方保护能力；⑤ 稳定、修复和更新受损对象；⑥ 风险预防的评价；⑦ 对下一步的预防目标进行审核与规划。

(5) 风险回避

风险回避是指房地产投资者发现某项房地产投资可能出现风险损失，有意识地采取回避措施。例如，预期某地区发生战争的可能性极大，投资于该地区的房地产商品可能有惨重的损失，那么房地产投资者可以采取风险回避的方法，放弃对该地区的房地产投资计划。再如，对破旧的建筑物进行爆破会带来极大的风险，则可以委托专业公司完成，回避这种风险的发生。

5.6.5 房地产投资风险的防范策略

房地产风险管理的最终目的是对房地产投资风险采取有效的防范措施，以便减免房地产风险。最常用的简便易行的策略如下。

5.6.5.1 保险策略

向专业保险公司投保是防范房地产风险的一个十分重要的策略。采用保险策略的房地产投资者要定期向保险公司交纳一定数量的保险费用。这样，一旦风险损失发生就可以向保险公司索赔并获得保险公司的补偿，从而将房地产风险转嫁给保险公司。虽然房地产投资者必须交付一定的保险费，但由于这笔保险费用支出是定期而均匀的，因而对房地产经营者的影响不大，故意外风险较适合采用此策略。

5.6.5.2 投资分散策略

投资分散策略就是以分散投资的方法防范房地产风险，其做法可分为以下几种：

(1) 房地产投资种类分散

房地产投资虽然有风险，但并不是所有房地产投资都必然遭受损失，风险只是不利事件发生的可能性，并不一定会变成现实。有些房地产投资风险将变为现实，有些则不一定，而且各种房地产投资的风险大小不一，可能获得的收益也大小不一。在房地产投资种类上分散化，这种房地产投资风险发生了，另一种房地产投资风险没有发生，而是获得了可观的风险收益。这样，房地产投资者蒙受的整体风险损失就会降低。

(2) 区域分散

房地产商品特点决定了房地产商品带有浓厚的区域性特点，由于各地区经济政策、投资政策、地区位置、市场条件和资金供求等各不相同，对房地产商品价格的影响也就各不相同，经济景气程度在各个地区之间也存在着很大的差异，将投资分散于不同地区的房地产，就能避免在某一特定地区经济不景气对房地产经营的影响，从而达到降低房地产风险的目的。

(3) 时间分散

确定一个合理的房地产投资间隔，将房地产商品的买、卖分开，可以避免因房地产市场变化而带来的多种风险。

5.6.5.3 融资策略

投资于某项房地产商品，其风险较大超过自身承担能力，或者经营某项房地产的前景难以把握，高风险、高利润交织在一起，则房地产投资者就可以采用融资策略防范风险。融资策略就是运用发行股票的方式融入股本，并将风险分散于社会中的每一个出资者。

5.6.5.4　联合策略

联合策略的基本做法是组织多个房地产经营者，联合起来共同对某项房地产进行投资，这样可以达到风险共担和利润共享的目的，从而减轻独自经营该项目的风险。

复习思考题

1. 房地产投资资金主要由哪些部分构成？
2. 房地产投资具备哪些特征？
3. 房地产投资环境包括哪几类？
4. 房地产外在效应分析的内容有哪些？
5. 房地产外在效应分析的程序是什么？
6. 互斥方案比选时，常用的评价指标有哪些？
7. 不确定性分析时，常用的方法有哪些？
8. 按产生原因可将房地产投资风险分为哪几类？
9. 处置房地产投资风险的方法有哪些？

第6章 房地产市场营销

本章提要

本章重点介绍房地产营销的环境、行为分析及策略。要求学生掌握房地产市场营销的特征；掌握房地产营销微观环境和宏观环境的内容；掌握影响消费者需求、购买动机和购买行为的因素；掌握房地产市场营销的产品、价格、营销渠道、促销策略；掌握房地产营销的计划、组织、执行和控制方法。

6.1 房地产市场营销概述

6.1.1 市场营销概述

(1) 市场营销的含义

市场营销是指在以顾客需求为中心的思想指导下，企业所进行的有关产品生产、流通和售后服务等与市场有关的一系列经营活动。

市场营销是英文 Marketing 的汉译："营"指筹划、组织；"销"指出售。产品或劳务经过调查研究、再组织进行全面销售，这就是市场营销。市场营销的含义包括三个方面：

① 市场营销是一种企业活动，是企业有目的、有意识的行为。

② 满足和引导消费者的需求是市场营销活动的出发点和中心。企业必须以消费者为中心，面对不断变化的环境，做出正确的反应，以适应消费者不断变化的需求：包括现在的需求以及未来潜在的需求。现在的需求表现为对已有产品的购买倾向，潜在需求表现为对尚未问世产品的某种功能的愿望。企业应通过开发产品并运用各种营销手段，刺激和引导消费者产生新的需求。

③ 实现企业目标是市场营销活动的目的。不同的企业有不同的经营环境，不同的企业也会处在不同的发展时期，不同的产品所处生命周期里的阶段亦不同，因此，企业的目标是多种多样的，利润、产值、产量、销售额、市场份额、生产增长率、社会责任等均可能成为企业的目标，但无论是什么样的目标，都必须通过有效的市场营销活动完成交换，与顾客达成交易方能实现。

(2) 市场营销观念演变

市场营销观念，就是以什么样的思想和方法来指导市场营销活动。

现代意义的市场营销观念始于 19 世纪晚期的产业革命。产业革命之前，剩余产品有限，交换受到限制。产业革命后，生产力发生了根本的变革，产品被大量生产，企业为了生存和发展，必须考虑产品的生产和销售问题，因此市场营销观念逐步形成，并不断发展。

产业革命后的西方社会，其市场营销观念的发展可以分为三个阶段。

① 以生产为中心的阶段——19 世纪末至 20 世纪初。

当时西方各国普遍情况为国民收入不高、生产相对落后，社会的产品不够丰富，企业只需提高产量、降低生产成本即可获得利润。

② 以销售为中心的阶段——20 世纪 30 年代和 40 年代。

当时普遍情况是生产过剩，企业必须组织推销队伍，想尽办法推销自己的产品。

③ 以消费者为中心的阶段——20 世纪 50 年代至今。

企业逐渐意识到，要想让自己的产品好卖，必须考虑消费者的需求和自己的优势来生产和销售产品。

6.1.2　房地产市场营销

(1) 房地产市场营销的概念

房地产市场营销就是企业在房地产市场上进行的营销活动。可将其概念具体定义为：房地产市场营销是指房地产开发经营企业开展的创造性适应动态变化着的房地产市场的活动，以及由这些活动综合形成的房地产商品、服务和信息，从房地产开发经营者流向房地产购买者的社会活动和管理过程。

作为一个人为构造的开放系统，它主要表现在：

① 房地产市场营销系统是由一系列相关要素构成的。

② 房地产市场营销系统的运行结构也是由输入、过程及输出三个部分构成，这又包括两个方面的内容：房地产市场营销系统运行中资源的输入、过程、输出和房地产市场营销战略的输入、过程、输出。

③ 房地产市场营销具有特定目标：首先是通过房地产市场营销使房地产购买者的需求或欲望得到满足；其次是以营利为目的，即房地产市场营销活动的参与者都是以追逐近期或长期利益为目的。

④ 房地产市场营销系统具有环境相关性。

(2) 房地产市场营销的特征

房地产市场营销的特征如下：

① 房地产市场营销是市场营销的一个分支。

房地产市场是我国社会主义市场经济的重要组成部分，房地产市场营销是市场营销的一个分支。市场营销的一般原理可以适用于房地产市场领域。

② 需要企业间的协同合作。

单独的房地产企业无法完成全部的房地产市场营销工作，需要不同企业的协同配合。比如工程咨询、市场调研、项目策划、建筑设计、建筑施工、销售推广、物业服务等企业的合作。

③ 房地产市场营销中政府的调控作用居于重要地位。

在我国目前的房地产制度中，房地产开发企业和房地产权利人只拥有有期限的土地使用权，土地管理部门可以通过多种形式对房地产用地进行调控；建设部门可以通过城市规划调控房地产开发的强度；中央银行可以通过金融政策调控房地产开发商和购房者的融资难度和大小。诸如此类的政府政策，是影响房地产市场营销的重要因素。

④ 房地产商品的营销方法各不相同。

房地产市场上没有两种完全相同的产品。房地产市场营销中，各个楼盘之间的营销方法和策略都会有所不同。

⑤ 房地产市场营销与法律制度紧密相连。

在法律上房地产的使用权和所有权可以分离，所有权可将使用权以出租的形式让第三者使用，因此，房地产市场营销在流通形式中除买卖外，租赁也是常见的形式。此外，房地产经济活动中，房地产商品的使用权和所有权还可用于抵押、典当、信托等，在房地产权属登记、转移等方面，都需要法律提供保障，所以房地产市场营销与法律制度有密切的联系。

6.2 房地产市场营销环境分析

6.2.1 房地产市场营销环境的概念

(1) 营销环境的含义

企业营销活动成败的关键，在于企业能否适应不断变化着的市场营销环境。现代企业是社会经济组成的成分之一，是个开放的系统，它在营销活动过程中必然与社会的其他系统、所处的市场环境的各个方面发生着千丝万缕的联系。环境因素必然对营销活动有重大影响。这些营销环境对企业的营销管理来说是不可控制的变数，营销管理者的任务就在于适当安排营销组合，使之与不断变化着的营销环境相适应。许多企业的发展壮大，就是因为善于变化而适应市场。而在市场经济发展中也有部分企业，往往对市场环境变化的预测不及时，或者预测到而没有对策，结果造成企业极大的被动，重者破产倒闭，轻者经济受损。

美国著名市场营销专家菲利普·科特勒博士将市场营销环境定义为：市场营销环境是由企业营销管理职能外部的因素和力量所组成，这些因素和力量影响营销管理者成功地保持和发展同其目标市场顾客交换的能力。通俗地讲，营销环境就是企业的生存环境，是独立于企业之外而又同时影响、制约企业生存和发展的外部环境的总和。

(2) 房地产市场营销环境的含义

房地产市场营销环境是房地产企业职能外部的不可控制的因素和力量，这些因素和力量是与企业营销活动有关的影响房地产企业生存和发展的外部条件。

现代营销学认为，企业经营成败的关键就在于企业能否适应不断变化着的市场营销环境。“适者生存”既是自然界演化的法则，也是企业营销活动的法则，如果企业不能很好地适应外界环境的变化，则很可能在竞争中失败，从而被市场所淘汰。强调企业对所处环境的反应和适应，并不意味着企业对于环境是无能为力或束手无策的，只能消极地、被动地改变自己以适应环境，而是应从积极主动的角度出发，能动地去适应营销环境。或者说运用自己的经营资源去影响和改变营销环境，为企业创造一个更有利的活动空间，然后再使营销活动与营销环境取得有效适应。

(3) 房地产市场营销活动与市场营销环境

现代营销观念认为，企业营销活动必须与其所处的外部和内部环境相适应，但营销活动绝非只能被动接受环境的影响，营销管理者应采取积极、主动的态度能动地去适应营销环境。也就是说，企业在必要的时候，应该运用资源去影响和改变环境，创造出一个有利于企业活动的空间，积极挖掘市场机会，取得市场竞争的优势。房地产市场营销活动与营销环境的关系如下：

① 房地产市场营销环境通过其内容的不断扩大及其自身各因素的不断变化，对企业营销活动发生影响。首先，市场营销环境的内容随着市场经济的发展而不断变化。在 20 世纪初，西方国家只把销售市场作为营销环境；30 年代后，将政府、工会、竞争者等与企业有利害关系者也看做环境因素；60 年代，把自然生态、科学技术、社会文化等作为重要的环境因素；90 年代以来，随着政府对经济干预力度的加强，越来越重视政治法律环境。其次，市场环境因素经常处于不断变化之中。因为环境因素也是受不同因素制约而变化的，它们的变化从而带动环境因素的变化。同时，因为外界条件的变化环境因素之间的主次地位也在发生变化。

② 房地产营销环境是房地产企业营销活动的制约因素，营销活动依赖于这些环境才得以正常进行。首先，房地产营销管理者虽可以控制企业的大部分营销活动，但必须注意营销决策对环境的影响，不得超越营销环境的限制。例如，房地产企业必须遵循国家的法律法规和房地产政策，不能违背政策。其次，房地产营销管理者虽能分析、认识营销环境提供的机会，但是无法控制所有有利因素的变化，更无法有效地控制竞争对手。最后，由于营销决策与环境之间的关系复杂多变，营销管理者无法直接把握企业营销决策实施的最终结果。

6.2.2　房地产市场营销环境的特征

房地产企业营销管理环境是一个多因素、多层次且不断变化的综合体。一般来说，具有以下特点：

① 差异性与同一性的统一。

房地产市场营销环境的差异性不仅表现在不同房地产企业受不同环境的影响，而且同样一种环境因素的变化对不同房地产企业的影响也不同。由于外界环境对房地产企业作用的差异性，使房地产企业采取的营销策略各有其特点。房地产市场营销环境的同一性表现为在同一国家里中，不同的房地产企业所面对的市场营销环境又有其共同性，如同处在一定的政治、经济、文化、科技、行业规划和产业政策等背景下。市场营销环境的同一性，使房地产企业有了一个公平竞争的前提和保证。

② 动态性与相对稳定性的统一。

营销环境是企业营销活动的基础和条件，这并不意味着营销环境是一成不变的、静止的。构成房地产企业市场营销环境的因素是多方面的，每个因素都会随着社会经济的发展而不断变化。比如，随着社会经济的发展和消费者生活水平的提高，人们对房屋的要求也不仅仅满足于能居住即可，对房地产项目要求功能齐全、设计合理、动静分工、小区绿化好、物业配套设施好等。当然，市场营销环境的变化是有快慢、大小之分的。一般来讲，科技、经济、政治与法律因素的变化相对其他因素变化要比较快些和强一些，它们对房地产企业市场营销的影响就相对较短且跳跃性较大。而人口、自然、社会因素的变化则相对较弱、慢一些，但它们对房地产企业市场营销的影响则相对较长期和稳定。市场营销环境相对稳定性的特点，为房地产企业对调查其现状和预测其变化并采取相应的对策提供可能。

③ 不可控性与可影响性的统一。

因为房地产市场营销环境是动态的，不断发展变化的。所以房地产企业一般不可能控制市场营销环境因素及其变化，比如少数企业是不可能改变国家的大政方针、政策法令和社会风俗习惯的，更不能控制人口的增长等。房地产企业虽然对所处的市场营销环境不可控制，但企业可以通过对内部环境要素的调整与控制，在变化的市场营销环境中寻找新机会，主动调整市场经营战略，并可能在一定条件下转变市场营销环境中的某些可能被改变的因素，来对外部环境施加一定的影响，最终促使某些环境要素向预期的方向转化。许多企业在逆境中充分发挥主观能动性，破釜沉舟，抓住机遇，结果不仅求得了生存，而且使企业有了更好的发展。充分发挥企业对市场营销环境认识的主观能动性，有利于企业积极主动地适应市场营销环境，甚至在可能的条件下改变它，从而为企业创造出一个良好的外部条件。

④ 相关性与其相对分离性的统一。

房地产企业市场营销环境不是由某一个单一的因素决定的，它要受到一系列相关因素的影响。比如，房地产价格不但受到市场供求关系的影响，而且还受到科技进步及财政金融政策和税收政策的影响。然而，在某一特定时期，从某些特定市场营销环境因素的特殊变化去考察，我们又会发现市场营销环境中的某些因素彼此相对分离，而且这些彼此相对分离的市场营销环境因素对企业市场营销活动的影响程度也不同。正是这种相对分离性为企业分清主次环境威胁或机遇提供了可能性。比如，在某一特定时期，各国或各地区科技、经济的发展与其政治制度并没有强相关联系；科技主要影响企业产品的质量及其更新换代的速度，而产业政策则主要影响企业的投资方向和投资结构。所有这些都使得企业市场营销活动受到影响，使企业可能从此走向衰落或走向辉煌。

市场营销环境的特征决定了它对企业的生存与发展、营销活动及决策过程产生着有利的或不利的影响，产生着不同的制约作用和效果。

6.2.3 房地产市场营销环境的分类

房地产市场营销环境是房地产企业赖以生存的空间，它的影响因素多种多样，对房地产企业的营销活动的影响也不同。

(1) 按照对房地产企业的影响方式分类

房地产市场营销的微观环境是指与房地产企业紧密相连，直接影响和制约房地产企业营销活动的各种因素，也称为直接营销环境，包括企业、供应商、营销中介机构、顾客、竞争者和公众。房地产企业为了满足市场的需求，组成了市场营销系统的核心链“供应商──→企业──→营销中间商──→顾客”，但仅仅这一条核心链是不够的，要想把房地产企业的产品顺利的交到消费者的手中，还需要借助竞争者和公众的力量，他们对企业的营销活动也起着直接的影响。

房地产市场营销的宏观环境是指间接影响房地产企业微观环境的一系列巨大的社会力量，对房地产企业的发展和经营有较大影响力的各种客观因素的总和，也称为间接营销环境，包括人口环境、经济环境、自然环境、技术环境、政治和法律环境及社会和文化环境。微观环境要制约于宏观环境，宏观环境通常以微观环境为媒介影响房地产企业的市场营销活动。

(2) 按照对房地产企业影响的时间长短分类

房地产市场营销长期环境：对房地产企业市场营销活动影响的持续时间较长的营销环境。房地产市场营销短期环境：对房地产企业市场营销活动影响的持续时间较短的营销环境。

企业是在一定的市场营销环境中运作的，市场营销策略的制定和执行必然会受到市场营销环境的制约。企业要想使自己的市场营销策略取得良好效果，必须对市场营销环境进行系统的考察，以便制定和执行适用的市场营销策略。

房地产市场营销环境是指影响企业营销活动的所有参与者及其行为。它是房地产企业的生存空间，是企业营销活动的基础和条件，一般分为微观环境和宏观环境两大类。

6.2.4 房地产微观环境与宏观环境

企业的微观营销环境指由企业的市场营销活动所引起的直接影响其市场营销效果的各种参与者及其行为，比如房地产企业本身、供应者、营销中介、竞争者和社会公众及其行为。下面重点分析供应者和营销中介两类参与者。

6.2.4.1 微观环境

(1) 供应者

供应者是指向房地产企业提供开发经营所需的各种资源的组织和个人，比如建筑承包商、工程监理单位、土地供应方等。

房地产企业的主要供应者为：① 土地供应方。土地供应方主要是代表国家出让土地使用权的政府管理部门——国土资源、城镇规划等部门。其所供应的用于房地产开发的土地，已经限定了该地块的用途、建筑密度、建筑容积率、绿地覆盖率等参数，影响着房地产企业对该地块开发的成本、利润预期。② 建筑施工承包企业。施工承包企业的技术水平、经济实力、以往业绩、管理经验等直接影响着工程质量和工期；工程款的支付方式、支付时间等直接关系到房地产企业的开发利润。③ 金融机构。房地产企业一般需要房地产开发贷款和个人住房抵押贷款，这两类贷款都需要金融机构的支持。

(2) 营销中介

营销中介是指为房地产企业市场营销活动提供服务的组织总称，是房地产产品生产、流通中不可或缺的桥梁。比如房地产咨询公司、房地产经纪公司、市场调研公司、广告公司等组织。

行业的深入发展必然导致该行业分工的细化，房地产营销中介的出现是社会化分工的结果，并伴随着房地产业的兴起和发展不断壮大。

6.2.4.2 宏观环境

宏观环境是由影响房地产市场的各种社会力量组成，包括人口因素、经济环境、自然环境、法律政策因素及文化环境等方面。

(1) 人口因素

任何需求归根到底都是人的需求，具有购买欲望与支付能力的人是构成市场的决定性因素，因此人口，特别是城市人口，是房地产市场营销中首先需要考虑的因素。与房地产市场关系密切的人口因素主要包括人口状况、家庭结构及人口流动与迁移等方面。

① 人口状况。人口规模和城市化的变动是影响房地产市场的主要要素。建设部《2005年城镇房屋概况统计公报》显示：2005年底，全国城镇住宅建筑面积107.69亿平方米。《中国国民经济和社会发展第十一个五年规划纲要》(2006—2010年)规划预期的城镇化率为47%，总人口数不得超过13.6亿。按照人均住宅建筑面积30平方米计算的话，按照人口数为13.6亿计算，需要住宅建筑面积总量为191.76亿平方米。这意味着“十一五”的五年需建设建筑面积为84.07亿平方米的住宅。

② 家庭结构。一般来说，平均家庭人口越多，所需的住宅单位数越少；平均家庭人口越

少，所需的住宅单位数越多。一个地区的家庭平均人口一般受社会风俗、时尚、文化背景以及现实收入等因素的影响。现代青年独立意识较强，小家庭生活的趋势日益明显，这将增加对住宅单位数的需求。同时，也要注意中国人传统的天伦之乐和我国人口的老龄化，家庭的小型化与老年父母无人赡养和照顾之间存在着矛盾等问题，所以对住宅的需求就要既满足青年夫妇独立生活“分”的愿望，又要在一定程度上具有因种种原因而要求“合”的功能。企业如果能以这部分消费群作为自己的目标市场，规划设计合乎他们愿望的适宜住宅，就能确立自己的发展方向。

③ 人口流动与迁移。近年来，我国人口从农村流向城市的速度较快。据社会学的研究结果，这是社会发展的必然现象。目前我国城镇居住人口已达 3 亿多人，随着经济的发展，从农村流向城市的人口还将增多，这是城市住宅时常发展的又一潜在因素。人口迁移直接影响到一个地区的人口总量及增长率。如我国京津唐地区、长江三角洲、珠江三角洲等，近年来外来人口激增，带来了对房地产各类产品的巨大需求。尽管像北京、上海、广州等特大城市人口出生率低，但人口总量却持续增加。我国大范围的人口迁移，包括沿海及内地中心城市对科技人员需求的增加引起的人口迁移，这些人才引进性质的迁移人口即成为引进地的常住固定人口，他们具有稳定的较高的收入，需要较高层次的住宅及其他房地产产品；其次是经济发达地区对劳动人口的需求，其中大多数具有临时性，他们是出租住宅和集体宿舍的需求者。近年来，由于内地生活设施的改善，加之住宅价格和生活费用较低，香港等地区的一些在内地其他地方工作的人员和退休人员纷纷到珠江三角洲地区购置物业，形成了一个相当大的市场。

(2) 经济环境

经济环境主要涉及消费者的可支配收入、消费结构、房地产信贷的难易程度等。

消费者收入是指消费者个人从各种来源所得到的货币收入，通常包括个人的工资、奖金、其他劳动收入、退休金、助学金、红利、馈赠、出租收入等。收入水平越高，购买力就越大，但消费者收入不会全部用于消费。对企业营销而言，有必要区别以下概念：

① 个人可支配的收入，即个人收入中扣除各种税款(所得税等)和非税性负担(如工会费、养老保险、医疗保险等)后的余额。它是消费者个人可以用于消费或储蓄的部分，形成实际的购买力。

② 个人可任意支配的收入，即个人可支配收入中减去用于维持个人与家庭生存所必需的费用(如水电、食物、衣服、住房等)和其他固定支出(如学费等)后剩余的部分。这部分收入是消费者可任意支配的，因而是消费需求中最活跃的因素，也是企业开展营销活动所要考虑的主要对象。

③ 消费者支出模式。随着消费者收入的变化，消费者支出模式也会发生变化，从而影响房地产企业的营销活动。消费结构是指某项消费支出占总消费支出的比重。其中恩格尔系数是一个国际通用的极为重要的指标，消费中用于食品方面的支出与家庭消费支出的比率称为恩格尔系数。用这个系数来衡量生活水平，大体可作如下划分，见表 6-1。据资料显示，2009 年北京城镇居民恩格尔系数为 33.8%，农村居民恩格尔系数为 34.3%，接近发达国家水平。从居民消费结构的变化情况来看，北京居民经历了从自行车、手表、缝纫机的老三大件到冰箱、洗衣机、电视机的新三大件转变的过程，而如今人们则对住房、出行、通信、休闲、娱乐以及文化教育等提出了更高的要求。

表 6-1　　恩格尔系数与生活水平的关系

59%以上	50%～58%	40%～49%	20%～39%	20%以下
绝对贫困	勉强度日	小康水平	富裕	最富裕

我国城市居民的恩格尔系数变化情况见表 6-2。

表 6-2　　我国城市居民的恩格尔系数

年份	1978	1990	1994	1996	1998	2000	2002	2003	2006
恩格尔系数/%	57.5	54.2	50.0	48.8	44.7	39.4	37.7	37.1	36.49

房地产信贷的难易程度决定了房地产市场发展与繁荣的程度，特别是住房的需求方信贷支持更为重要。而对房地产需求方的信贷支持就在于个人住房按揭信贷产品。可以说，现代房地产业如果没有个人住房按揭产品，那么房地产市场要得以发展与繁荣是不可能的。因为，通过个人住房按揭产品能够把个人一生的收入提前使用，以此来提高个人生活水平。

(3) *法律政策因素*

国家的法律和政策，对于房地产企业的经营和营销活动有着很强的规范和约束力。

《中华人民共和国城市房地产管理法》第二十六规定，以出让方式取得土地使用权进行房地产开发的，必须按照土地使用权出让合同约定的土地用途、动工开发期限开发土地。超过出让合同约定的动工开发日期满一年未动工开发的，可以征收相当于土地使用权出让金百分之二十以下的土地闲置费；满二年未动工开发的，可以无偿收回土地使用权。

国土资源部、发展改革委联合发布实施的 2006 年版《限制用地项目目录》和《禁止用地项目目录》中，别墅、高尔夫球场、赛马场等项目用地被明令禁止。这些项目一般需占用几千亩乃至上万亩耕地，国家已多次明确要求停止审批，以落实严格保护耕地的原则。

6.3　房地产购买行为分析

现代营销观念的核心常常从调查、了解和分析消费者的需求及其购买行为为起点，进而制定营销战略与策略。因为产品市场实际上就是一群有着相似需求的顾客，房地产企业欲获取满意的市场份额和市场销售额，首先必须让消费者接受其产品，而消费者的购买行为又是以其需要为基础的。

6.3.1　房地产购买者需要分析

研究购买者市场和购买者行为，首先要掌握购买者需求及其行为模式，然后再进一步研究影响购买者行为的各种因素，最后具体研究购买决策过程的各个阶段。

(1) *消费者需求与需要*

现代经济学中的需求与我们日常生活中所说的需要不同。日常生活中所讲的需要仅仅表示人们对某种物品或劳务的欲望。而现代经济学中所说的需求则是指人们对某种物品或劳务在一定时间、空间条件下有购买力的需要。商品或劳务的需求有量的大小，如果它不限定在某一地区、某一时间，就成为一个无限量。需求一般指某个市场上一定时期内的需求。

需求既然是一种有购买力的需要，其数量的多寡必同商品的价格密切相关。一般来说，在其他条件不变的情况下，消费者对某商品的需求量和它们的价格呈反相关。例如，当房屋价格涨高时，买房的人会少些，或者所购买房屋的面积小些；反之，当房屋大量投入市场，卖者也愿意降价出售，买房的人就会增多，或者购买房屋的面积较大。所以，经济学所讲的需求并不是笼统的需求，而是指一定时间内某一市场上对于某种商品在各种可能的价格条件下产生的需求量，房地产市场也是如此。

(2) *人类需要层次*

美国著名心理学家马斯洛在20世纪50年代初创立了“需要层次理论”。他根据人们对需求的不同程度，把需要划分为生理需要、安全需要、社交需要、尊重需要和自我实现需要五类，依次由较低层次到较高层次。

① 生理需要——人类为了生存而对衣、食、住提出的物质需要，这是人类最低限度的基本需要。

② 安全需要——人类为使个人的生命和财产得到安全保护而产生的需要。

③ 社交需要——人们希望在人与人之间的联系中得到感情上的联络和获得知己的需要。

④ 尊重需要——人们为使自己社会交往和实践中能得到别人的尊重和好评，取得荣誉，从而增强自信心、进取精神的需要。

⑤ 自我实现的需要——人们为了体现和发挥自己的才能，实现自己的理想和抱负而不断努力和进取的需要。

马斯洛在阐述人类需求层次时认为：人类的需要是一个由低级向高级不断发展的过程，当较低级需要得到满足后，就开始追求更高一层次的需要，从低到高依此是生理的需求、安全的需求、社交的需求、尊重的需求和自我实现的需求。

根据马斯洛“需要层次理论”，人们发现人的需要具有以下特点：

① 人类是有需要和欲望的，需要的是什么，要看他已经有什么。

② 人的需要是由低级向高级发展的。只有满足低层次的需要，才会产生高一层次的需要；当各层次的需要全部满足后，就开始追求各层次的质量水平。

③ 各层次的需要可能交替出现，即它们具有相互交织的呈波浪形发展的性质。

在实际生活中，我们常常将这五种需要划分为两大类生理需要和心理需要。生理需要是指人体自身发展过程中形成的饥渴、冷暖和睡眠等自然需要。其作用在于维持和延续生命，保持人体的生理平衡。这是一种人类最原始、最基本的需要。

心理需要是人类满足精神生活的需要，如对文化、艺术、成就、威望、友谊、知识等的需要。

马斯洛认为每个人的行为动机一般是受到不同需要支配的，已满足的需要不再具有激励作用，只有未满足的需要才具有激励作用。这一点对市场营销人员有很大的启发。首先，营销人员应不断发现消费者未被满足的需要，然后想方设法，最大限度地去满足他们；其次，营销人员在分析了消费者需求后，将营销刺激集中于多层次的消费需要，以获得最大成功；最后，营销人员可依据不同层次的需要，来确定目标市场，并进一步制订营销方案。

需要层次论的提出对企业市场营销产生了一定的影响，它对于分析消费者的购买动机、购买行为和促进商品销售提供了一个有效的方法。房地产企业可根据消费者不同的需要层次，将房地产市场划分为若干个不同层次的子市场，根据消费者层次不同生产出不同档次的房屋，来满足不同消费者的需要。

(3) 影响消费者需求的因素

需求既然是一种有购买力的需要，它就不仅同价格密切相关而且还取决于人们的收入、偏好等需求条件。需求条件发生变化，商品需求量也会随之发生变动。一般来说，引起需求条件变化的量大致有如下几个方面：

① 消费者收入水平的变化。

消费者对商品的需求是有支付能力的需要，而支付能力取决于消费者的收入水平。因此，在其他条件不变的情况下，消费者的收入水平越高，支付能力越大，能购买的商品数量也就越多，反之就越少。可见，需求与收入是正相关的。

② 相关商品价格的变化。

由于消费者在一定时期内的收入是一定的，所以一般多根据收入水平决定选购最必需的物品。但这种决定不是完全不可改变的。

首先，消费者所需求的商品往往有许多替代品，即在效用上可以替代的商品。如消费者所需的楼房可以拿平房替代，而当替代商品——平房价格下降时，即使楼房价格不变，对同一消费者来说，也会显得较贵。这样买楼房的人就会相对减少，而买平房的人会相对增多。

其次，消费者所需要的商品还受互补商品价格变动的影响。有些商品必与其他有关商品搭配使用，如钢笔与墨水、汽车与汽油等就必须配合使用才能满足人们的某种需要。对于互补商品来说，如果其中之一价格上涨，不但影响它本身的需求量，还会影响到另一种商品的需求量。如汽油价格上涨，不仅使汽油需求量减少，还会使汽车需求量下降。由此可见，某种商品的替代品价格上涨，会引起对这种商品的需求减少。

最后，互补品的价格下降，会引起对这种商品需求的增加。

③ 消费者对商品偏好程度的变化。

偏好是消费者对商品的爱好。由于广告等一些外界因素影响，消费者对商品的兴趣会发生变化。如果消费者对一种商品的偏好程度降低，市场对这种商品的需要就会减少。如果消费者对一种商品的偏好程度提高，市场对这种商品的需求就会增加。

④ 社会人口数量及其构成的变化。

一般来说，社会人口数量增加，对商品的需求量就会增加，社会人口数量减少，对商品的需求量就会减少。例如，一个城市人口不断增加，那么对房屋的需求量就会随之增加。人口的构成不同，对商品的需求量也会产生一定的影响。

⑤ 消费者对未来的预测。

消费者对未来的价格和收入水平的预期，会影响消费者当前的购买行为。如果消费者认为他希望购买的商品不久就会涨价，他现在就可能会购买。现在已经涨价，而今后很可能继续涨价，他也可能会迫不及待地抢着购买。如果消费者认为他希望购买的商品不久就会跌价，他可能会不买或少购买。已经跌价而今后会继续跌价，他可能会同样不买或少购买。如果消费者预期他的收入不久就会增加或减少，也会使他现在的购买量增加或减少。

⑥ 其他因素的变化。

除了以上诸多因素之外，还有许多因素会影响需求习惯，例如职业的变动等。

6.3.2 房地产购买动机分析

一个人为什么要购买某种房地产产品？他要满足的究竟是什么需要？人在各种时刻会有各种各样的需要，其中有一部分是生理上的需要，其目的是为了维持个体的生存。另一些是心理的需要，其目的在于个体能获得他人的尊重和认同。只有那些具有相当强度的需要，才能成为动机，正因为这种紧张状态，导致个人为满足需要而行动。需要获得满足后，其个人的紧张状态即告解除，于是恢复到平衡状态。因此，消费者购买动机是指消费者为满足某种需求，产生购买活动的欲望和意念。这种动机是由人们的消费需求引起的，是推动人们购买某种商品以满足需求的内在动力。动力是刺激和反应的中间变量，是一种控制行为的内在力量，"需求—购买动机—购买行为"，就构成了购买行为的基本模式。

由于消费者的需求具有多样性、层次性等特点，故其购买动机也是多种多样的，但如果从自然属性方面来分析，一般可分为两类，即生理动机和心理动机。

(1) 生理动机

人们由于生理本能需要所引起的购买动机称为生理动机。生理动机的种类主要有以下几种：

① 维持生命动机——消费者在维持生命动机的驱使下产生购买行为，如购买食品、衣服等。

② 保持生命动机——消费者在保持生命动机的驱使下产生的购买行为，如购买房屋、药品等。

③ 延续生命动机——消费者在延续生命动机的驱使下产生的购买行为，如为组织家庭、抚儿育女、健康长寿而购买各种商品。

④ 发展生命动机——消费者为提高劳动技能和学习科学知识，以求生存和发展而购买各种商品。

一般来说，生理动机驱使下的购买行为具有经常性、重复性和习惯性等特点，以求生存和发展的不断延续。

(2) 心理动机

心理动机是指人们在认识、感情等心理活动过程中引起的购买行为，它是消费者为了满足社交、友谊、娱乐、享受和事业发展的需求而产生的购买动机。心理动机可分为感情动机、理智动机和信任动机。

① 感情动机。感情动机是由于人的情感和情绪所引起的购买商品的动机。

一般情况下，感情动机可分为：

a. 情绪动机——人们由于欢乐、好奇、好胜、感激等情绪而引起的购买动机。情绪购买动机一般具有冲动性、不稳定性等特点。

b. 情感动机——人们由于道德感、友谊感、群体感、爱美感等人类的高级情感而引起的购买动机，如为了友谊而购买礼品、由于爱美而买美容化妆品和时装等。情感购买动机具有较大的稳定性和深刻性。

感情动机在具体的购买形式上常表现为以下三类：

a. 求新——在购买商品时，往往注重款式新颖、时尚。

b. 求美——在购买商品时，往往注重式样、造型、包装等外观形态，追求商品的欣赏价值和艺术价值。

c. 求奇——在购买商品时,往往注重商品的某些特质。

② 理智动机。理智动机是指人们在认识商品特点的基础上,经过分析、研究、比较、选择之后产生的购买动机,它具有客观性、周密性和可控制性的特点。在理智性购买动机的驱使下,消费者选购商品讲究品质优良、使用可靠、价格合理、维修方便等条件。

理智动机在具体购买形式上常表现为以下几点:

a. 求实——购买者注重商品的实际效用,不追求外观上的花哨。

b. 求质——购买者对所购买的商品要求内在品质好,挑选质优产品。

c. 求廉——购买者对商品价格极其敏感,在同等的产品质量下,总喜欢挑选价廉的产品。

d. 求速——购买者事先对所需购买商品作了深思熟虑的比较后往往要求交易迅速。

e. 求安全——购买者在购买商品,特别是高档、高价格的商品时,要求安全可靠、服务周到。

③ 信任动机。信任动机是指消费者对某些企业及其商品产生了特殊的信任和偏爱的购买动机。产生信任动机的原因有:企业的招牌老、信誉高、品种多、设备好、地点适中、交通方便、价格合理、服务周到等。信任动机在具体购买形式上常表现为以下几个方面:

a. 求名——购买者追求名牌产品,对名牌产品有特殊的信任感。

b. 求便——购买者追求购买的方便,如品种齐全,可满足用户购买的要求(服务周到、交货迅速等)。

c. 偏爱——购买者对某些特定商品产生偏爱,非此种商品不购买。另外,为了帮助市场营销人员了解消费者购买产品的动机,还可以将消费者购买动机分为与产品有关的动机和与购买者有关的动机两类。

6.3.3　影响房地产购买行为的因素分析

消费者行为与很多因素有关,这些因素可以归纳为五大类:心理因素、个人特性、社会因素、文化因素和经济因素。

(1) 心理因素

对消费者行为进行研究,最简单的方式是从个人身上开始。为了了解及预测消费者的购买行为,首先必须能够解释个人的行为。下面就从知觉、学习、态度及价值观念来讨论和解释个人的消费行为。

① 知觉。知觉是一种程序,个人经过这个程序来选择、组织和解释各种输入的信息,从而产生对客观世界的一幅有意义的图像。因此,知觉代表个人对刺激事务的印象。人的需要受到激励形成动机,但他的行为如何,还要看他对客观情境的知觉如何,因此,两个具有同样动机和处于同样情境的人,由于他们对情境的知觉不同,可能导致不同的行为。

市场营销中,有一个有趣的问题:消费者的知觉和营销人员的知觉一样吗?顾客对产品的看法与市场营销策划者、广告设计者和开发经济者的看法一致吗?经过一些公司和营销人员的测试和统计,得出这样一条结论:消费者喜欢的产品和开发经营者、广告设计者有很大差异。产生差异的原因是:两类人对产品的评价标准不一样。所以,如果公司贸然采纳开发商、经营商和广告设计者的主观看法去开发营造某种房地产产品,必然会与消费者的看法差距甚远,由此而招致损失是理所当然的。

价格的知觉,对于房地产产品而言,了解消费者对价格的知觉和看法是至关重要的,各种消费阶层对于不同房地产产品的需求是不同的。换句话说,不同房地产产品在各阶层顾客中的价格弹性是不同的,因此选择弹性系数大的产品,适当降低价格,就会引起需求量大增。

许多消费者往往认为价格是质量的指标,故价格高乃是质量优良的保证。心理学家格博认为,在每个消费者的心目中,都有一个产品价格的上限和下限,如果产品价格超过上限,则个人会以为太贵;如果价格低于下限,则个人会认为产品的质量值得怀疑。此外,还存在心理性价格的概念,如 1 999 元/m^2 和 2 000 元/m^2 在消费者心中的感觉是不一样的,他们往往会认为 1 999 元/m^2 的房地产便宜。

消费者的知觉是价格拟定不可缺少的部分,其他市场营销因素也必须配合所拟定的价格。假如消费者坚持高价格与高质量的关系存在,则广告及促销渠道等必须能够反映出这种现象。

对于每个消费者而言,通过品牌的作用及各种促销活动的影响,对于产品产生感召反应,会具有不同的知觉和特殊意义,就是品牌形象。实际上,品牌形象并不是完全和原产品等同的,消费者经过对产品的认识及使用,把个人的需要、价值观念、动机等因素完全转移到产品上。所以,个人所接受的产品刺激,已经完全变形了,但产品的所有方面并不是消费者所能完全认识的,只有少部分受到注意,每个人注意的方向不大相同。因此,每幅房地产产品只有部分特征会引起消费者的知觉,形成一种概念,这就是品牌形象的形成过程。

② 学习。基本的学习模式,可利用的驱动力、线索、反应及增强等来解释。驱动力是指引发个人产生行动的内在紧张状态。而线索则是一种环境刺激。反应是指个人对环境中线索所采取的行动。增强是反应的重复。当增强一再发生时,个人碰到的刺激马上会做某种固定反应,于是形成习惯。然而,假如反应在以后出现时,没有受到增强,则学习上的习惯会中止,这称为消除作用。市场营销人员应认识到"学习"在促销活动中的作用,并利用各种传播媒介来加强消费者对本公司的广告及产品的印象,引导他们做出购买本公司房地产产品的决定。

③ 信念、态度。信念是人对于某种事物所持的一种看法和相信程度。消费者对产品的信念构成了产品形象和品牌形象。人的行为多少会受他们信念的影响,因此房地产公司的开发商和经营者应关心消费者对其产品和服务的信念。如果发现消费者对其产品的某些信念不正确,就必须马上设法改变消费者的信念。

态度是人对于某一事物所持的较长期的评价、感觉及行动倾向。许多心理学家认为态度是由三个因素组成的:认知因素、感觉(感情)因素、行动因素,这三个因素互相关联,并且构成对某一事物的整体态度。

④ 价值观念。价值观念是指导个人行为和影响态度与信念的一种标准;价值观念是以两种不同的层次存在的,即总体的价值观念和某范围或处境条件下的具体价值观念,总体的价值观念在数量上比较小,且属于牢牢掌握的观念,在许多处境条件下,这种观念指导行动,因而总体的价值观念是抽象的和概括的。某一范围或处境下的具体价值观念,是在特定的处境或活动范围通过体验而获得的,市场营销策划人员应充分了解消费者这两种价值观念的分布,洞察消费者总体的价值观念,并使本公司的产品去迎合此种价值观念,同时,应设法去改变消费者的具体观念,使自己的产品在众多消费者心中占据良好的地位。

(2) 个人特性

消费者购买行为，除受个人的心理因素影响外，还受个人的外在特性的影响，例如年龄、家庭生命周期的阶段、职业、经济情况、生活方式、个性和自我概念等。

① 年龄和家庭生命周期阶段。人们购买商品和服务常随年龄的变化而变化，不同的年龄阶段，消费者对于商品的主要需求欲望也不相同。营销人员应充分了解各年龄阶段的主要购物倾向，从而选择适合房地产产品的阶段作为主要培养阶层，同时，也应在年轻人中灌输有利于本公司的信息，使他们成为本公司未来的主要消费者。

购买决策除受年龄的影响外，也受“家庭生命周期”的影响，发现家庭发展的不同阶段，确定每个阶段的生活消费特征，并按这一特征分析每一阶段的家庭购买行为特点，可以使公司的市场营销计划制定得更有针对性而更能适应购买者的要求。

② 职业。一个人的职业会促使对商品和服务的不同需求和欲望。对于房地产产品而言，不同职业的人有各自不同的评估标准，所需的产品也是千差万别的。公司的市场营销人员应注意研究是否有某些“注意群体”对于本公司的产品兴趣高于一般人，同时，是否存在巨大的职业群体需要某些特定的供不应求的产品，从而可以有针对性地制订营销计划并建造有巨大市场潜力的房地产产品。

③ 经济状况。每个人的经济状况，对于其考虑和购买商品有极大的影响。一般情况下，收入水平较低时，人的兴趣注意集中在基本生活必需品和低档日用品上。随着收入水平的提高，对中、高档商品的购买比重增大，对日用品的挑选性增强。房地产产品属于高档耐用消费品，在目前我国收入水平相对较低的情况下，不可能产生旺盛的购买高潮，这就要求房地产公司的营销人员寻找适合工薪阶层的付款水平和方式，从而获取到巨大的消费者市场，推动公司发展。

④ 生活方式。生活方式是指一个人或集团对消费、工作和娱乐的特定习惯和态度。人们追求的生活方式不同，对商品的喜好和需求也就不同。一个人对产品和品牌的选择，正是他的生活方式的重要指标。虽然每个人都有其生活方式，市场营销人员通过调查研究便有可能把生活方式当做基本的市场细分准则来制定市场细分策略，从而为本公司的产品找到合适的市场。

⑤ 个性和自我概念。个性是指个人持有的相对持久的个人素质，它可以分成外向性和内向性、创造性和保守性、积极性和消极性等。通过这种素质，个人有自己的一套适应环境的方式，因此一个人的个性会影响个人对外界知觉的方式行为。消费者的个性可以从其外在行为推测而得到。市场影响人员通过研究目标市场可能具有的个性，可以树立自己公司的品牌形象，使其正好配合目标市场的个性。

自我概念也称为自我形象，是和个性相类似的概念。每一个人都对自己有一幅心理情绪的图像。就像个性一样，当某套房地产产品具有和消费者个人相似的特性时，就会激发消费者的租购欲望，营销人员应使本公司的产品尽量适应目标市场中消费者的自我形象的特性，这样才会为公司赢得更多的市场占有率。

(3) 社会因素

影响消费者购买行为的社会因素主要包括：社会阶层、参考群体、家庭等。

① 社会阶层。每个人一生中都会参与许多群体，如家庭、社会、各种组织机构等。一个人在不同的群体中的处境，即身份与地位是不同的。所谓社会阶层，是指按生活方式、价值

观念、行为态度等方面，将社会化分成许多不同等级的阶层，各阶层有高低之分，而同一阶层的成员则有较为一致的生活方式、价值观念和行为态度等。实际上，社会阶层的划分不可能有明显的界线，而是一种连续性的变化。

② 参考群体。参考群体是指能够影响一个人的价值观念、态度及行为的社会群体，它可能是个人所属的群体，也可能是个人向往的群体。

对个人而言，参考群体具有两种作用：

a. 社会比较——通过和别人比较来评价自己；

b. 社会确认——以群体为原则，评价自己的信念、态度和价值观念。

对于市场上的某些产品而言，购买者的选择通常不受参考群体的影响，此时营销必须强调产品的特性、质量、价格和效用比竞争产品更佳。而实际上，有许多产品，参考群体的影响力往往是一项主要因素。营销强调某些群体曾购买该产品，使消费者产生固定印象，以购买该产品。要做到有针对性，必须了解消费者的参考群体具有何种特性，这样才能在广告投放时一击中的。此外，还可以运用群体的"意见首领"的影响，因此需要了解意见首领的个人特点、他经常阅读的媒介，从而找出意见领袖的信息来源渠道，进而设计可能为意见领袖接触到并且能够接受的信息。

③ 家庭。家庭是消费最基本的单位，对于房地产产品也不例外，因此对家庭的分析是企业市场营销的重要内容。

a. 家庭的消费模式受文化和社会阶层的影响。由于所处的文化环境和社会阶层等因素的影响，家庭的消费模式有不同的类型，有些家庭有很强的家庭观念，重视家庭和睦，致力于子女的教育和家族的发展，恪守传统的文化、道德和伦理观念，它的消费是以家庭为中心的。有些家庭则有很强的事业心，家庭支出、家庭的精力和时间主要投放于事业的发展，因而它的消费是以事业为中心的。还有些家庭力争提高目前的生活水平，把同生活享受有关的商品、劳务支出、奢侈品支出和旅游支出摆在极重要的位置，这是以消费为中心的家庭。

b. 家庭成员在购买过程中所扮演的角色。对房地产产品而言，参与购买的家庭成员一般包括丈夫、妻子和年龄较大的子女。此时，市场营销人员应该弄清每个参与者在购买过程中所扮演的角色，一般来说，这些参与者在整个决策过程中扮演的角色大致有以下几种：发起者、影响者、决定者、购买者和使用者。具体分析研究这五种人的地位、年龄、性格、职业、价值观念和他们对购买行为的不同程度的影响，对于市场营销人员是至关重要的。在促销方面，可能做到有针对性地制订促销计划。在广告方面可以强化对他们购买本公司产品的决定，而在促成购买行为方面，可以收到事半功倍的效果。

c. 谁是购买决策的"权威"中心。在家庭购物中，产品的购买者和使用者往往不是同一个人，此时市场营销人员究竟应针对谁来促销呢？为此，就需要研究，究竟谁是购买决策的"权威"中心。然后，广告的制作就必须针对"权威"中心，如果促销对象搞错了，就会事倍功半，达不到预期的效果。

(4) 文化因素

对文化概念的理解，从广义上来讲，是指人类社会历史实践过程中创造的物质财富和精神财富的总和。从狭义上来讲，是指社会的意识形态以及与之相对应的制度和组织机构，它是由知识、信仰、艺术、法律、伦理道德、风俗习惯等方面组成的一个复杂的整体。

每一个文化群体均含有若干较小的构成体，称为次文化群体，在每一个文化群体中，其成员显示出更具体的认同和更具体的社会化。文化因素对消费者行为会产生广泛而深远的影响，而次文化群体对个人行为的影响力比总文化更大。

由于文化因素对人类生活方式的影响极大，所以公司在推销产品时必须考虑到这个因素。一般来说，房地产产品在某一个次文化群体中有很大的市场时，也许在另外一个文化群体中却遭到冷落，原因是这些产品的使用和次文化群体的文化形态发生了冲突，于是个人在使用这些产品时会产生犯罪感。如果公司在制定营销策略时，或在做市场细分时，仅仅看到或调查到某种产品在一个地方或一个文化群体中有很好的销路，就去开发经营此种产品，不去认真考虑开发地区的市场情况和文化差异的存在，那么其失败的结果是可想而知的。因此，营销人员应充分重视文化因素对消费者购买行为的影响。

文化价值不但影响人们的主要消费形态，而且也影响个人对产品的知觉(产品对个人生活的意义)。因为文化赋予产品不同的意义，由此影响了个人的经验与看法。因此，做广告时，必须考虑文化因素。依据广告心理学家怀特的看法，广告在强调产品的质量及特性在激发潜在购买者的购买行为以前，必须先了解整个社会的价值结果以及产品的目标市场的文化背景，然后强调此产品的属性，用以增强个人的社会价值观，则广告可收到事半功倍的效果，只有在文化的限制之下来激发消费者产生行动，才有意义。

此外，促销手段的采用也受到文化的影响，各种不同类型的次文化群体，他们对于不同的广告传播媒体有着不同的偏好，因此采取哪种促销渠道，应当根据不同的次文化群体而定。

消费者行为是相当复杂的，一个消费者不可能单纯为了满足居住的需要，就购买一套豪华公寓；消费者不大可能单纯的因为亲戚好友在某房地产企业购买了房屋，也到该公司去购置产品。影响消费者产生购买行为的因素很多，不只是一个因素作用的结果，而是许多因素交互作用的结果。在某个时段上，某些因素比较重要，而即使是这些因素，也许只能解释消费者行为现象的25％或30％。

因此，营销人员在探讨、分析消费者行为时，必须综合考虑各个因素的作用统筹研究，在营销计划中予以体现。

(5) 经济因素

人类行为区别于其他动物行为的根本标志在于人类行为的有意识性和目的性，也就是说，人类行为外在的表现形式都是以一定的社会心理活动为内在依据的，人类的一切行为都内含一定的需求、动机、态度和情绪等心理因素。人类购房消费行为也遵循这一规律，商品住房买家不同的需求特点会产生各式各样的购房动机，进而又支配着不同的住房消费行为，最终将对房地产市场的形成与发展产生深刻的影响。所以，影响居民购房心理活动的各种内在的因素都会在一定程度上涉及客户的行为。

经济因素是决定居民住房消费行为的关键因素，它所包含的内容又十分广泛而复杂，其中客户的收入水平、住宅价格、客户的支出模式与消费结构、储蓄与信贷水平等因素则是影响客户广泛行为最重要的经济因素。

① 收入水平。收入水平直接决定和影响客户广泛行为的经济因素是购买力水平和住房有效需求。客户个人或家庭的收入水平又对其购买力水平和有效需求起支配作用，收入高低直接决定了购买力和有效需求的旺盛与否。有效需求是指具有一定购买力而且又愿意购买行为的需求，也就是在房地产市场上真正起作用的现实需求。据有关统计资料显示，我

国东部沿海城市居民收入水平较高，个人购房比率明显日趋增加，1995 年达 60%～70%，比全国平均水平高出 15%～25%；广州市的真正个人购房比重达 73%，而私营经济发达、收入水平较高的浙江省温州市则高达 90%。由此可见，客户个人或家庭的收入水平直接影响和支配着人们的购房有效需求及住房消费行为，进而也就左右着房地产市场的活跃程度。

② 住宅价格。住宅价格高低也是影响客户购买力水平和真正有效需求的重要因素，并影响居民的住房消费行为。在居民收入水平一定时，房价越高，其购买力水平相对越低，对住房有效需求的形成越乏力，住房消费行为也难以产生；反之则相反。只有当客户的收入水平与房价水平在一定范围内或收入的增长快于房价的上升幅度时，客户的住房有效需求才能真正形成；否则，房价过高则抵消了收入水平的提高，住房消费行为还是难以产生。

从我国房地产市场的运作情况来看，总体上房价过高，严重脱离了一般居民的实际购买力。房价水平与居民家庭收入水平相差过分悬殊，远远超过国际上的公认水平，故买方市场难以形成，最终房地产市场也不可能真正活跃起来。进一步剖析产生房价过高、居民住房消费行为扭曲的深层次原因，不难发现各种不同项目的税费过高，导致开发成本大幅度提高。据广州市建委有关负责人介绍，1995 年各种税费多达 74 项，比 1991 年增加了 50 项，各种税费占商品房开发成本的 25%～40%。全国其他城市，如北京、上海等地情况也差不多，甚至收费项目更为繁多。由此可见，只有切实排除部门本位主义利益的思想观念，认真清理各种不合理税费，加强开发项目的成本管理，合理解决市政基础设施建设，才能使我国房价恢复到一个理性的区间内。

③ 客户的支出模式与消费结构。客户的支出模式与消费结构对住房消费行为模式的选择产生深刻影响。描述客户支出模式和消费结构的有关重要指标是恩格尔系数，即指食物支出占家庭消费总支出的百分比。

④ 住房储蓄。住房储蓄具有十分重要的意义。储蓄增多会使客户现实购房需求量减少，购买力下降。但另一方面，储蓄又作为个人收入增加了购房的潜在需求量，尤其对房地产这样一种特殊的商品来说，因为住房既是生存的必需品，又是一种高价值、高档次的耐用消费品，家庭没有一定的储蓄水平是很难形成住房有效需求的，进而也就不可能发生购房消费行为。

随着经济的高速发展和居民收入水平的提高，我国家庭的储蓄水平也达到了前所未有的水平。据 1995 年有关资料统计，全国居民个人的金融资产量高达 3 万亿元以上，其中主要是储蓄。另据广州市统计，1995 年居民储蓄存款金额达 700 多亿元，人均高达 2 万元。这是一笔巨大的消费能量，一旦释放出来，必将对社会经济的各个方面产生深刻的影响。据有关研究证明，由于中国长期以来实行住房定量配给制度，很大程度上缩小了客户对商品的选择空间，迫使广大居民把边际购买力大量集中在某些非配给商品或储蓄上，从而形成配给商品的“溢出效应”，引起消费行为扭曲。特别是在收入水平持续不断提高而又没有对住房配给制度做相应改革的情况下，“溢出效应”就更为明显，储蓄水平自然处于高位状态。要改变这一现象，其关键是如何通过改革协调各种利害关系，合理引导部分储蓄进入房地产市场，使大部分工薪阶层具有一定的购房消费能力，可以促进住房消费行为的产生。

与储蓄相对应的客户信贷状况，即客户凭借信用，首先取得商品房的使用权，然后按期归还贷款，最终取得商品房的完全产权。由于商品住房具有高价值、不可移动性、使用周期长等特点，若没有银行信贷支持系统的保障，居民的购房消费能力则受到极大的制约，购房消费行为也就难以产生,难以形成活跃的房地产市场。

6.4 房地产市场营销策略

由于房地产具有价格相对较高、位置固定及区位性等特点,其销售难度比一般商品要大得多。房地产企业为了有效地把自己开发的房地产产品销售出去,必须根据目标市场的需要和其他环境因素,制定有效的营销组合方案,即产品、价格、销售渠道、促销策略组合。

6.4.1 房地产产品营销策略

6.4.1.1 房地产产品

房地产产品是指用于满足人们生产生活需要的人造空间环境,包括房地产产品实物、相关服务等内容。在市场营销体系下,房地产产品的形成要经过市场调查、市场细分、房地产企业的产品定位、产品的开发四个阶段。

房地产产品,无论是住宅、商业房地产,还是工业房地产,合格的质量是保证人们正常使用的前提。在质量合格的基础上,房地产企业可以选择提升不同的功能,如环境、物业服务、教育资源升级等,实现企业和业主的双赢局面。

6.4.1.2 房地产产品营销策略

常见的产品营销策略包括:周期性策略、差异化策略、品牌策略、服务策略等。下面重点讲解品牌策略。

(1) 品牌的含义

品牌是借以辨认企业提供的产品或者服务的名称和符号,是市场持续认同的差异化产品。品牌就是个性化,就是差异。人们一看到、听到某个品牌,就知道该品牌涉及什么行业和其产品在该行业中的地位如何。品牌在市场上具有的知名度和美誉度,就是认同。该认同还要持续,就是该品牌的产品无论何时、何地,市场都会接受。品牌的基础,是好的产品。

房地产产品的品牌就是房地产企业为了在消费者心目中树立良好形象,以便在市场上获得竞争优势,通过对房地产产品进行开发、维护、推广而形成的具有高品质内涵产品的通用名称。

(2) 品牌的作用

品牌的作用表现在:

① 房地产品牌是消费者购买房地产的主要考虑因素之一。房地产由于位置固定、投入高、消费时间长等特点,消费者对于房地产产品的质量,尤其是建成不久的房地产,无法从外表感知。因此,消费者做出购房决策时,更多的倾向选择品牌产品,因为品牌是质量的象征、价值的体现。

② 具有品牌的房地产产品具有较高的市场利润。房地产品牌是企业通过相当长的时间在开发经营过程中逐渐培育的,其基础是好的房地产产品。尽管其价格比其他非品牌的同类房地产价格要高,但是相对高的价格意味着相对高的品质,消费者只要条件允许,还是会选择购置的。这样,品牌的房地产产品具有较高的市场利润。

③ 品牌是无形资产,可以帮助企业融通资金进行市场扩张。一位麦当劳董事会成员说,即使自然灾害全部毁坏公司的所有资产、建筑和设备,公司还是可以凭借公司的品牌价值筹集重建资金。品牌是无形资产,是有市场价值的,可以帮助企业融通资金以扩展房地产

业务。

(3) 品牌策略的影响因素

影响房地产品牌策略的因素主要有:品质、服务、企业文化等。

① 品质。房地产产品的品质包括工程质量、户型设计、小区整体规划、景观环境、绿色环保等方面。户型设计需要考虑适用性的原则,小区整体规划与景观环境可以直接为消费者所感知,形成视觉冲击力,加深产品对消费者的印象。绿色环保材料不仅可以节省能源,更重要的是关系到消费者的身体健康。

② 服务。服务指房地产企业在产品开发、销售、使用中,为消费者提供咨询和协助消费者解决有关问题的过程。物业服务是房地产产品售后服务中的重要组成部分,也是与消费者之间矛盾最突出的部分。物业服务不到位,将对企业声誉造成很大的负面影响,降低品牌的美誉度。房地产企业也可主动地通过调查和信息反馈了解消费者对企业及其产品的意见与建议,改进产品缺陷并提高管理与服务水平,这对品牌的塑造与提升具有重要作用。

③ 企业文化。企业文化是企业所倡导的为广大员工所认同的一种行为准则。企业文化是无形的,但能够通过员工的行为渗透到产品生产、研发、营销和服务之中,从而彰显企业的个性和品牌魅力。优秀的企业文化可以不断增加企业内部凝聚力和外部竞争力,从而塑造良好的企业形象。

6.4.2 房地产价格营销策略

俗话说,没有卖不出去的房子,只有卖不出去的价格。合适的价格策略是房地产市场营销中非常关键的环节。

6.4.2.1 定价策略

一般来说,不同的消费群体对于价格的敏感程度不同。工薪阶层多优先考虑价格因素,而收入较高的群体更注重生活的品位,对于价格则不太注重。所以,房地产企业要根据自己产品的市场定位,结合产品的条件和目标市场的心理价格,来确定产品的价格。

定价过程一般包括下列步骤:

(1) 确定定价目标

定价目标是企业制定价格时所要达到的预期目的,主要有利润最大化、保持价格稳定、合理的利润率、竞争优势、社会责任等目标。房地产企业要根据自己的情况和外界因素确定合适的定价目标。

(2) 估计产品成本

成本是房地产企业制定价格的底线。房地产开发企业的总成本包括直接成本、运营成本和税费。在直接成本项下,又包括前期工程成本、土地成本(缴纳给政府的土地出让金)、建安工程成本、市政工程成本、公共配套设施和不可预见费等六个子项;在运营成本项下,又包括销售费用、财务费用和开发间接费用等三个子项。税费指交给政府的,比如土地使用税、契税和印花税、营业税、城市建设税、企业所得税、土地增值税及其他费用。

(3) 分析竞争者的产品和价格

对竞争者产品的特性、品质和价格进行详细分析,作为本企业产品定价的参考。

(4) 考虑消费者期望的价格

企业通过对消费者进行调查,了解消费者对于该产品的期望价格。

(5) 确定最终价格

经过以上步骤的分析考虑,企业可以确定所开发产品的现阶段价格。

6.4.2.2　**价格调整策略**

随着楼盘开发阶段的进展和市场行情的波动,房地产企业产品的定价也是变化的。

开盘、封顶、竣工是产品价格的主要调整点,一般是向上调整一定的幅度,即楼盘开盘后价格只升不降,否则价格下调会引发众多矛盾。

因市场行情波动,房地产企业要根据市场和自身情况来制定合适的价格调整策略。市场不景气时,房地产企业可以考虑以下方式来进行价格调整:

① 直接降价。从需求层面上来看,面对市场可能到来的降价风潮,小折扣或者简单的特价房对继续观望的购房者的吸引力已经不足,直降促销更具效果。

② 提高品质维持原价。良好的企业形象是潜在消费者选择购买房地产的重要依据,提高品质维持原价,改善服务质量,是树立自身的企业形象与品牌形象的重要手段,有利于企业获得品牌效益。

6.4.3　房地产销售渠道营销策略

渠道营销是指房地产产品从开发企业流向最终消费者所经过的路线,主要有自行销售和委托代理销售两类。

6.4.3.1　**自行销售**

自行销售是开发企业自己组织项目销售的一种直接的渠道方式,主要有以下两类:

(1) 订购销售

订购销售是指房地产开发企业首先对客户进行调研,开展预登记,然后按照每个客户的需求建造产品,再按约租售给客户。

(2) 自设售楼处销售

房地产企业在开发项目所在地或者其他地区自行设置产品销售中心,销售自己的产品,其优势是:销售及时,便于资金回笼;缩短流通环节、降低流通费用;提升企业形象,有利于开拓市场。

6.4.3.2　**委托代理销售**

委托代理销售是指房地产企业将其产品的销售委托给营销代理公司进行销售的方式,其优势是:

① 专业优势。房地产营销代理商往往配备市场研究部门,通过市场研究可以帮助开发商了解最新的市场动态,包括价格、竞争者、消费者需求甚至是最新的政策等,使开发商可以客观地认识自身项目在市场上的位置,并进行准确的决策,从而实现项目运作成功。

② 销售优势。代理公司有足够的专业人才和丰富的市场经验,他们能够站在市场的高度从整体与全局上来把握销售,实行理性销控。对项目的优劣分析客观,很少受情感因素支配。能较好地根据市场走向进行策略与手段调整,能有效利用时间差提高收益,因而有可能将销售的市场风险降到最低。

③ 资源优势。代理公司在长期的楼盘销售过程中建立广泛的客户网络和客户档案,拥有训练有素的营销人员,这些客户档案是开发企业短时间内无法建立起来的。

6.4.4　房地产促销策略

促销是促进销售的简称,是指将房地产企业及其产品通过适当的方式传达给消费者,促进其了解并购置本企业的产品，达到扩大销售的目的。

促销策略一般由广告策略、营业推广、人员推销和公共关系四个部分构成。

6.4.4.1 广告策略

广告是房地产企业通过一定的媒介传递本企业的产品信息和树立形象的宣传。

(1) 广告媒介的选择

选择广告媒介，需要考虑以下几点：

① 广告媒介覆盖的范围应和房地产销售信息传达范围相一致。比如河北省三河市燕郊开发区的房地产企业，用往来北京和燕郊的长途公交车的车身做广告，就很好的覆盖了北京和燕郊，尤其是住在燕郊、工作在北京的潜在消费者。

② 应选择能够充分表达房地产产品信息的广告媒介。比如可以图文并茂地表现产品信息的报纸、售楼传单等。

③ 选择成本小、效果好的广告媒介。比如开发楼盘若处在路边，开发阶段可以利用外墙做广告，在美化楼盘的同时也传播了房地产产品的相关信息。

(2) 广告内容的设计

广告策略的出发点是引起潜在消费者的注意和兴趣，激发其购买欲望，目的是促使其购买房地产产品，因此广告的内容首先要突出本企业产品的优势。比如有的房地产产品广告侧重价格——“坚持城市房价底线”；有的突出本企业产品的环境和质量——“海岸大宅代代相传”等。广告信息容量要与广告媒介相匹配。比如，报纸类等印刷媒介，可以设置较大的容量；而公交车车身、道路边的户外广告，其容量较小，语言要生动、简洁，更要突出本企业产品的优势。

6.4.4.2 营业推广

营业推广指房地产企业在某一时间段采取的能够快速刺激需求、鼓励潜在消费者购置的各种促销方式。对于开发面积较少的房地产企业，采用营业推广常常会造成轰动效应，短时间内销售一空。营业推广可以针对不同的潜在消费者，采用不同的鼓励方式。

6.4.4.3 公共关系

公共关系是指房地产企业为改善与社会公众的关系，促进公众对企业及其产品的认识，理解及支持，达到树立良好形象、促进产品销售目的的一系列促销活动，其优点如下：

① 公共关系是企业塑造自身形象的最佳途径之一。它通过信息的传播和交流，增进群体与社会的相互了解、信任和支持，沟通和影响消费者，建立双向的、长久稳定的良好社会关系，从而推动房地产开发企业树立竞争优势。

② 公共关系是实现房地产销售的可靠保障。它通过展示文化魅力，通过人性化的交流达到消费者的认同，更直接的促进销售。

③ 公共关系是化解房地产危机事件的有效工具。在企业面临危机时，公共关系能够有效化解矛盾，缓和与消除冲突，变被动为主动，变不利为有利。

6.4.4.4 人员推销

人员推销是最古老的一种促销方式，也是四种促销方式中唯一直接依靠人员的促销方式。人员推销是房地产企业的推销人员通过与消费者进行接触和洽谈，向消费者宣传介绍房地产商品，达到促进房地产租售的活动，在人员推销过程中，通过房地产销售人员直接与消费者接触，可以向消费者传递企业和房地产的有关信息；通过与消费者的沟通，可以了解消费者的需求，便于企业能够进一步地满足消费者的需求；通过与消费者的接触，还可以与消费者建立良好的关系，使消费者也发挥推荐和介绍房地产的作用。另外，人员推销还具有推销与促销的双重职能。由于房地产是价值量巨大的商品，一般消费者不会仅凭一个广告或几次介绍就随便作出决定，因此人员推销是房地产企业最主要的推销方式。但是，人员推销也存在接触成本高、优秀销售员少以及销售人员的流动会影响目标消费者的转移等缺点。

6.5　房地产市场营销管理

6.5.1　房地产市场营销计划

房地产企业市场营销计划属于企业的职能计划之一，是房地产企业整体战略规划在营销领域的具体化。房地产企业市场营销计划是指在研究目前市场营销状况、分析企业所面临的主要机会与威胁、优势与劣势以及存在问题的基础上，对财务目标与市场营销目标、市场营销战略、市场营销行动方案以及预计损益表的确定和控制。

市场营销计划更注重产品与市场的关系，它是指导和协调市场营销活动和主要工具，是企业市场营销顺利进行并取得良好经济效益的前提，企业要想提高市场营销效能，必须学会正确制定和执行正确的市场营销计划。

6.5.1.1　房地产市场营销计划概述

(1) 房地产市场营销计划的定义

房地产市场营销计划是指房地产企业在对企业营销环境进行调研基础上为实现房地产市场营销目标所制定一系列未来营销活动的安排和打算。

营销计划是企业的战术计划，营销战略对企业而言是“做正确的事”，而营销计划则是“正确地做事”。在企业的实际经营过程中，营销计划往往碰到无法有效执行的情况：一种情况是营销战略不正确，营销计划只能是“雪上加霜”，加速企业的衰败；另一种情况是营销计划无法贯彻落实，不能将营销战略转化为有效的战术。营销计划充分发挥作用的基础是正确的战略，一个完美的战略可以不必依靠完美的战术，而从另一个角度来看，营销计划的正确执行可以创造完美的战术，而完美的战术则可以弥补战略的欠缺，还能在一定程度上转化为战略。

为保证房地产企业市场营销活动能够有序地进行，以最少的投入获得最大的产出，提高企业的经济效益，房地产企业必须制定全面、可行、具体的市场营销计划。制订计划的方法是全面深入地分析目标市场和企业可利用的资源，然后订出一个详细的战略目标以及实现目标的策略，以求最大限度地实现这些目标。

(2) 房地产市场营销计划的特点

房地产市场营销计划具有如下特点：

① 指导性。房地产营销计划是有效指导、协调房地产营销活动的主要依据。营销计划一旦经过管理层审核通过就可指导其营销管理活动，各企业职能部门都必须努力按计划所规定的目标组织营销活动。

② 稳定性。房地产市场营销计划一经制定，就不能随意变动，除非外界市场环境发生变化或企业的内部经营活动有变化，导致市场营销计划不能按预期的计划执行。

③ 预见性。房地产市场营销计划是企业管理者对企业未来一系列营销活动的安排和

打算,需要很强的预见性。在制订营销计划时,要明确企业在未来某个时期所要达到的经营目标或营销目标。

④ 动态性。房地产市场营销计划并不是一成不变的,而是要根据外界环境的变化,比如经济环境、社会环境、消费者和行业发生未能预期到的变化时,就需要根据实际情况对营销计划进行调整,以适应新环境和新形势的要求,保证计划能够切实可行。

6.5.1.2 房地产营销计划的内容

营销计划是指导房地产企业营销活动的重要过程,在房地产市场营销中,制订出一份优秀的营销计划十分重要。

(1) 计划概要

房地产市场营销计划书的开始便应对所制订计划的主要目标和内容作一简要概述,计划概要可让高层很快掌握计划的核心内容,内容目录应附在计划概要之后。

例如:A 房地产企业 2010 年的市场营销计划是使企业的销售量和利润比前几年有显著的增长。销售收入目标是 6 亿元,利润目标是 6 000 万元,销售计划比 2009 年增长 10%。所需要营销费用预算为 100 万元,比 2009 年增长 13%。这一计划通过借用媒体力量,加大广告投入,合理定价,更多惠民政策等可以实现。

(2) 市场营销现状

房地产市场营销计划的这个部分主要提供该产品目前营销状况的有关背景资料,包括市场、产品、竞争、分销和宏观环境状况的分析。

① 市场现状。列举目标市场的规模和成长性的有关数据,顾客的需求状况等。市场的规模与增长取决于过去几年的房地产企业的销售总额,并按市场细分与地区细分来分别列出,而且还应列出有关顾客需求、观念和购买行为的趋势。

② 产品现状。列出房地产产品中各主要物业的近年销售价格、市场占有率、价格、成本、费用、利润率等方面的数据。

③ 竞争现状。识别企业的主要竞争者,并列出竞争者的规模、目标、市场份额、产品质量、价格、营销战略和其有关特征,以了解竞争者的意图和行为,判断竞争者的变化趋势。

④ 分销现状。描述房地产公司项目所选择的分销渠道的类型和在各种分销渠道上的销售数量。

⑤ 宏观环境现状。主要对宏观环境的状况和主要发展趋势作出简要的介绍,即人口的、经济的、技术的、政治法律的、社会文化的趋向。

(3) 机会与问题分析

在这项分析中,房地产市场营销经理应以描述市场营销现状资料为基础,必须把风险与机会的分析与企业的优势和劣势分析结合起来进行,这样才能使这项分析真正给企业带来赢利的机会,回避可能遇到的风险,一个市场机会能否成为企业的营销机会,关键在于这个机会是否与企业在目标和资源方面的优势相匹配,如果在这方面恰是企业的强项,那么就当充分发掘和利用这个市场机会,否则就不能贸然上马,因此在计划中要对市场机会和风险进行科学、详细的预测、分析和判断。

① 机会与威胁分析。房地产营销经理通过对外部环境变化趋势的分析,识别出有利于企业发展的重大市场和机会及可能影响企业经营,甚至危及企业生存的主要环境威胁。找出这些主要机会与威胁中可能左右企业未来的因素,并将机会和威胁分出轻重急缓,以便使

其中之重要者能受到特别的关注，从而采取进一步的行动。

② 优势与劣势分析。房地产营销经理通过对内部经营条件的分析，认清本企业相对于竞争者的战略优势和劣势。房地产企业的优势是指公司成功的经营战略、良好的企业信誉，优越的项目管理优势、市场营销队伍、成本控制和充足的资金来源等。公司的劣势、房地产企业的劣势有不良的企业形象、管理水平和营销能力比较差等。

③ 问题分析。综合分析市场机会、环境威胁、企业优势与劣势等战略要素，明确能够为房地产企业有效利用的市场机会，即尽可能将良好的市场机会与企业优势有机结合；同时要努力防范和化解因环境威胁和企业劣势带来的市场风险，从而明确在制定和实施市场营销战略计划过程中还必须妥善解决好的主要问题。

(4) 目标

通过前面的机会和问题分析，房地产企业已知道了自己公司的问题所在，就要根据公司的实际情况确定自己的目标，是市场营销计划的核心内容，这些目标将指导随后的策略与行动方案的拟订。

一般来说，有两种类型目标需要确定：财务目标和市场营销目标。这些目标要用数量化指标表达出来，要将目标定得实际、合理，并有一定的开拓性。

① 财务目标。每个公司都会追求一定的财务目标，包括投资报酬率、利润率、利润额等指标。房地产企业所有者和管理者都希望公司的房地产项目能给公司带来良好的财务业绩，公司能有一个稳定的长期投资率。

② 市场营销目标。财务目标必须要转化为市场营销目标，营销目标可以由以下指标构成，如销售收入、销售增长率、销售量、市场份额、品牌知名度、分销范围等。

(5) 市场营销战略

应在此列出主要的市场营销战略纲要，包括目标市场选择和市场定位战略、营销组合战略、营销费用战略等。明确企业营销的目标市场是什么市场，如何进行市场定位，确定何种市场形象；企业拟采用什么样的产品、渠道、定价和促销策略。

(6) 行动方案

这是对各种营销战略的具体实施制定详细的行动方案。主要回答以下问题：将要做什么？什么时候去做？由谁去做？将需要支付多少成本？整个行动计划可以列表加以说明。为落实营销战略，要制定可实际操作的具体计划和行动方案。对于每个营销战略要素，应具体确定将由何人在何时何地花多少费用采用何种方法步骤，负责完成何项具体工作。使整个营销战略落实于行动，并能循序渐进地贯彻执行。

(7) 预计盈亏报表

行动计划有助于销售经理能编制一个支持该方案的预算，此预算基本上为一项预计盈亏报表。在收入方，主要反映预计单位销售量和平均单位房屋实现价格；在支出方，主要反映建设、原材料以及营销费用等成本，以及再细分的明细支出，预计支出总额。两者之差就是预计利润。公司的主管部门将核查预算并加以批准或修改。如果所要求的与预算太高，营销经理就得进行合理删减以致达到规定标准。如果预算通过，该预算便成为公司制订计划和安排原材料采购、建设进度以及营销活动的基础。

(8) 控制

计划的最后一部分为控制，用来监督整个计划的进程。为了便于监督检查，具体做法是将计划规定的营销目标和预算按月或季制定，营销主管每期都要审查营销各部门的业务实绩，检查是否完成实现了预期的营销目标。落后的业务部门经理必须要解释事情的原因和他们要完成计划所必须要采取的行动，从而使组成整个营销计划的各个部门的工作受到有效控制，保证整个计划能井然有序、卓有成效地付诸实施。

此外，有些计划的控制部分还包括意外应急计划，简明扼要地列出可能发生的某些不利的情况时公司应采取的步骤。这就要求经理们应尽可能预先考虑可能出现的问题，并对可能出现的问题能尽可能预防，并提出明确的应对方法，从而排除其不利影响，避免公司发生意外损失。

6.5.1.3 房地产市场营销计划的影响因素

影响房地产市场营销计划的因素主要包括以下四个：

(1) 组织的层次

组织的层次主要指制定房地产营销计划的组织部门是谁，在组织中所处的位置。例如基层的计划主要是作业计划，而高层的计划主要是战略计划。

(2) 组织的成熟程度和生命周期

组织的生命周期可分为形成期、成长期、成熟期、衰退期。每个时期组织都体现出不同的特点，不同时期房地产营销计划也不一样。如在成长期，环境的不确定因素比较大，而组织的方向、定位、甚至资源都还处于不确定中，所以这时的计划应该是宏观的、指导性的计划。组织进一步发展到成长期时，确定性增加了，计划也进一步具体了。到了成熟期时，工作的可预备性进一步增强，规章制度比较完善，资源的范围也划定了，这时组织就需要更为具体的计划，能够用于指导各方面的工作，这时计划要形成一个体系。到了衰退期，随着市场资源的变化和组织在成长过程中取得的优势地位的减弱，这时整个具体计划要变为指导性计划，要重新考虑宏观的战略和怎样转型的问题。

(3) 环境的不确定性

不确定性越大，房地产营销计划就越宏观，留的余地也就越大，所以这时的房地产营销计划一般都是目标和政策性的，如果环境的确定性逐步增加了，那么这时的房地产营销计划就更为具体，关于规则与程序的内容就更多。

(4) 对未来的许诺期限

对未来的许诺期限，也就是房地产营销计划期延长到多长时间。这个延长期要适度，并且要和完成目标的难易程度相匹配，太长和太远的期限都是无效的。

6.5.2 房地产市场营销组织

房地产市场营销管理必须依托一定的机构或部门——市场营销组织进行。我们已经知道，房地产市场营销计划是房地产企业在对企业营销环境进行调研基础上为实现房地产市场营销目标所制定一系列未来营销活动的安排和打算。而制定、实施市场营销计划、评估和控制市场营销活动是市场营销组织的重要任务。

6.5.2.1 房地产市场营销组织的含义

房地产市场营销组织是为了实现房地产企业的目标，制定和实施房地产市场营销计划的职能部门。市场营销部门的组织形式主要受宏观市场营销环境、企业市场营销管理哲学以及企业自身所处的发展阶段、经营范围、业务特点等因素的影响。

6.5.2.2　房地产市场营销组织的设计原则

根据房地产企业营销管理的需要和销售组织的目标特征，在设计房地产市场营销组织时，必须遵循以下原则：

(1) 实现目标原则

房地产企业的组织设计必须保证企业营销目标的实现，这是组织设计总的指导原则。营销组织的建立必须和房地产企业的发展相适应，组织结构的每一个组成部分都应当有特定的任务和目标，以此保证组织整体任务和目标的实现。

(2) 因事设岗原则

房地产销售组织的目标是通过销售人员的活动来实现房地产企业的目标，从而实现整体效果大于局部效果之和。为企业和营销需要而设的岗位，不能因为现有人员达不到要求而降低标准。

(3) 精简效能原则

在完成营销任务目标的前提下，应当力求做到机构最精干、人员配置最为合理、管理效率最高。

(4) 有效管理幅度原则

管理幅度是指一个主管能够直接有效指挥下属成员的数目。由于受到个人精力、知识、经验等条件的限制，一个上级主管能直接管辖的人数是极其有限的，到底多少人数最为合适，没有一个统一的标准。不同组织和管理者，其有效管理幅度大小不同。

(5) 顾客导向原则

房地产企业在设计销售组织时，管理者必须先关注市场，满足市场的需求，更好地为顾客服务。建立起一支面向市场销售队伍，体现营销的本质。

(6) 集权与分权相结合原则

组织内部既要有必要的权力集中，又要有必要的权力分散，两者不可偏废。集权是指决策权在组织系统中较高层次的一定程度的集中。分权是指决策权在组织系统中较低层次的一定程度的分散。

6.5.2.3　房地产企业市场营销部门的组织结构

房地产企业的组织结构除遵循组织设计理论以外，受企业背景、发展历史、企业文化、发展规模、管理者风格的影响，所以组织结构的形式和运作模式各有差异，可以说没有一个最佳的固定模式可以照搬。为了实现房地产企业目标，市场营销经理必须选择合适的市场营销组织。大体上，市场营销组织的类型主要有以下六种：

(1) 职能型组织

职能型组织是房地产企业最普遍的市场营销组织形式。职能式组织中，营销部门的各专业职能部门直接向营销经理报告工作，营销经理的工作就是协调各专业职能部门的活动，其中职能部门的数量可以根据各房地产企业的实际经营情况进行增减。一般有营销行政经理、广告宣传和促销经理、销售经理、市场调研经理、新项目经理、顾客服务经理、营销计划经理等。

职能型营销组织的最大优点是管理简便易行。不过，缺点也显而易见，随着公司开发项目的增多，市场容量的扩大，这种组织方式可能会效率越来越低。

① 职责不清，部门之间相互推诿，没有一个职能部门对某一具体项目或市场负责。

② 部门间协调性差，营销经理经常陷于难以调解的纠纷中，因为每个职能部门在为获得更多的预算和有利的地位而竞争，加大营销经理的管理难度。所以职能型营销组织一般适用于小型房地产开发企业或企业的刚起步阶段。

(2) 地区型组织

如果一个房地产企业经营活动范围面向全国，通常会按照地理区域设置其市场营销机构。该机构设置包括：1名负责全国销售业务的推销经理，营销经理负责几个区域营销经理，区域营销经理负责地方营销经理等。地区型组织的优点，按房地产企业的开发区域组织市场营销力量，有利于地区经理掌握该地区的市场环境的有关信息，使组织有较高的灵活性，能根据市场变化和市场情况及时调整营销方案，有利于房地产企业在该地区的项目销售。但是，地区型组织也有明显的缺点：

① 企业需要大量的管理人才，增加了营销费用。同时，也增加了营销经理的管理幅度，增大了管理难度。

② 因为需要考核区域的经营业绩，可能会导致区域之间各自为政，为了本区域的利益最大化而损害整个公司的利益。

(3) 项目型组织

当房地产公司有多个项目时，可以采用项目型组织。项目型组织结构与职能型组织结构是截然相反的。它要求项目成为一个独立的单元，每个项目有自己独立的市场营销力量，每个项目直接向公司营销经理负责，有自己的广告和促销经理、销售经理、市场调研经理和客户服务经理等。

项目型组织优点：

① 组织简单灵活，能为项目运作及时调配各方面的力量。

② 项目营销经理能对项目负有全责，能及时对项目成本、进度等方面进行控制。

③ 沟通途径简洁，项目经理直接向公司高层汇报工作。

④ 项目营销经理是公司主管人才的后备人才。

项目型组织的缺点：

① 因为每个项目都有独立的一套班子，可能会造成人员、技术等方面资源的浪费，加大管理费用。

② 项目间信息闭塞，可能会导致项目之间不良的矛盾和恶性竞争。

③ 项目人员缺少安全感，因为一旦项目结束，不知以后要做什么。

④ 项目间如果衔接不上，会导致部分人员在短时间内闲置。但项目型组织经常被房地产企业采用。

(4) 产品型组织

当房地产企业开发不同的物业产品，可以设立产品组织形式。这种组织是在职能型组织的基础上增加一个管理层次，产品或市场经理。具体做法是，由一名产品主管经理领导，下设几个产品大类经理，比如住宅、办公楼、商业房、工业厂房、旅游休闲等，产品大类经理下再设几个具体产品经理。如住宅下分为普通住宅、公寓式、复式、花园洋房式等。

产品或市场型组织的优点：

① 根据不同的用户群或顾客群的需要，开展一体化的营销活动。

② 房地产产品或市场营销经理能够有效地协调各种市场营销职能，能及时反映产品在

市场上出现的问题，并对市场变化做出积极反应。

③ 由于有专门的产品或市场经理，那些在公司中占有较小比例的产品或市场可能不会受到忽视。

不过，该组织形式也存在不少缺陷：

① 缺乏整体观念。在产品型组织中，各个产品经理相互独立，他们会为保持各自产品的利益而发生摩擦，事实上，有些产品可能面临着被收缩和淘汰的境地。

② 产品或市场经理们未必能获得足够的权威，需要与其他营销部门合作，可能会导致部门冲突。

③ 管理成本比较高，因为随着产品或市场管理人员的增加，企业还要增加在促销、调研、信息系统方面的人员，都会导致人工成本和管理费用的增加。

（5）市场型组织

市场型组织结构是以市场为中心，根据消费者的不同购买偏好、习惯来分类，划分不同的市场。市场型组织结构与产品型组织结构相似，优缺点也相似，其最大的优点是它所组织的营销活动是为了满足不同消费阶层的需要，而不是集中于营销职能、地区或产品本身。

（6）矩阵型组织

矩阵型的组织结构型式是一种把按职能划分的部门和按产品或项目划分的小组结合起来而组成的一个矩阵，在这个矩阵当中，一名管理人员既同原来的职能部门保持组织与业务上的联系，又参加项目小组的工作。职能部门是固定的组织，项目小组是临时性的组织，完成任务后就自动解散，其成员也回到各自原先的部门工作。

矩阵型组织的优点有：

① 将企业的横向与纵向关系相结合，有利于协作生产；

② 针对特定的任务进行人员配置，有利于发挥个体优势，集众家之长，提高项目完成的质量，提高劳动生产率；

③ 各部门人员的不定期合作，有利于信息的交流，形成良好的相互学习的机会，提高专业管理水平。

矩阵型组织的缺点有：

① 由于项目组织是一个临时性的组织，容易使人员产生短期行为；

② 项目小组中的成员由于接受的是双重领导，所以会造成工作中的矛盾，有时更会显现出无所适从的尴尬。

6.5.3 房地产市场营销执行

6.5.3.1 房地产市场营销执行

市场营销执行是将市场营销计划转化为行动方案的过程，并保证这种任务的完成，以实现计划的既定目标。分析市场营销环境、制定市场营销战略和市场营销计划是解决企业市场营销活动应该“做什么”和“为什么要这样做”的问题；而市场营销执行则是要解决“由谁去做”、“在什么时候做”和“怎样做”的问题。战略与执行密切相关，战略指导着执行，如给营销方案分配一些基金，指导房屋销售人员改变推销重点，重印价格表等。另外，执行也是一种战略反馈，即预计在执行某一战略过程中会产生的困难将影响战略选择。

6.5.3.2 市场营销执行技能

(1) 诊断技能

当营销计划的执行结果不能达到预期目标时，战略与执行之间的内在紧密关系会造成一些难以诊断的问题。如销售率低究竟是由于战略欠佳还是因为执行不当呢？此外还得确定究竟应确定是什么问题(诊断)还是应确定采取什么行动的问题？对每个问题都有不同的管理工具组合与不同的解决方法。

(2) 存在问题的公司层次

营销的执行问题在公司3个层次的任一层上都会发生。

① 营销功能层次。销售、办理许可证、广告、新产品计划、配销渠道等功能，在执行营销任务时是必须履行的。

② 营销方案层次。即把各种营销功能协调组合在一些，构成整体活动。例如房屋代理商通过定价、促销和配销的整体功能活动将房屋售给顾客。

③ 营销政策层次。此处相关管理部门所关心的是：引导从事营销工作的人去理解本组织的主张及其在营销活动中的作为。营销的领导艺术以及更具体的各种报酬、招聘、训练和销售政策等要素，都体现了该组织的营销文化。如果房地产公司的工作人员在与客户、开发商和其他人交易时采用社会性营销观念，就需要有达到这一目标的明确的营销政策。营销政策对能否有效执行营销方案的影响最大，其次才是执行营销功能的能力。因此，营销方案能否有效地执行，主要取决于制订和执行健全的政策。

(3) 执行市场营销的技能

为了有效地执行营销方案，公司的每个层次，即功能、方案、政策等层次都必须运用一整套技能，主要包括：分配、调控、组织和相互影响。

① 分配技能——营销经理给功能、政策和方案三个层次分配时间、资金和人员的能力。如按何种方式来有效配置好房地产推销人员是每个房地产公司都面临的一个共同问题。

② 调控技能——建立和管理一个对营销活动效果进行追踪的控制系统。控制有四种类型：年度计划控制、利润控制、效率控制和策略控制。从执行的角度出发，主要关心的是前三种类型。

③ 组织技能——涉及营销人员之间为实现公司目标而应具有的关系结构。掌握构成控制系统的集中化程度和正规化程度及理解非正式营销组织的地位和作用，是制定有效执行程序的重要先决条件。非正式组织与正式组织的交互作用将影响许多执行活动的效率。

④ 相互影响技能——公司人员之间相互影响，尤指经理影响他人把事情办好的能力。营销人员不仅必须有能力推动本组织的人员有效地执行理想的策略，还必须推动组织外的人或企业，如营销调研企业、广告代理商、经销商来执行理想的策略，哪怕他们的目标不会正好与组织的目标相同。

在市场上取得良好的绩效并不一定能证明营销执行得好，也有可能是项目或营销策略特别好的结果。如果要将策略和执行在市场上产生的结果区分开来是一项艰难的工作。但是，房地产公司如果能制定政策配以很好的营销执行计划则会全面提高公司的绩效。

6.5.3.3 房地产市场营销执行过程

房地产市场营销执行过程包括以下主要步骤：

(1) 制订行动方案

为了有效地实施市场营销战略,房地产企业必须制订详细的行动方案。这个方案应该明确市场营销战略实施的关键性决策和任务,并将执行这些决策和任务的责任落实到个人或部门。另外,还应包含具体的时间表,定出行动的确切时间。

(2) 建立组织结构

房地产企业的正式组织在市场营销执行过程中产生决定性的作用,组织将战略实施的任务分配给具体的部门和人员,规定明确的职权界限和信息沟通渠道,协调企业内部的各项决策和行动。具有不同战略的房地产企业,需要建立不同的组织结构。也就是说,结构必须同企业战略相一致,必须同企业本身的特点和环境相适应。组织结构具有两大职能:首先是提供明确的分工,将全部工作分解成管理的几个部分,再将它们分配给各有关部门和人员;其次是发挥协调作用,通过正式的组织联系沟通网络,协调各部门和人员的行动。

(3) 设计决策和报酬制度

为实施市场营销战略,房地产企业还必须设计相应的决策和报酬制度。这些制度直接关系到战略实施的成败。就房地产企业对管理人员工作的评估和报酬制度而言,如果以短期的经营利润为标准,则管理人员的行为必定趋于短期化,他们就不会有为实现长期战备目标而努力的积极性。

(4) 开发人力资源

市场营销战备最终是由企业内部的工作人员来执行的,所有人力资源的开发都至关重要。这涉及人员的考核、选拔、安置、培训和激励等问题。在考核选拔管理人员时,要注意将适当的工作分配给适当的人,做到人尽其才。为了激励员工的积极性,必须建立完善的工资、福利和奖惩制度。此外,房地产企业还必须决定行政管理人员、业务管理人员和一线工人之间的比例。

(5) 建设企业文化

企业文化主要是指企业在其所处的一定环境中逐渐形成的共同价值标准和基本信念。这些标准和信念是通过模范人物塑造和体现,通过正式和非正式组织加以树立、强化和传播的。由于企业文化体现了集体责任感和集体荣誉感,它甚至关系到职工人生观和他们所追求的最高目标,它能够起到将全体员工团结在一起的"黏合剂"作用。因此,塑造和强化企业文化是执行企业战略的不容忽视的一环。

与企业文化相关联的是企业的管理风格。企业文化和管理风格一旦形成,就具有相对稳定性和连续性,不易改变。因此,企业战略通常是适应企业文化和管理风格的要求来制定的,而不宜轻易改变企业原有的文化和风格。

6.5.4 房地产市场营销控制

房地产市场营销部门的工作主要是计划和控制市场营销活动,因为在市场营销计划中会出现很多意想不到的时间,所以房地产市场营销部门必须不断地监督和调控房地产市场营销活动。

6.5.4.1 房地产市场营销控制的定义

房地产市场营销控制是监视各项营销活动以保证按计划进行并纠正各种重要偏差的过程。房地产市场营销控制是房地产企业市场营销管理过程的重要组成部分,通过市场营销计划执行情况的监督和检查,发现和提出计划实施过程中的缺点和错误,提出竞争和防止重犯错误的对策建议，以保证营销战略目标的实现。

房地产企业的营销管理者在未对已完成的工作与计划所应达成的标准进行比较之前，并不知道部门的工作是否正常进行。一个有效的控制系统可以保证各项行动完成的方向是朝着达成目标的。控制系统越完善，管理者实现组织的目标越容易。

6.5.4.2 房地产市场营销控制的重要性

尽管有时房地产企业的市场营销计划制定的很好，企业的组织结构很完善，员工的积极性很高，但仍不能保证所有的活动都能按计划执行，也不能保证管理者追求的目标一定达到。因此，控制就显得至关重要。房地产市场营销控制的重要性还与房地产企业的特点有关。

(1) 资金密集

从事房地产业对资金的要求很高，一个房地产项目，少则投资上千万元，多则几个亿，它是一种投资行为，所以房地产企业对资金的控制应高度集中。

(2) 管理密集

随着社会化分工的进一步明确，涉及房地产开发的各个环节几乎都可以利用社会资源，如项目评估公司、策划代理公司、设计公司、建筑公司、装饰公司、物业管理公司等，但这些资源如何有机地结合起来发挥最大的优势为我所用，这就要求房地产企业在管理上加以控制和协调。

(3) 产品生产周期长

房地产项目从投资决策到项目施工入伙，短则一、二年，长则三、四年，产品的生产周期比较长。因此，其在生产过程中遇到的可变因素比较多，要求对变化的情况反应灵敏，反馈要迅速，管理者应该充分授权，同时对下属的决策负有最终的责任，所以建立反馈机制是很有必要的。

(4) 生产环节多

从投资评估到营销策划、规划设计、工程建设、物业管理，房地产项目的开发过程环节较多，而且每个环节互相制约，因此，应强调对过程的控制。

(5) 高风险

投资则意味着风险。目前房地产业的竞争十分激烈，市场瞬息万变，风险较高。因此，应加强对风险的预测预控和规避。

6.5.4.3 房地产营销控制的基本程序

有效的房地产营销控制应包括以下六个主要步骤：

(1) 明确控制对象

在进行房地产营销控制时，首先明确要对哪些营销活动进行控制，即控制对象。常见的控制对象主要有销售收入、销售成本和销售利润等，必要的时候对顾客的服务、市场调查、销售人员工作以及广告灯营销活动也要进行控制。但是，在确定控制对象和范围时，要注意控制活动本身产生的费用支出，不能大于控制内容所带来的效益或减少的损失，否则控制活动就没意义可言。

(2) 设立控制目标

这里的控制目标就是房地产市场营销计划中的目标，通过这一环节将控制与营销计划紧密联系起来。在大多数情况下，企业的营销目标就是控制衡量尺度，如目标销售收入、利润率、市场占有率、销售增长率、销售人员的工作效率、广告效果等。

(3) 确立控制标准

控制标准是指以某种衡量尺度来表示控制对象的预期活动范围或可接受的活动范围，即对衡量尺度加以定量化。比如规定每个销售人员全年应开发新客户的数量，新房地产项目在市场的认可度和销售率等。

(4) 对比实绩与标准

将实际执行结果与控制标准进行比较，看偏差是否在可接受的范围之内，偏差在可接受范围内，就认为实绩与控制标准一致，则控制有效，控制过程结束。如果偏差不在可接受范围内，则进行下一步。

(5) 分析偏差原因

产生偏差可能有两种原因：① 实施过程中的问题，比如绩效不足等，这种偏差比较容易分析；② 计划本身问题，比如标准过高或过低，这种偏差分析起来比较困难。在现实中，这两种原因经常相互交织，使分析偏差的工作成为控制过程中的一大难点。特别要避免因缺乏对背景情况的了解，或未加适当分析就贸然下结论。

(6) 采取改进措施

如果偏差是由于绩效的不足产生的，管理者就应该根据实际情况迅速制定补救措施，比如管理策略、组织结构、培训、人事的调整等。如果偏差是因为计划标准的问题就应该修订计划，调整目标，使计划能够变成现实。

因为房地产市场营销控制过程基本上是一个在衡量、比较和管理行动之间的连续流动过程。房地产企业管理者通过比较阶段的结果来决定采取什么样的管理活动，是什么都不做，或者修订标准，还是改进绩效。

6.5.4.4　市场营销控制

市场营销控制包括年度计划控制、盈利控制、效率控制和战略控制。

(1) 年度计划控制

年度计划控制房地产企业主要检查市场营销活动的结果是否达到了年度计划的指标(销售额、利润及其他)要求，并在必要时采取调整和纠正措施。年度计划控制是一种短期的即时控制，其中心是目标管理。

控制过程分为四个步骤：

① 确定年度计划中的月份目标或季度目标；

② 监督市场营销计划的实施情况；

③ 如果市场营销计划在执行过程中有较大的偏差，则要找出其中的原因；

④ 采取必要的补救或调整措施，缩小计划与实际之间的差距。

(2) 盈利控制

盈利控制能帮助主管人员决策哪些产品，哪些市场应予以扩大或缩减，以至放弃。其中盈利能力控制，就是指企业衡量各种产品、地区、顾客群、分销渠道和订单规模等方面的获利能力，以帮助管理者决定哪些产品或者营销活动应该扩大、收缩或取消。盈利能力控制一般由企业内部负责监控营销支出和活动的营销主计人员负责，旨在测定企业不同产品、不同销售地区、不同顾客群、不同销售渠道以及不同规模订单的盈利情况的控制活动。它包括各营销渠道的营销成本控制、各营销渠道的营销净损益和营销活动贡献毛收益(销售收入一变动性费用)的分析,以及反映企业盈利水平的指标考察等内容。

(3) 营销效率控制

效率控制是指企业不断寻求更有效的方法来管理销售队伍、广告、促销和分销等绩效不佳的营销实体活动。效率控制的目的是提高销售人员推销、广告、销售促进和分销等市场营销活动的效率,市场营销经理必须重视若干关键比率,这些比率表明上述市场营销职能执行的可靠性,显示出应该如何采取措施以改进执行情况。

营销效率控制主要包括四个方面活动效率的控制:销售人员效率控制、广告效率控制、促销效率控制和分销效率控制。

(4) 战略控制

战略控制主要是指在企业经营战略的实施过程中检查企业以达到目标所进行的各项活动的进展情况,评价实施企业战略后的企业绩效,把它与既定的战略目标与绩效标准相比较、发现战略差距、分析产生偏差的原因、纠正偏差,使企业战略的实施更好地与企业当前所处的内外环境、企业目标协调一致,使企业战略得以实现。

房地产市场营销审计是进行房地产市场市场营销战略控制的有效工具。营销审计是对一个组织的营销环境、目标、战略和活动所进行的全面的、系统的、独立的和定期的检查,其目的在于发现营销机会,找出营销问题,提出正确的短期和长期行动方案,以保证营销计划的实施或不合理的营销计划的修正,提高该组织的总体营销绩效。营销审计可由企业内部人员来做,也可聘请外部专家进行。

复习思考题

1. 房地产市场营销的特征有哪些?
2. 房地产微观环境和宏观环境分别包括哪些内容?
3. 影响消费者需求的因素有哪些?
4. 影响消费者购买行为的因素有哪些?
5. 房地产品牌的作用有哪些?
6. 房地产定价策略包括哪些步骤?
7. 房地产促销策略包括哪些内容?
8. 房地产市场营销组织的设计原则有哪些?
9. 房地产营销计划包括哪些内容?

第7章　房地产估价理论与方法

本章提要

本章重点介绍房地产估价的基本原理和方法。要求学生掌握房地产价格的主要影响因素;掌握房地产估价必须遵循的基本原则;掌握市场比较法、收益法、成本法的适用范围、估价步骤和基本估价原理;了解其他估价方法的原理和适用范围。

7.1　房地产价格及其影响因素

7.1.1　房地产价格概述

7.1.1.1　房地产价格的概念

从不同的角度来分析,房地产价格的概念也不尽相同。

(1) 从现象上来定义

价格是为了获得一种商品或劳务所必须付出的代价,它通常用货币来表示,虽然不一定要用货币形式来偿付。因此,从现象上来定义,房地产价格是为了获得房地产这种特殊的商品所必须支付的货币的数量。

(2) 从本质上来定义

从本质上来讲,可以从马克思政治经济学中劳动价值论观点和西方经济学中效用价值论观点对房地产价格进行定义。按照劳动价值论的观点,房地产价格可表述为:在房地产开发、建设、经营的过程中,所耗费的社会必要劳动形成的价值与土地所有权价格综合的货币表现。按照效用价值论的观点,房地产价格可表述为:房地产的效用、房地产的相对稀少性及房地产的有效需求三者共同作用而产生的对房地产经济价值的货币表现。

7.1.1.2　房地产价格的特征

房地产价格的特征主要有以下四个方面:

① 房地产价格实质是房地产权益的价格。房地产由于具有不可移动性,在交易中其可以转移的不是房地产的实物,而是房地产的所有权、使用权和其他权益。实物状况相同的房地产,权益状况可能千差万别,甚至实物状况好的,由于权益过小,如土地使用年限很短或产权有争议,价值较低;相反,实物状况差的,由于权益较大,如产权清晰、完全,价值较高。所以,从这种意义上来讲,房地产的价格是房地产权益的价格。故房地产估价与对房地产权益的调查、了解和分析有密切关系是必然的。当然,在估价中也有不可忽视房地产的实物完好状况对其价值的影响。

② 房地产价格既有交换代价的价格,也有使用代价的租金。房地产由于价值大、寿命长,出现了买卖和租赁两种方式并存的状况。有些类型的房地产,租赁甚至是主流,如住宅、写字楼、旅馆。所以,房地产同时有两个价格:一个是本身有一个价格,经济学上称为源泉价格,即这里的交换代价的价格;另一个是使用它一定时间的价格,经济学上称为服务价格,即这里的使用代价的租金。一般物品,如家具、衣服,主要是买卖价格,很少有租赁价格。

③ 房地产价格是在长期考虑下形成的。房地产由于独一无二、价值大,如果对房地产的质量、功能、产权、物业服务等情况不了解,交易价格很难在短期内达成。另外,一宗房地产通常与其周围其他房地产构成某一特定地区,而该地区并非固定不变,尤其是社会经济位置经常在变化,所以房地产价格是在考虑该房地产过去如何使用,预计将来可以做何种使用,总结这些考虑结果后才形成房地产的现在价格(或某特定时点的价格)。

④ 房地产价格一般是个别形成,容易受交易者的个别因素的影响。一般物品由于品质相同,可以开展样品交易、品名交易,并同时存在众多的买者和卖者,其价格可以在交易市场上形成。房地产由于不能搬到一处作比较,具有独一无二性,要认识房地产,只有亲自到实地查勘,而且由于房地产价值大,相似的房地产一般只有少数的几个买者和卖者,有的房地产甚至只有一个买者和一个卖者,所以房地产价格一般随交易的需要而个别形成,并容易受买卖双方的个别因素的影响。

7.1.2 房地产价格的影响因素

7.1.2.1 从成本构成角度分析影响因素

房地产开发的各项成本构成要素会成为影响房地产价格的重要因素,就某一具体的房地产来说,短期内成本和价格之间并不一定完全成正比,成本高的房地产,其价格并不一定高。但从长期和全社会的角度来看,市场会通过供求机制使正常的社会平均的房地产开发成本得到社会承认,从而影响房地产价格。因此,可以从成本构成角度来分析房地产价格影响的因素。从中国目前商品房开发的实际情况来看,影响房地产价格的因素主要有以下几项。

(1) 土地取得成本

在市场经济条件下,土地取得成本一般是由购置土地的价款和在购置时应由开发商(买方)缴纳的税费构成。目前,根据房地产开发商取得土地的途径分为下列三种:

① 通过征用农地取得的。土地取得成本包括农地征用费和土地使用权出让金等。其中,农地征用费又包括土地补偿费、地上地下附着物补偿费、安置补助费、征地管理费等。

② 通过在城市中进行房屋拆迁取得的。土地取得成本包括城市房屋拆迁安置补偿费和土地使用权出让金等。其中,城市房屋拆迁安置补偿费包括被拆除房屋及其附属物的补偿费、购建安置用房费、被拆迁人搬家补助费、提前搬家奖励费、临时安置补助费、被拆迁单位在停产停业期间的损失补助费、拆迁管理费和拆迁服务费等。

③ 通过在市场上“购买”取得的。例如政府出让或其他开发商转让的已完成征用拆迁的熟地,土地取得成本包括购买土地的价款和在购买时应由买方缴纳的税费(如交易手续费、契税)等。

(2) 开发成本

开发成本理论上可分为土地开发成本和建筑物建造成本,实际主要包括下列几项:

① 勘察设计和前期工程费,包括可行性研究、规划、勘察、设计及“三通一平”等工程前

期所发生的费用。

② 基础设施建设费，包括所需的道路、给水、排水、电力、通信、燃气、热力等的建设费用。

③ 建筑安装工程费，包括建造房屋及附属工程所发生的土建费和安装费。

④ 公共配套设施建设费，包括所需的非营业性的公共配套设施的建设费用。

⑤ 开发过程中的税费。

(3) 管理费用

管理费用包括开发商的人员工资及福利费、办公费、差旅费等。在房地产开发企业会计核算中，管理费用属于期间费用，直接计入当期损益。但实际这部分费用应计入成本，从售价中得到补偿。

(4) 投资利息

在房地产开发企业会计核算中，借款利息计入财务费用，也属于期间费用，直接计入当期损益。但实际成本中所包括的投资利息应包括土地取得成本、开发成本和管理费用的利息，无论它们的资金来源是借贷资金还是自有资金，都应计算利息。因为借贷资金要支付贷款利息，自有资金要放弃所得的存款利息。另外，从成本核算的角度来看，开发商自有资金应得的利息也要与其应获的利润分开，不能计入利润。

(5) 销售费用

销售费用包括广告宣传费、销售代理费等。在房地产开发企业会计核算中，这部分费用同样属于期间费用，直接计入当期损益。而实际上这部分费用也应计入成本。

(6) 销售税费

销售税费主要是指房地产开发商(卖方)销售开发完成后的房地产时应缴纳的税费，可分为下列两类：

① 销售税金及附加，包括营业税、城市维护建设税和教育费附加，目前为其销售额的 5.65%。

② 其他销售税费，包括应由卖方负担的交易手续费等。

7.1.2.2　从与房地产价值的关系角度分析影响因素

从市场现象上来看，房地产价格是在市场经济条件下按等价交换原则获得他人的房地产所必须付出的代价，通常用货币来表示。从市场经济发展历史较长的国家和地区的经验来看，房地产价格一方面受土地升值规律的影响在长期内呈不断上升的趋势，但另一方面受市场供求机制作用又存在着周期性上下波动。在大多数情况下，房地产价格波动的周期是较长的，如美国大约 18 年为一个周期，其他一些国家房地产价格波动的周期通常也会达到 7～8 年的时间。但是，历史上也出现过房地产价格陡升陡降的情况，通常这被人们称为房地产泡沫。可见，房地产价格是围绕着某个核心波动的，当偏离这个核心太远时(如产生泡沫)，就会出现强烈的调整(泡沫破灭)。西方国家房地产学界将这个核心称为“基础价格”(fundamental price)。如果参照马克思主义经济有关“商品价格围绕其价值上下波动”的原理，也可以将这个核心理解为房地产价值。

由于土地的特性，不能用劳动价值论所定义的价值概念来解释“房地产价值”概念。但可以在西方房地产学界找到相应的概念——市场价值(market value)，其定义是：一宗房地产在正常市场上最可能实现的价格。关于房地产市场价值的决定因素，西方房地产研究界的主流观点认为有四个基本要素：

① 效用(utility)——有用性，引起占有欲的能力。

② 稀缺性(scarcity)——供应相对于需求不足的程度。

③ 需求(demand)——有占有欲并且有能力购买的量，有效购买力。

④ 可转让性(transferability)——可以改变所有权或使用权的可能性。

7.1.2.3 从自身性质的角度分析影响因素

(1) 经济因素

影响房地产价格的经济因素主要有：经济发展水平，经济增长状况，产业结构，储蓄、消费、投资水平，财政收支及金融状况，物价(特别是建筑材料价格)，建筑人工费，居民收入。这些因素对房地产价格的影响都较复杂，下面仅就其中几个作说明。

通常来讲，一个地区的经济发展水平越高，经济增长越快，产业结构越偏重于第三产业，就业率、收入水平和投资水平越高，财政收入越多，金融形势越好，对厂房、办公楼、商场、住宅和各种文娱设施等的需求就越大，房地产价格总体水平也越高。反之，房地产价格总体水平越低。

房地产价格是物价的一种，但与一般物价的特性不同，两者的关系非常复杂。通常物价变动，房地产价格也随之变动，若其他因素不变，则物价变动的百分比相当于房地产价格变动的百分比。但不论一般物价总水平是否变动，其中某些物价的变动也可能会引起房地产价格的变动，如建筑材料价格、建筑人工费的上涨会增加房地产的开发成本，从而推动房地产价格的上涨。此外，对于一个社会经济均正常发展的地区，在房地产升值规律的作用下，从较长一段时期来看，房地产价格的上涨率要高于一般物价的上涨率和国民收入的增长率。从居民收入因素来看，居民收入的真正增加意味着人们的生活水平将随之提高，其居住与活动所需的空间会扩大，从而会增加对房地产的需求，导致房地产价格上涨。至于对房地产价格的影响程度，则要视现有的收入水平及边际消费倾向的大小而定。所谓边际消费倾向，是指收入每增加一个单位所引起的消费变化。当衣食都较困难的低收入者收入增加时，虽然其边际消费倾向较大，但其增加的收入大部分甚至全部会用于衣食等基本生活的改善，这对房地产价格的影响估计不大。

当中等收入者收入增加时，因其边际消费倾向较大，且衣食等基本生活已有了较好的基础，此时依照消费顺序，其所增加的收入大部分甚至全部会用于提高居住水平，这自然会增加对居住房地产的需求，从而会促使居住房地产价格上涨。当高收入者的收入增加时，因其生活上的需要几乎达到应有尽有的地步，边际消费倾向很小，所以，其增加的收入大部分甚至全部可能用于储蓄或其他投资，这对房地产价格的影响就不大。不过，如果投资于房地产则会引起房地产价格上涨。

(2) 社会因素

影响房地产价格的社会因素主要有人口状况、政治安定状况、社会治安状况、房地产投机、城市化水平、文化与时尚(主要指文化氛围、风俗习惯、大众心理趋势)等。社会因素对房地产价格的影响作用是相当复杂的。它的作用方式不如经济因素那样直截了当，作用过程也比较长，是一种渗透性的影响。人口状况，包括人口的数量、密度、结构(如年龄结构、家庭结构等)及其变动情况，也会对房地产价格产生影响。从国际上的情况来看，一个房地产价格居高不下的城市，通常不仅仅是经济发达的城市，还是人口密度极高的城市，如伦敦、东京、香港、纽约等。这正说明了人口密度对房地产价格的影响。当然，若人口密度过高反而会导致生活环境恶化，从而有可能降低房地产价格。同时，随着人们文化素质的不断提高，必然会对居住环境提出更高的要求，希望公共设施日益完善和普遍，这些也将导致房地产价格趋高。

一般来说，政治不安定意味着社会可能动荡，影响人们投资、置业的信心，造成房地产价格的跌落。房地产所处的地区如果经常发生犯罪案件，则意味着人们的生命财产缺乏保障，也会导致房地产价格的低落。城市化意味着人口向城市地区集中，造成对城市房地产的需求不断增加，从而带动城市房地产价格上涨。此外，房地产投机的社会风气也是影响房地产价格的一种社会因素。房地产投机是一种经济投机，它是利用房地产价格的涨落变化，通过在不同时期买进或卖出房地产，从差价中获取利润的行为。当房地产价格上涨时，投机者预计房地产价格还会进一步上涨，于是纷纷抢购，哄抬价格，形成虚拟需求，无疑会促使房地产价格进一步上升。反之，当房地产价格下跌时，投机者预计房地产价格还会进一步下跌，则纷纷抛售房地产，促使房地产价格进一步下跌。但在某些情况下，房地产投机行为可能起着稳定房地产价格的作用。投机者低价买进，高价卖出，这样房地产需求较小时，投机者购置房地产，造成房地产需求增加；而在房地产价格上涨时，投机者抛售房地产，增加房地产供给，从而平抑房地产价格。因此，当市场总需求中来自投机者的虚拟需求在一定的限度内（具体标准有待另行研究）时，它并不会对市场产生破坏作用，反而可以在一定程度上起到调节供求的作用。

(3) 行政与政治因素

行政因素主要是指国家或地方政府在财政、税收、金融、土地、住房、城市规划与城市建设、交通消防、行政区划等方面的一些法律、法规、政策和行政措施。政治因素主要是指政局安定程度，国与国之间的政治、军事冲突等。这些行政与政治因素会直接或间接影响房地产市场的供求关系，从而影响房地产价格。如政府增加财政支出，会增加社会总需求，引起经济结构的变化，从而导致房地产价格与可贸易品价格相对比率的变化。政府压缩金融对房地产投资、消费的融资规模，则会影响房地产商品的总需求，从而影响其市场价格。在我国特定的公有制土地制度下，政府还可通过土地供应量的调控来影响房地产商品的市场价格。房地产交易流转过程中的各种税（如营业税、增值税、契税）和房地产的财产保有税（如物业税）则会影响房地产的交易成本或持有成本，从而影响需求，进而影响房地产价格。行政隶属关系的变更常常会在人们的主观感觉上和实际使用中影响房地产的效用，因而也可以影响房地产价格的变化。比如，县级市升为地级市、县升为区等，无疑都会促进该地区房地产价格的上涨。在一些地方建立经济特区，实行特殊政策、特殊体制、特殊的对外开放措施，往往也会提高该地区房地产的价值。

尤其值得注意的是，由于房地产商品的价值和价格直接影响社会生产成本和人民生活支出，因此政府始终会主动地密切关注房地产价格，会根据需要采用宏观调控政策调节房地产价格。比如政府对土地使用权价格的控制，对中低价位房的政策性限价等，都集中表明房地产价格在较大程度上受到国家政策法规的制约。所以，看待房价，要区分政策和市场机制的不同作用效果。行政因素都是由国家机器来体现的，因此它对房地产价格的影响作用非常强大。如城市规划对一块土地用途的确定，就决定了这一地块价格的基本水平。与经济和社会因素不同，行政因素对房地产价格影响作用的速度相对较快；如果说经济、社会因素的作用是渐进式的，则行政因素的作用可以说是突变式的。

(4) 理化因素

理化因素主要是指房地产自身及其周边环境的理化状态，如土地的位置、面积、形状，建筑物的外观、朝向、结构、内部格局、设备配置状况、施工质量以及所处环境的地质、地貌、气象、水文、环境污染情况等。

一方面，房地产自身的理化因素对房地产的效用起着非常大的制约作用，从而影响房地产的价格。比如，比较一块位于城市近郊的农田与一块位于偏远农村的农田就会发现，由于位置的差异，前者比后者具有更大的潜在价值，如可以改造成住宅用地、工业用地，甚至商业用地(如果规划允许)，因此在市场上前者常常比后者具有高得多的价格。再如，在中纬度地区，朝南的住宅就比朝北的住宅舒适，因而价格也高。由于房地产的个别性，房地产价格受自身理化因素(特别是一些与自然有关的因素)制约的现象是非常明显的。这是房地产与一般商品不同的一个重要表现。

另一方面，房地产的使用离不开其周围的环境，因此房地产周边环境的理化因素也影响房地产的价格。如位于公园、绿地旁边的住宅，由于其安静、空气清新、风景怡人的环境，价格往往比较高，而如果住宅紧临高速公路、机场等噪声源或垃圾处理场、臭河沟等空气污染源，则价格就低。

7.1.2.4 从影响范围的角度分析影响因素

各类房地产价格影响因素对房地产价格影响的范围是不同的，据此，又可将影响房地产价格的因素分为一般因素、区域因素和个别因素。

(1) 一般因素

一般因素是指对一个地区的房地产价格产生全盘影响的宏观因素，主要是一些经济、社会因素和行政、政治因素。一般因素是影响房地产价格总体水平的主要因素。一般因素主要引起一个地区房地产价格总体水平在时间上的变动。比如，一个国家经济的持续发展会带来居民收入水平的不断提高，必然会在一段时间内导致对房地产需求的增加，使房地产的价格趋于上涨。而一个城市人口政策的变化将在一定时期内带来城市人口的增加或减少，进而影响这段时期对房地产的需求并最终影响价格。

一般因素的空间差异主要是大尺度的空间差异，如城市与城市之间，甚至国家与国家之间的差异。因此，一般因素对房地产价格空间差异的影响也表现为大尺度的差异。由于房地产是不可贸易品，房地产市场是区域性市场，城市与城市之间的房地产价格差异一般不太会被人们重视。因此，一般因素对房地产价格空间差异的影响也就不太被人们关注。

(2) 区域因素

区域因素是房地产的区域环境因素，是指对城市内部某一个特定区域内的房地产产生普遍影响的因素。它是由区域内的自然、经济和社会等因素结合而成的地区特性。区域因素的综合作用可为各区域的房地产价格水平确定一个价格基础。

区域因素是导致城市内部不同地区之间房地产价格水平空间差异的主要因素。比如在上海，一些区域相互之间可能仅一河之隔或一路之隔，如长宁区的天山路地区和普陀区的金沙江路地区。但其各不相同的区域特征导致它们的房地产价格水平具有明显的差异。区域因素在不同时间段上的变化，也会影响区域房地产价格水平的变化。

（3）个别因素

个别因素是指来自于房地产本身的因素，即房地产的本身状况。这些因素主要是指那些反映房地产本身的物质状态、权益和位置状况的因素。物质状态主要包括：土地的地质条件，土地的面积和形状，日照风向，天然周期性灾害，建筑物的结构、设备配置、外观形象和建造质量等。

房地产从权益上来看，可分为所有权、使用权、租赁权、抵押权、典权、地役权、空间利用权、相邻关系等。不同的权益意味着不同的收益，对应的房地产的价格也是不同的。因此，两宗实物状况相同的房地产，如果权益不同，价值可能有很大的不同。根据“权利束”理论，如果在所有权上设定了他项权利，则所有权变得不完整，价格因此会降低。

房地产位置的优劣直接影响其所有者或其使用者的生活满足程度、经济收益或社会影响，因此房地产坐落位置不同，价格会有较大的差异。无论是坐落在城市或乡村、城市中心区或边缘地带、临街或不临街、向阳面或背阳面，均如此。尤其是城市土地，其价格的高低几乎为位置优劣所左右。一般来说，商业用途房地产的位置优劣主要取决于繁华程度、临街状况。居住用途房地产的位置优劣主要取决于周围环境状况、安宁程度、交通是否便捷以及离市中心的距离。工业用途房地产的位置优劣通常视产业性质而定。要是位置有利于原料和产品的运输，便于废料处理及动力取得，其价格必然较高。另外，凡是外观新颖、优美，可给人以舒适的感觉，则价格就高；反之，单调、呆板，很难引起人们强烈的享受欲望，价格就低。再如日照对房地产价格的影响还可以从住宅的朝向对其价格的影响中看到。相同楼层、套型的住宅，朝东南与朝西北，价格就有较大的差别。处在上风地区的房地产的价格，一般高于处在下风地区的房地产价格。上述种种因素，均说明房地产自身状况的好坏直接关系到其价值的高低。

个别因素通常只对其所属房地产个体自身的价格产生影响，在某些情况下会因与相邻房地产的相邻关系对该房地产的价格产生影响，如某种建筑类型、风格独特的房地产会使相邻房地产的价格增高。

个别因素是决定房地产价格的内在因素和直接因素。但是，当区域内影响房地产价格的某项个别因素整体发生变动时，这项个别因素就会影响区域房地产价格的整体水平。比如，随着建筑施工技术标准的不断提高，框架结构的多层建筑越来越多。和传统砖混结构的多层住宅相比，其成本较高，但结构的稳定性及抗震性等品质也得到了较大的提高和改善。因此，和过去相比，房地产的价格水平也会相应上涨。

7.2　房地产估价原则和程序

7.2.1　房地产估价原则

房地产估价，英文为 real estate appraisal 或 real property valuation，日本和韩国称为不动产鉴定评价，简称不动产鉴定；中国台湾地区大多数称为不动产估价，也有人称为不动产鉴定或不动产鉴价；中国香港地区则常称为物业估价。中国大陆有人称之为房地产评估，但这种说法并不准确，因为房地产评估涵盖房地产价值、质量、功能、政策、投资收益、风险损失评估等。所以，称为房地产价值或价格评估，简称房地产估价的说法更为准确。

那么什么是房地产估价呢？国家标准《中华人民共和国国家标准房地产估价规范》

(GB/T 52091—1999)明确指出:"房地产估价是指专业估价人员根据估价目的,遵循估价原则,按照估价程序,选用适宜的估价方法,并在综合分析影响房地产价格因素的基础上,对房地产在估价时的客观合理价格或价值进行的估算和判定的活动。"

房地产估价原则是房地产估价理论的重要组成部分,它使不同的估价人员对估价的基本前提具有认识上的一致性,使对同一估价对象在同一估价目的、同一估价时点下的估价结果具有近似性。估价人员都应正确地理解房地产估价原则,并以此作为行动指南。

从理论上来说,估价原则与估价要求确有区别,估价原则反映的是房地产价格运动内在的规律,而独立、科学、客观、公正的总要求以及依法估价等,是社会对房地产估价者提出的要求,是估价的前提条件;但从现实的角度来看,像依法估价这样的估价要求在实际估价工作中又确实十分重要,有包括在估价原则中的必要性。因此,我们认为我国现阶段房地产估价应遵循的原则有合法原则、最高最佳使用原则、替代原则和估价时点原则。

(1) 合法原则

国家《房地产估价规范》中指出:"遵循合法原则,应以估价对象的合法使用、合法处分为前提。"

遵循合法原则,具体来说应当注意以下几个方面。

① 在合法产权方面,应以房地产权属证书和有关证件为依据。现行的房地产权属证书有:《国有土地使用证》、《集体土地所有证》、《集体土地使用证》、《土地他项权利证明书》、《房屋所有权证》、《房屋共有权证》、《房屋他项权证》、《房地产权证》、《房地产共有权证》、《房地产他项权证》。

根据上述权属证书和其他有关证件,如政府关于房地产方面的文件、法院关于房地产方面的裁决书等,就可以判明待估房地产的产权情况,按其合法产权评估。具体需明确:农民集体所有的土地不能当做国家所有的土地来估价;行政划拨的土地不能当做有偿出让的土地来估价;临时用地不能当做长久用地来估价;违法占地不能当做合法占地来估价;临时建筑不能当做永久建筑来估价;违法建筑不能当做合法建筑来估价;产权有争议的房地产不能当做产权无争议的房地产来估价;手续不完备的房地产不能当做手续完备的房地产来估价;部分产权的房地产不能当做完全产权的房地产来估价;共有的房地产不能当做独有的房地产来估价。

② 在合法使用方面,应以城市规划、土地用途管制等为依据。城市规划、土地用途管制是房地产使用中必须执行的强制性标准。因此,在估价中也必须以其使用符合这些规定为前提。在用途方面,如果城市规划规定了某宗土地为居住用途,即使从其坐落位置、周围环境等来看,适合用做商业用途,除非申请变更为商业用途且得到批准,否则也必须以居住用途为前提来估价。在容积率方面,如果城市规划规定了某宗土地的容积率,则必须以不超过此容积率为前提来估价,如果超过此容积率来估价,由于超出的容积率违法没有法律保障,由此评估出的较高的价格得不到社会承认,从而不能实现。

③ 在合法处分方面,要求在估价中如果涉及估价对象的交易或处分方式时,该交易或处分方式必须是合法的,这应以法律、法规或合同(如土地使用权出让合同)等允许的处分方式为依据。房地产的处分方式包括买卖、租赁、抵押、典当、抵债、赠与等。

(2) 最高最佳使用原则

《房地产估价规范》中指出:"遵循最高最佳使用原则,应以估价对象的最高最佳使用为前提估价。”最高最佳使用原则也称为最有效使用原则，是指在法律上允许、技术上可能、经济上可行，经过充分的论证，能够使估价对象达到最大的一种最可能的使用。

房地产估价之所以要遵循最高最佳使用原则，是因为在现实房地产经济活动中，每个房地产拥有者都试图充分发挥其房地产的潜力，采用最有效的使用方式，以取得最大的经济效益。这主要是以投资者的理性投资行为为基础而形成的基本原则。

最高最佳使用具体包括以下三个方面：

① 法律许可范围内最佳的用途。土地可以用做商业、工业、住宅等多种用途，但同一地块在不同用途状态下其收益并不相同，我们要在规划许可前提下，选择能最大限度发挥房地产效用的用途。如城市中心商服繁华地段有一房地产，规划用途为商服业用途，由于历史原因，目前为工业用途或生活服务设施（如菜场），效益明显偏低，其用途显然不是最优。估价时，不应以现状用途为估价依据，而应以可能的最优用途（商服业）进行估价。又如，城市中的某一块空地，尽管目前的收益为零甚至为负（如支付必要的管理费用），但并不意味着该宗土地没有价格，只是它目前尚未处于最高最佳使用状态。估价时，也应根据规划要求，确定最佳用途，而后估价。

② 最佳的规模。对一个企业而言，其土地、资本、劳动和管理等要素中，只有各要素合理配置与组合，才能发挥最佳效果。同样，对一宗房地产来说，其房屋建筑和土地也必须合理配置。相对于土地，建筑物的面积太大或太小均不能发挥房地产的最佳效益：太大，则场地空间不够，人流、物流拥挤，影响其整体效益的发挥；太小，则造成资源浪费，资产效益降低。

③ 最佳的集约利用度。这里的最佳集约利用度并不是最大集约利用度，不是单纯追求容积率或其他一些指标，而是包括生态环境、社会经济要素在内的综合集约利用度。它要求土地、建筑物与周围环境，如绿地比例，配套设施，相关的竞争性房地产的数量、分布等相协调，实现广义下的最佳集约利用。

一些房地产估价著作中所提到的均衡原则和适合原则，实际上是最有效使用原则的引申。① 均衡原则：以房地产内部构成要素的组合是否保持平衡，来判断其最有效使用。② 适合原则：以房地产整体对外部环境是否保持均衡，来判断其最有效使用。均衡原则加上适合原则，即内部构成要素为适当的组合、外部环境为最协调的状态时，为最高最佳的使用状态。

当估价对象已做了某种使用，估价时应根据最高最佳使用原则对估价前提作出下列之一的判断和选择，并应在估价报告中予以说明：

① 保持现状前提——认为保持现状继续使用最为有利时，应以保持现状继续使用为前提进行估价；

② 转换用途前提——认为转换用途予以使用最为有利时，应以转换用途后再予以使用为前提进行估价；

③ 装修改造前提——认为装修改造但不转换用途予以使用最为有利时，应以装修改造但不转换用途再予以使用为前提进行估价；

④ 重新利用前提——认为拆除现有建筑物予以利用最为有利时，应以拆除现有建筑物后再予以利用为前提进行估价；

⑤ 上述情形的某种组合。

(3) 替代原则

替代原则是基于经济学中的替代原理，主要以消费者正常的和理性的消费行为为基础而形成的基本原则。《中华人民共和国国家标准房地产估价规范》(GB/T 50291—1999)中指出："遵循替代原则，要求房地产估价结果不得明显偏离类似房地产在同等条件下的正常价格。"同时指出，"类似房地产"是与估价对象处在同一供求圈内，并在用途、规模、档次、建筑结构等方面与估价对象相同或相似的房地产。"同一供求圈"是指与估价对象具有替代关系，价格会相互影响的房地产所处的适当范围。

按照经济理性主义假定，消费者的消费行为总是使其消费效果的满足程度达到最大化。在此假定下，同一市场上，当两种或两种以上商品具有相同效用时，消费者总是愿意以较低价格购买具有一定效用的商品；反之，当消费者以一定价格去购买商品时，总是期望购买对他而言是最大效用的商品。这种可替代性使商品在市场这一"看不见的手"的作用下，价格最终趋向一致，这就是经济学的替代原理。房地产商品也遵循这一原理，同一供求范围内的某宗房地产的价格必然会受到具有替代关系的类似房地产价格的影响，并相互竞争，使价格在某种程度上趋于一致。因此，评估房地产价格时，在房地产同一供求范围内，可以通过调查近期发生交易的与待估房地产具有替代可能的房地产价格及条件，从而确定待估房地产的价格。当然，由于房地产的个别性，完全相同的房地产是没有的，但具有相近效用和使用条件的房地产还是大量存在的(即替代关系是存在的)，由此可以得到"类似"的价格水平，我们再对待估房地产与已交易的房地产进行仔细的比较，并对其中的差别作适当的修正，就能得到待估房地产较准确的价格。可见，替代原则是市场比较法的理论基础。

替代原则也是重置成本法可以成立的依据之一。在评估旧有房地产价格时，如果重置新的不动产的原价(如果旧有不动产的建筑物是旧的，重置的新的建筑物要考虑折旧)高于旧有不动产的价格，是不会考虑重建的。因此，由于替代原则的存在，对可能重置的房地产，重置原价就成为其价格上限。

替代原则与收益法也有密切关系。某一房地产价格，如有替代可能，则可以决定能与该房地产产生同等纯收益的其他房地产的价格。

(4) 估价时点原则

《中华人民共和国国家标准房地产估价规范》(GB/T 50291—1999)指出："遵循估价时点原则，要求估价结果应是估价对象在估价时点的客观合理价格或价值。"估价时点原则是指必须把委估房地产置于估价时点进行估价。或者说，估价时点原则要求房地产估价结果应是估价对象在估价时点时的客观合理价格或价值。估价时点，又称评估基准日、估价期日、评估时日，是一个特定的具体时间(日期)，不是估价人员可以随意假定的，必须根据估价目的来确定。它通常用年、月、日表示。

房地产估价中必须遵循估价时点原则的主要原因在于：

① 任何一个房地产市场总是处在不断的发展变化之中，决定和影响房地产价格的因素也在不断变化。这样，房地产价格也就处于不断变化之中，在不同的时间，同一宗房地产往往有不同的价格。因而，房地产的价格始终只是特定时间的价格，这就决定了估价时必须有一个特定的时间——估价时点，假定市场情况"静止"在此时间点上，同时估价对象房地产的状况通常也是以其在该时点时的情况为准(期货估价例外)，估价额是相对于估价时点的价格。

② 房地产交易是涉及众多法律、法规的权益性交易。房地产交易，无论是买卖、租赁，还是出让、转让、抵押和继承，都不像一般商品那样靠物质实体在当事人之间交付（流通）完成，即买主带走他所购商品，而主要靠法律、法规和契约来完成。但法律、法规、政策的颁布、修改、实施和权益的确认、登记和过户，都是有明确的时间界限的。这样就能确定市场的条件和交易双方的责任界限。

③ 市场比较法、重置成本法和收益法等房地产估价的基本方法也都是与估价时点紧密联系的。例如，在运用重置成本法估价时，必须采用重置成本减折旧的方法，而不能直接用建筑物原值减折旧来确定建筑物的价格，此处重置成本和折旧都包含时间变化的因素。

估价人员应注意估价时点与估价目的、估价对象状况、房地产市场状况之间的内在联系。一般来说，估价目的决定估价时点，而估价所依据的房地产市场状况始终是估价时点的状况，但估价对象房地产状况不一定是估价时点的状况，应根据实际估价的要求、目的或估价结果的用途来确定，见表 7-1。

表 7-1　　估价时点、估价对象状况和房地产市场情况的关系

<table>
<tr><th>估价时点</th><th>估价对象状况</th><th>房地产市场状况</th></tr>
<tr><td>过去</td><td>过去</td><td>过去</td></tr>
<tr><td rowspan="3">现在</td><td>过去</td><td rowspan="3">现在</td></tr>
<tr><td>现在</td></tr>
<tr><td>未来</td></tr>
<tr><td>未来</td><td>未来</td><td>未来</td></tr>
</table>

7.2.2 房地产估价程序

房地产估价是一项比较复杂的经济活动，工作过程存在一定的主观性，估价结果涉及各方的切身利益。要高效、高质量地评估出房地产的价格，除了要求估价人员具有坚实的业务基础，谙熟房地产估价的理论、方法及有关法规政策，并切实遵守"公正、公开、公平"的原则与职业道德规范外，还需遵循一套科学严谨的房地产估价程序。

房地产估价程序是指房地产估价全过程的各个具体步骤和环节，按其内在联系所排列出的进行顺序，是完成房地产估价的作业流程。透过房地产估价程序，可以看到房地产估价的全过程，了解房地产估价中各项具体工作之间的内在联系。

自获取估价业务至完成估价后的资料归档为止，房地产估价应按下列程序进行：① 获取估价业务；② 明确估价基本事项；③ 签订估价合同；④ 拟定估价作业方案；⑤ 搜集、整理估价所需资料；⑥ 实地查勘估价对象；⑦ 选定估价方法计算；⑧ 确定估价结果；⑨ 撰写估价报告；⑩ 估价资料归档。

房地产估价程序的各个步骤之间并不是完全割裂的，相互之间会有一些交叉。同时，尽管按照上述程序步骤进行估价，实际估价中有时仍免不了一定的反复。

下面针对房地产估价的具体程序进行介绍。

7.2.2.1　获取估价业务

获取估价业务是指获取房地产估价业务，这是房地产估价的先决条件。如果不能正常获取房地产估价业务，即使有合法的估价机构、优秀的估价专业人员和良好的估价物质基础,也是无米之炊,无从谈及房地产估价。在市场经济条件下,不断获取足够多的和大的估价业务,保证估价业务的来源,涉及估价机构的经营问题,很显然,它对房地产估价机构的生存和发展是非常重要的。需要指出的是,不能为了获取房地产估价业务而迎合客户的不合理要求,更不能以非法的或不正当的方法和手段获取房地产估价业务。

获取房地产估价业务的途径主要有主动争取和接受委托两种。

(1) 主动争取

主动争取是指估价机构或机构工作人员走出去,到房地产市场中去承揽估价业务。随着我国房地产市场的快速发展和房地产估价制度的实施,房地产估价机构的发展也很迅速,包括土地和房地产估价机构在内,已拥有了一定数量的市场性估价机构,房地产估价市场的竞争正在加大并趋于激烈。对于这些市场性估价机构,在机构信誉与特色尚未确立的情况下,主动争取是他们最重要的甚至是唯一的估价业务来源。当然,估价机构间的无序恶性竞争尚待有序化和规范化。

(2) 接受委托

与主动争取估价业务不同,接受委托是指坐等委托估价者找上门,委托估价机构对指定的房地产进行估价。它是另一种房地产估价业务的获取途径,与主动争取估价业务途径一样,在房地产市场发育程度较低和较高的情况下均存在。在房地产市场发育程度较低的情况下,各种估价机构的设立存在一定程度的可塑性,估价机构间的竞争一般缺乏规则性和有序性,某些机构可能凭借其与管理部门或管理部门的一些工作人员间的特殊关系,容易获取估价业务,存在一定程度的垄断性。在房地产市场发育程度较高时,房地产估价机构的发育程度也相应较高,少量估价机构在激烈的竞争中凭借其优秀的评估质量和优质的服务而逐渐建立良好的社会信誉。对于这些估价机构,会有许多委托估价者请求他们提供估价服务。

此外,某些类型的房地产价格需专门的或指定的评估机构进行估价。如我国土地使用权出让价格的评估,具有明显的政府行为,一般需指定专门的估价机构。

7.2.2.2 明确估价基本事项

无论从何种途径获取房地产估价业务,估价方与委托估价方一般都有一个业务接洽的过程,在此过程中,估价方要就估价的基本事项以及估价收费问题与委托估价方沟通和协商,予以明确,并签订合同,为后续工作打好基础。其中明确估价基本事项主要包括以下内容。

(1) 明确估价目的

估价目的是指为何种需要而估价。估价目的决定了房地产价格类型,也决定了估价的依据,是实施房地产估价的前提条件。受理估价的具体目的主要包括:

① 市场行为——买卖、租赁、转让、抵押、典当、保险、拍卖等;

② 企业行为——合资、合作、股份制改造、上市、兼并、破产清算、承包等;

③ 政府行为——农用地征用、土地使用权出让、课税、拆迁补偿、作价收购、土地使用权收回等;

④ 其他——继承、纠纷、赠与及可行性研究、他项权利造成的房地产贬值等。

任何一个估价项目都有估价目的,估价目的应由委托人提出,但在实际中委托人可能并不懂得估价目的这样的专业概念,这就需要估价人员提出问题,通过委托人的回答认可来确定,还可以通过了解将要完成的估价报告书究竟是提交给谁使用、认可来进一步明确。

(2) 明确估价对象

明确估价对象即明确待估对象的基本情况,包括物质实体状况和权益状况。

① 物质实体状况。通过询问等方式了解估价对象房地产的物质实体状况。房地产按实体存在形态分析,无非是单纯的土地、土地与建筑物整体、附有建筑物的土地、单纯的建筑物四种。待估房地产实体具体是那一种,要搞清楚。若是单纯的土地,该土地是生地,还是熟地;若是熟地,是"三通一平"地,还是"七通一平"地。若是土地与建筑物整体,是居住用房地产、商业用房地产、工业用房地产,还是其他类型的房地产。若是附有建筑物的土地,该建筑物是将依然存在下去,还是将被拆除。如果估价对象房地产是单纯的建筑物,则需明确该建筑物的含义,如为写字楼是否包括其中配备的设备,如为宾馆是否包括其中的家具等。

② 权益状况。估价人员要向委估方索取描述估价对象房地产基本状况的资料,如坐落位置、面积、用途、建筑结构、产权状况(拥有的是所有权还是使用权,若是使用权,使用年限多长,已使用了多少年,还剩多少年)等。

③ 明确估价时点。估价时点是指决定房地产价格的具体时间点。由于同一房地产价格随时间而变化,所评估的房地产价格必定是某一时点的价格,而并非只是一个纯粹的数字。因此,在进行房地产估价时,必须明确估价时点。否则,在估价过程中,有关参数的选择、调整幅度的确定等将无法进行,其估价也将毫无意义。在实际估价中,委托人也往往不懂得提出估价时点,这也需要估价人员提出问题,让委托估价者回答认可。但估价时点不是由委托估价方或估价人员任意假定的,而应根据估价目的确定。估价时点可以是某年某月,也可以准确到日,日期的详细程度取决于所要评估的房地产价格类型和市场变化情况。一般来说,买卖价格、租赁价格比抵押价格和课税价格所要求的日期详细,通常要具体到日。在同样条件下,估价时点越具体,要求估价的精度越高,估价的难度也越大。在一项估价项目中,估价目的、估价对象、估价时点三者是有内在联系的,其中估价目的是龙头。

④ 明确估价日期。估价日期是进行房地产估价的作业日期。估价日期的确定也意味着明确了估价报告书的交付日期,因为估价作业日期的截止日期一般即为估价报告书的交付日期。估价报告书的交付日期一般是由委托估价方提出的,估价人员本着热情为客户服务的原则应尽量满足这一要求。当然,这一满足不是无原则、无条件的,估价方必须充分考虑估价所必需的时间,当估价难度较大而委托估价方提出的时间太短以至于不能保证较公平、合理地评估出价格时,估价人员应向委托估价方说明原因,商定一个较合适的时间。而一旦明确了估价报告书的交付日期,估价方必须按期保质地完成估价工作,如期交付估价报告书,否则会影响估价机构和估价人员的信誉。一般来说,房地产估价项目的作业日期为10～15个工作日。

7.2.2.3　签订估价合同

在明确估价基本事项的基础上,估价方与委托估价方应签订委托估价合同或协议,以法律形式肯定双方的业务关系,规定双方的权利和义务,陈述估价基本事项。

估价合同内容一般包括:签订合同双方、估价对象、估价目的、估价时点、估价报告书交付日期、估价费用及付款方式、委托估价方需提供的资料和给予的配合、估价方的保密职责、双方违约责任及处罚等。

7.2.2.4　拟定估价作业方案

为保证估价工作高效率、有秩序地进行,根据估价目的、待估房地产基本情况及合同条款，估价方应及时拟定合理的估价作业方案，其主要内容包括：

① 拟采用的估价技术路线和估价方法；

② 拟调查收集的资料及其来源渠道；

③ 预计所用的时间、人力、经费；

④ 拟定作业步骤和作业进度。

对于单宗的房地产估价，估价作业时间与估价作业计划比较容易安排，制定估价作业计划多采用线条图（又称横道图），其优点是直观、简明、方便。对于一些大型的综合性估价项目，如大型企业集团上市所需的房地产估价，可能涉及几百乃至上千宗分布在不同地区且类型不同的房地产估价。它的估价往往需要组织较大的估价队伍，必须拟定详细的估价作业计划，包括详细的技术路线、拟选用的估价方法、收集资料的要求、分估价报告撰写的要求、时间的安排、人员的培训以及对分估价结果的平衡与综合的考虑等。制定这类房地产估价的作业计划可采用网络计划技术（又称计划协调技术和计划评审技术）的方法，保证最合理地使用人力、物力和财力来完成估价任务。

7.2.2.5 **搜集、整理估价所需资料**

估价资料是为应用估价方法、作出估价结论及撰写估价报告书提供依据的，因此估价资料是否全面、真实、详细直接关系到估价结果的可靠性和准确性。估价资料的收集与整理并不是当有估价项目时才进行，而是估价机构和估价人员长期而持续的一项工作，尤其是宏观因素和区域因素方面的资料更是如此。

房地产估价资料一般包括下列四个方面：

① 对房地产价格有普遍影响的资料，主要包括统计资料、法律法规资料、社会经济资料、城市规划资料等；

② 对估价对象所在地区的房地产价格有影响的资料，主要包括市场交易资料、交通条件资料、基础设施资料、建筑物造价资料、环境质量资料等；

③ 类似房地产的交易、成本、收益实例资料；

④ 反映估价对象状况的资料。

收集估价资料，其来源主要有：① 委托估价方；② 实地勘察；③ 政府有关部门；④ 房地产交易市场及有关中介机构；⑤ 有关当事人；⑥ 专业性刊物。

对于收集到的估价资料，应当及时进行整理。资料的整理包含两层含义：

① 整理后的资料应具有全面性、正确性。由于主、客观的种种原因，所收集的资料存在一定的遗漏、虚假或错误。如在房地产交易时，由于交易某一方的急购（售）或攀比等交易心理的影响和干扰，导致房地产交易价格出现偏差。对于数据不全以及虚假或错误的房地产估价资料，要及时安排补充调查，或予以完善，或予以更正、剔除。

② 整理后的资料应保持统一性。随着估价业务的开展，估价资料日益增多，要按资料类型、性质进行整理并归档。当代信息技术的飞速发展，为建立完整、统一标准的公共和个人估价资料数据库打下了良好的技术基础。

对于具体的房地产估价项目来说，需要收集什么样的资料取决于采用的估价方法。不同的估价方法，其所需的估价资料并不完全相同，有些是共性的，有些则是有侧重性的。

（1）共性资料

共性资料主要包括：① 权证资料。如土地使用权证（包括宗地图）、土地使用权出让合同与宗地使用条件、房屋所有权证(包括房屋平面图)、他项权利登记、建设工程许可证、商品房买卖许可证等。② 其他资料。如土地级别与基准地价资料、房屋重置成本资料、区域因素资料、微观因素资料等。

(2) 不同估价方法所侧重的资料

市场比较法所侧重的资料主要有:

① 比较案例情况资料,包括交易价格、交易时间、交易情况、当时市场行情等。

② 比较案例区域因素资料,包括商服繁华程度、交通条件(如道路通达度、交通便捷度)、基础设施配套状况(如供水、供电、供气等)、公用设施配套状况(如医院、学校、金融机构、文体娱乐设施等)、环境状况(如污染程度、绿化率等)。对于不同的房地产类型,其所关注的重点是不一样的。如商业房地产最为关注的是商服繁华程度,住宅房地产主要关注基础设施和公用设施配套情况、环境状况、交通条件等方面,而工业性房地产则主要关注交通状况、动力供应、积聚规模等。

③ 比较案例微观因素资料,包括宗地状况(名称、坐落、面积、形状、四至、土地级别、基准地价、土地使用权出让年限、剩余使用年限、容积率、临街状况、地形地质条件、生熟程度等)、建筑物状况(名称、面积、结构、设备、装修、平面布置、楼层、朝向、建成年代、新旧程度、利用现状、配套程度等)、周围环境。

④ 其他资料,如融资条件、企业情况等。

收益法所侧重的资料主要包括:

① 估价时点前三年的,同一供需圈内同类型的房地产市场租金、空置率水平资料;

② 估价时点前三年的,同一供需圈内同类型房地产平均经营收益水平资料;

③ 同类型房地产经营成本与费用资料,包括土地使用权出让年限、剩余使用年限、面积、房屋结构类型、耐用年限、建成年代、成新度、建筑面积、设备、装修、房屋重置价格等;

④ 待估房地产所在地区一年期存贷款利率、同行业及相关行业平均收益率与风险水平、同类物业租售比率资料;

⑤ 竞争性与互补性物业情况。

成本法所侧重的资料主要包括:

① 同一供需圈内的地价资料,包括名称、坐落、面积、形状、四至、土地级别、基准地价、土地使用权出让年限、剩余使用年限、容积率、临街状况、地形地质条件、生熟程度等;

② 建筑物资料,包括名称、面积、结构、设备、装修、平面布置、楼层、朝向、建成年代、新旧程度等;

③ 建筑安装工程费用资料;

④ 前期工程费用资料;

⑤ 市政公共设施建设费用资料;

⑥ 建筑物及设备折旧或成新度评定标准资料;

⑦ 与房地产投资相关的贷款利率、利润、税费资料。

假设开发法所侧重的资料主要包括:

① 有关房地产建设项目的批准文件资料,如土地使用权出让合同、建设用地规划许可证、建设工程规划许可证、施工许可证等;

② 建设用地规划资料,包括土地面积、用途、使用年期、建筑密度、容积率、绿地率等;

③ 建筑设计资料，包括建筑面积、结构、类型、高度、层数、外观、设备、装修、建设工期等；

④ 建筑造价资料，包括土地取得成本、前期工程费用、市政公共设施建设费用、建筑安装工程费用、利润率、税金、分年度投资计划等；

⑤ 同一地价区段同类型物业的市场交易价格、租金水平、空置率资料；

⑥ 所在地区贷款利率、销售费用。

7.2.2.6 实地查勘估价对象

实地查勘是指房地产估价人员亲临现场对估价对象的有关内容进行实地考察，以便对委估房地产的实体构造、权利状态、环境条件等具体内容进行充分了解和客观确认。

由于房地产实体具有不可移动性和个别性等特点，物权和适用又存在多样化的特征，因此仅仅根据委托人或当事人提供的情况，难以做到具体、准确地把握估价对象。俗话说，“百闻不如一见”，这句话用在房地产估价中是很贴切的。通过实地查勘，估价人员可以在现场亲身感受估价对象的位置、周围环境、景观的优劣，查勘估价对象的使用情况及外观、建筑结构、装修、设备等状况，并对事先收集的有关估价对象的坐落、四至、产权等资料进行核实，同时收集补充估价所需的其他资料，了解当地房地产市场的特征和情况，以及对估价对象及其周围环境或临街状况进行拍照等。

通常情况下，委托估价方应派出熟悉情况的人陪同估价人员实地查勘。在实地查勘过程中，估价人员要事先准备已设计好的专门表格，将有关查勘情况和数据认真记录下来，形成“实地查勘记录”。完成实地查勘后，实地查勘人员和委托方中的陪同人员都应在“实地查勘记录”上签字，并注明实地查勘日期。这对处理以后可能会出现的房地产估价纠纷也很有好处。

7.2.2.7 选定估价方法计算

在前述工作的基础上，根据待估房地产估价对象、估价目的和资料的详实程度，就可正式确定采用的估价方法，然后采用相应的估价方法进行具体计算。当然，这里需具备一个前提和六个要求。

一个前提是：估价人员应深刻理解并能正确运用市场比较法、收益法、成本法、假设开发法、路线价法等估价方法及这些估价方法的综合运用。关于各种具体的估价方法将在后面有关章节详细介绍。

六个要求是：① 同一估价对象一般需同时采用两种或两种以上的估价方法，使估价结果相互补充和印证。② 根据已明确的估价目的，若估价对象适宜采用多种估价方法进行估价，应同时采用这些估价方法进行估价，不得随意取舍；若必须取舍，则应在估价报告中予以说明并陈述理由。③ 有条件采用市场比较法进行估价的，应以市场比较法作为主要的估价方法。④ 具有收益性的房地产的估价，应选用收益法作为其中的一种方法。⑤ 具有投资开发或再开发潜力的房地产估价，应选用假设开发法作为其中的一种估价方法。⑥ 在无市场依据或市场依据不充分而不宜采用市场比较法、收益法、假设开发法进行估价的情况下，可采用成本法作为主要的估价方法。

7.2.2.8 确定估价结果

估价结果的确定过程是使评估价格不断接近客观实际的过程。不同的估价方法是从不同的角度考虑对房地产进行估价的，因此，用不同估价方法对同一宗房地产进行估价，其计算结果很自然不会完全相同。估价人员应对这些结果进行分析、处理，以确定最终估价额。确定估价结果可分三个步骤进行：

① 分析不同估价方法计算出结果的可靠性，尤其是当这些计算结果差异较大时，应寻找并排除出现差异的原因。对不同估价方法计算出的结果进行检查应按下列从低级错误到高级错误的顺序进行：a. 计算过程是否有误；b. 基础数据是否准确；c. 参数选择是否合理；d. 是否符合估价原则；e. 公式选用是否恰当；f. 选用的估价方法是否适宜估价对象和估价目的。

② 求出估价综合值。房地产估价的结果只能有一个，因为房地产的估价额在一定条件下是客观而唯一的。因此，该步骤是把各种房地产估价方法计算出的价格调整成最可能的单一金额或落入范围。调整的性质取决于估价事项、所采用的估价方法和所求出计算价格的可靠性。在确认所选用的估价方法计算出的结果无误后，根据待估房地产具体情况及估价师的判断，采用某种数值处理的数学方法，计算出一个估价的综合值。这些数值处理方法一般有：

a. 简单算术平均数法。即将各种估价方法计算出的所有结果累加，除以项数。设 P_1，P_2，P_3，…，P_n 为计算出的 n 个价格，P 为估价综合值，则 $P=(P_1+P_2+P_3+\cdots+P_n)/n$。

b. 加权算术平均数法。若所选不同估价方法相对于待估房地产，其可靠性有一定差异，就要考虑每种估价方法所计算出的价格在综合估价结果中具有的不同重要性，因而要赋予每个价格不同的权数，然后综合平均出一个价格。设 P_1，P_2，P_3，…，P_n 为计算出的 n 个价格，P 为估价综合值，f_1，f_2，f_3，…，f_n 依次为 P_1，P_2，P_3，…，P_n 的权数，则 $P=(P_1f_1+P_2f_2+P_3f_3+\cdots+P_nf_n)/(f_1+f_2+f_3+\cdots+f_n)$。

显然，选用加权算术平均数法，通常要对评估估价对象房地产最适用可靠的估价方法所计算出的结果赋予较大的权数，反之，赋予较小的权数。

c. 判断法。最常见的是求取估价综合值时，以一种估价方法计算出的价格为主，其他估价方法计算出的价格只供参考。

d. 中位数法。即将各种不同估价方法计算出的所有价格按大小顺序排列，中位数即为估价综合值。当项数为奇数时，取其中项为中位数；当项数为偶数时，则以中间两项的平均值为中位数。

e. 众数法。即在各种不同估价方法计算出的所有价格中，以价格相同的项数最多的为众数，即估价综合值。

因房地产估价的试算价格数量有限，上述中位数法、众数法难以满足统计要求，故一般不宜采用。在估价报告中，估价师可以解释用不同估价方法所求出的计算结果的差异，说明每一种估价方法的适用性和相对依赖度。

③ 确定最终估价额。通过上面第二个步骤，虽然综合出了一个价格，但这个价格通常还不能定为估价对象房地产的最终估价额。因为影响房地产价格的因素众多，估价人员不能拘泥于用某些计算公式得出的结果，还需要依靠自己的专业经验及对房地产市场行情的理解来把握价格。因此，在上面第二个步骤的基础上，估价人员应考虑一些不可量化的价格影响因素，同时可听取有关人士的意见，对该估价综合值进行适当的调整，或取整，或认定，作为最终的估价结果。当有调整时，应在估价报告中明确阐述理由。

7.2.2.9 **撰写估价报告**

估价人员在确定最终的估价额后,应撰写正式的估价报告。估价报告是房地产估价机构履行委托估价合同的成果,也是估价机构所承担法律责任的书面文件,同时又是房地产估价管理部门对估价机构评定质量和资质等级的重要依据。其质量的高低,取决于估价结论的准确性、估价方法选择的正确性、参数确定的合理性和报告的格式、文字表述水平、印刷质量等。前者是估价报告书的内在质量,是根本,要给予充分的重视;后者是估价报告书的外在质量,对估价报告的质量有重要影响,不可偏废。

7.2.2.10 **估价资料归档**

完成并向委托人出具估价报告后,估价人员应及时对涉及该估价项目的资料进行整理、归档,妥善保管。这将有利于估价机构和估价人员不断提高估价水平,同时也有助于行政主管部门和行业协会对估价机构进行资质审查和考核,还有助于解决以后可能发生的估价纠纷。

估价资料归档的内容包括:① 委托估价合同;② 向委托人出具的估价报告;③ 实地查勘记录;④ 估价项目来源和接洽情况;⑤ 估价中的不同意见和估价报告定稿之前的重大调整或修改意见等。

估价资料的保存时间一般应为15年或15年以上。

7.3 房地产估价方法

在《中华人民共和国国家标准房地产估价规范》(GB/T 50291—1999)中,房地产估价方法有两种类型:一种是通用的估价方法,如市场比较法、收益法、成本法、假设开发法;另一种是专用于地价评估的城市基准地价修正法和路线价法。

7.3.1 市场比较法

(1) 市场比较法的概念

市场比较法也称为比较法、交易实例比较法、买卖实例比较法、市场资料比较法,有时也简称为市场法,尽管名称很多,但是意义上是基本一致的,是房地产估价基本方法中最重要、最常见的一种。都是将估价对象与在估价时点的近期有过交易的类似房地产进行比较,对这些类似房地产的成交价格做适当的修正,以此估算估价对象的客观合理价格或价值的方法。这里面提到的类似房地产指的是在用途、建筑结构、所处地区等方面与待估房地产相同或相似的房地产。在估价业务中通常把已成交的类似房地产称为交易实例。

(2) 市场比较法的基本原理

任何一种估价方法都有其形成的理论依据。市场比较法的理论依据就是房地产交易中的替代原理。一般来说,任何经济主体,比如个人、企事业单位等,在市场上的行为都是想以最少的费用或者最小的代价来获取最大的利润及效用,所以在选择商品时,都想选择效用高而价格低的。这种经济主体选择行为的结果,在效用均等的物品之间会产生替代作用,其价格基本上是相同的。如果效用相同,价格偏低的话,那这种商品就会被消费者竞相争购;反之,价格偏高的物品必然很少有人过问。具体到房地产商品上,倘若有两宗以上效用相等的房地产同时存在,那么明智的买者就会选择效用最大的。由于替代原理的存在,可通过类似房地产已经交易过的价格来比较求得估价对象房地产的未知价格。也就是说,在房地产交易时，当事人双方都会根据替代原理将拟交易的房地产价格和类似的房地产成交价格进行比较、分析，然后决定买与不买。显然，在无特殊原因的情况下，任何买者都不会接受比市场上正常价格更高的价格成交；任何卖者也不会接受比市场工正常价格还低的价格成交。所以，类似房地产的价格之间必然会相互影响或者说相接近，所以在进行房地产估价时，我们就可以用类似房地产的已知交易价格，通过比较、修正来求取未知的房地产的价格。当然，由于在现实交易中，交易者的心态、偏好、对市场的了解程度、讨价还价能力等的不同，具体一宗房地产的成交价格可能会偏离其正常市场价格。但只要有足够多的交易实例存在，那么其成交价格的综合结果也可以作为正常市场价格的衡量标准。市场比较法的评估思路如图 7-1 所示。

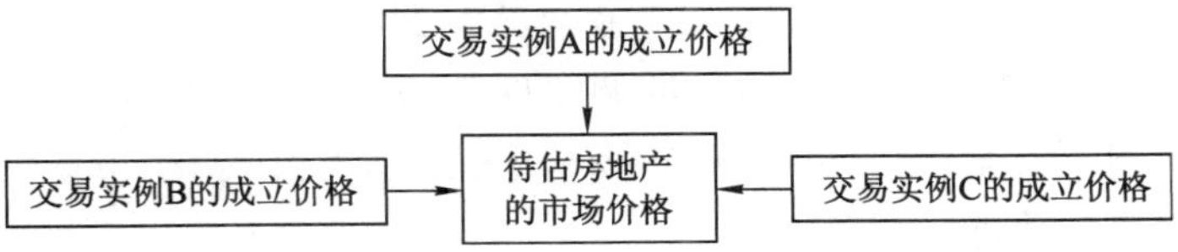

图 7-1　市场比较法的评估思路

(3) 市场比较法估价步骤

市场调查是采用市场比较法估价的基础。通过调查，寻找近期成交的与估价对象具有类似特性的房地产交易实例，选取可比实例。然后，根据对影响房地产市场价格形成的因素分析，对确定为比较实例的价格进行调整，以修正其与待估房地产存在的差异，通过具体比较的评估过程得出估价结果。

市场比较法估价操作步骤具体可以分为以下七个步骤：

① 广泛搜集交易实例。在搜集交易实例时，可以与收集房源信息结合起来，除了前述的一些基本信息外，还应注意收集成交价格、成交日期、付款方式、交易时的状态、交易双方及交易目的，有些信息可从现场获得，有些信息(如真实的成交价格)则可向交易中心等机构咨询。

② 从中选取可比实例。有了足够多的交易实例后，要对这些实例进行仔细的分析，从中选取可比实例。所谓可比，是指待估的房产与实例具有相当多的同一性或类似性。在具体选取可比实例时，一般要做到与待估房产的用途相同，在这里应全部是住宅；与待估房产的建筑结构相同，如待估房产为多层砖混结构，则可比实例不能选取高层钢筋混凝土结构；与待估房产所处的地区相同或同一区域内，如处于同一小区；与待估房产的价格类型相同，由于不同的估价类型的基准有差异，价格类型不同，价格会有相当大的差异，如抵押价格就比一般买卖价格偏低；与待估房产的估价时点接近，即可比实例交易日期离估价时的日期越近越好，因为超过一定时间，市场情况会有很大差异，两个房产间的可比性会大大下降。此外，选取的比准实例数量从理论上来讲越多越好，但是如果要求选取的数量过多，可能由于交易实例的数量有限而难以实现，另外，后续进行修正、调整的工作量太大。因此一般选取 3～10 个比准实例即可。

③ 建立价格比较修正的基础。建立价格比较修正的基础就是将待估房产价格和可比实例统一起来，主要是统一付款方式、统一采用单价、统一货币种类和货币单位、统一面积内涵和单位。其中统一付款方式是由于利息因素的影响，一次性付款和分期付款实际付款额

会有差异，需要进行修正。统一面积内涵是指有时价格以使用面积标示，有时以建筑面积标示，要把它们统一为使用面积或建筑面积。

④ 进行交易情况修正。进行交易情况修正是要排除交易过程中的一些特殊情况对价格产生的影响。一般自己在评估房价时，这一步骤可以忽略，在选取可比实例时就注意都是正常的市场交易，不存在私下交易行为。

交易情况修正的方法主要有百分率法和差额法。采用百分率法进行交易情况修正的一般公式为：

可比实例成交价格×交易情况修正系数＝正常价格

采用差额法进行交易情况的修正的一般公式为：

可比实例成交价格±交易情况修正数额＝正常价格

⑤ 进行交易日期调整。进行交易日期调整就是将可比实例的交易日期调整到估价时点，因为在可比实例完成交易后到评估时市场情况已经发生了变化，市场价格可能提高或降低，一般可以用价格指数进行调整。

采用百分率进行交易日期调整的一般公式为：

可比实例在成交日期时的价格×交易日期调整系数＝在估价时点的价格

采用定基价格指数进行交易日期调整的公式为：

$$\text{可比实例在成交日期时的价格}\times(\text{估价时点的价格指数}/\text{成交日期时的价格指数})=\text{在估价时点的价格}$$

⑥ 进行房地产状况修正。进行房地产状况修正是将可比实例在其房地产状况下的价格调整为在估价对象房地产状况下的价格。因此，经过房地产状况调整后，就将可比实例在其房地产状况下的价格变成了在估价对象状况下的价格。房地产状况调整主要包括区位状况调整、权益状况调整和实物状况调整。

采用百分率法进行房地产状况修正的一般公式为：

$$\text{可比实例在其房地产状况下的价格}\times\text{房地产状况调整系数}=\text{在估价对象房地产状况下的价格}$$

采用差额法进行房地产状况调整的一般公式为：

$$\text{可比实例在其房地产状况下的价格}\pm\text{房地产状况调整数额}=\text{在估价对象房地产状况下的价格}$$

⑦ 综合求取比准价格。一旦上述这些因素都经过调整，购房者已经将可比实例调整到与待估房产相同的情况下，这时经过调整的可比实例房产的价格就可以认为是待估房产的价格。不过，要想使估价结果更精确、更有参考价值，购房者可以多选取几个实例进行评估，最后综合确定待估房产的价格。

将上述三个方面的修正、调整综合起来，计算公式为(连乘形式)：

$$\text{估价对象价格}=\text{可比实例价格}\times\text{交易情况修正系数}\times\text{交易日期调整系数}\times\text{房地产状况调整系数}$$

(4) 市场比较法的适用对象和条件

在一个房地产市场上，个别市场的行为可能会因各种原因而导致交易价格偏离正常的市场价格，但市场群体行为的结果基本上反映了市场的正常状态。因此，只要市场上有足够多的交易实例，就可以采用市场比较法进行估价。但要想灵活运用市场比较法估价，则要求在同一供求范围内存在较多的类似房地产的交易。换而言之，在房地产市场尚不发达或者交易规模很小的地区，这种估价方法是很难适用的。比如在经济基础非常薄弱的农村，由于缺乏必要的市场资料，就不宜采用比较法估价。另外，对于那些很少发生交易的特殊房地产，比如古建筑物、纪念馆、寺庙、教堂、高尔夫球场等，也很难用市场比较法估价，这主要是因为市场资料的不足造成的。

市场比较法之所以在市场经济非常发达的国家和地区被普遍应用，是因为在市场经济非常发达的地区存在着相当发达的房地产市场，这样市场比较法所需要的有关房地产交易的价格资料，可以很容易的从经纪人、法院或政府税收部门那里查到。当有了充足的近期的真实的房地产交易资料后（这些资料足以显示市场价格的类型和趋势），市场比较法就可以应用到各种类型的房地产估价中了。市场比较法特别适用于那些具有交易性的房地产，如写字楼、商场、别墅、房地产开发用地、标准工业厂房、普通商品住宅等。

具体来说，采用市场比较法有三个条件：

① 要有足够数量的正常的房地产交易比较案例，即供筛选的房地产交易实例至少有 10 个以上，其中有不少于 3 个最终可以选定为比较实例。

② 交易实例与估价对象具有替代性，市场供给方面存在充分竞争。假如在某个地区只有一个或者几个房地产商，而他们又形成了价格联盟，或者当地政府强力干预房地产市场，那么价格信号反映的是这些具有垄断地位的集团的利润最大化或利润目的，而不是房地产市场上的供求关系。如果不注意这一点，根据扭曲的信号做出的判断肯定也是扭曲的。

③ 收集的交易资料可靠。要保证资料来源的可靠和资料内容的真实，在具体利用资料时还要对确定为交易实例的有关因素进行修正，以切实保证资料的可靠和适用。

7.3.2　收益法

(1) 收益法的概念

收益法，又称收益还原法、纯收益还原法、收入资本化法，是求取估价对象在估价时点之后的正常净收益，选用适当的资本化率将其折现到估价时点后累加，以此估算估价对象的客观合理价格或价值的方法。它是房地产估价中重要的评估方法之一，与市场比较法、成本法一起被誉为现代房地产估价的三大基本方法。

(2) 收益法的原理

由于房地产寿命长久，因此占有某一宗房地产，不仅现在能取得一定的净收益，而且能期待将来会源源不断地取得这个净收益。比如，一宗供出租之用的住宅楼，预期年租金为 10 万元人民币，显然今后每年可得到 10 万元的净收益，现在如果用一个相当于这宗住宅楼的货币额存入银行，每年也能带来 10 万元的净收益，那么可以说这个货币额应当与这宗住宅楼的出售价格相当。我们把这 10 万元当做每年的银行存款利息额，来求该笔存款的本金为多少。这里只要将每年的利息除以存款利率就知道本金是多少了。假设银行利率为 10％，则 10 万元/10％＝100 万元，这笔银行存款本金就等于这宗住宅楼的出售价格。由此可见，收益法是以预期原理为理论依据的，将房地产不断取得的年净收益视为银行存款的利息，按照一定的利率，还原出房地产价值总额，这就是收益法的预期原理。预期原理说明决定房地产价值的重要的不是过去的因素，而是未来的因素。上面的例子可用下面的公式体现。

房地产价格＝房地产的净收益÷资本化率

(3) 收益法的步骤

运用收益法估价一般分为下列几个步骤进行：

① 搜集和整理有关房地产收入和费用的资料。房地产估价所需的资料主要通过走访有关部门及个人，搜集现有资料、实地调查获取。在资料调查的基础上，应根据样本资料的类别和特点分级归档。

② 估算房地产的潜在毛收入。潜在毛收入是假定房地产在充分利用、无空置(即100％出租)情况下的收入。

③ 估算房地产的有效毛收入。有效毛收入是由潜在毛收入扣除空置等造成的收入损失后的收入。

④ 估算房地产的运营费用。

⑤ 估算房地产的净收益。净收益是由有效毛收入扣除运营费用后得到的归属于房地产的收入。

⑥ 选用适当的资本化率。

⑦ 选用适宜的收益法计算公式求出收益价格。

(4) 收益法的适用范围及条件

收益法是以求取房地产净收益为途径评估房地产价值的一种方法，其适用范围只能是有收益或潜在收益的房地产，如住宅(特别是公寓)、写字楼、旅馆、商店、餐馆、娱乐场、影剧院、停车场、加油站、标准厂房(用于出租的)、仓库(用于出租的)、农地等。它不限于估价对象本身现在是否有收益，只要估价对象所属的这类房地产有获取收益的能力即可。例如，估价对象目前为自用或空闲的公寓，虽然目前没有实际收益，但却具有潜在收益，因此可以将其设想为出租的情况下来运用此方法估价，即先通过类似于市场法的方法求出估价对象的净收益或收入、费用等，再利用收益法来估价。但对于行政办公楼、学校、公园等公用、公益性房地产的估价，收益法大多不适用。

收益法适用的条件是房地产的收益和风险都能较准确量化。

7.3.3 成本法

(1) 成本法的概念

成本法是求取估价对象在估价时点的重新购建价格，然后扣除折旧，以此求取估价对象的客观合理价格或价值的方法。成本法的本质是以房地产的开发建设成本为导向求取估价对象的价值。

成本法也可以说是以房地产价格各构成部分的累加为基础来测算房地产价格的方法。所以，成本法这个概念中的“成本”并不是通常意义上的成本，而是指价格，即估价对象房地产在估价时点的重置价。而且“成本”还具有完全性、现时性和客观性。

成本法最基本的公式为：

积算价格＝重新购建价格－减价修正额

(2) 成本法的理论依据

成本法的理论依据是生产费用价值论——商品的价格是依据其生产所必要的费用而决定。具体又可以分为从卖方的角度来看和从买方的角度来看。从卖方的角度来看，房地产的价格是基于其过去的“生产费用”，重在过去的投入，具体一点讲，是卖方愿意接受的最低价格，不能低于他为开发建设该房地产已花费的代价，如果低于该代价，他就要亏本。从买方的角度来看，房地产的价格是基于社会上的“生产费用”，类似于“替代原理”，具体一点讲，是买方愿意支付的最高价格，不能高于他所预计的重新开发建设该房地产所需花费的代价，如果高于该代价，他还不如自己开发建设(或者委托另外的人开发建设)。

由上述内容可见，一个是不低于开发建设已经花费的代价，一个是不高于预计重新开发建设所需花费的代价，买卖双方可以接受的共同点必然是正常的代价(包含正常的费用、税金和利润)。因此，估价人员便可以根据开发建设估价对象所需的正常费用、税金和利润之和来测算其价格。

(3) 成本法的操作步骤

运用成本法估价一般分为下列四个步骤进行：

① 搜集有关房地产开发建设的成本、税费、利润等资料，一般来说，应搜集土地取得成本、开发成本、管理费用、投资利息、销售费用、销售税费、开发利润等项目的相关资料，并进行具体测算。

② 求取重新购建价格。求取建筑物重新购建价格的具体方法有单位比较法、分部分项法、工料测量法和指数调整法。

③ 求取建筑物的。求取建筑物折旧的方法主要有年限法、市场提取法和分解法。

④ 求取积算价格。将求得的估价对象的重新购建价格(重建价格或重置价格)与折旧代入成本法的相关计算公式，即可求得估价对象房地产的积算价格。

(4) 成本法适用的对象和条件

只要是新近开发建设、可以假设重新开发建设或者计划开发建设的房地产，都可以采用成本法估价。成本法特别适用于估价那些既无收益又很少发生交易的房地产，如学校、图书馆、体育场馆、医院、政府办公楼、军队营房、公园等公用或公益房地产，以及化工厂、钢铁厂、发电厂、油田、码头、机场等有独特设计或只针对个别用户的特殊需要而开发建设的房地产。单纯建筑物的估价通常也是采用成本法。另外，成本法也适用于估价市场不完善或狭小市场上无法运用市场法估价的房地产。

在房地产保险(包括投保和理赔)及其他损害赔偿中，通常也是采用成本法估价。因为在保险事故发生后或其他损害中，房地产的损毁往往是局部的，需要将其恢复到原貌；对于发生全部损毁的，有时也需要用重置或重建的办法来解决。

在现实中，房地产的价格直接取决于其效用，而非花费的成本，成本的增减一定要对效用有所作用才能影响价格。价格等于“成本加平均利润”是在长期内平均来看的，而且还需要具备两个条件：自由竞争(即可以自由进入市场)和该种商品本身可以大量重复生产。房地产的开发建设成本高并不一定意味着房地产的价格就该高，开发建设成本低也不一定说明房地产的价格就不该高。

要注意如下两个方面：

① 要区分实际成本和客观成本。实际成本是某个具体的开发商的实际花费，客观成本是假设开发建设时大多数开发商的正常花费。在估价中应采用客观成本，而不是实际成本。

② 要结合市场供求分析来确定评估价值。当市场供大于求时，价值应向下调整，当求大于供时，价值应向上调整。

成本法主要适用于比较新的建筑物的估价，不太适用于过于旧的建筑物的估价。成本法估价还要求估价人员有专业知识和丰富的经验，特别是要具有良好的建筑、建筑材料、建筑设备和工程造价等方面的专业知识。

7.3.4 假设开发法

(1) 假设开发法的概念

假设开发法又称为剩余法、预期开发法、余值法。它是求取估价对象未来开发完成后的价值，再从中扣除预计的正常开发成本、税费和利润等，以此估算估价对象的客观合理价格或价值的方法，是一种估价的辅助方法。

假设开发法从形式上来看是前面讲的成本法的特例算法，但两者是有区别的。由成本法评估新建房地产价格的公式为：

新建房地产的价格＝土地取得成本＋土地开发成本＋建筑物建造成本＋管理费用＋投资利息＋销售税费＋开发利润

可以看出：

土地取得成本＝新建房地产的价格－土地开发成本－建筑物建造成本－管理费用－投资利息－销售税费－开发利润

成本法中土地的价格是已知的，需要求取的是开发完成后房地产的价格。而在假设开发法中，开发完成后房地产的价值通过预测已事先得到，需要求取的是土地的价格。这一点必须弄清楚，以免和前面的方法混淆。

假设开发法最基本的公式为：

待开发房地产的价值＝开发完成后的房地产价值－开发成本－管理费用－投资利息－销售费用－销售税费－开发利润－投资者购买待开发房地产应负担的税费

(2) 假设开发法的理论依据

假设开发法是一种科学、实用的估价方法，其基本的理论依据与收益法相同，也是预期原理。对于房地产开发商来说，如果要开发一块土地，则首先要确定土地的购买价格。从土地开发角度来看，是为了以最小的投入获得最大的效益，但获得开发土地的权利并不是轻而易举的事情，而要通过激烈的竞争，所以要想在竞争中取胜，必须做到知己知彼。假设有一块土地，预计具有良好的开发和增值潜力，政府拟对该块土地的使用权以拍卖或公开招标方式出让。假如某房地产开发商有意参与该土地的竞拍或竞标，可以通过如下思路和过程来考虑获得土地的价格。

首先，要分析该土地的坐落位置、交通条件、商业繁华程度、周围环境等区位条件以及土地的面积、形状、规划允许的用途、建筑容积率、建筑覆盖率、建筑高度等自身条件。

其次，在规划允许的用途之下拟定最佳的房地产开发方案，即是开发成商业楼还是写字楼或者是住宅楼；是用途单一的楼还是综合楼；如何布局更合理等。

最后，确定通过此项目的开发，预期能获得多少利润。在确定期望利润时，既不能过高，也不能过低，因为过高会降低房地产开发商获得土地使用权的投标报价，在竞标中处于不利地位；如果过低，低于正常的平均利润率则不符合投资者的投资期望。

在此基础上，预计该房地产项目开发完成后的销售价格或租赁价格，并估算开发该房地产所需要的时间及所需要的建筑安装工程费、专业费、管理费、销售费用等全部成本。

假设开发法最初主要应用于待开发土地价格的评估，而土地价格实际上是地租的资本化。所以，假设开发法更深的理论依据类似于地租原理。根据马克思的土地价格理论，一切地租都是剩余价格，都是剩余劳动的产物。具体来看，地租是由土地产品的价格所决定的，是扣除了其他生产费用的余额，即：

地租＝市场价格－成本－利润－利息－税费

两者的差异是：地租是每年的租金剩余，假设开发法通常估算的是一次性的价格剩余。

(3) 假设开发法的估价步骤

根据假设开发法的概念、理论依据等，将假设开发法的运用归结为下列主要估价步骤：

① 调查待估房地产的基本状况。调查的主要内容包括：a. 明确房地产的自然状况。b. 明确政府的规划限制。c. 弄清土地权利状况。d. 掌握房地产市场状况。

② 确定最有效的开发利用方式。根据待估土地的基本情况、土地市场条件等，在规划要求及管理限制所允许的范围内确定土地的最佳利用方式，以实现土地的最有效使用。它包括确定土地的用途、建筑容积率、土地覆盖率、建筑高度等。最重要的是选择最佳的土地用途。土地用途的选择，要考虑土地的位置、这种用途的现实社会需要程度、未来的发展趋势等。

③ 确定开发完成后的不动产销售总价。根据土地条件和所确定的开发利用方式，确定开发完成后不动产的预期售价。不动产售价的预测要建立在充分了解不动产市场状况、社会供需状况的基础上，可选用市场比较法、收益还原法等，根据相邻地区或同一地区相同或相似不动产的售价、租金加以修正而获得。

④ 估算各项成本费用及利税。假设开发法中的各项成本费用及利税的估算，具体包括开发成本、管理费用、销售费用、销售税费、投资利息、开发利润、投资者购买待开发房地产应负担的税费及折现率等的估算。

⑤ 求取待开发房地产价格即估价对象的价格。

将上述数据直接代入公式进行计算，即：

待开发房地产价格＝开发完成后的房地产价格－开发成本－管理费用－投资利息－销售费用－销售税费－开发利润－投资者购买待开发房地产应负担的税费

同时结合估价人员的经验和其他估价方法，对估价结果进行修正，最终确定待估房地产的价格。

值得注意的是，目前在运用假设开发法求取估价对象价格时，有两种基本的方式，即动态方式(现金流量折现方式)和静态(传统计息方式)。

静态方式主要是以估价时的房地产市场状况为依据，视不动产的各项费用为静止在估价作业日期时的数额；不考虑各项支出、收入发生的时间不同，即不是将它们折算到同一时间上的价值，而是直接相加减，但要计算利息，计息期通常到不动产开发完成时止。

动态方式要考虑各项支出、收入发生的时间不同，即首先要将它们的价值折算到同一时间点上(通常是折算到估价期日上)，然后再相加减。例如，评估一宗待开发土地2011年10月的价值，要将在未来发生的支出和收入都折算到2011年10月。如果预测该宗土地2014年10月开发完成的房价(含地价)为5 000万元，折现率为10%。则需将这5 000万元折现到2011年10月，即在2011年10月来看的房价实际为$5\ 000\div(1+10\%)^3=3\ 757$(万元)。

按照上述公式测算出的剩余价值时，开发商当前取得待开发场地所能支付的最大费用。由于开发商在取得场地使用权时除了支付地价款外，还要支付取得土地使用权的相关法律手续费用、土地评估费用(即登记发证费用)等。因此必须从计算出的剩余价值中扣除上述费用,才能得到所估土地的地价额。例如,根据假设开发法计算得到的剩余价值为1 000万元,取得土地使用权的相关法律费用、评估及土地使用证书等费用估计为地价额的2%,则待估地块的地价为1 000÷(1+2%)=980.4(万元)。最后再根据测算到的地价额,结合评估人员的经验和其他因素,综合确定估价额。

(4) 假设开发法的适用范围和条件

① 适用范围。

假设开发法与其他估价方法一样,有其最适宜的应用范围。一般来说,假设开发法的具体适用范围有以下几个方面:

a. 适用于对具有潜在开发价值的房地产价格的估算。当房地产具有潜在的开发价值时,假设开发法几乎是唯一适用的估价方法,是对具有开发潜力的商业用地进行估价的最佳方法。潜在的开发土地包括未开发的土地、已开发的土地(如已"七通一平")和附有旧建筑物的土地,运用假设开发法估算这三种土地的开发价值时,只需加上相关的费用参数就能方便地估算出结果。

b. 适用于对待开发土地的价格及其最高地价、最大利润、最高开发费用的估算。

c. 适用于通过熟地地价来估算生地地价。

d. 适用于土地开发后进行转让,对已被开发土地的估价。

e. 适用于对待拆迁改造的再开发房地产的估价。如对原有的旧建筑物拆除后,再在原址上建造新项目的估价,适合用假设开发法。

f. 适用于对现有旧房地产中房价或地价的单独估算,此时,从房地合一的总价格中减去建筑物的价格,剩余部分即为土地价格。

g. 适用于建筑物改变或在建工程续建后进行销售,对于被改造建筑物或在建工程的估价。

h. 适用于对房地产开发项目的财务状况评估。

运用假设开发法评估房地产开发的财务,主要是为投资者提供三个方面的数据资料:确定试图获取的土地开发地块的可接受的最高价格;确定开发项目的预期利润;确定开发过程中可能发生的费用的最高限额。

② 适用条件。

在运用假设开发法时,必须具备以下五个基本条件:

a. 透明、稳定的房地产业政策。政策对房地产业的发展、对房地产市场行情的变化影响极大。例如紧缩银根、产业结构调整等方面的政策,直接影响房地产商品的供需状况,继而对其销售状况和价格发生作用。

b. 完善的房地产法律体系。完善的法律法规体系是房地产市场规范化的有效保证。无论是城市规划中对于土地用途、容积率的规定,还是房地产管理法、土地使用权出让暂行规定中对于有关税率、税种、计税基础以及房地产销售转让、抵押、典当的有关规定,对房地产价格的作用都很重要。

c. 清晰的、全面的房地产投资与交易的税费清单和稳定的税费政策。由于房地产市场是一个典型的地区性市场,各地方政府出于种种考虑,所征收的税费项目、标准均不完全相同。只有完整、准确、清晰地了解房地产投资与交易的税费项目,列出详细清单,才有利于从房地产价格中正确扣除税费，以此来求得适宜的土地价格或建筑物本身价格。

d. 完整的、动态的和现代化的房地产信息资料库。运用假设开发法时，设计对房地产价格、房地产建造成本和房地产开发利润等方面的预测，对这些方面的预测均要参照过去的房地产价格、房地产建造成本的变化和房地产行业平均利润率的数据或情况，没有房地产信息数据库是难以提供准确而翔实的有关信息的，更难以对房地产的未来发展趋势作出客观的预测。

e. 公开的、长期的和合理的土地供应计划。长期以来，我国城市土地的所有权掌握在国家手中，因此，国家对于土地使用权的出让计划，包括每年出让土地的数量和分布，直接影响土地市场上土地的供给量，直接影响土地的价格及开发商的投资热情。如果土地供给缺乏计划和限度，这将为假设开发法的运用增加困难，并可能使其评估结论失真。因此，制定一个公开的、长期的和合理的土地供应计划，能够保证出让的土地既不过多，又不过少；既能满足土地使用者的需要，又能充分节约土地，减少土地的浪费，使土地处于最有效的使用状态，为估价提供坚实可靠的基础。

7.3.5　长期趋势法

(1) 长期趋势法的概念

长期趋势法又称为外推法、延伸法、趋势法等，是指依据一系列已知房地产价格数据，运用一定的数学统计方法，特别是时间序列分析法和回归分析方法，找出其中的变动规律或长期趋势，从而对待估房地产的未来价格进行推测、判断的一种估价方法。它是对房地产估价基本方法的有益补充。具体的长期趋势法主要有平均增减趋势法、移动平均法、数学曲线拟合法和指数修匀法。

(2) 长期趋势法的理论依据

反映一些自然或社会现象的时间数列，从长期的发展趋势来看，时刻都在上升或下降的变化中，这种长期的向上或向下的变动，就构成了长期趋势变动。因此，人们可以根据时间数列变动的方向活动程序进行外延或类推，从而能够预测这些现象在下一时期或以后若干时期可能达到的水平。这就是一般预测方法的基本原理。房地产价格，从长期趋势来看，其变动也呈现一定的规律性，因此，当需要评估某宗房地产的价格时，可以根据该宗房地产或与该宗类似房地产过去较长时期的历史资料，按照时间序列反映该宗房地产的价格变化过程，找出规律，估算估价对象房地产的价格。因此，根据房地产价格的历史数据，通过统计分析，可以判断该类房地产的目前价格或未来一定时期的价格。

(3) 长期趋势法的步骤

长期趋势法的步骤为：

① 收集关于估价对象房地产或类似房地产的历史价格资料和数据，并进行检查、核实。房地产价格历史数据和资料的搜集，需要根据估价对象房地产或类似房地产的具体情况，两者之间要保持一致，如果为商住混合楼，则应搜集商住混合楼方面的价格资料。

② 整理分析搜集到的价格资料，将其划为同一标准，并按时间顺序排列。房地产价格的个别性十分突出，因此，对于搜集的房地产价格资料需要进行分析整理。分析整理的原则是可比性，并按照时间先后排成序列。

③ 观察、分析时间序列，找出其中的变化规律。通过对时间序列数据的分析，找出房地产的价格随时间变化而呈现出来的规律性，并用数学模型表达。

④ 选择适当的长期趋势法进行估价。根据时间序列所呈现出来的规律性，判断其所属的长期趋势模型，并将整理和求得的数据代入相应的计算公式，即可估算出预测值。

(4) 长期趋势法的适用范围和条件

长期趋势法的适用范围比较广泛，无论是土地，还是高层建筑物，或房地产的买卖租赁、典当抵押，只要拥有估价对象或类似房地产的较长时期的历史价格资料，都可以运用长期趋势法估价。

长期趋势法，就是用数学统计的方法对房地产价格的长期趋势进行评估的一种方法。采用这一估价方法，需要以长年积累起来的市场价格变动资料作为分析依据。价格变动的时间序列最好在 10 年以上。因为时间序列越长，越能排除偶然因素和短期因素对趋势值的异常干扰。因此拥有长时间的真实的历史价格资料，是准确地推测、判断房地产价格的必要条件。

7.3.6 路线价估价法

(1) 路线价估价法的概念

对于面临同一街道的各宗土地来说，形状相同、面积相同、位置相邻，但与道路接近程度不同，那么其土地的价格也不同，有的甚至相差悬殊，如图 7-2 所示。

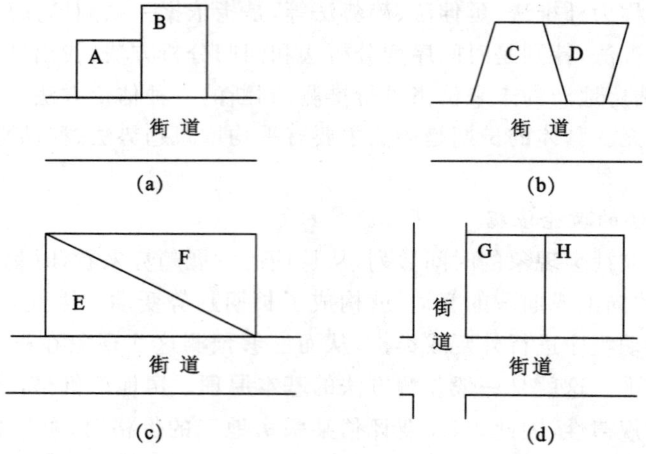

图 7-2 不同临街状况时土地价值高低的比较

根据我们的日常生活经验，不难看出，图 7-2(a)中，A 土地的价值要高于 B 土地；对于图 7-2(b)而言，C 土地的价值高于 D 土地；对于图 7-2(c)，很显然 E 块土地的价值高于 F 块土地；图 7-2(d)中，G 土地的价值要高于 H。要想同时迅速地评估出这类土地的价值，唯一方便可行的方法就是路线价估价法。

所谓路线价，即对面临特定的街道而接近性相当的土地，设定标准深度，求取在该深度上数宗地的平均单价，单价附设于其所临的街道上，此单价即为路线价。然后根据此路线价，再配合深度指数表，用数学的方法算出临街同一街道的其他宗地的地价。这种估价方法称为路线价估价法。

(2) 路线价估价法的原理

在市镇区域内，每宗土地的价格因其临街程度不同而有差异。离街道越近，价值越高；反之，价值越低。临接同一街道的宗地根据可及性的大小，可划分为不同的地价区段，以不同的路线价区段来表示宗地的不同可及性。在同一路线价区段内的宗地，虽然可及性基本相等，但因宗地的宽度、深度、形状、面积等有差异，价值也相差很大。这时就需要对路线价进行调整，也就是要确定深度修正率。

路线价法实质上是一种市场法，是市场法的派生方法，其理论依据与市场法相同，是房地产价格形成的替代原理。

(3) 路线价估价法的步骤

路线价法一般分为以下六个步骤：

① 划分路线价区段。

② 设定标准深度。

③ 选取标准宗地。

④ 调查评估路线价。

⑤ 制作价格修正率表。

⑥ 计算临街各宗土地的价格。

(4) 路线价法适用条件和对象

路线价法尤其适用于对城市土地的估价，特别是对土地的课税征地拆迁或土地的重新规划及对大幅度土地进行估价，因为这种方法具有迅速、公平、合理、省时省力的优点。

要想正确运用路线价法，必须具备两个前提条件：① 深度指标表及其他修正率表必须科学、合理；② 城市规划必须完善，土地的排列相对整齐。

复习思考题

1. 房地产价格的影响因素有哪些？它们如何影响房地产的价格？
2. 房地产价格的特征主要有哪些？
3. 什么是最高最佳使用原则？
4. 市场比较法的理论依据是什么？
5. 市场比较法适用的对象和条件各是什么？
6. 成本法中的“成本”是成本还是价格？原因何在？
7. 成本法估价的操作步骤是什么？
8. 什么是收益法？
9. 收益法的理论依据是什么？
10. 假设开发法适用于评估哪些房地产的价值？请一一列举。
11. 假设开发法估价的操作步骤是什么？
12. 长期趋势法的适用对象和条件是什么？
13. 什么是路线价？路线价法的操作步骤是什么？

第8章　房地产金融

本章提要

本章重点介绍房地产金融市场和房地产金融业务。要求学生掌握房地产金融的特点、作用；掌握房地产金融市场的运行要素和市场监管；掌握房地产金融资金的筹集、运用及其他金融业务；了解我国房地产金融未来的发展趋势。

8.1　房地产金融概述

8.1.1　房地产金融的含义

8.1.1.1　金融的含义

金融是指货币资金的融通，包括与货币流通和信用有关的一切经济活动。金融的基本职能是为经济的运行筹集资金与分配资金，它是通过金融市场或金融中介直接或间接地将资金从供给方转移到需求方。其中，由金融市场将资金从供给方传导到需求方的过程，称为直接融资过程；由金融中介机构将资金从供给方传导到需求方的过程，称为间接融资过程。

8.1.1.2　房地产金融的含义

房地产金融是指为房地产生产、流通、消费而筹集、融通、清算资金的所有金融行为的总称。房地产金融业务包括房地产抵押业务和房地产产业资金融通业务等。房地产抵押业务是指金融机构以房地产信用为条件，为房地产产权人筹集和融通房地产资金，这些资金可以用于房地产投资与消费，也可以用于非房地产投资与消费。比如，某人以房地产作为担保物而获得100万元的贷款，其中30万元用于装修房屋，40万元用于购车，另外30万元用于投资兴办一小型加工厂。房地产产业资金融通业务是指为房地产业及其相关部门筹集、融通、清算资金，并提供相应服务的金融业务。房地产产业金融业务包括为房地产的开发、经营和消费而融通资金，也包括为农地开发与经营而融通资金，并促进农、林、牧、渔等各方面的发展。房地产产业资金融通业务的资金筹措，可以是以房地产为担保而获得，也可以不以房地产为担保而获得，如通过信誉担保、动产担保、政策投资拨款等形式而获得资金。

8.1.2　房地产金融的特点

由于房地产金融的融资对象具有与普通商品不同的特点，这决定了房地产金融与一般金融相比具有如下特点：

① 房地产金融一般要实行证券化。

房地产抵押贷款是房地产金融的主要内容。在进行房地产抵押贷款时，其资产具有期限较长、额度较大的特点，而负债大多具有期限短、流动性较强的特点，这样，银行就会面临资金的流动性风险。为了使抵押资产具有流动性，有必要对房地产抵押贷款进行证券化，也就是将抵押债权进行小额分割，以有价证券的形式，通过资本市场进行融资，降低长期信贷资产规模占银行信贷资产总量的比重，减少银行信贷风险。因此，证券化是规避房地产贷款风险的有效手段，也是房地产金融的主要特征之一。

② 房地产金融是有担保的信用。

房地产金融一般属于长期信用。因此，通常要求借款人提供担保。担保包括人的担保和物的担保。人的担保（或称为保证）是由信誉卓著或资本雄厚的第三人为债务人的债务清偿提供担保，当债务人不能履行贷款合同时，该第三人具有代为履行偿还贷款的责任；物的担保，就是以特定的财物为借款人债务的履行作担保，当债务不能履行时，债权人有权行使该担保物权，无论债务人是否还负有其他债务或是否将该担保物权转让他人，都能从该担保物权的执行中获得债权的优先偿还。以上两类担保，人的担保较为方便，而物的担保则更安全。借款人可根据银行的要求选择一种或多种担保方式。

③ 房地产金融业务成本较高。

一般来讲，一宗房地产抵押贷款需要经历如下过程：借款人资信调查、房地产抵押物估价、抵押物保险、抵押权从设立到注销，有时还需执行抵押权。在这一过程中，需要和房地产管理部门、产权登记机关、保险机构、评估机构等部门进行联系；需要有相关知识的专业人员协作，如房地产估价师、资信评估人员、律师、会计师、经纪人等的配合，因此，操作较为复杂，这使得房地产金融的经营成本较高。

④ 房地产金融以抵押权为基础。

房地产金融以房地产抵押为前提，以房地产抵押权的设立为开始，并以抵押权的注销或执行为结束。抵押权就是抵押权人对抵押财产享有的优先受偿权，即债务人或第三人不转移对其财产的占有，将该财产作为债权的担保，当债务人不能履行债务时，债权人拥有从其抵押财产折价或者以拍卖、变卖该财产的价款中优先受偿的权利。

⑤ 房地产金融具有较强的政策性。

房地产金融受政府政策干预较强，但也是获得政府补贴较多的行业。一方面，受到社会经济发展计划、产业政策和城市规划及土地利用规划的限制，同时也受政府各种优惠政策的扶持。如采用利率优惠政策、贷款政府担保、税收优惠等措施支持住房贷款的发展；另一方面，城市居民住房问题的解决关系到社会的和谐和政局稳定，因此，房地产金融是政府推动有关土地政策、金融政策和农业政策的重要措施，通过调节投资结构、信贷利率和信贷方向等，可以起到调整土地利用结构、房地产投资结构、住房消费行为等作用，进而实现政府宏观调控的目标。

8.1.3　房地产金融的作用

房地产金融主要是为房地产业生产、流通、消费等环节进行资金筹集和分配，保障房地产业的稳定、健康发展，同时也是国家调控房地产市场和促进房地产消费的主要手段。具体来讲，房地产金融的作用主要体现在以下几个方面：

① 能够有效筹集社会资金，保障房地产业的发展。

由于房地产业具有投资规模大、生产周期长和商品价值大等特点，房地产的开发、建设、经营、消费等都离不开金融业的有力支持。房地产金融机构利用其优良的信用服务和多种资金融通手段筹集社会闲散资金，并在房地产开发建设需要资金支持时，向其发放房地产开发贷款，补充房地产开发商自有资金的不足，保障房地产开发建设项目能按计划完工。同时也大量采用房地产抵押贷款的方式向房地产消费者发放住房抵押贷款，解决房地产业消费领域的居民收入与房地产价值相差悬殊的矛盾。由此可见，金融业的参与平衡了房地产的供给和有效需求，促进并保障了房地产业的健康稳定发展。

② 利用房地产金融政策，有效调控房地产业发展。

房地产业是关系到国计民生的先导产业和基础产业，它在国民经济中具有举足轻重的地位，它的发展直接或间接影响到几十个行业的市场变化，因此，国家总会运用金融、税收等经济政策措施来间接调控房地产市场。例如提高居民个人住房贷款的首付比例、提高房地产开发贷款的自有资金比重、调高抵押贷款利息率、加重征收投资者交易商品房税收等措施，从而抑制了房地产投资过热的势头。

③ 合理分配和引导资金，促进房地产业的可持续发展。

金融机构向社会筹集了大量房地产资金后，还要合理地分配到房地产的开发、流通和消费的各个环节中去，以促进房地产业的健康可持续发展。一方面，房地产金融机构可以通过差别利率或不同的贷款条件来扶优限劣；通过公开市场业务影响房地产证券的价格，从而把有限的资金分配到那些内部经营管理规范、信誉高、效益好的房地产企业，促进房地产企业改善经营管理，从总体上提高房地产业的整体效益。另一方面，房地产金融机构可以通过加大对住宅消费的支持力度，将房地产金融的重点逐步引导到居民个人住房抵押贷款上来，有利于从根本上启动和发展房地产市场，促进房地产业的可持续发展。

8.2 房地产金融市场

8.2.1 房地产金融市场的含义

在现代经济社会中，房地产业广泛而活跃的融资活动必须通过市场关系才能进行。房地产金融市场是指房地产资金供求双方运用金融工具进行各类房地产资金交易的总和。它可以是一个固定的场所，也可以是无形的交易方式；交易的方式可以是直接的，也可以是间接的。随着信用工具的日益发达和不断创新，房地产金融市场的业务范围日益扩大，包括各类住房储蓄存款、住房贷款、房地产抵押贷款、房地产信托、房地产保险、房地产证券、房地产典当等多种业务。多种多样的房地产金融活动，不仅为房地产金融市场增添了活力，而且将金融业与房地产业密切结合起来，便于国家运用有关金融运行机制，对我国房地产业发展进行宏观调控。

8.2.2 房地产金融市场分类

房地产金融市场作为金融市场的一个重要组成部分，可以按照多种标准进行分类，如按市场层次、偿还期、区域范围、交易方式、服务对象等标准分类。

8.2.2.1 按服务对象不同分类

(1) 房产金融市场

房产金融市场是指银行或其他金融机构为房屋再生产所进行资金融通的市场。其中，住宅金融市场在房地产金融市场中占据非常重要的位置。根据金融体制的不同模式，住宅金融市场一般可分为自由的住宅金融市场和国家指导的住宅金融市场。

(2) 地产金融市场

地产金融市场是指以土地作为抵押物而向金融机构获得资金信贷的交易活动关系的总和。地产金融包括农地金融和市地金融，其业务主要是：以土地为抵押品，筹集融通资金，以达到对土地进行开发和利用的目的。地产金融一般以债券化的方式开展业务，具有债权可靠、利息率低、还贷期长、运作安全的特点，是银行比较乐于从事的业务。房产金融市场和地产金融市场并不是截然分立的，两者有着紧密的联系，它们相互影响、相互作用，共同构成完整的房地产金融市场。

8.2.2.2　按运行结构分类

(1) 一级市场

一级市场是房地产金融资产的初始交易市场，这是房地产金融市场的基础部分，主要包括金融机构存款业务、贷款业务、房地产证券的发行业务以及有关的附属业务，如政府机构、信托机构、保险机构对住宅信贷和证券发行的保证、担保和保险信托业务。

(2) 二级市场

二级市场是房地产资产的再交易、再融通的市场，这是房地产金融市场的核心部分。二级市场是为适应房地产信用资金的流动性，均衡各金融机构的存贷结构而产生的，通常为区域性市场，主要对象为房地产证券交易。对于房地产债券的投资者来说，二级市场是他们出售房地产债券的场所，可满足他们对资金流动性的需要。房地产金融机构向其他银行的拆借活动，银行、企业、个人出售持有的房地产证券，房地产金融机构向其他银行的贷款，或向社会投资者发行的再抵押证券等均属二级市场的活动。

8.2.2.3　按市场交易方式不同分类

(1) 协议信用市场

协议信用市场是由供需双方直接面对，按自愿互利原则进行交易，交易价格由交易双方在借贷协议中议定，交易客户的范围也相对稳定。根据不同的金融工具或不同的交易对象，协议信用市场可分为多种，如住房专项储蓄存款市场、零星货币存款市场、房地产贷款市场等。

(2) 公开市场

公开市场以偿还期为标准，可分为货币市场和资本市场。

① 房地产货币市场是指融资期限在1年期以下的金融工具交易的场所。根据借贷和买卖的不同形式，又可以细分为短期证券市场、贴现市场和拆借市场。其功能主要在于：a. 能够为企业的资金短缺和政府的短期赤字实现弥补性融通，又能将它们的短期盈余迅速地进行投资；b. 货币市场将各银行融为一体，使各银行的存款能在全国信用市场上有效集合起来；c. 能调节大部分企业、家庭以及政府的临时性、周期性的盈余和赤字。

② 房地产资本市场是指融资限期在1年以上的金融工具交易的场所。股票市场、中长期债券市场、余额抵押市场等都属于该市场的范畴。

8.2.2.4　按融资工具不同分类

(1) 房地产抵押贷款市场

房地产抵押贷款市场是指企业或个人以具有合法产权的房地产作为归还借款保证的抵押，向房地产金融机构融通资金的市场。其中又包括个人购房自住的消费性信贷和企业个人为房地产开发经营的投资性信贷。

(2) 房地产证券市场

房地产证券市场是指从事房地产股票和债券交易关系的总和。按照交易工具不同又可以细分为股票市场、债券市场和投资基金等市场。

(3) 房地产保险市场

房地产保险市场是指经营与房地产业有关的保险业务的市场。

(4) 房地产信托市场

房地产信托是指房地产所有者受托委托他人代办房地产的买卖、租赁、保险等代管代营业务。

(5) 房地产租赁市场

房地产租赁是指房地产所有者为融通资金在不改变房地产所有权的前提下将房地产交给他人使用,到期收回。转移的是房屋的使用权,所有权不发生变动。

(6) 房地产咨询市场

房地产咨询是指为房地产投资者提供规划设计、投资组合、营销策划等方案以及为房地产消费者提供房地产交易、房地产法规基础知识咨询的服务市场。

8.2.3 房地产金融市场的运行要素

房地产金融市场的运行主要包括四个方面的要素:市场主体、市场客体、市场信号和市场规则。房地产金融市场各要素之间紧密联系、互相促进、互相影响。其中主体和客体是最基本的要素,只要这两个要素存在,房地产金融市场就会形成,而市场信号和市场规则是市场发展自然产生或必然伴随的,只有这些因素存在,金融市场才能更发达、更高级。

8.2.3.1 市场主体

市场主体是指房地产金融市场的参加者,如居民、企业、政府和金融机构这些市场主体资金的需求者,或者是资金的供给者,或者是以双重身份出现的。

(1) 居民

在一定的时期内,居民日常消费支出后会有部分剩余,在通常的情况下,居民会将这部分剩余资金用于投资以实现价值增值。如果居民用这部分钱来购买房地产股票、债券或用于住房储蓄,那么这种金融行为就从一般的金融行为转变为房地产金融行为。因此,居民是房地产金融市场上的资金供给者。同时,居民又是房地产金融市场的最大资金需求者。因为住宅商品化的推行,住宅消费成为居民的主要消费支出之一。房地产商品价值量庞大,如果单纯依靠个人储蓄积累要经过很长时间才能形成现实的购买力;如果采用一次性付款,普通居民难以承受房价的压力,这就促使居民通过房地产金融市场融资,如申请住房抵押贷款,或出售自己持有的房地产股票,达到筹资的目的。

(2) 企业

在房地产金融市场上,企业是重要的资金供给者。在一个企业开发和经营的不同时点上,都会出现资金的盈余。从全社会来看,一定时间点上,部分企业在开发经营过程中也会存在暂时闲置的资金,比如某楼盘开盘早期,即销售行情最火爆的时期,常常会短期内出现大量闲置资金。企业可以将这部分资金通过房地产金融市场购得房地产金融工具,或存入房地产金融机构,其身份便转化为房地产市场的资金供给者。资金需求者主要指房地产开发经营企业。因为房地产开发经营要求投入大额资金,并且资金的回收期长,因此房地产企业在开发经营过程中会出现某些时间点上资金的短缺和不足。企业可以向金融机构借款或自己发行股票、债券，以获得自己所需的资金。

（3）政府

这里所指的政府主要是各个国家中央银行、货币管理当局以及地方政府。在房地产金融市场上，政府充当多重角色。① 资金的供给者。政府充当资金的供给者，是指政府拨专款发展房地产。如美国联邦土地银行成立时，全部资金都由政府投入。② 资金的需求者。这是指政府通过房地产金融市场筹集建设资金，通常多采用发行债券的方法。③ 房地产金融市场的监管者。政府可以采取利率、价格、税收等经济手段，来调节房地产金融市场的资金供应量，从而达到宏观调控的目的；也可以采取行政、法律手段，规定证券发行和流通的办法、各金融机构的业务范围、政策性信贷和商业性信贷的贷款额度、利率等执行原则，以达到规范房地产金融市场运行的目的。

（4）金融机构

它在市场上承担着市场中介的作用。有的国家设立了专门的房地产金融机构，有的国家就由一般的金融机构来从事房地产资金的融通，还有的则由专门的房地产金融机构和一般的金融机构共同经营。但是不管金融机构的设置有什么不同，活跃在房地产金融市场上的金融机构按照经营业务的范围可以分为：专营性的房地产金融机构和兼营性的房地产金融机构两大类型。

同政策性房地产金融或商业性房地产金融相适应，各金融机构承办的房地产金融业务分别表现出政策性和商业性的特点。有的金融机构是由国家直接出面经营或接受国家委托专门承办政策性金融，如住房公积金管理中心，住房储蓄银行。有的金融机构，如证券公司、信托公司、保险公司，承包房地产金融业务，是以盈利为目的的。而有的金融机构，如法国的土地信贷银行和我国的建设银行，对于政策性金融和商业性金融之间并没有明确的局限，都是既承办政策性信贷业务，又从事经营性信贷业务。

8.2.3.2　市场客体

市场客体就是指房地产金融市场上用于交易的金融工具，与商品市场上的交易对象是实物不同，金融市场上的交易对象是各种金融证券、住房抵押贷款契约等。在金融市场上，资金盈余方和资金短缺者是通过签订具有法律效力的金融契约来进行资金交易的，金融工具的出售者或发行人要承担相应的债务，而金融工具的购入方或持有者就要享有相应的债权。随着金融市场的发育和完善，金融工具的种类也日益增多。

房地产金融市场的金融工具可以分为两类：① 一般金融市场所共有的，如股票、债券、商业票据。房地产企业或个人可以将自己拥有的各种股票、债券、商业票据、银行存单通过金融市场变成自己所需的资金，投放房地产的相关领域。② 房地产金融市场所特有的，如房地产企业或房地产金融机构发行的债券、股票、住房抵押贷款契约、房地产抵押债券、住房存款单等。

房地产金融市场上的金融工具，有的只能做一次性的交易，如房地产存款单，而有的则可以多次交易，如房地产股票。

8.2.3.3　市场信号

市场信号是指能反映房地产金融市场各种价格及其变动的信息。同一般金融市场一样，房地产金融市场价格的表现形式是利率。利率是利息率的简称，在计算方法表现为利息与产生利息的本金的比率。在金融市场上,交易的目的是为了获得一定量资金在一段时间的使用权,那么资金的使用者必须为使用资金而付出一定代价、支付一定的资金成本,这个资金成本就是通过利息表现出来的。既然利息是对使用资金的价值偿付,那么偿付的价值量至少包含两个部分的内容:① 借出者因推迟消费遭受的损失;② 借出者的资金在借出期限内因通货膨胀的侵蚀而预期发生的购买力损失。前者被看做是实际利率,是借出者实际得到的补偿;后者被称为通货膨胀溢价,两者之和就是名义利率。

8.2.3.4 市场规则

市场规则是指在经济的运行过程中,进入市场的市场主体从事交易活动所应共同遵循的行为规范,它是由政府部门加以监督、管理和贯彻实行的行为准则。市场规则的建立和完善,是维护和协调各市场主体之间的利益关系,维持正常的市场秩序,是市场行为有序化、规范化的前提。市场规则一般包括:进出规则、交易规则、竞争规则、仲裁规则。

① 进出规则。市场进出规则是指市场主体和市场客体投入或退出市场的法律规范和行为。规则具体又细化为市场进入规则和市场退出规则。哪些市场主体可以进入或退出市场,哪些市场客体可以进入或退出市场,都必须由市场规则给予明确规定。市场进出规则具有规范市场主体的作用。

② 竞争规则。市场竞争规则是指国家依法确立的维护市场主体之间平等交换,公平竞争的规则。它是规范市场竞争行为与市场竞争活动的根本准则,具有很大的强制性,迫使参与竞争的各市场主体都要执行和遵守。在金融市场上,各市场主体之中存在众多的竞争者,也同样要求在竞争中享有平等的机会。市场竞争规则的根本任务和目标,在于消除各种特权与市场垄断,使各市场主体有机会均等地从市场获得资金,禁止使用非法和不合理的竞争手段,禁止人为垄断。所有这些都是为了给市场主体提供一个公平竞争的机会,保证市场竞争机制充分发挥作用。

③ 交易规则。交易规则是各市场主体进行市场交易活动所必须遵守的社会准则和规范。有了这个规则,市场主体从事各项交易便有章可循,买卖双方不致引起不必要的纠纷,促进交易顺利进行。交易规则的基本职能是规范市场交易方式和市场行为。如金融交易要在特定的场所(银行、证券交易所大厅)完成,禁止黑市交易;银行抵押贷款的利率、操作方法、流程等金融交易都要按照规则进行。

④ 仲裁规则。在各市场主体进出市场,开展竞争与进行交易的过程中,难免会发生矛盾和纠纷,或为了协调与解决这些矛盾,需要有市场仲裁规则,这个规则必须体现公平原则。执行这个规则的机构是市场仲裁机构,对买卖双方一视同仁,不能偏袒任何一方。

8.2.4 房地产金融市场监管

8.2.4.1 政府在房地产金融中的作用及其宏观调控

政府要想在房地产金融发展中有效发挥作用,首先必须给自己一个准确的定位。当前我国确立的经济体制改革目标是建立市场经济,其基本特征是参与市场交易的各主体地位都是平等的。如果政府作为一个交易主体参与市场,则必定与其他市场主体处于不平等的地位,这是由政府拥有市场的管理权性质决定的。所以政府作用的定位应该是:在市场中为各主体进行交易支持和保障,只有这样,才能保证市场行为的公平、公正和公开。政府扶持和干预市场有两种方式:直接干预和间接干预。直接干预是指政府不仅直接出巨资来参与房地产融资活动,而且通过制定利率等措施来对房地产金融市场实行多方面的干预。间接干预主要有两种形式：① 制定详尽的法律法规来规范和引导市场的发展；② 通过为抵押贷款提供保险和发起设立若干准政府机构，并通过它们的市场活动来影响抵押贷款市场的发展。

8.2.4.2　政府对房地产金融市场监管的具体方法

政府对房地产金融市场监管的具体方法主要包括以下几个方面：

(1) 登记监管

登记监管是新设房地产金融机构要正式进入房地产金融市场的门槛。对新设房地产金融机构进行登记管制的目的就是防止集中垄断，限制机构数目，保持合理规模，有利于公平竞争，以提高服务管理和保障房地产金融体系的安全。登记管制有四大内容：

① 一般规定房地产金融机构必须同其他商业银行一样是公司组织形式，住宅储蓄机构可以是法人团体或有限合伙组织。

② 为了保障存款人的安全，保证债券清偿能力和维护信用秩序，新设的房地产金融机构必须达到国家规定的注册资本额标准。

③ 在登记时要审查新设房地产金融机构管理阶层，特别是主要领导人的素质和声誉，确定其是否具有合格的金融业务管理人员。

④ 参加保险和接受监管。

不接受或不符合上述规定的内容，一律不予登记。

(2) 经营监管

它是规范已核准设立的房地产金融机构经营业务的管理措施，其具体内容有：

① 资本充足性要求。除房地产银行登记开业时必须有规定的最低资本额外，通常都要求其具备资本的充足条件，即资本与存款负债比率，资本资产比率，资本与风险资产比率等之间维持一个适当的比例关系。而中央银行则可据此判断房地产银行的经营情况，并采取相应的管理措施。

② 清偿力管制。即中央银行为维护金融安全采取的计量和管理房地产金融机构清偿能力的措施。这种管制主要集中在资产和负债的分类管理方面。对资产运用从结构上予以区别，将长短期资产的运用对应起来，并对长期资产运用实行特别限制，以保证房地产金融机构的清偿力。为了保证一定的清偿力，根据负债期限和可转换性安排资产运用的时间长短，同时负债结构应根据资产运用的需要加以调整。

③ 贷款集中限制。限制房地产金融机构对每一户借款者规定一个最高的贷款额度，以百分比表示。

④ 国家风险管理和外汇趋向监督。该监督主要是对涉外房地产金融机构如何规避国家风险和外汇风险所采取的措施。其中包括：监视、判断各涉外房地产金融机构所具有的国家风险趋向，提醒其对国家风险的防范；规定外汇交易量与资本量的百分比，对外汇趋向予以适度管制。

(3) 房地产金融机构检查

对房地产金融机构进行定期检查或抽查是房地产金融市场管理活动的重要方面。督促它们遵守金融法规，防范挤兑，维护资金的流动性和清偿能力，揭露管理上的过失与违法行为，保护存款人的利益，考核管理人员的能力和才干，评估真实财务情况等。对房地产金融机构的检查包括以下两种方法：

① 报表稽核。即根据一定的标准和要求，定期或临时对房地产金融机构报送的财务报表、统计资料和董事会记录等进行必要的稽核。稽核的内容包括自有资本充足程度、收益水平、资产流动性的大小等相关方面。

② 现场检查。这是对房地产金融实行监管的重要手段。现场检查主要有三种方式：a. 直接检查；b. 会同财政、工商、审计等部门共同派员检查；c. 委托其他监察机构代检查。

(4) 存款保险管理

为了保护存款人和社会大众的利益，维护金融稳定，确保包括房地产金融在内的整个金融体系的安全性和健全性，就必须建立必要的存款保险管理制度。这种制度在西方发达国家被已普遍采用，它在一定程度上对金融市场及房地产金融市场能起到"稳压器"的作用。负责存款保险的一般是专门的保险机构，如存款保险公司，或由各银行组织建立起来的保险基金，并且还担负着监管银行的责任。存款保险机构不仅履行保管保险金的责任，并且还担负着监管银行的责任。

(5) 保护性的事后援助与制裁

这是中央银行在包括房地产金融市场在内的整个金融市场的运行中所采取的最后抢救措施，其目的是稳定金融形势、维护金融安全、创造高效率的金融环境、促进经济发展。

事后援助指中央银行发挥其"最后贷款者"的功能，对出现安全问题的房地产金融机构(主要是专业银行)实行紧急援助。援助的方式包括：① 直接贷款。中央银行直接向房地产银行提供贷款，以缓解其支付能力不足的问题。② 组织大银行救助小银行，即由中央银行出面联合大银行集资救助小银行，如小规模的住宅储蓄银行等。③ 购买有问题的房地产银行的资产和由政府担保发放贷款。④ 由政府出面援助。政府对发生安全问题的大、中型房地产银行大量贷款，或者将其收归政府经营，全部债务由政府清偿。

8.3 房地产金融业务体系

8.3.1 房地产金融资金筹集

筹集房地产金融资金，是房地产金融活动之源，其主要业务有以下几个部分：

① 吸收房地产储蓄存款。与其他金融业务一样，吸收储蓄存款是金融机构的主要负债业务，也是房地产信贷资金的主要来源。吸收存款的主要来源有：政府存款、企业存款、个人存款和住房公积金存款等。其主要特点是定向性和积累性。

② 吸收住房基金。住房基金是通过一定的规则形成的用于住房建设与消费的专门基金，主要来源有：城镇住房基金、企事业单位住房基金和个人住房基金。基金的筹措与运用具有政策性、循环增值性的特点。

③ 发行房地产证券。房地产证券是与房地产相联系的有价收益凭证。房地产证券包括直接对应于具体的房地产表明其权属关系的证券，如房地产抵押契据；也包括企业发行的房地产债券和股票及以房地产为投资对象的房地产投资基金等受益券。房地产证券是重要的房地产金融工具，具有收益性、风险性等特点。

8.3.2 房地产金融资金的运用

资金运用是房地产金融活动的主流，也是融资活动的根本目的，其主要业务有以下几部分：

① 房地产开发经营贷款。房地产开发经营贷款是以房地产企业为对象而发放的贷款，包括房地产流动资金贷款、房地产项目贷款、房地产经营贷款等。这类贷款是金融机构与房地产企业以信用为基础建立的借贷关系，服务于房地产开发与经营活动，具有定向性和周转性的特点。

② 住房消费贷款。住房消费贷款是以住房消费为对象而发放的贷款，主要是居民个人在住房消费过程中发生的借贷行为。此类贷款主要用于消费者购买、建造、大修和装饰住房的需要，具有定向性特点。

③ 房地产抵押贷款。房地产抵押贷款主要是指银行以借款人或第三人拥有的房地产作为抵押物发放的贷款，具有凭物性和防范金融风险的特点。借款人到期不能偿还贷款本息的，贷款银行有权依法处理其抵押物或质物，或要求担保人承担连带偿还本息的责任。在抵押期间，抵押人不得随意处理已被抵押的房地产，作为抵押权人的银行有权对抵押物进行监督和检查。房地产抵押贷款，按贷款对象可分为企业事业法人房地产抵押贷款和个人房地产抵押贷款；按贷款用途可分为土地开发抵押贷款、房屋开发抵押贷款、购房抵押贷款以及其他用途的房地产抵押贷款；按贷款利率确定和计息方法可划分为固定利率房地产抵押贷款、浮动利率房地产抵押贷款、可调利率房地产抵押贷款。

并不是所有的房地产都可以用于房地产抵押贷款，根据原建设部《城市房地产抵押管理办法》的相关规定，下列房地产不得设定抵押：

① 权属有争议的房地产。

② 用于教育、医疗、市政等公共福利事业的房地产。

③ 列入文物保护的建筑物和有重要纪念意义的其他建筑物。

④ 已依法公告列入拆迁范围的房地产。

⑤ 被依法查封、扣押、监管或者以其他形式限制的房地产。

⑥ 依法不得抵押的其他房地产。

8.3.3 其他房地产金融业务

(1) 房地产信托

房地产信托是指房地产信托机构受委托人的委托，为了受益人的利益，代为管理、营运或处理委托人托管的房地产及相关资财的一种信托行为。房地产信托的主要内容有：房地产资金信托、房地产财产信托、房地产信托代理和保管以及房地产信用担保等其他内容。随着城镇住房制度改革的深化和金融体制改革的发展，房地产信托已成为整个金融业不可或缺的组成部分。房地产信托具有融通资金、融资与融物、融资与财产管理相结合的特点。

(2) 房地产保险

房地产保险是指以房地产作为标的物，根据订立的经济合同，对特定的灾害事故造成的经济损失提供资金保障的一种经济形式，属于财产保险的范畴。房地产保险是整个社会保险的组成部分。房地产保险的建立或发展，对房地产业的经营和管理提供了保障和支持。房地产商品是一种高价值资产，在设计、生产、销售、分配和使用各个环节中一旦遭受意外事故，则损失巨大，但如果参加了房地产保险，这种损失就能降低到最低限度。因为房地产保险将众多投保人的保险费集中到一起，建立强大的经济后备，可以为遭受损失的投保单位提供必要的资金补偿，从而为房地产资金的正常运用提供良好的条件，在一定程度上能起到资金融通的作用。

（3）*房地产咨询业务*

房地产咨询业务是指为房地产金融活动提供包括咨询方案设计、投资组合安排方案等创造性的解决方案并付诸实施的活动。

8.4 我国房地产金融发展趋势

随着我国经济的稳定增长、住房制度改革的加快、住房商品化的发展、居民住房消费的增加，住房建设和消费已开始成为新的经济增长点，使得公众对房地产金融产生了新的需求。展望未来，我国的房地产金融将会有以下几个方面的深化和发展：

① 房地产金融的经营主体会进一步增加，经营管理能力和服务水平有望得到进一步提高。

除了国内全国性和部分区域性的商业银行继续把房地产金融业务作为全行业务的重要经济增长点外，国内其他商业银行也将涉及或加大涉及房地产金融业务的力度，保险公司、信托投资公司、证券公司等金融机构和典当行等金融性商业机构都会进一步加入房地产金融领域。随着中国房地产金融市场进一步对外开放，国外金融机构的介入会使房地产金融经营主体进一步增加，市场竞争日益加剧，这也必然要求房地产金融的经营主体降低成本、提高效益、改进服务，房地产金融经营主体的经营管理能力和服务水平有望得到进一步提高。

② 房地产金融产品创新加速，金融工具多样化。

随着我国房地产市场的不断扩大，目前的金融工具已不足以满足市场需求。一方面，住房信贷资产特别是住房消费贷款资产的流动性风险逐渐凸现，需要有合适的金融工具来沟通一级融资市场与二级融资市场的通道。另一方面，居民对住房金融服务的要求呈现多元化趋势，不仅对传统销售环节中个人住房抵押贷款仍保持旺盛需求，而且扩展到变现、转贷等以住房为中心的所有相关经济活动。除此之外，国外金融机构将加入国内房地产金融业务领域，国内房地产金融领域的竞争将更加激烈。这就要求房地产金融业务的经营主体不断加强营销，加速金融创新的速度，使房地产金融工具多样化以满足不同的市场需求。

③ 房地产金融法规不断完善。

我国目前关于房地产金融的法律体系还不是很完善，有些法规缺乏可操作性，这不利于住房金融的进一步发展。但是，随着中国法制建设的日益加强，与房地产金融运作相关的法律法规会不断健全和完善起来，适合房地产金融有效运行的法制环境将逐渐建立起来。

④ 网络房地产金融服务将给房地产金融带来重大变革。

以互联网为基础的电子商务是信息时代商务运作的模式，随着计算机和互联网在我国的普及和推广，房地产金融业将会发生重大的变革，它将促使房地产金融业在服务手段、经营方式、服务功能和服务时空上发生重大变化。互联网的应用将实现房地产金融机构和客户之间的即时互动关系，为他们提供更多、更为及时的信息，促进它们之间的沟通和了解，同时为潜在客户提供了与房地产金融业务经营主体进行更多接触的便利机会。网络金融服务还将降低交易的成本、节约资源。当然，网络房地产金融的开展有赖于人们对网上交易信心的建立和支付手段的完善，更主要是依赖于相关法律法规的健全和完善。

⑤ 房地产融资渠道将出现多元化趋势。

首先,银行监管部门已对房地产投资中银行信贷资金占比过大、风险较为集中的情况较为关注,逐步提高了房地产信贷门槛,银行房地产信贷资金的投放得到适当控制。其次,越来越多的房地产企业在无法获得银行资金的情况下,对房地产融资渠道的创新需求迫切。最后,社会资金的快速积累,银行利率长期呈负利率,投资人对新投资产品的需求日益旺盛。因此,新的房地产投资信托产品将应运而生。

复习思考题

1. 房地产金融具有哪些特点?
2. 房地产金融的作用有哪些?
3. 房地产金融市场运行的要素有哪些?其中市场主体通常由哪些构成?
4. 政府对房地产金融市场监管的方法有哪些?
5. 房地产金融资金可以应用于哪几个方面?
6. 房地产金融资金的筹集主要有哪几个渠道?
7. 我国房地产金融未来的发展趋势如何?

第9章 房地产产权产籍管理

本章提要

本章重点介绍房地产产权登记、产籍管理和房地产测绘的基本概念。要求学生掌握房地产产权的类型和特征;掌握房地产产权登记的类型和程序;了解房地产产籍管理的内容;了解产籍调查与房屋产权登记有哪些区别与联系;了解房地产测绘的基本概念和基本内容。

9.1 房地产产权和产权登记

9.1.1 房地产产权类型及其权能

9.1.1.1 房地产产权概念

房地产产权是指权利人依法对其所有的房地产享有的占有、使用、收益和处分的权利。房地产产权是一种具有严格排他性的绝对权,产权人对其所有的房地产具有完全的支配权力。同时,产权人对其所有的房地产也承担相应的义务,如及时进行产权登记,缴纳有关税费,适时地进行修缮养护等。

我国宪法明确规定城市土地归国家所有。自明确实施城市土地国有化以后,本着房、地不可分割的事实,在房地产实际上是一个整体的基础上,实行的是房屋所有权与土地使用权主体一致的原则,即:一方面,不取得土地使用权,就不得在其上建筑;另一方面,当地上建筑物所有权转移时,应连同使用的宅基地一并转移。因此,我国房地产产权实际上是指房屋所有权及其该房屋所占用的土地使用权,以及由此所产生的各种他项权利的集合。

9.1.1.2 房地产产权的特征

房地产产权是以房地产为标识的物权,是财产权在房地产中的具体化,是一种具有一系列排他性的绝对权,权利人对其所有房地产具有完全支配权。因此,房地产产权的特征,一方面反映产权的基本特征,另一方面体现在作为不动产的土地和房屋自有特征。

① 产权的排他性。对一种产权的界定是以产权的排他性来衡量的,房地产产权亦是如此。排他性包括拥有权的自由转让性和使用的排他性两个方面。使用的排他性是指房地产所有者在允许的范围内,对其拥有的不受限制的选择权利,以保证其获得稳定的经济预期。土地所有者对所拥有的权利在法律允许的条件下是可以自由转让的,以使土地资源达到优化配置的目的。这就是说,土地所有人在不违反法律或第三人权利的范围内,有自由处分权,并排除他人的一切干涉,其权利是不可侵犯的。

② 产权的可分离性。产权的可分离性是指特定财产的各项权利可以分属于不同的主

体，如企业投资者享有企业财产的收益权，而企业的经营者可行使企业财产的使用权。正是由于产权的可分离性，使得产权是可以交易(转让)的。产权交易是产权主体将产权客体的所有权或由其派生的权利作为商品进行买卖的行为。产权交易有多种形式，如承包经营、租赁、参股控股、兼并收购等。商品买卖是一组权利的交换，这种交换是一种广泛意义上的产权转让。

③ 产权的法定性。房地产产权是以法律的形式来明确规定人们对房产和地产享有的各种权利，房地产产权关系实际上是房地产产权主体之间或产权行为主体之间的经济关系的法律体现。

④ 产权主体的一致性。房地产就是指土地和与其相连的，并在空间上紧密结合为一体的房屋建筑物的结合体。因此，房屋和土地的产权主体是一致的(转让土地时，其上房屋也跟着一起转让，房屋转让时，土地也必须一起转让)。

9.1.1.3 房地产产权的类型及权能

房地产产权类型是指按房地产权属的一定属性划分的房地产产权类别。划分房地产产权类别是理顺房地产产权关系的前提条件，也是房地产产权管理和促进房地产市场有序的前提条件。

(1) 房地产产权类型

根据我国房地产产权法律制度，地产和房产是分别设定权利，土地实行公有，即国家所有和集体所有，非土地所有人的房产所有者只有房屋所有权，对房屋使用范围内的土地只有土地使用权，并且实行房屋所有权和该房屋占用范围内的土地使用权权利人一致原则，即拥有了土地使用权也同时拥有了建筑在该土地上的房屋所有权，反之，拥有房屋所有权也就同时拥有该房屋使用范围内的土地使用权，房地产抵押时，房屋所有权与该房屋占用范围内的土地使用权亦是同时抵押。

在房地产产权类型体系中，首先，按照我国房地产权属的性质分为土地和房屋所有权、土地使用权和房地产他项权利；其次，按产权关系的客体不同，分为土地产权和房屋产权；再次，按所有权和使用权的性质分为国家所有、集体所有或个人所有，以及同所有权性质相对应的使用权形式。

(2) 房地产所有权类型及其权能

房地产所有权是一定历史阶段的所有制形式在法律上的表现。人们可以通过法律形式改变所有权的内容，但不能改变客观经济的自然占有关系。

① 所有权类型。按照我国现有法律的规定，我国实行社会主义土地公有制，土地属国家所有和集体所有。房屋作为财产，可以依法分别属于国家所有、集体所有和私人所有。

② 房地产所有权的权能。房地产所有权的内容是指其所有权法律关系中权利主体所享有的权利和义务。就权利而言，具体体现为房地产所有人在法律规定的范围内，对其土地或房屋享有的占有、使用、收益和处分的权能。

(3) 房地产使用权类型及其权能

房地产使用权是指房地产所有人以外的使用者在法律允许范围内，对房地产享有的占有、使用和部分收益的权利。在传统的物权范畴中，使用权不是一种独立的物权，它仅仅是所有权的一项权能。我国实行土地公有制，土地所有权的主体是国家和集体经济组织，而使用土地的产权比较分散，因此，我国法律将土地使用权作为独立的物权确定下来，在所有权和使用权相分离的条件下,房地产的使用权可以由非所有权人行使。房地产使用权是国家的房地产使用制度在法律上的体现,即具有使用房地产的产权主体,依法律规定的程序办理其使用权的申请、登记、发证等手续,经法律确认拥有对房地产的使用权利。由于房地产使用权是根据法律或合同规定产生的,因此,使用权主体必须在法律或合同规定的范围内使用。在“两权”分离的条件下,使用人无权决定房地产的最终处置,它只能依照法律和合同的规定转让使用权。

① 房地产使用权类型。房地产使用权是指房地产所有人以外的使用者在法律允许范围内,对房地产享有的占有、使用和部分收益的权利。在传统的物权范畴中,使用权不是一种独立的物权,它仅仅是所有权的一项权能。我国房地产使用权可以分为国有土地使用权、集体土地使用权等,国有土地使用权又可分为城镇国有土地使用权和农村国有土地使用权。农村国有土地使用权主要指农、林、牧、渔场依法拥有的土地使用权。

② 房地产使用权的权能。房地产使用权的权能包括占有、使用、收益和处分权,不过,这与房地产所有权的四项权能是同名而不同义的。

a. 占有——土地使用权人对其享有使用权的他人所有的土地的实际控制权或支配的权利,它是产生使用权的前提和基础。

b. 使用——土地使用权人对其享有使用权的他人所有的土地,依照该土地的性质和用途加以利用的权利,使用时必须依照法律和合同的规定进行。

c. 收益——土地使用权人对利用起享有使用权的他人所有的土地所产生的利益,有收获的权利。使用人使用土地取得使用权,其主要目的是经营房地产,以获得一定的利益。

d. 处分——土地使用权人有根据自己的意愿保留、转让或灭失其所享有的土地使用权的权利。这里的处分不同于所有权人的处分,使用人无权决定房地产的最终命运。

(4) *房地产他项权利*

房地产他项权利是指房地产所有权和使用权以外的其他房地产物权。房地产他项权利的实质是对其所有权人和使用权人行使所有权和使用权的一种限制。主要包括抵押权、地役权、相邻权、典权、地上权和租赁权。

① 抵押权。一般意义而言,抵押权是指债权人对于债务人或第三人不转移占有而提供担保之物,在债务人不履行债务时,有权就其实得的价金优先受清偿的担保物权。房屋所有权及以出让方式取得的土地使用权可以设定抵押权。抵押开始,抵押权人即取得房屋或土地的抵押权,抵押人(产权人)和抵押权人(债权人)要订立抵押契约,规定还款期限及利息。到期不还清债务的,抵押权消失。抵押人破产的,抵押权人享有以抵押物作价或从拍卖房地产中优先得到清偿的权利。

② 地役权与相邻权。地役权是指为了自己的使用、经营等方便、利益而使用别人的土地的权利。一般来讲,地役权的发生必须有两个不同归属的土地存在,为他人利用而提供便利的土地称为供役地,接受便利而得以使用或经营的称为需役地。所以,地役权是存在于他人土地之上的物权,具有从属性和不可分性。相邻权指不动产的所有人或使用人在处理相邻关系时所享有的权利。具体来说,在相互毗邻的不动产的所有人或者使用人之间,任何一方为了合理行使其所有权或使用权,享有要求其他相邻方提供便利或是接受一定限制的权利。相邻权实质上是对所有权的限制和延伸。

③ 典权。典权是指出典人将自己所有的不动产交由典权人,典权人向其支付一定典价

后对出典不动产享有的占有、使用和收益的权利。

④ 地上权。地上权又称借地权，是指以在他人土地上有建筑物或其他工作物为目的而使用他人土地的权利。地上权是用益物权的一种。它因具有物权的性质和物权的一切法律特征，而与作为债权的土地租赁区别开来。地上权设定、丧失和变更，非经登记，不生效力。地上权还具有长期稳定的特点，这也是制定地上权目的所在。大多数国家的民法对地上权的期间规定较长。具体期间由当事人自行约定。在地上权存续期间，地上权人有对土地的占有、使用和收益的权利，还有对地上权本身的处分权，如以地上权设定担保，地上权可以继承，地上权人享有的使用土地的权利，不因建筑物的灭失而消失。地上权可以依照法律或协议设定。各国民法都规定，设定地上权可以是有偿的，也可以是无偿的。在地上权终止时，地上权人有权收回其建筑和竹木，或向土地所有人取得补偿，但在地上权人有恢复土地原状的义务。

⑤ 租赁权。租赁权是指房屋所有权人有将其房屋租赁给他人的权利。房屋租赁，是指房屋的所有人作为出租人将其房屋出租给承租人使用，由承租人支付租金的行为。承租人取得房屋使用权后，未经出租人同意不得随便处置所承租的房屋，除非租赁合同另有规定，否则就是违法行为。

9.1.2　房地产产权取得方式

9.1.2.1　国有土地所有权的取得与灭失

(1) 国有土地所有权的取得

国家并不理所当然地享有土地所有权，其土地所有权的取得也有赖于一定的法律事实。我国国家土地所有权取得的法律事实主要有五种，即承继、没收、土地改革、依宪法直接取得和征用。

(2) 国有土地所有权的灭失

引起财产所有权灭失的原因有五种：① 所有权主体的灭失；② 所有权客体的灭失；③ 所有权的转让；④ 所有权的抛弃；⑤ 所有权因强制手段被灭失。

对国家土地所有权来说，首先，土地是不可能被灭失的，因而不存在所有权客体灭失的情况；其次，国家是至高无上的，其土地所有权也不可能被强制剥夺；再次，根据我国宪法和相关法律的规定，国家土地所有权不能被处分，因而土地所有权也不能因转让和抛弃而灭失。我国的国家土地所有权灭失的唯一原因是社会制度的变迁。

9.1.2.2　集体土地所有权的取得与灭失

(1) 集体土地所有权的取得

集体土地所有权是在农民私人土地所有权的基础上形成的，不是国家土地所有权的派生物，也不是隶属于国家土地所有权。而现行立法的规定进一步表明，农民集体土地所有权是一种独立的民事权利，在法律上，它与国家土地所有权处于平等的地位。

(2) 集体土地所有权的灭失

与国家土地所有权只能等到国家灭亡、法律消失才能灭失不同，引起集体土地所有权灭失的原因主要有两个：

① 集体土地所有权因所有权人意志以外的原因而灭失，主要包括四种情况：a. 国有化。国有化使国家取得了土地所有权，相应地使一些农民集体丧失了一部分土地所有权。b. 征用。国家为了公共目的需要征用集体所有的土地，使集体丧失了该土地的所有权。

c. 没收。拥有土地所有权的集体违法使用土地，国家有权没收其违法使用的土地，使该集体丧失该部分土地所有权。d. 调整。政府对各农民集体之间的土地所有权进行调整，被调出土地的集体便丧失了一部分土地的所有权。

② 集体土地所有权因所有权人的分立与合并而灭失。集体土地所有权人的分立分为两种情况：一种是原农民集体存在，其中一部分农民带一部分土地重新组成一个农民集体；另一种情况是农民集体分立为两个新的农民集体，其本身归于灭失。集体土地所有权人的合并也包括两种形式：一种是吸收合并，即一个农民集体接受另一个农民集体的加入；另一种是新设合并，即两个农民集体合并为一个新的农民集体。

9.1.2.3 房屋所有权的取得与灭失

(1) *房屋所有权的取得*

房屋所有权的取得是指一定法律事实的发生而使不具有某房屋所有权者获得该房屋的所有权，房屋所有权的取得方式主要有两大类：第一类是原始取得，即指房屋所有权人根据法律的规定，不以原所有权人的所有权和意志为根据而取得房屋所有权，包括新建、没收、收归国有、承继和添附；第二类是继承取得，即指房屋所有权人通过某种法律行为从原所有人那里取得房屋的所有权，主要方式有买卖、互易、赠与和继承。

(2) *房屋所有权的灭失*

房屋所有权的灭失是指通过某种法律事实而使房屋所有权丧失或与原房屋所有权人脱离的一种法律现象。引起房屋所有权灭失的原因主要有以下几种：房屋的灭失、房屋的转让、法律强制手段、房屋所有权主体的灭失。

引起房屋所有权灭失的原因中，房屋灭失导致该房屋的所有权永远不再存在，因此被称为房屋所有权的绝对灭失。后几种情况，即房屋的原所有权灭失，但却产生了新的所有权，因此被称为房屋所有权的相对灭失，也就是房屋所有权的转移。

9.1.3 房屋产权登记类型

房屋产权登记按不同的标准有不同的分类方法，目前，我国的房屋产权登记从时间上可划分为总登记和房产日常登记两大类。

(1) *房产总登记*

房产总登记又称为静态登记，是指在一定期间内，就行政管辖区范围内的全部房屋进行一次的、全面的登记。总登记是产权登记中最基础的登记。其特点是，不论房屋产权归谁所有，也不论房屋的产权状态和建筑物状况是否发生过变更，现产权人都必须在规定期限内向登记机关申请登记，登记机关通过法定程序审查确认后，向产权人颁发《房屋所有权证》。

房产总登记是编制和整理产权产籍资料的前提和手段。由于其涉及面广、工作量大，因此只有在没有房屋产权产籍基础资料或者原有资料因散失、不全或失实而无法说明问题的情况下才申请进行房产总登记。通过总登记编制成的图、档、卡、簿册，是全部房屋产权产籍管理的基础资料，也是日常登记工作的基础和依据。

(2) *房产日常登记*

房产日常登记包括：初始登记、转移登记、变更登记、他项权利登记、注销登记等。

① 初始登记。新建的房屋，申请人应当在房屋竣工后的三个月内向登记机关申请房屋所有权初始登记，并应当提交用地证明文件或者土地使用权证、建设用地规划许可证、建设工程规划许可证、施工许可证、房屋竣工验收资料以及其他有关证明文件。

② 转移登记。因房屋买卖、交换、赠与、继承、划拨、转让、分割、合并、裁决等原因致使其权属发生转移的，当事人应当自事实发生之日起三十日内申请转移登记。申请转移登记，权利人应当提交房屋权属证书以及相关的合同、协议、证明等文件。

③ 变更登记。权利人名称变更或房屋现状发生下列情形之一的，权利人应当自事实发生之日起三十日内申请变更登记：房屋坐落的街道、门牌号或者房屋名称发生变更的；房屋面积增加或者减少的；房屋翻建的；法律、法规规定的其他情形。

④ 他项权利登记。设定房屋抵押权、典权等他项权利的，权利人应当自事实发生之日起三十日内申请他项权利登记。

⑤ 注销登记。因房屋灭失、土地使用年限届满、权利终止等，权利人应当自事实事发生之日起三十日内申请注销登记。

《城市房屋权属登记管理办法》的第二十五条规定："有下列情形之一的，登记有权注销房屋权属证书：（一）申报不实的；（二）涂改房屋权属证书的；（三）房屋权利灭失，而权利人未在规定期限内办理房屋权属注销登记的；（四）因登记机关的工作人员工作失误造成房屋权属登记不实的。注销房屋权属证书，登记机关应当作出书面决定，并送达权利人。"

9.1.4　房屋产权登记程序

（1）准备工作

在房屋产权登记之前，必须进行组织、行政事务准备。这是一项复杂、细致的工作，一般包括以下几个方面：① 建立组织，制定各项办法、规定、制度和实施细则。② 宣传动员和业务培训。③ 资料准备。

（2）登记申请

在房屋产权登记工作展开后，所有权人必须在规定的时间内申请办理房屋产权登记，具体工作包括：

① 查验证件。查验证件是登记申请的第一关，是产权登记机关对拟进行房屋产权登记的产权人的有关证件检查、核实，以确认其真实性和合法性，从而为产权审查和进一步确认所有权提供依据。查验证件主要包括查验身份证件和查验产权证件两项内容，两者缺一不可，且必须相符。

② 填写房地产所有权登记申请书和房屋四面墙体界申请表。申请书是房产登记的主要书表，是房屋所有权人向房管机关陈述其房产权利状态和房屋状况，请求对其房屋所有权给予法律承认和保护的一种表格式样的书面申请。申请书中由申请人填写权利人情况及房屋状况，具体内容包括：产权人的姓名、性别、年龄、工作单位、地址、电话；共有人、代理人的情况；房屋的坐落、地号、幢号、房号、间数、结构、层数、建筑面积、建筑时间、使用状况；产权来源、交验证件的名称，他项权利设定情况。申请书中由产权审查人员填写产权审查情况，具体包括初审、复审、审批及发证记录等。

房屋四面墙体是房屋的外边界，墙体所有权是房屋产权的重要组成部分。在产权纠纷中有相当一部分属于墙界纠纷，为了明确墙体归属，为今后可能出现墙界纠纷提供有效的原始依据，房屋产权人在申请产权登记时，必须填写墙界表。

③ 收取证件。申请人填好申请书、墙界表之后，连同产权证件、证明等经登记人员审阅无误后，即予办理收件手续。登记人员将点好后的证件装袋并开给"收件收据"，"收件收据"是收取产权证件、证明文件收据，是登记申请人领取房屋所有权证的凭证。收件完成后，登

记申请即告一段落。

(3) 实地勘丈

实地勘丈是产权登记机关组织人员,以房屋产权人为单位,对登记申请书中反映的房地产情况逐处进行实地勘察。勘察的项目包括:查清房屋现状、核实墙界、测算房屋面积等,在此基础上绘制出房屋分户平面图,补测或修改房地产平面图,为产权审查和制图发证提供依据。

(4) 产权审查与确认

产权审查是依据国家现行政策、法律和有关的行政法规,以房屋产权产籍档案的历史资料和实地勘察的情况为基础,对照申请人提交的房地产所有权登记申请书、房屋四面墙体界申报表、产权证明文件等,逐户认真审查其申请登记的房屋产权来源是否清楚、产权转移是否合法、有关事项记载是否完备,为最终确认房屋产权把关。产权审查一般采取"三审定案"制,即初审、复审和审批。初审主要是对案情的事实根据负责,由产权登记人员通过查阅产权档案及有关资料,审查申请人提交的各种证件和必须办理各种手续,核实房屋的四面墙界,弄清产权来源及变动情况。复审是产权审查确认产权的关键环节,主要是对适用政策、法律、法规的准确性负责,审核人员不但要熟悉产权管理业务,而且又要懂得政策、法律、法规,还要具有较强的责任心。审批是对经过初审、复审初步确定房屋产权并经过公告无异议的案件,进行最后的审查,由登记发证工作的领导或部门负责人在审批栏内指示意见。

(5) 产权公告

在产权审查完成初审、复审后,审批之前,登记部门应将初步审核房屋产权的情况进行公告,广泛收集和征询有关权利人的意见,以便发现某些难以发现的隐情,及时纠正产权审查工作中可能出现的疏漏,保证产权确认准确无误。

公告的方式一般有如下以几种:① 在房屋所在地的居委会中心地点集中公告;② 将公告贴在每户房屋所在地;③ 在房管机关或房屋登记机关的办公地点集中公告;④ 在当地登报公告。公告的内容一般包括:房屋产权人的姓名、房屋坐落、幢、间、建筑结构、层数、建筑面积、墙界等项目。公告期限原则上为一至两个月。

(6) 注册登记

经过审查确认房屋所有权,准予发给房屋所有权证的,即进入注册登记阶段。此阶段要完成缮证、配图、校对、送印等四个流程。

缮证是指填写房屋的有权证、房屋代有权保持证、和房屋他项权利证。以上权证是由住建部统一负责制的,是具有法律效力的证件。

配图是指将实地复核后测制的房屋平面图、示意图、用胶水巾在房屋所有权证规定的贴图位置上。附图有两类:一类是按房屋产权范围的大小晒制或复印而成的房屋平面图;另一类是房屋分户平面图。

在缮证配图完毕后,由专人负责校对。核对要做到无错、无漏,保证房屋所有权证、房屋共有权保持证存根的项目与"申请书"上的一致,房屋所有权证的项目与存根一致。

产权证经校对无误后,按房屋产权性质划分的权证分类和权证编号顺序,分别登记在各种发证记录簿上,登记复核后,加盖填发机关公章,将已盖章生效的房屋所有权证、房屋共有权保持证逐一核对清点,连同登记案件整理后,移送发证人员。

（7）发证

发证是房屋所有权登记发证工作的最后程序。权证制作完毕即可填写“领证通知单”通知房屋产权人按指定的时间、地点、携带登记收件收据、居民身份证（或户口簿）、图章到登记机关领证。

9.2　房地产产籍管理

9.2.1　房地产产籍

房地产产籍是指房籍和地籍有机组成，由于房产和地产不可分割的特点，房籍与地籍也是统一地构成房地产产籍管理制度的整体。房籍以地籍为基础，由地籍发展而来，地籍包括土地产权的登记和土地分类面积记录等内容，是土地的自然状况、社会经济状况和法律状况的调查、记录和登记。地籍管理工作具体由地籍调查、土地权属登记和土地统计等构成。房籍又称为房屋产籍，是指城市房屋的产权档案、地籍图纸以及账册、表卡等其他反映产权现状和历史等情况的资料。

房地产产籍主要是由图、档、卡、册组成。它是通过图形、文字记载、原始证据等，记录反映产权状况、房屋及其使用国有土地的情况。

① 图——房地产地籍平面图。它是专门为房屋所有权登记和管理而绘制的专业用图，一般反映各类房屋及用地的关系位置、房屋结构、面积、层数、使用土地范围、街道门牌等。

② 档——房地产档案。它是指在房屋所有权登记中形成的各种产权证件、证明、各种文件和历史资料等收集起来，用科学的方法加以整理、分类装订而成的卷册。房地产档案主要记录反映产权人及房屋、用地状况的演变。它包括产权登记的各种申请表、墙界表、s调查材料、原始文件记载和原有契证等。它反映了房地产权利及房屋、土地演变的过程和纠纷处理的结果及其过程。它是审查、确认产权的重要依据。

③ 卡——房地产卡片。它是对产权申请书中产权人情况、房屋状况、使用土地状况及其来源等扼要摘录而制成一种卡片。它按丘号（地号）顺序，以一处房屋中一幢房屋为单位填制一张卡片。一处房屋有多少幢就编制多少张卡片。房地产卡片的作用是为了查阅房地产的基本情况，以供对各类房屋进行分类统计使用。

④ 册——房地产登记簿册。包括登记收件簿、发证记录簿、房屋总册等。它是根据产权登记的成果和分类管理的要求编制的，是产权状况和房屋状况的反映。

9.2.2　房地产产籍管理

房地产产籍管理是产权管理的基础和手段。没有产籍，产权管理就无从谈起。产籍管理工作内容包括建立产籍卡片、图表和注记、修正登记等内容。

9.2.2.1　**房屋产籍管理**

城市房屋产籍应当由县级以上地方人民政府房地产行政主管部门统一管理。房屋产籍管理有以下措施：建立健全房产档案和房产测绘的管理制度。城市房屋的测量应当符合房屋管理和测量规范的要求，准确反映房屋的自然状况，并绘制符合规范的图表，为审查确认产权提供可靠依据；城市房屋的产籍，应当依照房地丘（地）号建立。房地丘（地）号的编写，按照房地产测量规范执行;城市房屋产权档案,应当以产权人为宗立卷。宗内文件的排列,可以按照产权的变化时间为序。城市房屋产权档案必须长期保存。如果发生丢失或者损毁时,应当及时采取补救措施;对于城市房屋产籍,应当根据房屋产权的转移、变更等及时加以调整和补充。

9.2.2.2 **地籍管理**

地籍管理是土地使用制度改革的基础性工作,也是加强土地权属管理的重要措施。地籍管理的对象是土地登记形成的文件资料,包括:土地登记申请书、土地登记收件单、土地权属证明文件、资料、土地登记审批表、地籍图、土地登记簿、土地证书签收簿、土地归户册、土地登记复查申请表、土地登记复查结果表、确权过程中形成的协议书、决定书等文件、资料。

9.2.3 房地产产籍调查

9.2.3.1 **产籍调查的任务**

房地产产籍调查是核实房地产的权属和利用状况,为产权登记、颁发权利证书、加强房地产管理及其合理利用提供基础资料和数据的一项法律措施,是房地产产权登记的前期基础性工作。房地产产籍调查的主要任务包括:① 为产权登记提供法律依据。② 为合理利用土地和使用房屋提供基础资料。③ 为房地产的科学管理奠定基础。④ 为国家编制计划和征税提供科学依据。

9.2.3.2 **产籍调查的类型和内容**

(1) *产籍调查的类型*

产籍调查是动态性的工作,为了保持房地产产籍调查成果的现实性,满足房地产管理和经济发展的需要,必须在进行土地资源调查和房屋普查的基础上进行日常变更调查。所以,产籍调查按其时期和任务的不同,分为初始调查和变更调查两种。

(2) *产籍调查的内容*

产籍调查的内容取决于调查的对象和目的,如以财政目的为主的税收地籍,地籍调查要查清纳税人的情况和纳税的土地面积及土地等级。又如,以法律为目的的产权地籍也具有为税收服务的功能,但是除此之外,它还具有重要的功能,即保护权利人的合法权益。再如,以多种功能为目的的多用途地籍,对地籍图、簿等资料的要求是多方面的,除作为税收的依据、权属的凭证外,还为土地利用规划、城市规划以及其他各种经济建设规划服务。

9.2.3.3 **房籍调查的内容**

房籍调查分为房屋调查和房屋用地调查。

(1) *房屋调查*

房屋调查的内容主要包括:房屋坐落、产权人、产权性质、产别、总层数和所在层数、建筑结构、建成年份、用途、占地面积、建筑面积、分摊面积、墙体归属、权源、产权纠纷和他项权利等基本情况,以及绘制房屋权界线示意图。

(2) *房屋用地调查*

房屋用地调查的内容主要包括:用地的坐落、产权性质、等级、税赋、使用人、用地单位所有制性质、四至界畔、用地分类、用地面积和用地纠纷等基本情况,以及绘制房屋用地示意图。

9.2.3.4　**房籍调查与房屋产权登记**

房籍调查与房屋产权登记是互为依靠的两项工作，两者既有区别，又有联系。

(1) *房籍调查与房屋产权登记的区别*

房籍调查是一项专业性、技术性较强的工作，主要是房屋管理机关对各类房屋产权和现状的调查，其调查成果只是作为房屋确权的基础资料和重要依据，但没有法律效力。而房屋产权登记是一项法律性的工作，如果地方政府发布登记通知，不论房屋归谁所有，在登记范围内的房屋产权人均须到房产管理机关办理产权登记。房屋产权登记是一种政府行政行为。经过审核确认、颁发房屋所有权证，房屋所有权即受到法律的承认和保护。

(2) *房籍调查与房屋产权登记的关系*

首先，房屋产权登记是房籍调查的后续工作。在日常工作中，房屋产权人因房屋产权状况、建筑状况的变更而向登记机关申请变更登记。登记部门接到申请后，要对其房屋的现状进行实地调查，即房籍调查。因此，要进行房屋产权登记必须进行房籍调查。

其次，房籍调查为房屋产权登记提供依据。房籍调查查清了每个权属单元的位置、权属、数量、用途、利用状况、房屋状况等基本情况，这些正是房屋产权登记确权的主要依据。同时，在产权登记中，各种纠纷的调处以及一些难以发现的错误和问题也可以通过房籍调查得到实证。

9.2.3.5　**地籍调查**

地籍调查是一项综合性的系统工程，必须在准备充分、计划周密的基础上进行。地籍调查一般要经历三个阶段：① 准备工作，包括组织准备、收集资料、确定调查范围和调查区、地籍调查技术设计、表册等准备、人员培训。② 外业调查与测量。③ 内业工作。

权属调查的程序主要分为：① 准备工作，包括准备调查用图、发放调查通知。② 实地调查，包括现场指界、设置界址点标志、填写地籍调查表、绘制宗地草图等。

9.3　房地产测绘

房地产测绘是指运用测绘仪器、测绘技术和测绘手段，来测定房地产的位置、界址占地范围和面积等，为房地产权利人和管理部门提供信息服务的一项专业技术活动。

9.3.1　地籍测量

地籍测量是测定和调查每宗土地及其附属物的权属、位置、利用状况、面积、价值等基本状况的一项专业测量，主要是为地籍管理服务的。

9.3.1.1　**地籍测量的程序**

地籍测量同普通测量一样，遵循“先控制、后细部”的原则，其作业程序主要包括平面控制测量、权属调查、细部测量、内业资料整理。地籍测量完成后应提交的成果有：① 技术设计书；② 控制测量成果；③ 地籍调查表、薄、册；④ 界址点及坐标册；⑤ 面积计算表；⑥ 地籍册；⑦ 地籍图及测图资料；⑧ 分幅结合表；⑨ 分幅图及街坊编号图等。

9.3.1.2　**数字化地籍测量**

数字化地籍测量的基本方法有：全解析法和部分解析法。数字化地籍测量数据处理流程主要有三种，具体如图 9-1 所示。

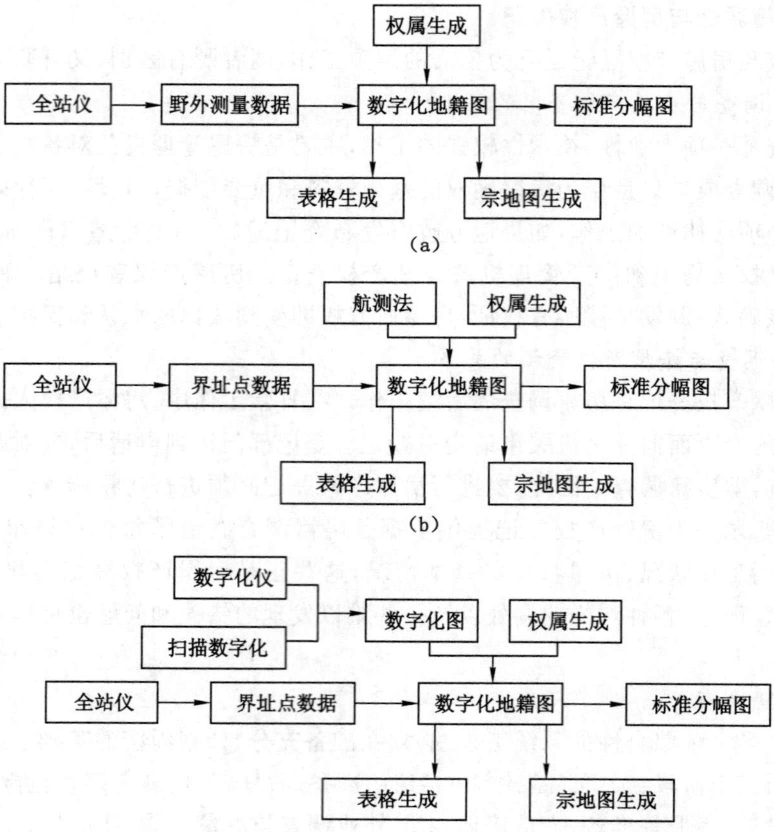

图 9-1　数字化地籍测量数据处理流程

(a) 流程一；(b) 流程二；(c) 流程三

9.3.2　房地产测绘内容

房地产测绘为城镇房产产权产籍管理、城市规划与开发、旧城改造等活动提供数据和资料而进行的专业测绘工作的总称。

9.3.2.1　房地产测绘的内容

房地产测绘工作的内容包括：平面控制测量、房地产调查、房地产图测绘、房屋和土地使用面积测算、房屋变更测量等。

9.3.2.2　房屋测量与面积测算

（1）房屋测量的基本要求

房屋要逐幢丈量，一幢房屋有不同层次的要分层次进行丈量。同时丈量房屋时可根据房屋形状分为形状规则房屋丈量和形状不规则房屋丈量。

（2）成套房屋的面积测量

成套房屋的面积测量主要工作包括：准备工作、套内房屋使用面积、套内阳台建筑面积、套内墙体面积、套内房屋建筑面积、各套应分摊的共有建筑面积和成套房屋销售面积。

（3）面积测算

面积测算是指水平面积测量，包括房屋建筑面积和用地面积测算。各类面积测算必须独立测算两次，其较差应在规定的限差以内，取中数作为最后结果。面积测算主要测算房屋面积和用地面积两种。

复习思考题

1. 房地产产权具有哪些特征？
2. 房地产产权登记的程序包括哪些？
3. 房地产产籍调查的内容是什么？
4. 产籍调查与房屋产权登记有哪些区别与联系？
5. 房地产产权登记包括哪几个类型？
6. 房产测绘的内容包括哪些？

第10章 房地产经纪

本章提要

本章重点介绍房地产经纪业务的基本内容以及构成房地产经纪业务的人员、机构和经营模式。通过学习，要求学生掌握房地产经纪的执业要求；掌握房地产经纪机构的基本类型和经营模式；掌握房地产经纪的业务种类及每项业务的工作内容；了解房地产经纪信息管理的搜集、加工整理和利用的过程。

10.1 房地产经纪概述

10.1.1 房地产经纪概念

房地产经纪是指以收取佣金为目的，为促成他人房地产交易而从事居间、代理等经纪业务的经济活动。

在上述定义中，应把握三个核心概念，即佣金、居间、代理。居间是指向委托人报告订立房地产交易合同的机会或者提供订立房地产交易合同的媒介服务，并收取委托人佣金的行为。代理是指以委托人的名义，在授权范围内为促成委托人与第三方进行房地产交易而提供服务并收取委托人佣金的行为。佣金是指房地产经纪机构完成受委托事项后，由委托人向其支付的报酬。

(1) 房地产经纪的特征

① 服务性。经纪人作为中介人从事的是一种商业服务行为，即行为主体(经纪人)通过经纪活动使另一个主体(服务对象)获得某种利益，它所提供的商品不具有实物形态。

② 专业性。房地产是一种特殊的商品，价值量大，其经纪活动涉及许多专门知识，如房地产产权、房地产价格构成、房地产税收、房地产交易手续、房地产法律法规等。因此，房地产经纪具有较强的专业性。

③ 地域性。由于房地产商品的空间固定性和地域性，所以房地产交易市场不存在全国性市场，更不存在全球性市场，而是一个地区性市场。

(2) 房地产经纪的作用

经纪在经济活动中的作用集中表现为在各种经济活动中的沟通和中介作用，即沟通市场供给与需求，提供说合买卖的中介服务。房地产经纪作为一种经纪活动，除了具有经纪活动的一般作用，还具有自己独特的功能定位，主要表现在以下三个方面：

① 沟通信息、提供咨询。

房地产交易中，买卖双方之间存在严重的信息不对称。因此，需要由房地产经纪人搜集交易信息，沟通供需双方，提供专业咨询。房地产经纪人的中介地位和专业能力，使他们具有获得房地产商品交易信息的职业优势。如果房地产经纪人不能坚守中介立场，而是运用职业便利做出超越中介的行为，则更易加剧信息的不对称，导致市场失灵。

② 促成交易、提高效率。

在房地产交易中，当事人需要市场供求、对方诚信等信息，只有在了解对方和市场情况后才会作出决定。房地产又由于价值量大，交易双方都比较谨慎，不仅导致双方搜寻信息的成本相当高，而且由于缺乏房地产知识而使交易的效率低下。因此房地产经纪业存在的第二个基本理由，也就是行业功能的另一个基本定位，就是通过为当事人提供专业服务，促成双方顺利、安全交易，以提高市场交易效率，从而为当事人省事、省钱。在正常的房地产交易活动中，房地产经纪人能比较准确地把握市场供需，并根据物业现状对价格作出判断，运用法律知识为双方当事人制订相对完备的合同，减少或杜绝违约行为。这些专业服务使双方当事人减少顾虑，较快促成交易，提高了效率。当然，房地产经纪人不能为了快速成交而偏袒一方，甚至蒙骗，诱导当事人。否则，这种对于当事人的不公平交易，即使一时成交，也会留下隐患，并且会损害当事人的利益，引发各方纠纷，实际结果是交易的低效，甚至是无效。

③ 公平买卖、保障安全。

房地产交易主要是产权的转让。由于房地产价值量大，在当事人的全部财产中占有相当大的份额，因此，房地产交易的安全关系到当事人的重大利益。目前，银行为房地产买卖提供主要的金融贷款支持，房地产交易的不安全也会增加银行风险，严重的情况还会危及社会稳定，从而具有社会风险性质。

追根溯源，在房地产交易中，利用交易信息不对称逐利，以及缺乏专业能力是导致交易风险的根本性隐患，因此，防范房地产交易不安全造成的相关社会风险，保护有关当事人的财产安全的最有效市场方式，就是依托经纪人坚守中介立场，发挥专业优势，规范服务程序。对居间业来说，必须在交易过程中的各个环节严格把好安全关。房地产经纪人应把维护房地产交易安全当成自己的首要使命，以诚信为本，维护交易安全，否则经纪人会失去客户的信任，殃及整个经纪行业的声誉，危害行业的发展。

10.1.2　房地产经纪的必要性

我国的房地产市场正处于快速发展与不断完善的阶段。为了完成以市场为基础配置房地产资源的任务，必须创造各种必要的条件以完善市场功能。因此，房地产经纪人及其活动的合法地位必须确立。当前，发展房地产经纪的必要性主要有以下几个重要因素：

（1）房地产商品的特性

房地产商品的特性决定了房地产商品的流通不同于一般商品的流通。房地产的价值量大，不宜通过经销商出售，因为维持这类存货的费用比较高，经销商难以承受。同时房地产具有不可移动性和差异性，其交易过程是要把消费者往产品处集中，以达到认识和购买的目的。专业的房地产经纪人以合理的费用提供专业化中介服务，从而对促进房地产流通、提高房地产市场运行效率、降低房地产交易成本、保证房地产消费者的合法行为起着十分重要的作用。

（2）房地产交易的复杂性

房地产交易的复杂性，使得每一笔交易都需要耗费时日，并且还要懂得有关的法律、市场营销或估价知识。训练有素的经纪人能为买卖双方提供各种技术帮助。而且房地产买方大都需要融资，经纪人熟悉抵押贷款的各种规定，能帮助买主向金融机构筹措购房贷款。因此，在一些市场经济发达的国家，绝大部分房地产交易均经过房地产经纪人努力。如在美国，在成交的房地产买卖总量当中，约有80%的房地产交易是通过房地产经纪人的经纪服务而成交的。

在当前房地产市场中，从土地批租到商品房的销售和售后服务，市场机制已建立并逐步完善，这必然会加大对房地产经纪人的市场需求。

(3) 城镇住房制度改革深入的需要

城镇住房制度改革的方向是要实现住房商品化和社会化，自有住房必然日益增多。随着房屋商品化的深入，单位和个人产权房必然越来越多，市场交易量也必定日益增大。而且，旧公房的出售、拍卖、转让，公房联营、入股、店面开发以及危房、旧房的更新改造等，都将成为市场交易中的常见业务，这些业务都需要经纪人从中牵线搭桥。此外过去公房无偿分配所造成的居住矛盾，需要通过使用权或产权调换的方式去解决。可见，随着住房制度改革的深入，更需要发挥房地产经纪人的作用。

10.1.3 我国房地产经纪的发展现状

随着我国城镇住房制度改革的深化和全面实施，我国房地产经纪行业也呈现出蓬勃发展的势头。据调查，目前北京房屋出租市场上，有近50%的业主委托经纪公司代为出租房屋，上海市大约有90%的二手房买卖是通过房地产中介机构实现的。但是，由于我国的房地产经纪机构起步较晚，在执业标准、执业规则、专业人员素质、运作经验和管理经验等方面都还不成熟，存在收费过高、服务质量低、不能替消费者维权、欺诈客户、专业服务水平低等问题，影响了房地产经纪行业的健康发展。总体来看，我国的房地产经纪行业正处于高速发展的不成熟阶段，主要呈现出以下几个特点：

① 起步晚、普遍规模小、资金实力弱。

以北京市为例，目前北京市经纪行业的发展以内资企业发展占主导地位，约占本市经纪行业的95.95%。房地产经纪发展较快，约占全行业的75%。外商投资已进入经纪行业，主要集中在房地产业，文化、体育、保险、产权等行业。行业投资规模一般不大，约84.82%的注册资本(金)在100万元人民币以下。

② 从业人员素质不一，良莠不齐。

早期的房地产经纪业可以说完全是自发而生的，既没有行政许可，又没有行业自律管理，同时缺乏严格的行业准入制度，行业进入容易，导致房地产经纪业从业人员的结构较为复杂，有专职的、兼职的，还有退休后加入该行业的，有持照的合法经纪，也有无照的黑市经纪，使得从业人员之间无论在专业素质还是在道德素质、服务意识等方面都存在较大的差距。一部分房地产经纪从业人员专业素质差、法制观念淡薄、操作不规范，有的甚至存在骗取中介费、吃差价等违背诚信的行为，严重影响整个行业从业人员的形象。

③ 各地区经纪业发展不平衡。

由于房地产经纪门槛低，所以在房地产交易量大的时期，房地产经纪业发展也比较迅速。截至2010年5月，备案的北京房屋中介机构达到2 401家，比2000年增长4倍，分支机构达到3 152家，增长了600余倍。而在市场交易惨淡时期，房地产经纪行业又会出现明显的滑坡。2011年11月7日，链家地产公布的统计数据显示，今年以来北京二手房中介共关闭门店1 000家左右，为3年来最多。其中，仅10月份就有177家北京二手房中介关门大吉。

④ 政府对房地产经纪人和房地产经纪企业的监管进一步加强。

2003年3月，北京市国土资源与房地产管理局要求房地产经纪机构不得以“房屋银行”、“房屋超市”名义发布房地产经纪广告、受理房地产经纪业务。

⑤ 房地产经纪行业的规章制度和自律职能需进一步完善。

2010年10月，中国房地产估价师与房地产经纪人学会在对北京、上海、天津、南京、贵阳、海口、合肥和芜湖八个城市进行了房地产经纪行业实地调研。结果显示，约有60%的房地产中介机构的从业人员没有取得相关的职业资格，且行业业务人员月流失率高达20%，平均从业年限不足1年。2011年8月30日，北京市住房和城乡建设委员会就不符合备案条件房地产经纪机构的名单进行了公示，全市有1 357家房地产经纪机构，不符合“本市房地产经纪机构应至少有1名房地产经纪人，且机构主要负责人具有房地产经纪职业资格注册证书”的备案条件。由此可见，房地产经纪行业要得到健康发展，规章制度的完善是非常必要的，其执行和监管也是必须要落到实处。

10.2　房地产经纪机构及经纪人员

10.2.1　房地产经纪人员概述

(1) *房地产经纪人*

我国对房地产经纪人员实行职业资格制度。因此，房地产经纪人，是指经过全国房地产经纪人执业资格考试合格或资格互认，依法取得《中华人民共和国房地产经纪人执业资格证书》，并经申请执业，由有关主管部门注册登记后取得《中华人民共和国房地产经纪人注册证书》，在房地产经纪机构中能以房地产经纪机构的名义独立从事房地产经纪业务，或可以自行开业设立房地产经纪机构或经执业的房地产经纪机构授权，独立开展经纪业务，并承担责任的自然人。未取得房地产经纪人员职业资格证书的人员，一律不得以房地产经纪人员的名义从事房地产经纪业务。

根据可从事的房地产经纪业务范围的不同，房地产经纪人员职业资格分为房地产经纪人执业资格和房地产经纪人员协理从业资格两种。取得房地产经纪人协理从业资格，是从事房地产经纪活动的基本条件。取得房地产经纪人执业资格是进入房地产经纪活动关键岗位和发起设立房地产经纪机构的必备条件。

(2) *房地产经纪人员的权利和义务*

房地产经纪人享有以下权利：

① 依法发起设立房地产经纪机构；

② 加入房地产经纪机构，承担房地产经纪机构关键岗位；

③ 指导房地产经纪人协理进行各种经纪业务；

④ 经所在机构授权订立房地产经纪合同等重要文件；

⑤ 要求委托人提供与交易有关的资料；

⑥ 有权拒绝执行委托人发出的违法指令；

⑦ 执行房地产经纪业务并获得合理佣金。

房地产经纪人协理享有以下权利：

① 房地产经纪人协理有权加入房地产经纪机构；

② 协助房地产经纪人处理经纪有关事务并获得合理的报酬。

房地产经纪人、房地产经纪人协理应当履行以下义务：

① 遵守法律、法规、行业管理规定和职业道德规范；

② 不得同时受聘于两个或者两个以上房地产经纪机构执行业务；

③ 接受职业继续教育，不断提高业务水平；

④ 向委托人提供相关信息，充分保障委托人的权益，完成委托业务；

⑤ 为委托人保守商业秘密。

10.2.2 房地产经纪基本执业要求

(1) 经营场所公示

① 国家和有关部门核发的营业执照、房地产经纪机构备案证书和机构的名称、经营范围、经营方式的标志；

② 房地产经纪人执业证的标志；

③ 居间介绍、代理等各项业务收费标准；

④ 其他资料、告示应当符合法律、法规的规定。

(2) 执业告知

根据诚实信用原则，将可能预测到的情况和风险告知委托人，由委托人决定是否与其签订经纪合同和签订何种经纪合同。应当明确告知下列情形：

① 执行人的姓名、资格；

② 执行业务的范围、方式；

③ 需要当事人提供的资料和事实；

④ 委托人提供资料和事实的查询、查验结果；

⑤ 提供服务的内容、时限和标准；

⑥ 适用的法律、法规和政策规定；

⑦ 拟使用的合同文本，合同条款的协商、履行以及发生争议的解决方法；

⑧ 收取佣金的标准、数额及协商范围；

⑨ 拟采取的最终具结方式。

(3) 执业限制

房地产经纪人不得同时在两个或两个以上的房地产经纪机构从事房地产经纪活动。房地产经纪人只能在自己注册的经纪机构执业。房地产经纪人协理限于辅助房地产经纪人执行经纪活动，不得独立以房地产经纪机构的名义开展活动，并与委托人订立居间或代理合同，收取佣金。

(4) 执业回避

① 与委托当事人有直接利害关系，可能损害委托当事人利益的；

② 委托当事人要求回避的。

(5) 签订合同

房地产经纪合同应包括以下主要内容：

① 双方当事人姓名或名称、住所；

② 服务项目的名称、内容、要求和标准；

③ 合同履行期限；

④ 佣金数额和支付方式、时间；

⑤ 违约责任和纠纷解决方式；

⑥ 当事人约定的其他内容。

(6) 执业署名

经纪合同中应当附有执行该项目经纪业务的经纪人签署的名字、执业证书编号等内容。

(7) 佣金

房地产经纪机构必须与委托当事人签订经纪合同。根据合同约定方可收取佣金，并由房地产经纪机构出具发票。佣金标准遵循以下原则：有规定的在规定标准范围内协商约定收取，无规定的按合同约定协商收取，既无规定又无约定的，按当地、当时提供同类服务的平均佣金水平收取。房地产经纪人员有权要求委托人支付因开展房地产经纪活动而发生的成本费用。房地产经纪机构和经纪人不得在执行经纪业务活动过程中谋取佣金以外的任何经济利益。

(8) 解除合同

有下列情形之一的，房地产经纪机构与委托人可以变更或解除合同：

① 符合法律、法规规定或合同约定的；

② 不可抗力致使合同不能继续履行的；

③ 协商一致的。

(9) 资料申报

机构按照房地产管理部门的要求和规定的时间上报机构人员的变动、经营业务情况的统计资料。

(10) 广告发布

房地产经纪机构发布房地产经纪广告，应在广告中载明机构名称、资质证书号码。广告内容必须真实，不得发布虚假广告，不得以其他房地产经纪机构名义发布广告，不得允许其他组织或个人以本机构的名义发布广告。

(11) 禁止行为种类

房地产经纪人和经纪人员在执业中禁止下列行为：

① 超越其核准的经纪业务范围；

② 隐瞒非商业秘密的有关经纪活动的重要事项；

③ 弄虚作假，提供不实的信息或签订虚假合同；

④ 采取引诱、胁迫、欺诈、贿赂和恶意串通等手段，招揽业务或促成交易；

⑤ 伪造、涂改、转让《房地产经纪人员资格证》或允许他人利用自己名义从事房地产经纪业务；

⑥ 利用已经签订的房地产经纪合同或他人掌握的经营信息，采取不正当手段转移业务、背弃合作、侵吞劳动成果或损害委托人利益；

⑦ 房地产开发经营企业的房地产经纪机构和人员，从事本公司开发建设的房地产经纪业务；

⑧ 房地产经纪人员同时在两个以上房地产经纪组织内兼职；

⑨ 索取或收受委托合同规定以外的酬金或其他财物；

⑩ 法律、法规禁止的其他行为。

10.2.3 房地产经纪机构的基本类型

(1) 不同企业性质的房地产经纪机构

① 房地产经纪公司。

房地产经纪公司是指依照《中华人民共和国公司法》和有关房地产经纪管理的部门规章，在中国境内设立的经营房地产经纪业务的有限责任公司和股份有限公司。

② 合伙制房地产经纪机构。

合伙制房地产经纪机构是指依照《中华人民共和国合伙机构法》和有关房地产经纪管理的部门规章，在中国境内设立的由各合伙人订立合伙协议，共同出资、合伙经营、共享收益、共担风险，并对合伙机构债务承担无限连带责任的从事房地产经纪活动的盈利性组织。

③ 个人独资房地产经纪机构。

个人独资房地产经纪机构是指依照《中华人民共和国个人独资机构法》和有关房地产经纪管理的部门规章，在中国境内设立由一个自然人投资，财产为投资人个人所有，投资人以其个人财产对机构债务承担无限责任的从事房地产经纪活动的经营实体。

④ 房地产经纪机构设立的分支机构。

在中华人民共和国境内设立的房地产经纪机构(包括房地产经纪公司、合伙制房地产经纪机构、个人独资房地产经纪机构)、国外房地产经纪机构，经拟设立的分支机构所在地主管部门审批，都可以在中华人民共和国境内其他地区设立分支机构。分支机构能独立开展房地产经纪业务，但不具有法人资格。房地产经纪机构的分支机构独立核算，以自己的财产对外承担责任，当分支机构的全部财产不足以对外清偿到期债务时，由设立该分支机构的房地产经纪机构对其债务承担清偿责任；分支机构解散后，房地产经纪机构对其解散后尚未清偿的全部债务(包括未到期的债务)承担责任。该机构承担责任的形式按照机构的组织形式决定，股份有限公司和有限责任公司以其全部财产承担有限责任，合伙机构和个人独资机构承担无限连带责任。国外房地产经纪机构的分支机构撤销、解散及债务的清偿等程序都按照中国法律进行。国内房地产经纪机构经国内房地产经纪机构所在地主管部门及拟设立分支机构的境外当地政府主管部门批准，也可在境外设立分支机构。分支机构是否具有法人资格视分支机构所在地法律而定。分支机构撤销、解散及债务的清偿等程序按照分支机构所在地法律进行，但不应该违反中国法律。

(2) 不同业务类型的房地产经纪机构

从业务类型来看，房地产经纪机构可以分为复合型房地产经纪机构和单一型房地产经纪机构两大类。复合型房地产经纪机构是指除了从事居间、代理、行纪等房地产经纪类中介业务外，还从事与房地产经纪有关的其他业务的机构。单一型房地产经纪机构是指从事居间、代理等单一房地产经纪业务的机构。具体来看，大体可分为四种：

① 以租售代理居间为重点的实业型房地产经纪机构。

这类机构又可根据主要业务类型的不同分为代理机构和居间机构。目前代理机构主要以新建商品房销售代理为主要业务，居间机构则以二手房租、售的居间业务为主。当然，也有一些房地产经纪机构趋向于代理与居间并重，其中最常见的是兼营商品房销售代理和二手房租售居间。这类机构以新建商品房和二手房的销售、居间为主要业务，是目前我国数量最多的一种房地产经纪机构类型。

② 以房地产营销策划、投资咨询为重点的顾问型房地产经纪机构。

这类房地产经纪机构对房地产市场的研究和认识较为全面、层次高、有深度，主要为房地产开发商和大型房地产投资者提供营销策划、投资分析等咨询服务，并承担相关房地产的代理销售式居间，主要着重于大型的国际酒店、写字楼、商铺、工业楼宇。

③ 管理型房地产经纪机构。

这类机构的经纪业务主要局限于其上级开发商推出的各类楼盘的租售代理及物业管理，适当兼营其他开发商的物业代理业务；此类机构专注于物业管理服务，在楼宇规划、建设、销售、管理等方面往往积累了比较丰富的经验。

④ 全面发展的综合性房地产经纪机构。

此类机构涉足于房地产服务业的多个领域，如经纪、估价、咨询、培训等，是一种综合性的房地产服务机构。该类机构在英国和中国香港地区较多，目前中国大陆沿海各省少数大型房地产经纪机构正朝这个方向发展。

(3) 不同规模的房地产经纪机构

根据规模大小可将房地产经纪机构分为小型房地产经纪机构和大、中型房地产经纪机构。在小规模的房地产经纪公司内，管理工作相对较少，房地产经纪机构所有人，除处理必要的行政管理工作外，还要做很多的销售工作。在这样的机构里，只有很少的专职或者可能只有兼职的工作人员在做一些后勤服务工作。销售员的数目相对较多，很多时候他们待依靠他们自己去完成几乎所有的工作。

与小规模的房地产经纪公司相比，较大规模的房地产经纪公司设立了新的业务部门，一般有财务部、成交结算部、抵押贷款部。他们为所有的销售员服务，使他们能专心致力于销售工作。成交结算部主要的工作是对经纪人签订的合同进行审核，对相关的金额进行核对和确认。抵押贷款部主要是负责为买房人提供抵押贷款方面的服务。不同规模的房地产经纪机构一般有不同的组织结构。

(4) 不同资质等级的房地产经纪机构

房地产经纪机构的资质等级的评定没有统一的标准。各地根据当地实际情况从注册资金、从业人员、办公面积、经营业务范围等方面制定了不同的房地产经纪机构资质等级的评定标准。如重庆市房地产经纪机构资质分为 A、B、C 三级，并实行逐级递升制；广州市房地产经纪机构资质分为一、二、三级。各地每年通过对房地产经纪机构进行年审来给予资质等级的评定。

10.2.4 房地产经纪机构的经营模式

房地产经纪机构的经营模式是指房地产经纪机构承接及开展业务的渠道及其外在表现形式。根据房地产经纪机构是否通过店铺来承接和开展房地产经纪业务，可以将房地产经纪机构的经营模式分为无店铺模式和有店铺模式。

随着计算机网络技术的发展，目前房地产经纪行业内还出现了新的经营模式，如网上联盟经营模式和自由经纪人模式。网上联盟经营模式是由一家房地产专业网站联合众多中小房地产经纪机构乃至大型房地产经纪机构组成的，联盟内的各成员机构均可通过一个专业的房地产网站来承接、开展业务。从目前情况来看，参与这种网上联盟的房地产经纪机构大多主要从事二手房买卖和房屋租赁的居间、代理，通常还同时保留其有形的店铺。自由经纪人模式，也可以被称为独立经纪人模式，即经纪人在房地产市场上从事房地产经纪都是以个人形式出现的，这个模式在美国是主流。

(1) 无店铺经营模式

无店铺模式的房地产经纪机构并不依靠店铺来承接业务，而是主要靠业务人员乃至机构的高层管理人员直接深入到各种场所与潜在客户接触来承接业务。这类机构通常有两种：一种是以个人独资形式设立的房地产经纪机构；另一种是面向机构客户和大宗房地产业主的房地产经纪机构，如专营新建商品房销售代理的房地产经纪机构。商品房销售代理机构的业务开展似乎表现为有店铺—售楼处，但售楼处实质上并不是房地产经纪机构的店舫，不过这类机构通常有固定的办公场所。个人独资机构往往没有固定的办公场所，其所面向的客户大多是零星客户，如单宗房地产的业主、住房消费者，但其中也有少量机构面对大型机构客户，如房地产开发商，从事房地产转让等居间业务。

(2) 有店铺经营模式

有店铺模式的房地产经纪机构通常依靠店铺来承接业务，通常是面向零散房地产业主及消费者，从事二手房买卖居间和房屋租赁居间、代理的房地产经纪机构。其中，又可根据店铺数量的多少分为单店铺模式、多店铺模式和连锁店模式。目前在中国房地产经纪行业中，上述三种经营模式都客观存在，而且从数量上来看，单店模式和多店模式仍然是市场的主体，并将会在今后相当长一段时期内继续存在。

① 单店经营模式。单店铺即只有一个店铺，它通常也是经纪机构唯一的办公场所，这是大多数小型房地产经纪机构所采取的形式。一般而言，在一个城市房地产经纪业发展的初级阶段，单店铺模式是市场的主体，因为单店模式对于资金等企业要素的要求较低，而且这一阶段房地产经纪服务市场尚未发展起来，市场容量有限。在市场容量有限情况下，控制风险和减少管理成本是经纪机构首要因素。采取单店铺模式的房地产经纪公司一般都具有资金实力有限、店面一般较小、人员较少、低成本运行，选址一般接近自身业务比较熟悉的区域，业务范围非常灵活，主要为所在区域内的客户服务的特点。

② 多店经营模式。多店铺模式是指一个房地产经纪机构拥有几个店铺的模式，通常的情况是这些不同店铺分别由房地产经纪机构及其设立的分公司来经营，这些店铺也是它们各自的办公场所。这是一些小型房地产经纪机构有了初步发展以后常采取的经营模式。由于机构的发展还不够成熟，店铺数量也不多，因而这些店铺常常各自独立经营，未能实现有效的信息联网和连锁经营。

③ 连锁店经营模式。连锁经营形式是零售业在20世纪的一项重要发展。采用连锁经营方式的房地产经纪企业是通过广泛设立门店，在店内直接开展经纪业务，并将各店的房源和客户信息依靠网络实现整体的信息共享，以提高服务效率和降低经营成本。连锁经营根据门店的拓展方式不同，可分为直营连锁、特许加盟连锁、直营和加盟混合连锁三种模式。

10.3 房地产经纪业务

10.3.1 房地产经纪的基本业务分类

掌握房地产经纪业务的分类方法，不仅有利于房地产经纪机构更好地进行市场细分和业务定位，深入分析和把握自身业务的专业特质，提高专业化水平，而且能够合理地进行内部分工，提高机构整体的运作效率。

表 10-1　　房地产经纪基本业务的分类

划分标准		类别
经纪活动方式		房地产代理业务
		房地产居间业务
经纪活动所涉及标的	房地产的用途	住宅房地产经纪业务
		商业房地产经纪业务
		工业房地产经纪业务
	房地产的物质状态	土地经纪业务
		房屋经纪业务
	房地产所处的市场类型	土地经纪业务
		新建商品房经纪业务
		二手房经纪业务
房地产经纪活动所促成的房地产交易类型		房地产转让经纪业务
		房地产租赁经纪业务
		房地产抵押经纪业务

10.3.2　房地产居间业务与房地产代理业务

10.3.2.1　房地产居间

(1) 概念

房地产居间，是指向委托人报告订立房地产交易合同的机会或提供订立房地产交易合同的媒介服务，并向委托人收取佣金的行为。

(2) 分类

① 根据服务方式的不同，房地产居间可以分为房地产指示居间和房地产媒介居间。房地产指示居间是房地产经纪人向委托人提供房地产的交易信息，包括交易的数量、交易行情、交易方式等，使委托人能够选择符合自己交易目的的房地产。房地产媒介居间是指房地产经纪人为委托人提供订约媒介的服务。在房地产经纪活动实际运作中，这两种方式不是完全独立的，通常需要相互结合才能促成房地产交易。

② 根据居间内容与标的物不同，房地产居间可以分为房地产买卖居间、房地产投资居间、房地产抵押居间、房地产租赁居间等，其中房地产买卖居间和房地产租赁居间是最常见的两种型式。

在房地产居间业务中，房地产经纪机构是中间人，既不能以一方的名义，也不能以自己的名义或为委托人的利益而充当与第三人订立合同的当事人。因此，房地产居间业务中房地产经纪机构与委托人之间的法律关系相对较复杂。由于法律允许房地产经纪机构向房地产交易的相对两方同时提供居间服务，并向双方收取佣金，这实质上就形成了由交易双方分担佣金的情形，因此对于交易的任意一方而言，所承担的中介成本就比委托代理方式小，这正是房地产居间业务受到人们青睐的主要原因。目前在我国市场上，房地产经纪机构所开展的业务以房地产居间业务为主。

10.3.2.2 房地产代理业务

(1) 概念

房地产代理是指房地产经纪人在授权范围内，以委托人名义与第三人进行房地产交易而提供服务并收取委托人佣金的行为。

根据我国法律中的有关规定，房地产经纪人只能向房地产交易双方中的一方提供代理服务，这与很多国家与地区的法律规定是一致的。正因为如此，代理是一种法律关系更简单明了的房地产经纪业务类型，因而在经济发达国家和地区成为最基本甚至唯一的房地产经纪业务类型。

(2) 分类

① 根据服务对象的不同，房地产代理业务可分为卖方代理和买方代理。房地产卖方代理是指房地产经纪人受委托人委托，以委托人名义出租、出售房地产的经纪行为。房地产卖方代理的委托人通常为房地产开发商、存量房的所有者或是出租房屋的业主。目前在中国房地产经纪业，卖方代理是最主要的代理业务，有以下三种主要类型：

a. 商品房销售代理——房地产经纪人接受房地产开发商的委托，按委托人的基本要求进行商品房销售并收取佣金的行为。房地产经纪人必须经房地产开发商委托，在委托范围内(如价格浮动幅度、房屋交付使用日期等)替开发商行使销售权。

b. 房屋出租代理——房地产经纪人为房屋出租人代理出租房屋，促成出租者出租房屋成功而收取佣金的行为。房屋出租代理按房屋存在形式可分为现房出租代理、在建商品房预租代理、商品房先租后售代理等。

c. 二手房出售代理——房地产经纪人受存量房屋所有权人委托，将其依法拥有的住房进行出售并收取佣金的行为。现实经纪活动中常称之为二手房卖出代理。在存量房出售代理业务中，房屋置换的代理成为一种比较常见的房地产代理方式。房地产买方代理业务是指房地产经纪人受委托人委托，以委托人名义承租、购买房地产的经纪行为。房地产买方代理的委托人为需要购买或承租房屋的机构或个人，即购房者或承租者。由于受消费习惯、交易成本等因素的影响，目前房地产买方代理业务的发展还不是很成熟，这方面的业务主要集中在境外企业和个人在中国境内承租房屋的代理上。从业务总量来看，房地产买方代理业务远远少于卖方代理业务。

② 按照代理业务运作方式的分类。

目前在我国，房地产代理业务的运作方式还比较单一。在一些房地产经纪发展历史较长的国家和地区，随着社会需求的增加和房地产经纪实践的发展，形成了多种不同的代理业务运作方式。例如在美国，就出现了以下六种运作方式，也即代理业务的六种类型：

a. 经纪人独家销售——经纪人有独家销售该房屋的权利，在代理合同的有效期内，不论是经纪人或卖主将该房屋卖掉，卖主都必须支付佣金给经纪人。

b. 卖主与经纪人独家销售——在这种协议下，尽管经纪人有独家销售该房屋的权利，但如果卖主在合同有效期内自行找到买主，则不需付给经纪人佣金。而卖主则只能与一位经纪人签订委托合同，不可以同时与多家(一家以上)经纪机构签约。

c. 开放式销售——卖主选择多家经纪人，给若干个经纪人平等竞争的机会，谁卖掉房屋谁拿佣金。在这种合同的有效期内，业主仍可保留自己销售该房地产的权利，若自销成功则无需支付佣金给经纪人。

d. 报底价销售——卖主对其出卖的房屋标定底价，超出底价(售价与底价之间的差价)部分作为佣金付给经纪人。这种做法实际上不符合有关法律的规定。经纪人是卖房人的代表，理应为卖房人卖最好的价格，而不应该有限制。但在实际运作时，这一方式还是存在的，不过经纪人必须将差价告诉卖方。

e. 联合专卖销售——为了使卖主能在短时期内将房屋出售掉，各种类型的房地产机构与多位经纪人联手，共同建立信息系统，提供联合销售服务。每一位成员均采用独家销售的方式。所谓联网销售，是将所有加入该组织的经纪人所签得的代售合同转给所有的会员，以提高市场流通率。如果由其他经纪人将此房屋卖掉，则最初与卖主签订房地产买卖经纪业务与房屋租赁经纪业务代理合同的经纪人仍可获得部分佣金。

f. 优先购买——当经纪人与卖主签约后，若卖主想以较低价出售给他人时，必须先通过经纪人，经纪人有优先购买权。

以上六种运作方式由卖主自行选择。一般来说，经纪人都希望以独家销售的方式为卖方服务。在美国，这种方式是最常见的，也是用得最多的。从我国目前情况来看，新建商品房市场的经纪业务基本采用代理方式，而二手房市场上的经纪业务以居间方式为主。根据发达国家的经验，由于代理业务中房地产经纪机构与委托方之间的法律关系更加简单明了，从长远来看，随着人们法律意识和服务消费意识的不断进步，代理业务将更具发展前途。

10.3.3　新建商品房经纪业务与二手房经纪业务

目前我国房地产经纪业务主要集中在新建商品房市场和二手房市场，土地市场上的业务比较少。

(1) 新建商品房市场上的业务

新建商品房市场上的业务主要是新建商品房销售与租赁代理，且大多数为卖方代理，即房地产经纪机构代理房地产开发商出售或出租其开发的商品房。此类业务的特点是客户相对强势、房源批量化、业务运作成本较高。由于房地产开发商属于机构客户，且通常具有雄厚的资金实力和专业的房地产人员，故房地产经纪机构在从事此类业务时，必须在业务谈判、合同签订以及房地产营销策划与实施等方面具备更高的专业化水平。这类业务的标的通常是一个楼盘或一个楼盘的某一部分的批量化房地产商品，其销售或出租的对象却是分散化的个体。因而销售期比较长，同时由于每套房屋的特点差异，使得每套房子的成交可能性有所不同，通常不能在同一时段实现销售(租赁)。因此，在此类业务中，房地产经纪机构与客户之间的佣金结算相对较为复杂。在此类业务的运作中需要投入较多的广告费、销售现场及样板房的搭建装修等费用。因而对于开展此类业务的房地产经纪机构而言，成本比较高。

(2) 二手房市场上的业务

二手房市场上的房地产经纪业务涉及面更广，类型更为丰富，涉及二手房买卖、租赁，既有采用居间方式进行的，也有采用代理方式进行的，采用代理方式的二手房业务中，既有卖方代理，又有买方代理。从客户类型来看，二手房经纪业务既有面向分散的个体客户的，也有面向机构客户的。二手房经纪业务的基本共性是标的房地产以单宗房地产为主。开展此类业务的房地产机构难以通过标的房地产本身的批量化来降低单笔业务的运作成本，因而必须提高业务运作总成本中固定成本的比例，并通过扩大经营规模来降低单位固定成本，从而降低单位总成本。因此，要有效地开展此类业务需要较多的先期投入。目前，在我国很多城市中，新建商品房经纪业务仍是房地产经纪业的主要业务类型，但随着二手房市场的发展，二手房经纪业务显现出更快的增长势头。在少数特大城市，二手房经纪业务已达到与新建商品房经纪业务并驾齐驱的地步。从长远来看，由于二手房交易不受土地资源有限性的限制，并且随着社会经济发展而更趋活跃，因此，二手房经纪业务的增长空间更大，将成为房地产经纪的主要业务。

10.3.4 房地产买卖经纪业务与房屋租赁经纪业务

在房地产交易的主要方式中，房地产经纪机构所促成的交易主要是房地产转让和租赁。根据我国法律，房地产转让包括买卖、赠与、交换、遗赠等，但房地产经纪人从事的转让业务主要是指房地产买卖经纪。

(1) 房地产买卖经纪业务

房地产买卖目前主要涉及新建商品房期房买卖、商品房现房买卖和二手房的买卖。房地产买卖涉及房地产产权和巨额交易资金的转移，因此，房地产买卖经纪业务事关交易双方的重大财产安全问题，特别需要切实保障交易安全，要特别注重对交易标的房地产产权的查验以及对交易资金的安全保障。

(2) 房屋租赁经纪业务

房屋租赁经纪是指房地产经纪人为使房屋承租方和出租方达成租赁交易而向双方提供的经纪服务。房屋租赁主要包括新建商品房的期权预租、新建商品房现房出租、存量房屋的出租和转租。在房屋租赁交易中，交易双方的权利义务关系持续时间较长，相互之间会产生复杂的债权债务关系。因而特别需要房地产经纪机构持续提供沟通、协调、担保等服务。由于租赁交易的当事人反复交易的频率远远高于买卖交易的频率，在开展房屋租赁经纪业务时，房地产经纪机构更应注意与客户建立长期合作关系。

10.3.5 房地产经纪其他业务

(1) 房地产咨询

房地产咨询是指为房地产活动当事人提供法律法规、政策、信息、技术等方面服务的经营活动。根据服务对象的不同，房地产咨询可以分为两大类：① 房地产投资者提供包括法律咨询、政策咨询、决策咨询、工程咨询、经营管理咨询在内的各种咨询服务；② 房地产市场交易行为中的客户提供信息咨询、技术咨询等中介服务。目前，房地产咨询业务中最大的工作是为客户置业提供购房指南等。根据咨询内容的不同，房地产咨询可以分为房地产投资咨询、房地产价格咨询、房地产法律咨询。其中，房地产投资咨询又可分为房地产经营投资咨询和房地产置业投资咨询两类。

房地产咨询是房地产中介活动中属于智力型的经纪人所从事的业务，对房地产经纪人的专业知识要求比一般经纪人要高，相应地，其报酬收入也会超过从事一般经纪业务的简单操作型经纪人。从我国房地产经纪行业的发展方向来看，房地产经纪人应不断努力，提高自己的知识层次和业务档次，使自己真正成长为一个智力型的经纪人才，并能胜任各类房地产咨询业务。

(2) 房地产代办

房地产代办服务主要有房地产权属登记代办和房地产抵押贷款手续代办。根据我国有关法律，贷款是特许经营业务，除银行业金融机构和依法设立的典当行外，其他机构概不能办理贷款业务。房地产经纪机构只是向银行提供业务信息，协助有签约关系的银行机构办理房地产抵押贷款手续时的前期资料收集、相关证明审核、递送单据等服务。因此，房地产经纪人员应熟悉和掌握有关这方面的知识，以利于更好地开展房地产经纪工作。

房地产权属登记备案代办业务基本流程如下：

① 房地产权属登记备案代办业务受理。房地产经纪人与委托人进行业务洽谈时，要充分了解客户意图与要求；查清委托人是否具有申请资格；查清申请登记的房地产产权来源是否清楚、合法，证件是否齐全，有无纠纷等情况；代办业务是否属受理登记的登记机关管辖等。房地产经纪人在接受委托后应与委托人签订书面的房地产权属登记代理合同。

② 办理房地产权属登记备案业务。房屋权属登记按受理登记申请、权属审核、公告、核准登记并颁发房屋权属证书等程序进行。a. 受理登记申请。申请人向房屋所在地的登记机关提出书面申请，填写统一的登记申请表，提交有关证件。申请人申请权属时应如实填写登记申请表，代理人申请登记的，应收取委托书并查验代理人的身份证件。登记机关自受理登记申请之日起 7 日内应当决定是否予以登记，对暂缓登记、不予登记的，应当书面通知权利人（申请人）。b. 权属审核。主要是审核查阅产籍资料、申请人提交的各种证件，核实房屋现状即权属来源等。权属审核一般采用"三审定案"的方法，即采用初审、复审和审批的方法。c. 公告。即是对可能有产权异议的申请，采用公告、报纸等形式公开征询异议，以便确认产权。d. 核准登记、颁发房屋权属证书。发证时，代理人应当检查清楚权属证书上所载明的各登记事项是否准确。

③ 房地产权属证书交验。进行房地产权属证书交验时，代理人应请权利人仔细检查权属证书上所载明的各登记事项是否准确，并签收。

④ 收取代办手续费。代办手续费标准可以由双方当事人协商确定。

（3）房地产行纪

现实的房地产市场活动中，房地产行纪是房地产居间经纪人和代理经纪人在特定情况下采取的行为，如房地产经纪机构收购开发商的空置商品房，在未将产权过户到自己名下的情况下，以自己的名义向市场销售。其主要特点是房地产经纪机构与出售房地产的业主自愿达成一个协议，房地产经纪机构按双方约定的价格向业主支付房款，房地产经纪机构可以自行决定标的房地产的市场出售价格。业内将这种行为称为包销。包销具有类似行纪的特点，但与行纪不同的是，有时房地产经纪机构并不以自己的名义向市场出售。

（4）房地产拍卖

房地产拍卖是一种通过公开竞价的方式将房地产标的物卖给最高出价者的交易行为。房地产拍卖也要遵循"价高者得"的基本原则，买受人以最高价购得拍卖的房地产标的物。

与其他房地产经纪活动相比，房地产拍卖具有以下几个特征：

① 房地产拍卖数量多、价值高。由于房地产的位置固定、价值高昂，在经济活动中经常被用做抵押或债务偿还物品。因此，在各种拍卖活动中，房地产拍卖在金额和数量上都占有较大的份额。

② 房地产拍卖法律性、政策性强。同其他房地产经纪活动相比，房地产拍卖的专业性强，涉及拍卖和房地产两个方面的内容，特别需要法律、法规的规范，政策性很强。国家实行拍卖师资格考核制度，从事房地产拍卖的拍卖人必须取得拍卖师资格证书方可从事拍卖行业。经纪人从事房地产拍卖活动一方面要遵循房地产相关的法律、法规；另一方面，也必须

依照拍卖方面的法律、法规，如《中华人民共和国拍卖法》等。经纪人从事房地产拍卖时，必须对房地产拍卖的前期工作认真调查，根据国家的法律、法规和规章，尤其是拍卖方面的法律、法规，理顺各方面关系，保证房地产拍卖以及后续房地产产权变更的顺利进行。

③ 房地产拍卖过程繁琐。由于房地产拍卖的前期准备、拍卖期间、后续工作涉及诸多部门，又受房地产和拍卖相关的众多法律、法规的制约，因此，与其他房地产交易行为相比，房地产拍卖过程繁琐、复杂，所需花费的时间往往较长。

10.4 房地产经纪信息管理

10.4.1 房地产经纪信息管理的原则

① 重视房地产经纪信息的系统性。

由于房地产市场和房地产经纪活动的纷繁复杂，房地产经纪活动所需要的信息不是零星的、孤立的、个别的，而必须是大量的、系统的、连续的。它不仅数量大，而且涉及房地产经纪活动的各个方面，通过有效的结合才能有全面的认识。房地产经纪活动总是不断发生、向前发展的，所以房地产经纪信息也总是不断产生，因而房地产经纪人要不断地收集、加工、传递和利用房地产经纪信息，通过其连续性及时了解房地产市场的变化和趋势，以便房地产经纪活动顺利进行。

② 加强房地产经纪信息的目的性。

房地产经纪信息直接作用于房地产经纪活动的过程之中，而这种活动是人们有意识、有目的的自觉行为。因此它具有比其他信息更明显的目的性。房地产经纪信息的管理，包括收集、加工、整理和利用都应针对房地产经纪活动的目的，如某一个楼盘的销售、某一套房源的出售，以及房地产经纪机构自己所专注的某类市场、某类客户。只有这样，才能将信息资源转化为经济效益。

③ 提高房地产经纪信息的时效性。

由于房地产市场环境和市场主体都在不断地发生变化，故房地产经纪信息的有效性也随时间而发生变化。因此房地产经纪信息的利用应提高时效性。一方面要及时更新信息库中的信息内容，另一方面要提高信息利用的效率，尽量使信息在最短的时间内发挥作用。例如根据市场信息和同行业信息及时调整经营方式和经营类型，及时向客户提供最新市场信息和政策信息，用以提升服务附加值等。

④ 促进房地产经纪信息的网络化。

计算机网络技术的发展，已使得信息的处理更为快速和信息的传递更为便捷。对房地产经纪机构而言，在房地产经纪信息利用中引入计算机网络可改变原有的信息管理和查询方式，从而提高经济效益。网络传递的多媒体信息包括汉字、图片以及三维动态模拟，其传递的信息量也不是传统媒体所能企及的，而且计算机网络可以突破时间、空间的限制，能够在不同地方、任何时间为客户提供服务。因此，房地产经纪机构应积极促进房地产经纪信息网络化。

10.4.2 房地产经纪信息的搜集

房地产经纪信息是房地产经纪活动中十分重要的资源，但经纪信息不是自然而然地被经纪人所掌握，而是要通过有意识、有目的的劳动才能将其收集起来。由于房地产经纪信息量大而宽，所以收集应从多个方面入手。通常可从以下途径进行收集：

① 收集公开传播的房地产经纪信息。

在现代社会，众媒体在信息的传播中起了重要的作用。大量房地产经纪信息通过报纸、广播、电视、杂志以及正式出版的文献等媒介向外传送，这是收集房地产经纪信息的重要途径。

② 从有关单位内部获取房地产经纪信息。

有些房地产经纪信息并不是通过大众媒体传播的，需要通过派人磋商和发函联系等方式才能获得，如楼书、房地产企业内部刊物等。

③ 现场收集。

由于房地产的不可移动性，以及内容的多样、复杂，房源方面的信息一般需要实地考察、现场调查后才能获得感性的认识和准确的信息，同时也可以排除一些不准确的信息。

④ 利用网络获取。

随着信息化的日益发展，网络成为获取信息的便捷途径。房地产经纪人可以足不出户，在任何时间通过网络获取信息，主要有以下几条途径：a. 利用互联网收集信息；b. 利用联机系统收集；c. 利用商情数据库收集。

10.4.3　房地产经纪信息的加工整理

通过各种渠道获取的房地产经纪信息，其本身的内容、形式各种各样，这给查询、储存、利用带来了很大的难度，所以需要进行房地产经纪信息的加工整理。信息通过加工整理之后，通常以表格、图片、文字报告等形式展现出来，其中表格又是最常见的一种。

在日常的房地产经纪活动中，房地产经纪人所获得的经纪信息由于来源与口径不同，会有许多重复、交叉和矛盾，这就需要经纪人对信息进行加工整理。通过加工整理使无序的信息有序化，便于使用和管理。加工整理的程序通常包括鉴别、筛选、整序、编辑和研究这几个环节。

(1) 鉴别

房地产经纪人在使用房地产经纪信息的过程中，必须注意信息的准确性，虚假的信息既会造成使用的困难，也会使客户对经纪人的信用产生怀疑。鉴别就是对房地产经纪信息的准确性、真实性、可信性进行分析，判断误差的大小和时效的高低，剔除人为、主观的部分，使之准确、客观。

(2) 筛选

筛选是指对已鉴别的房地产经纪信息进行挑选。在挑选的过程中，既要考虑到当前的需要。又要考虑到以后的需要。在考虑当前需要时主要考虑信息的深度，而后者则主要考虑信息的广度。通过筛选，可以减少信息的数量，将无用信息删除，将有用信息保留，这样既减少以后几个整理加工步骤的工作量，又减少以后查询所需的时间。

(3) 整序

整序是指将不同的、杂乱无序的房地产经纪信息按一定标准、方法加以整理归类。整序的主要方法就是分类，将相同的信息归为一类，将性质相似的类别排在一起。这样做的主要目的是为了便于查询，能够减少查询时间。

(4) 编辑

编辑是指对整序的信息进行具体的文字整理过程,这是整个加工整理过程中最关键的工作。在编辑的过程中要注意简单明了、重点突出,同时要注意语义表达的准确性。

(5) 研究

前面的几个步骤还是停留在比较低的层次上,而研究就不同了,它是一种较高层次的信息加工整理步骤。它是在对大量信息综合分析的基础上,经过分析、判断、思考,产生具有深度和新价值的信息。房地产经纪人要经常研究,以产生新的信息并提高自身的判断、思考能力。

10.4.4 房地产经纪信息的利用

房地产经纪信息是一种资源,只有通过利用才能将这种资源的使用价值发挥出来。收集、加工整理等前期工作都是为最后的利用服务的。

房地产经纪信息的利用主要包括两个方面:① 通过信息的发布来影响消费者(如发布房源信息,吸引潜在客户);② 以信息提供的具体内容来指导具体的业务活动。不同的信息发布过程,由于其任务的不同,导致使用资金不同,发布信息的不同,使用媒体的不同。在发布信息时首先要注意发布的目标是什么,希望通过发布获得何种反应。然后考虑由任务的不同决定投入资金的多少。资金的多少又影响信息投放和所选择的媒体。信息投放牵涉到房地产经纪信息的投放量、信息的选择和信息的表述等。媒体选择要考虑到媒体的触及面、频率、影响、主要媒体的类型、特定的媒体工具和媒体的时机。这一连串的环节都需通盘考虑,才能在完成任务的同时节省资金。

利用房地产经纪信息来指导房地产经纪的业务活动,几乎贯穿于房地产经纪业务活动的全过程。例如通过对客户方面信息的分析,房地产经纪人可以了解客户的偏好和所能接受的价位,并指导查找房源信息和筛选房源,最终促使交易成功;通过对市场和竞争对手的了解,能够及时地把握市场方向和竞争对手目前的状况,便于很好地开展房地产经纪活动;在新楼盘销售过程中,通常要通过对市场、客户以及交易楼盘等信息的分析,才能合理制定市场推广计划、销控计划,并进行广告设计、价格调整等一系列步骤。在二手房经纪活动中,房地产经纪人需要利用买方的信息,通过分析其偏好,才能找到与之匹配的房源,增大交易成功的概率。

复习思考题

1. 房地产经纪有哪些特点?
2. 房地产经纪人员有哪些权利和义务?
3. 房地产经纪活动中禁止的行为有哪些?
4. 房地产经纪机构的经营模式有哪些?
5. 简述房地产权属登记备案代办业务的基本流程。
6. 简述美国房地产代理业务运作的型式。
7. 简述房地产经纪信息的搜集途径。

第11章 物业管理

本章提要

本章重点介绍物业管理的基本概念、组织结构和工作内容。要求学生了解物业管理的基本概念;掌握物业管理的组织构成;掌握物业管理中维修管理、设备管理、安全管理及环境、绿化、保洁管理的基本内容;了解物业管理的早期介入和前期管理的内容,以及两者的区别和联系。并通过物业管理实例的学习,了解物业管理中的常见问题及解决方式。

11.1 物业管理概述

11.1.1 物业及物业管理的基本概念

11.1.1.1 物业及物业的性质

(1) 物业的含义

物业一词,原出于中国香港地区及东南亚一带的国家,自20世纪80年代引入中国大陆后,首先在广东、福建等外资企业和华侨较多的地区开始使用,接着在上海、宁波等沿海地区使用,最后传遍全国,并被中国房地产主管机关接受和采纳。物业既可指单元性的地产,也可指单元性的建筑物。物业有大小之分,它可以根据区域空间作相对分割,如整个住宅小区中的某住宅单位可作为一处物业,高层与多层综合大楼、写字楼、商业大厦、酒店、厂房仓库,甚至俱乐部和运动场所,也可称为物业。

从管理的角度来讲,物业是指已建成并投入使用的各类房屋及与之配套的设施、设备和相关场地。各类房屋是指功能不同的房屋,如居住类、办公类、工业类、商业类、文化教育类、医疗卫生类、服务业类等房屋建筑;配套设施、附属设备是指与房屋相配的用以满足人们生活、生产、工作、经营、娱乐、健康、休闲活动等需要的各种室内外设施、设备,如供电变电系统、供水系统、供热系统、煤气供给系统、排污系统等设施、设备;相关场地是指与房屋相连的生活用和工作用场地,如停车场、运动场、街心花园、水池、草坪、非主干交通道路等。物业是房产与地产的统一。任何单体建筑物、一座孤零零的不具备任何设施的楼宇,都不能成为完整意义上的物业。

(2) 物业的性质

世界上任何事物都有自己的属性,物业也不例外。明确物业的属性,对于我们了解物业和物业管理的本质,掌握物业管理运作规律,搞好物业管理有着十分积极的意义。

① 物业的自然属性(物理性质)。物业的自然属性又称为物业的物理性质,是指与物业

的物质实体或物理形态相联系的性质，它是物业社会属性的物质内容和物质基础。物业的自然属性主要表现为：

a. 物业的二元性——物业有土地和建筑物两大构成部分，兼有土地与建筑物两个方面的物质内容，这是其常态表现。但这并不排斥单纯的土地或建筑物也可称为物业。物业的二元性一般是其他商品不具备的。对于不同的物业，其二元的组成的比重是不同的。例如，总体而言，物业的建筑面积与土地面积的比值在城市就高于农村，经济、文化、商业中心就高于重工业基地。

b. 物业的有限性——由土地的有限性决定。

c. 物业的差异性和多样性——物业的差异性是就土地而言的。物业的多样性是就建筑物本身而言的。

d. 物业的固定性——物业空间位置上的不可移动性。

e. 物业的长期性——使用期限具有长久性。

f. 物业的配套性——物业以其各种配套设施满足人们各种需要的特性。没有配套的设施，就不是完整意义上的物业。以住宅为例，室内的配套设施至少要包括厨房、卫生间等，否则就会造成使用不便，也影响房屋居住功能的发挥。

② 物业的社会属性(经济性质)。物业的社会属性，即物业的社会经济性质，是指与所有权和商品经济相联系的性质。

物业的经济性质主要有：

a. 物业的权属性——物业在法律上有着明确的权属关系。物业权属最重要的内容就是物业的所有权和物业的使用权。所谓物业的所有权是指物业所有者在法律规定的范围内对该物业所拥有的占有、使用、收益和处分的权利。物业的使用权是指依法经营或使用物业的权利。

b. 物业的商品性——在市场经济条件下，物业本身既有经济价值又有使用价值，因而物业的基本经济属性是商品。物业的商品属性主要体现在以下几个方面：首先，物业的价值和使用价值是通过市场交易活动而得以实现的。物业的买卖、租赁、抵押、土地使用权的转让，都是体现物业商品属性的具体方式。其次，物业的开发建设、经营管理活动，都是商品经济活动，必须遵从价值规律来运行。再次，物业的分配与消费，即便是非盈利性的，也充斥着商品的行为，奉行着“商品—货币”的规则。最后，参与物业开发建设、经营与管理以及消费的人与人之间的关系，本质上是一种商品经济关系，从生产到消费都不是无偿的。

c. 物业的效用性——物业对人类社会的使用价值，即人们因占有使用物业而得到某些需求的满足。

d. 物业的保值、增值性。物业能够保值、增值，已经被越来越多的人所认识。

11.1.1.2 物业管理的含义和性质

(1) 物业管理的含义

《新物业管理条例》(2007 修订)中第二条所称物业管理，是指业主通过选聘物业服务企业，由业主和物业服务企业按照物业服务合同约定，对房屋及配套的设施设备和相关场地进行维修、养护、管理，维护物业管理区域内的环境卫生和相关秩序的活动。

物业管理这一定义，有着丰富的内涵：

① 实施物业管理，必须是具有法人资格的，并经政府有关部门注册认可的专业组织。

② 物业管理是一种经营型的管理方式。物业管理的对象是物业，其服务的对象是人。物业管理所提供的服务是有偿服务，要合理收费，实现以业养业。

③ 物业管理所提供的劳务和服务能起到完善物业的使用效能，并使物业具有保值、增值的作用。

④ 就法律属性而言，物业管理是具有中介性质的管理，通过一定的契约，规定相关各方的权利和义务。

(2) 物业管理的性质

物业管理是为物业所有人和使用人提供高标准、高质量的服务，因而是一种服务性行业，它属于第三产业。物业管理的业务活动是提供服务，它寓管理、经营于服务之中。

科学地认识物业管理的性质，对于制定物业管理有关方针、政策，引导物业管理健康发展，充分发挥物业管理的作用，都具有十分重要的意义。

11.1.1.3 物业管理的特点

物业管理是一种新型的管理模式，它具有社会化、专业化、企业化、经营型等特点。

(1) 社会化

物业管理的社会化是指物业管理将分散的社会工作集中起来统一管理。有人将物业管理公司比喻成业主的“总管家”。而物业管理公司对政府来说则像一个“总代理”，业主只需根据收费标准按时缴纳管理费和服务费，就可以获得相关服务。

(2) 专业化

专业化有三层涵义：① 有专门的组织机构；② 有专业人才，如房屋及设施设备的维修，必须配备专业人才；③ 有专门的管理工具和设备。

(3) 企业化

物业管理是一种企业化的经营管理行为。物业管理公司是企业，不是事业单位，也不是行政机关的分支机构。因此，物业管理公司必须依照物业管理市场的运行规则参与市场竞争，依靠自己的经营能力和优质服务在物业管理市场上争取自己的生存空间，用经营业绩去争取更多的客户。

(4) 经营型

物业管理公司所提供的服务是有偿的，即通过收取合理的费用来维持企业的正常运转。物业管理的经营目标是保本微利，量入为出，不以高额利润为目的。

11.1.2 物业管理的类型、宗旨、原则与作用

11.1.2.1 物业管理的类型

物业管理的类型也就是物业管理的模式、方式。依据开发商、业主和物业管理部门的关系，一般划分为两大类：

(1) 委托管理型

这是典型的也是基本的管理方式。开发商、业主采用招投标或协议的方式，通过“物业管理服务合同”委托专业化的物业管理企业，按照“统一管理，综合服务”的原则，提供劳务商品的管理行为。如果物业的产权属于两个或两个以上的业主，就由业主管房小组或业主委员会代表业主承担业主自治管理的职能。

委托管理型按照自用或出租又可分为：

① 自用委托型——业主将自有自用的物业委托物业管理企业管理，这是典型的委托管

理方式。

② 代理经租型——业主将自有的物业出租委托物业管理企业经营管理,有两种委托方式:一种是出租权属于业主,由业主与租户签订租赁合同,物业管理企业只承担收租和管理;另一种是把经租权也委托给物业管理企业,由物业管理企业全权代表业主招揽租户,签订租赁合同。

代理经租型的物业管理费用的收缴也有两种方式:一种是物业管理费包含在租金内,由业主支付,一般只包括基本费用;另一种是不包含在租金内,由承租人或使用人向物业管理企业支付。

不管是哪一种方式,都应该在合同和租约中明确规定。

(2) 自主经营型

开发商、业主将自有的物业不是委托给专业的物业管理企业管理,而是由自己单位内部设立物业管理部门来管理。其与委托管理型的基本区别有两点:① 物业所有权和经营管理权的关系。自主经营型是二权合一,委托管理型是二权分离。② 法人地位。自主经营型物业所有权人和经营人是同一个法人,委托管理型是两个各自独立的法人。

自主经营型按其对物业的使用和经营方式又可分为:

① 自有自用型。这一类大多数是收益性物业,如商场、宾馆、度假村、厂房、仓库等。这些单位往往在自己企业内部设立不具有独立法人资格的物业管理部门来管理自己的物业。

② 自有出租型。开发商、业主和物业管理企业合而为一,来经营管理自己的出租物业,实质上是一个拥有自己产业的物业管理企业。

自主经营型的物业管理区域一般规模都不大。如果本单位所属的物业管理部门成为独立的法人单位,这个物业管理企业与原单位(开发商、业主)就应该订立委托管理服务合同。自主经营型也就向委托管理型转换了。

11.1.2.2 物业管理的指导思想和宗旨

(1) 物业管理的指导思想

物业管理的指导思想:以服务为宗旨,以经营为手段,以效益为目的。

① 以服务为宗旨——在物业管理全过程中突出"服务"二字。管理也是服务,要树立全心全意为业主和使用人服务的意识,要以用户至上,想用户之所想,急用户之所急,把服务工作做到家。

② 以经营为手段——服务并不是过去行政管理中的义务服务,而是市场经济下的有偿服务,并通过开展各类服务以及多种经营,来解决物业管理中的各项经费开支。

③ 以效益为目的——在开展有偿服务时,不能只是片面追求经济利益,而要做到社会效益、环境效益、经济效益的统一。

(2) 物业管理的宗旨

物业管理的宗旨主要体现在以下两个方面:① 创造一个整洁、舒适、安全、宁静、优雅的工作与生活环境;② 提高物业的价值。开展物业管理,对房屋进行经常性的维修和保养,可以使房屋及设备延长使用年限,增加其价值及使用价值。例如,一个建筑面积为10万平方米的住宅小区,内有2 000套住宅单元,假设每单元的平均价值为20万元,则总价值为4亿元。如果因管理不善而导致其价值下降1%,则物业损失可达400万之多。深圳的"天景花园"以完善和卓越的物业管理使其房产价值比同区域同档次的房产价值高出40%的事实,就是一个很好的例证。

11.1.2.3 **物业管理的原则**

结合我国物业管理的现状,物业管理应遵循以下几项原则:① 产权、经营权分离原则;② 业主至上原则;③ 统一管理原则;④ 专业高效原则;⑤ 权责分明原则;⑥ 经济合理原则;⑦ 公平竞争原则;⑧ 依法行事原则。

11.1.2.4 **物业管理的作用**

随着城市建设的发展,各种住宅、商业大厦、办公大楼、标准工业厂房以及住宅小区日益增多,它们在交付使用后,都面临着管理、养护、修缮的问题。不仅是新建楼宇、住宅小区是如此,历代保存下来的原有老房屋也存在着定期养护修缮的问题。在产品经济体制下形成的原有房屋管理模式,早已显得落后而不适用了。在商品经济体制下,房屋的管理、修缮、服务,出路只有一个——走改革的路。借鉴国际经验,推行社会化、专业化的管理模式,由物业管理公司统一实施专业化管理。国内外的实践证明,物业管理的作用有:

① 物业管理可以延长物业使用年限及确保其功能的正常发挥。

房产物业建成后,会受到自然环境因素的作用而发生损坏,如震力、重力、风力、大气与水的侵蚀作用等。与此同时,在使用过程中要受到人为因素的作用而受到破坏,如设计、施工质量较差,建筑材料不合格,使用不当等情况。因此,随着时间的推移,房屋的结构部位、围护部分、装修、上下水及其设备管道等,都将发生不同程度的损坏,如果不及时进行维修和加强管理,就会影响物业的功能正常发挥,诸如电梯中途停止运行,清水管、便池漏水、屋面漏雨,门锁开关失灵,煤气、供热、空调、供水、供电中断,阳台栏杆、雨棚倒塌,装饰层脱落等,不仅作用功能不能正常发挥,还会过早达到危房程度或损坏,甚至酿成伤害事故,以至影响用户生活(住宅)、工作(写字楼)与生产经营(商用与工业物业)的正常进行。

推行专业化、社会化物业管理,不仅仅在于确保物业在整个使用周期内作用功能的正常发挥,而且良好的不间断专业管理服务,还可以使物业的寿命延长。有些住宅区管理得比较好,使人民群众在清静、优美、生活方便的环境中,安居乐业。但有很多住宅区因管理不善,在小区内乱搭乱建,环境乱七八糟,房屋刚使用两三年就已面目全非,不仅影响城市面貌、有碍城市观瞻,也给居民的生活、学习和工作带来许多不便。由于管理体制的关系,很多住宅区至今没有推行专业化、社会化物业管理,尚在多家分割管理,各自为政。一个住宅区或一幢楼房,往往是根据产权或隶属关系,分为几家合管或各自分管;有的地方甚至连房屋的电气、卫生设备、上下水管道也实行分割管理,造成互不衔接,出了问题,电话请、上门催,也难得找到产权单位派技工上门修理。这表明,没有这种专业化、社会化物业管理,物业使用年限会大为缩短。

② 物业管理能为物业主及租户创造与保持一个安全、舒适、文明、和谐的生活与工作环境。

物业管理,基本分为管理和服务两个方面。管理方面主要是做好户籍、产权、产业、租赁、租金、设备等方面的管理工作;掌握房产的变动和使用情况,使房屋及时得到修理,保持房屋功能;把房屋的数量、建筑形式、完好程度、设备使用情况及时、准确地记录下来,随时变更原始记录,是管理方面的一项经常性工作。服务方面主要是充分保证满足用户要求,及时登门进行日常服务,并超前检修上下水管道、暖气管道、水管的防冻保暖、换纱窗、检修门锁、修换灯口、电线、开关。另外,及时检修锅炉,保证供暖;及时检修泵房、变电所,保证供水、供电;及时检修煤气管道,保证安全供气;及时检修电梯,保证安全运行。当然服务中也包括管理,对于房屋、设备必须点交、登记齐全,建立保管卡。向用户点交清楚,明确保管责任。在日常工作中要注意宣传爱护使用房屋设备的常识,并注意设备变化情况。用户迁入或迁出时,要进行清点。物业售租后服务或物业管理,不仅可以使物业及其设备处于完好状态与正常运行及延长使用寿命,而且可以为物业中生活与工作的人们创造与保持一个安全、舒适、文明、和谐的生活与工作环境和氛围。运作良好的大厦设施,有助于工作效率的提高。称心如意的住宅环境,有助于人际关系的调适。住宅社会学研究表明,良好的环境,不仅能减少烦恼、焦虑、矛盾、摩擦,乃至某些危害社会的不轨行为,还会形成互助、互谅的社会风气,促进身心健康。这一切,是社会稳定和经济增长所必须具备的前提条件。

③ 物业管理有利于提高城市管理的社会化和专业化程度。

物业管理将分散的社会分工汇集起来统一办理,如清洁、保安、环境绿化、水电等,每个业主或租住人只需面对物业管理公司一家,就能将所有关于房屋和住宅环境的日常事宜办妥,而不必分别面对各个不同部门。物业管理公司可以将房屋的环境卫生承包给专业的清洁公司打扫;向专业保安公司雇聘保安人员;将小区环境绿化承包给专业绿化队,住户只需根据物价部门批准的收费标准,按管理企业的收费通知单连同租金按时一次性交付。既方便使用者,也便于统一管理。完善的物业管理,对物业整个使用周期内的综合管理与服务按合同承包经营。

11.2 物业管理的组织结构

物业管理的市场主体主要是物业服务公司和业主,即物业管理市场的供求双方。业主方的组织结构形式包括:业主、业主大会和业主委员会。

11.2.1 物业服务公司

物业服务公司是指按合法程序建立并具备相应资质条件的对物业进行管理的企业性经济实体。它具有法人资格,根据合同接受业主的委托,依照有关法律、法规的规定,对物业实行专业化管理,并收取相应的报酬。物业服务公司的组建原则是企业化、专业化、社会化,其经营宗旨是综合管理、全面服务,为业主和用户提供安全、整洁、方便、舒适的工作环境和生活环境。物业服务公司应按合法程序成立,并具备相应的资质条件。

11.2.1.1 物业服务公司的资质条件

按照《中华人民共和国民法通则》(以下简称《民法通则》)的规定,法人是具有民事权利能力和民事行为能力,依法独立享有民事权利和承担民事义务的组织。物业服务企业应当具有独立的法人资格,意味着物业服务企业应当具备下列条件:

① 依法成立。依法成立是指依照法律规定而成立。这是程序性要件,也就是说,物业服务企业的设立程序要符合法律法规的规定。

② 有必要的财产或者经费。物业服务企业属于营利性法人。必要的财产和经费是其生存和发展的前提,也是其承担民事责任的物质基础。按照《公司法》规定,物业服务企业为有限责任公司的,注册资本不得低于 10 万元;为股份有限公司的,注册资本不得低于 1 000 万元。

③ 有自己的名称、组织机构和场所。名称是企业对外进行活动的标记,其确定应当符

合《企业名称登记管理规定》等法律法规的规定；组织机构是健全内部管理的需要，例如公司应当设立董事会、股东大会、监事会等；场所是物业服务企业进行经营活动的固定地点，不仅表示企业的存在具有长期性，而且可确立与之相关的其他一些问题，如合同的履行、诉讼管辖问题等。

④ 能够独立承担民事责任。如果企业不能就自己的行为承担相应责任，就不能说其具有独立的主体资格。独立承担民事责任是建立在独立财产基础之上的，因此如果企业没有独立的财产，是不可能独立承担民事责任的。

11.2.1.2　物业服务公司的资质等级

物业服务公司经批准成立后，为了加强对物业服务公司的管理，维护物业管理市场秩序，政府要对其进行等级评定，并规定物业服务公司所管理物业的档次必须与其资质相吻合，不够等级资质的企业一律不允许从事同等级的物业管理工作。物业服务公司的资质等级是其实力、能力、规模、业绩和信誉的标识，也是开展业务的依据。根据原建设部2007年修正并重新颁布的《物业服务企业资质管理办法》的规定，物业服务企业被划分为一级、二级、三级三个资质等级。一级、二级、三级企业的资质标准如下。

(1) 一级资质

① 注册资本人民币500万元以上。

② 物业管理专业人员以及工程、管理、经济等相关专业的专职管理和技术人员不少于30人。其中，具有中级以上职称的人员不少于20人，工程、财务等业务负责人具有相应专业中级以上职称。

③ 物业管理专业人员按照国家有关规定取得职业资格证书。

④ 管理两种类型以上物业，并且管理各类物业的房屋建筑面积分别占下列相应计算基数的百分比之和不低于100%：a. 多层住宅200万平方米；b. 高层住宅100万平方米；c. 独立式住宅(别墅)15万平方米；d. 办公楼、工业厂房及其他物业50万平方米。

⑤ 建立并严格执行服务质量、服务收费等企业管理制度和标准，建立企业信用档案系统，有优良的经营管理业绩。

(2) 二级资质

① 注册资本人民币300万元以上。

② 物业管理专业人员以及工程、管理、经济等相关专业的专职管理和技术人员不少于20人。其中，具有中级以上职称的人员不少于10人，工程、财务等业务负责人具有相应专业中级以上职称。

③ 物业管理专业人员按照国家有关规定取得职业资格证书。

④ 管理两种类型以上物业，并且管理各类物业的房屋建筑面积分别占下列相应计算基数的百分比之和不低于100%：a. 多层住宅100万平方米；b. 高层住宅50万平方米；c. 独立式住宅(别墅)8万平方米；d. 办公楼、工业厂房及其他物业20万平方米。

⑤ 建立并严格执行服务质量、服务收费等企业管理制度和标准，建立企业信用档案系统，有良好的经营管理业绩。

(3) 三级资质

① 注册资本人民币50万元以上。

② 物业管理专业人员以及工程、管理、经济等相关专业的专职管理和技术人员不少于

10 人。其中，具有中级以上职称的人员不少于 5 人，工程、财务等业务负责人具有相应专业中级以上职称。

③ 物业管理专业人员按照国家有关规定取得职业资格证书。

④ 有委托的物业管理项目。

⑤ 建立并严格执行服务质量、服务收费等企业管理制度和标准，建立企业信用档案系统。

11.2.1.3 **物业服务公司组织机构构成**

物业服务公司应该根据公司规模、管理物业的类型设置组织机构，增减管理层次，如公司规模小时可减少机构部门实行一级管理，公司规模大时可增加机构部门实行二级管理，即在公司以下，按管辖物业的范围及性质增设一级管理机构。或者一般来说，物业服务公司由董事会或总经理阶层及下属六部一室组成。

(1) 公司决策机构——董事会或总经理阶层

对设立董事会的物业公司来说，董事会为公司的决策机构。对不设董事会的物业公司来说，决策者往往为总经理阶层，这时总经理是物业服务公司最高一级的指挥决策者，对公司的一切重大问题作出最后决策。物业服务公司实行总经理负责制，总经理对公司负全面的责任，并负责协调各副总经理的工作。一般设总经理一名，副总经理若干名。副总经理是总经理的助手。各副总经理分管相应的工作，在总经理的领导下负责处理分管工作，对下属机构进行指导和管理，遇有重大问题应报请总经理(或经理会议)处理。

(2) 公司的主要职能部门

① 办公室。办公室是总经理领导下的综合管理部门，负责协调各部门的工作，检查监督各类法规、文件执行情况，处理日常行政事务，管理公司的后勤，负责公司的人事、劳资、培训以及档案、文件、图纸管理和各种文字工作。

② 工程部。工程部是物业服务公司的一个重要技术部门，主要负责工程预算，所管物业及其设施、设备的管理、养护、维修，保证物业的正常使用和其设施、设备的良好运行。对业主入住后进行的装修、改造，工程部要按国家及地方政府的有关规定进行监督检查。

③ 开发部。开发部是在总经理领导下专职于物业管理业务开发的部门。在市场经济条件下，随着物业管理市场的日益成熟，物业服务公司之间的竞争也日趋激烈。一方面，公司的业务量将因管理水平、服务质量、服务态度的不同而出现很大的差异。企业要生存、要发展，就应不断拓展业务。另一方面，物业服务公司也可能随时被业主大会解聘。因此，公司只有不断开发新业务才能立于不败之地。开发部的主要责任是寻找新的业务来源，策划和从事各种经营项目，进行投标，参与市场竞争。例如，开办商场、餐厅、酒吧、美发美容店、文化体育场所，以及从事物业租售代理服务、物业估价和物业中介等服务，在为业主服务的同时，为公司赚取利润。

④ 管理部。管理部负责公司管辖区内的环境卫生、园林绿化、治安保卫、消防安全、车辆管理、地区巡逻、交通管理等工作，负责处理停电、停水、停煤气等应急业务并接受业主投诉。

⑤ 服务部。服务部是经理领导下为业主和租户提供各种综合服务和代办业务的部门。它以保本微利、提供方便为目的，主要是根据住户的实际需要，设置各种综合代办服务。常见的服务种类有接送儿童上下学，代送各种礼物，代购车、船、飞机票，室内卫生打扫，代接代

送客人,代请保姆,代预约出租车、订送牛奶、报纸等。总之,凡是住户需要的,物业服务公司都应尽量满足。服务部门应指派专人负责联系、安排这类服务。

⑥ 财务部。财务部是总经理领导下的经济管理部门,负责财务、计划、经济核算和各类收费等活动。具体来说,财务部主要制订公司财务计划和管理费的预算方案,监控资金运用,做到专款专用;负责各项收费及收费业务的管理,做好公司财务报表及费用分析报告,接受工商、税务部门及业主的监督检查。财务部一般设会计、出纳、收款员、票据保管员等岗位。

⑦ 公共关系部。公共关系部的主要职责包括如下几个方面:加强同社会相关部门、企业的联系,争取社会各界的支持;建立和管理业主和租户档案,加强同业主和租户的联系;处理业主和租户的投诉和纠纷;负责公司的对外宣传和各种对外活动;搞好公司内部的员工关系;协助其他部门的工作。

11.2.2 业主

业主是指房屋和相关设施的所有权人。物业管理区域内全体业主组成业主大会。业主大会应代表有维护物业管理区域内全体业主在物业管理活动中的合法权益,是物业管理市场需求方的主体,也是维护业主权利的主要机构。根据《物业管理条例》的规定和国内外物业管理成功的经验,物业管理需要有业主的参与。在物业管理市场上,物业服务公司是供应方,业主是需求方。在签订物业服务合同中,他们又分别构成了合同的甲、乙方。搞好物业管理,要求供求双方相互制约、相互配合,即实行业主大会、业主委员会自治管理与物业服务公司专业管理相结合的方法,这样,物业管理市场的关系才能理顺,物业管理才能更加规范化。

(1) 业主大会

物业管理区域内全体业主组成业主大会。业主大会应代表和维护物业管理区域内全体业主在物业管理活动中的合法权益。业主大会自首次业主大会会议召开之日起成立。

一个物业管理区域成立一个业主大会。物业管理区域的划分应当考虑物业的共用设施设备、建筑物规模、社区建设等因素。同一个物业管理区域内的业主,应当在物业所在地的区、县人民政府房地产行政主管部门或者街道办事处、乡镇人民政府的指导下成立业主大会,并选举产生业主委员会。但是,只有一个业主的,或者业主人数较少且经全体业主一致同意,决定不成立业主大会的,由全体业主共同履行业主大会、业主委员会职责。业主在首次业主大会会议上的投票权数,根据业主拥有物业的建筑面积、住宅套数等因素确定。

业主大会的职责包括:制定和修改业主大会议事规则;制定和修改管理规约;选举业主委员会或者更换业主委员会成员;选聘和解聘物业服务企业;筹集和使用专项维修资金;改建、重建建筑物及其附属设施;有关共有和共同管理权利的其他重大事项。

(2) 业主委员会

业主委员会是业主大会的执行机构,由业主大会选举产生。业主委员会应当自选举产生之日起 3 日内召开首次业主委员会会议,推选产生业主委员会主任 1 人,副主任 1～2 人。

业主委员会履行职责包括:① 召集业主大会会议,报告物业管理的实施情况;② 代表业主与业主大会选聘的物业服务企业签订物业服务合同;③ 及时了解业主、物业使用人的意见和建议,监督和协助物业服务企业履行物业服务合同;④ 监督管理公约的实施;⑤ 业主大会赋予的其他职责。

11.3 物业管理的早期介入和前期管理

11.3.1 物业管理的早期介入

物业管理早期介入是指物业管理公司在接管物业之前,就参与物业的规划设计和建设的过程,从业主与使用人及物业管理的角度,就物业设计、开发、建设和今后使用管理提出建议和意见,并对将接管的物业从物质上和组织上做好准备,以更好满足业主与非业主使用人的需求和有利于之后的物业管理。

物业管理早期介入的目的是在物业建成之前采取措施确保建成的物业质量和功能合乎要求,有利于业主使用,方便以后的物业管理。

物业管理虽然是对物业使用过程的管理,但如果物业管理企业只是等物业完全建成后才介入,往往在展开工作后才发现前期遗留下来的诸如规划、设计、配套、施工质量等许多问题,这是单纯依靠物业管理所不能解决的。如果物业管理企业能够在规划设计阶段就介入,从物业建成后物业管理正常运行的角度考虑问题,及时向房地产开发商提出有利于业主使用、有利于今后的物业管理的规划建议,和房地产开发商一起监督工程的施工,参与工程的竣工验收等工作,可以完善物业的使用功能,提高物业质量,还可以为以后的物业管理打下基础。

(1) 物业管理早期介入的作用

① 早期介入有利于减少或避免规划设计、建设阶段存在的缺憾或隐患随着社会和经济的发展,人们对物业的品位和环境的要求越来越高。这使得房地产开发企业在开发过程中,除了执行国家有关技术标准以外,还应考虑到物业的使用功能和布局,以及建筑的造型、室外环境和生活的便利、安全和舒适等。物业管理企业因为在实际管理中直接与房屋的业主和使用人接触,了解他们的需要,所以可以根据自己的经验,在项目设计、施工时,从业主或使用人以及方便日后管理的角度,对物业进行审视,就房型设计、供电供水、污水处理、道路、绿化、服务配套等各方面提出建设性意见,对于一些不适当的设计也予以纠正和改善,使物业的设计更加优化、完善。物业管理企业还应在施工过程中参与监督,提高房屋建造质量及设备安装质量,减少返工。这样,才能尽可能避免日后工作中难以解决的"先天性"问题。

② 早期介入有利于加强对物业的全面了解。对物业及其附属设施、设备的养护维修是物业管理企业的主要工作。要想做好这方面的工作,使业主满意,必须对物业的土建结构、管线走向、设施建设、设备安装等情况了如指掌。如果对以上情况不明,就无法根据设备状况进行合理的保养、维修计划。所以,物业管理企业在早期介入阶段,就要充分了解物业,对于图纸的改动或增减部分作认真记录,并且对设备安装、管线布置进行全程跟踪掌握,以便于日后管理中做到心中有数,对症下药。唯有如此,物业管理企业才能更好地为业主服务。

③ 早期介入有利于维护物业管理企业的专业形象。如果没有早期介入,势必造成物业管理企业对物业的接管与业主或使用人的入住同步进行,这样,物业管理企业即使再努力,也会被各项繁杂的事务搞得焦头烂额,理不出头绪。一方面要对物业进行全方面了解,并逐一交接;另一方面还要办理业主的各项入住手续,要解决业主或使用人的各项疑问,并要处理发现的各种问题。这样容易忙中出错,以至于严重影响物业管理企业的专业形象和声誉。

④ 早期介入有利于后期管理工作的进行。在早期介入工作期间,物业管理企业在参与

物业的规划、设计和建设的同时,就可以针对物业的特点,设计出物业管理方案,草拟和制定各项规章制度,筹备成立业主委员会,印刷各类证件,并且可以进行机构的设计和人员安排、人员聘用、上岗培训等工作,以便物业移交后,物业管理企业的各项工作能够有序地开展。同时,在早期介入的工作中,经过一段时间的磨合,与环卫、水电、通信、治安、绿化等各部门之间的关系也基本理顺,日后能建立顺畅的沟通与服务渠道,有利于今后日常管理工作的顺利进行。

⑤ 早期介入有利于促进物业的销售。重视物业管理的早期介入,即重视全过程、全方位的物业管理,不仅可以提高物业的品位,提高物业的价值,而且还可以提高开发企业的形象,促进物业的销售。只有物业管理早期介入,才能够考虑和重视人性化的需求,把方便人们生活、工作和休息的需求放在第一位,全面考虑和重视人们的需求,从而杜绝开发商的短期行为,提高企业的形象。尽管物业管理的早期介入有可能增加一些开发成本,但由于物业管理的介入使得物业的品位和价值得到提高,可以极大促进物业的销售。这一点,已经在物业开发和销售的实践中得到验证。房地产开发商对物业进行的是硬件建设,物业管理公司对物业进行的是软件建设与维护。前者是形成物业,后者是发挥物业的功能作用,虽有区别但又相互联系。无论是对房地产开发商,还是物业管理公司来说,物业管理早期介入都是非常必要的。对于开发商而言,进行投资决策、规划设计、选择适当的地段、房型及附属设施,并通过施工建设形成物业,在物业开发阶段选择适当的物业管理公司,能在很大程度上避免缺陷和漏洞,使物业更符合使用和管理的要求,这是开发商不容忽视的重要环节。

对于物业管理公司而言,首先应参与市场竞争以获取物业的管理权。在同开发商签订了物业管理协议书后,即应着手配备与物业相匹配的管理人员,开展各项物业前期阶段的管理工作。由于将来的业主(业主大会)拥有"决定继续聘用或选聘物业管理公司"的权利,因此,对于物业管理公司来说是一个把握机会、占领市场的重大问题。毋庸置疑,物业管理公司参与物业开发管理将使硬件建设与软件建设相得益彰,对物业实行全过程的参与不仅是物业管理者的需要,同样也是房地产开发商的需要,当然更是业主维护自身权益的需要。

(2) 物业管理早期介入的内容

物业管理早期介入主要是协助开发商把好质量关,按照"以人为本"的理念来考虑今后业主(购房者)在物业中生活感到舒适满意和方便以后的日常管理与服务。物业管理的早期介入与房地产开发整个过程紧密相连。房地产开发全过程分为立项决策、规划设计、施工建设、竣工验收几个阶段。物业管理早期介入的大致程序(图 11-1)及主要内容随着介入时间的不同而有所差别。

① 立项决策阶段。

房地产开发企业在房地产开发项目立项以前进行市场调研和项目可行性研究评估时,物业管理企业早期介入,物业管理人员从专业的角度及便于日后管理对该项目的市场定位,潜在业主的构成以及消费水平,周边物业管理概况及日后的物业管理内容、管理标准及成本、利润测算等方面为开发商提供参考建议,减少决策中的风险性。

② 规划设计阶段。

物业管理工作需要一定的地方和空间来开展,需要从管理和整体效益的角度来规划。目前许多住宅小区在规划设计时没有考虑今后物业管理工作的开展,连一些基本公共设施都没有规划,只注意在有限的土地上建造更多的房屋,以致等小区建成以后,再考虑实行物

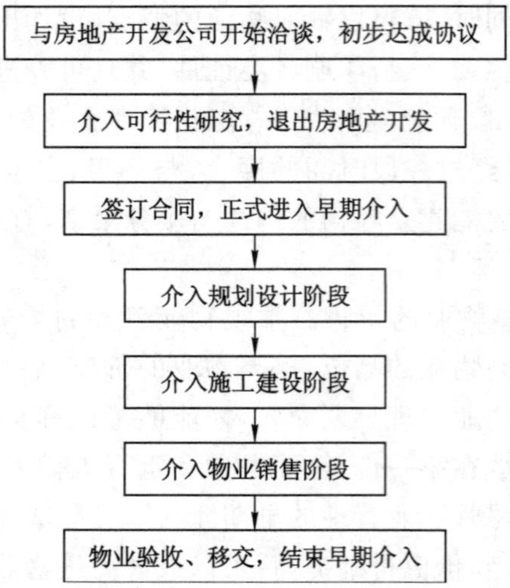

图 11-1　物业管理早期介入的步骤

业管理需要建立公共设施，已经没有地皮可建，对此业主意见很大。有的住宅小区规划时不配套，甚至连中国老百姓最主要的交通工具——自行车车棚都未予以考虑，住户进住以后，自行车随便乱放，既不美观也不安全。为此，物业管理公司参与规划设计非常重要。它可以全面细致地反映物业管理得以顺利实施的各种需要，以及在以往管理实践中发现的规划设计上存在的种种问题或缺陷，并可把这些情况以咨询报告的形式提交开发商和设计单位，建议设计单位在设计中予以纠正。因此，规划设计时物业管理公司一般应注意配套设施的完善、水电气供应容量、安全保卫系统、垃圾处理方式、绿化布置、消防设施、建筑材料的选用等方面的问题。

总之，在规划设计阶段，物业管理企业选派工程技术人员参加工程规划设计，从有利于投资、综合开发、合理布局、安全使用和投入使用后长期物业管理的角度进行参谋，提出建议。

③ 施工建设阶段。

物业管理企业在施工阶段参与物业建设主要是确保建筑工程施工质量。物业管理企业在长期对各种物业的管理过程中，对楼宇使用过程中暴露出的各种质量问题有所了解，诸如卫生间、厨房等处的漏水问题及其成因；水电管线如何布置才有利于安全和便于管理；供暖管道哪些部分容易炙伤人等。这些方面的问题如有物业管理企业时常在现场指导和监督，就会在施工中予以彻底解决而不遗留下来成为日后使用和管理中难以克服的障碍。

相反，如果物业管理企业对该物业的内部结构、管线布置，甚至所用建材的性能知之甚少或不了解，那么就很难管理好，或无法管理。所以，物业管理企业有必要选派相应专业的人员参与施工质量监理，配合开发企业和施工部门共同确保工程施工质量：选派有关专业人员参与工程施工质量监理；尽可能全面地收集物业的各种资料，同时熟悉各个部分，为日后管理做好充分的准备；按国家规定的技术标准，对工程设计与设计单位、施工单位、开发商一起认真进行技术交底和图纸会审；工程施工中按国家现行有关法律规定、技术标准及合同不断进行检查，如：是否严格按设计要求施工，隐蔽工程的施工质量，使用各种材料、备件是否符合质量要求等。

④ 竣工验收阶段。

在工程项目竣工验收前，承建单位应将有关技术资料系统整理，分类立卷，在竣工验收时交开发单位归档保管，以适应生产、维修的需要。竣工验收时，所应提交的资料主要有：竣工工程项目一览表，设备清单，设备、材料证明，土建施工记录，设备安装调试记录，图纸会审记录，设计变更通知和技术核定单，工程项目竣工图，建(构)筑物的使用注意事项，其他重要技术决定和文件等。

11.3.2 物业的前期管理

(1) 物业前期管理的基本概念

前期物业管理是指在业主、业主大会选聘物业管理企业之前，由建设单位选聘物业管理企业进行的物业管理。在实际工作中，早期介入往往被误认为是前期物业管理，其实两者是完全不同的两个时期进行的物业管理工作。

在大多数情况下，房地产开发商会在新建商品住宅出售前选聘好物业管理企业，并与其签订前期物业服务合同，使业主一入住就能享受到良好的物业管理服务。因此，前期物业管理是指业主委员会成立前的物业管理。

由于业主大会的成立需要具备一定的条件，并要遵循一定的程序才能够成立，因此，从物业开始销售、部分业主开始入住，到业主正式选聘物业管理企业进行物业管理一般需要1～2年，甚至更长的时间。在此期间，前期入住的业主所需要的房屋维修养护、卫生、保安、绿化等物业管理服务问题就由开发商前期选聘的物业管理企业负责解决。

按照前期物业管理的定义，我们可以得到以下的理解：

① 前期物业管理阶段的物业管理企业是由房地产开发商或建设单位选聘的。这是由于业主大会尚未成立，无法由其选聘物业管理企业。此时房地产开发商作为最大的业主，非常熟悉物业的各种情况，无论是从对前期入住的业主负责的角度，还是从促进物业后期销售的角度来考虑，都应该选聘物业管理企业实施前期物业管理。

② 物业管理企业要同房地产开发商签订前期物业服务协议或合同。在房屋销售时，房地产开发商要将前期物业服务合同向买房人明示，并取得买房人的书面认可。这样就可能避免诸如买房以后发现房地产开发商售房时所承诺的水、暖、电梯等配套设施不到位，或者业主入住以后才发现物业管理收费和当初的约定有很大出入等矛盾和纠纷的。

③ 前期物业管理是阶段性的管理。前期物业管理的时间一般是从房屋销售之前到业主大会、业主委员会与其选聘的物业管理企业签订正式的物业服务合同生效时为止。《物业管理条例》明确规定，业主委员会成立以后，全体业主所持投票权达到2/3以上通过，即可选聘物业管理企业。此时业主与物业管理企业应签订正式的物业服务合同。

④ 前期物业管理期间所涉及的法律主体主要有房地产开发单位、物业管理企业和业主。建设单位或房地产开发商是物业的供应者，也是前期物业管理的责任人，房屋销售以后应负责所售房屋的物业管理，并应承担保修义务。物业管理企业作为独立的民事法律主体，受建设单位的委托，对业主提供协议约定的物业管理服务，并收取相应的费用。未售出部分物业的物业管理费用由建设单位承担。业主购房以后，按照协议的约定享受物业管理企业提供的服务，并承担缴费等相应义务，接受物业管理企业的管理服务。

(2) 前期物业管理的工作内容

① 物业管理机构的设立和规章制度的建立。

物业的前期服务合同一经签订，物业管理企业则应着手落实该物业的管理机构以及管理人员。机构的设置应根据委托物业的用途、面积、业务类型和规模等确定；人员的配备除考虑管理人员的选派外，还要考虑操作层，如维修养护、保安、清洁、绿化等人员的招聘等工作。管理人员与操作人员确定以后，还应根据各自的职责进行培训，以便他们对所管理的物业有清晰的了解，明确各自的服务对象和职责范围。

科学、健全的规章制度是实施和规范前期物业管理行为的保证。规章制度的制定应依据国家和政府有关部门的法律、法规、政策和文件，并结合本物业的实际情况，这是物业管理逐步成熟并走向规范化、程序化、法制化道路的重要前提。

② 物业的验收与接管。

由于工程质量问题对物业本身将产生永久性的影响，与投入使用后的各类物业打交道的主要是业主和物业管理企业。物业管理企业既要考虑质量问题对日后物业管理的影响，也应站在业主的立场上，代表业主的利益对物业的主体结构的安全性和满足使用功能等问题进行再检验。物业的验收直接关系到今后物业管理工作能否正常开展。物业管理企业应有接管验收权和争取质量补偿权。严格按规范做好接管验收工作，提前熟悉所安装的设备设施，确保物业管理企业从物业开始投入使用即能为业主提供良好的物业管理服务。验收合格后，房地产开发商应向物业管理企业移交相关的资料，以方便今后的物业管理和维修养护。在物业保修期间，物业管理企业还应与房地产开发商签订保修实施合同，明确保修项目、内容、原则、责任和方式等。

③ 业主入伙和装修管理。

"入伙"指业主或使用人收到书面通知书，在规定期限内办完相应手续并实际入住，就是将物业正式交付业主或使用人使用的过程。入住管理就是规范和引导业主办理各项入住手续。此工作不仅是将房屋完好移交，而且涉及首期收费和相关文件的签署，具有为今后管理与服务的开展打下良好基础的重要意义。业主入伙以后，必然要面临房屋装饰装修的问题。物业管理企业要加强业主装修的管理，以避免装修污染、装修扰邻、危害公共利益甚至装修工程质量等事故的出现。

④ 物业档案资料管理。

在物业管理企业接管物业和(或)业主使用人入伙以后，物业管理企业应及时建立物业管理档案资料。物业档案资料包括物业资料和住户资料。物业档案资料是物业维修养护、设备更新改造的依据，是物业管理企业和业主保持联系、提供业主或使用人所需服务的必要资料，也是物业管理企业解决可能遇到的纠纷的法律依据。

⑤ 协助成立业主委员会。

当业主入住达到一定比例，或入住已超过一定时间后，经过达到一定比例要求的业主同意，物业管理企业应会同房地产开发商和政府主管部门组织召开业主大会，选举并产生业主委员会。当业主委员会选聘了新的物业管理企业以后，负责前期物业管理的物业管理企业应将档案资料等移交给业主大会或业主，确保物业管理的顺利交接。

⑥ 其他前期日常工作管理。

对物业管理区实施正常的管理服务；在保修期内还肩负着解决职责范围内业主提出的房屋及公共配套设施的返修；协调业主与开发商和建设单位之间的关系，督促或协调开发商和建设单位解决业主提出的有关房屋及公共配套设施方面的问题等。

11.3.3 前期物业管理与早期介入的区别与联系

早期介入是指物业管理公司在接管物业之前，就参与物业的规划设计和建设的过程。从业主与使用人及物业管理的角度，就物业开发、建设和今后使用管理提出建议，并对将接管的物业从物质上和组织上做好准备，以更好满足业主与非业主使用人的需求和有利于之后的物业管理。

① 在物业管理全过程中所处的时间段不同。

前期物业管理是在物业建成并投入使用后由开发商和物业管理企业签订管理服务合同生效之日起至业主重新聘请物业管理企业并与之签订新的物业管理服务合同生效之日。而早期介入则是在物业建成之前，物业管理企业从方便日后使用和便于管理的角度参与到物业的开发、设计、施工、安装的过程。

② 两者所处的地位和职能不同。

前期物业管理中，物业管理企业处于主体地位，按照前期物业服务合同实施管理，有权制止不遵守管理规定的行为，依法追究违约者(包括房地产开发商)的违约责任；早期介入过程中，物业管理企业处于辅助地位，一般是以顾问的身份存在，主要是从专业的角度对房地产开发过程提出合理化建议和意见。

③ 两者所要达到的目的有所不同。

前期物业管理是在业主选聘物业管理企业之前，由建设单位选聘物业管理企业进行物业管理，是为了保护业主的合法权益，保证物业管理的连续性，为后期物业管理服务奠定良好的基础；物业管理早期介入的目的是在物业建成之前采取措施，确保建成的物业质量和功能能够合乎要求，有利于业主使用，方便以后的物业管理。

物业管理是一项连续性很强的工作。早期介入与前期物业管理的联系在于两者都是物业全程管理中不可分割的一部分，是前后衔接的关系。认真细致负责的早期介入工作，及时发现物业开发、设计、施工、安装过程的有关质量及有碍物业使用功能的缺陷或不足，并能及时得到纠正或返工，可以为后来的前期物业管理打下很好的物质基础。由于我国的物业管理起步较晚，物业管理企业能够早期介入的还不多，但可以预见，随着物业管理行业的发展，这是一个必然的发展趋势。

11.4 物业管理的工作内容

11.4.1 物业的维修管理

物业竣工交付使用以后，由于受自然侵蚀、正常使用、生物破坏以及地理、灾害等因素的影响与作用，物业会逐渐破损，使用价值逐步降低。为了全面或部分地恢复物业失去的使用功能，防止、减少和控制其破损程度的发展，延长物业的使用年限，就需要经常地、及时地对物业进行维修。因此，在社会化、专业化和企业化的物业管理体制下，物业维修管理是物业管理的主体工作和基础性工作，它不仅关系到物业管理的好坏，还关系到物业服务公司的信誉。

物业维修是指物业自建成到报废为止的整个使用过程中，为了修复由于自然因素和人为因素对物业造成的损坏，维护和改善物业的使用功能，延长物业的使用年限而采取的各种养护维修活动。物业维修有广义和狭义之分。狭义的物业维修仅指对物业的养护和维修；广义的物业维修则包括对物业的养护、维修和改建。根据损坏程度的不同进行不同程度的养护维修，才能保证物业的正常使用和安全，延长其使用年限。物业维修管理主要包括以下内容：

（1）物业质量管理

物业质量管理是指定期或不定期地对物业的完损情况进行检查，评定物业完损等级，随时掌握所管物业的质量状况和分布，组织对危险物业的鉴定，并确定解危方法等。它为编制物业维修计划、进行物业维修工程设计、编制物业维修工程概预算并作出投资计划提供了依据。

物业完损等级评定标准是由国家建设行政主管部门制定颁布的。各类物业完损标准是根据物业的结构、装修、设备三个组成部分的各个项目的完好或损坏程度来划分的，依据建设行政主管部门的规定，将物业完损状况分成五个标准：① 完好标准；② 基本完好标准；③ 一般损坏标准；④ 严重损坏标准；⑤ 危险房标准。

（2）物业维修施工管理

物业维修施工管理是指按照一定的施工程序、施工质量标准和技术经济要求，运用科学的方法对物业维修工程施工所进行的一系列组织与管理工作。物业服务公司的物业维修施工工程，可以由自己组织的维修施工队伍来完成，也可以通过招标，以发包方式将物业维修施工工程承包给专业维修施工队伍来完成。物业服务公司对自行完成的维修施工管理和对由专业维修施工队伍承包的维修工程施工管理是不同的，对专业维修施工队伍承包的维修施工管理必须做好维修工程招标工作、维修工程设计和技术交底工作、维修施工合同管理和施工质量控制管理工作、维修工程的竣工验收和价款结算管理工作以及维修技术档案资料管理工作，而对自行完成的物业维修工程的管理则比专业承包的维修工程的管理复杂。

维修施工管理的主要任务包括：① 根据物业维修工程任务，认真编制物业维修施工计划；② 贯彻维修工程的施工程序，合理安排人力、物力、财力，不断地更新维修技术，提高劳动生产率，降低维修成本，提高盈利水平；③ 运用科学方法对维修计划、技术、物资、生产、劳力和财务进行管理，对维修工程质量、工程成本和进度进行控制管理。

（3）物业维修技术管理

物业维修技术管理是指物业服务公司对物业的查勘、鉴定、维修、使用等各个环节的技术活动过程和技术工作的各种要素，按照一定的技术标准和技术经济指标进行的科学管理活动，以保证物业维修施工工程符合技术规定。物业维修技术管理内容包括维修方案设计、工程质量管理、技术档案管理以及技术责任制的建立等。

（4）物业维修资金的管理

住宅专项维修资金是指专项用于住宅共用部位、共用设施设备保修期满后的维修和更新、改造的资金。住宅共用部位，是指根据法律、法规和房屋买卖合同，由单幢住宅内业主或者单幢住宅内业主及与之结构相连的非住宅业主共有的部位，一般包括：住宅的基础、承重墙体、柱、梁、楼板、屋顶以及户外的墙面、门厅、楼梯间、走廊通道等。共用设施设备，是指根据法律、法规和房屋买卖合同，由住宅业主或者住宅业主及有关非住宅业主共有的附属设施设备，一般包括电梯、天线、照明、消防设施、绿地、道路、路灯、沟渠、池、井、非经营性车场车库、公益性文体设施和共用设施设备使用的房屋等。

住宅专项维修资金管理实行专户存储、专款专用、所有权人决策、政府监督的原则，国务院建设主管部门会同国务院财政部门负责全国住宅专项维修资金的指导和监督工作，县级以上地方人民政府建设(房地产)主管部门会同同级财政部门负责本行政区域内住宅专项维修资金的指导和监督工作。

(5) 物业维修的档案资料管理

物业服务公司在制定物业维修计划，确定物业维修、改建等方案，实施物业维修工程时，必须以物业建筑的档案资料为依据。因此，为了更好地完成物业维修任务，加强物业维修管理，就必须设置专职部门和专职人员对物业维修档案资料进行管理。

物业维修所需要的档案资料主要包括物业新建工程、维修工程竣工验收时的竣工图及有关物业的原始资料、现有的有关物业及附属设备的技术资料、物业维修的技术档案资料等内容。

11.4.2 物业的设备管理

物业设备是物业建筑内部附属设备的简称，不仅包括供水、排水、供暖、燃气等基本附属设备，还包括闭路电视、自动报警系统、中央空调系统、全电子网络电话等智能化、多样化设备。

物业设备管理就是物业服务公司根据一定的科学管理程序和制度，按照一定的技术管理要求，对各种物业设备的日常运行和维修进行管理。物业设备管理主要由维修管理和运行管理两大部分组成。维修与运行既可统一管理，也可分别管理。各种不同的设备需要进行不同的维修管理。为了搞好物业设备的管理工作，提高物业设备的完好率和利用率，对其维修项目、范围、工程量、时间年限及其他标准必须加以明确。

目前，设备管理工作一般由物业所有单位和物业服务公司的工程部门负责，并由专业人员承担具体任务。基层管理有分散的综合性管理和集中的专业化管理等多种方式。物业设备的维修与物业建筑本身的维修相比，前者一次性投资较大，灵敏程度、精确程度要求较高。维修工作的好坏，直接影响设备在运行中技术性能的发挥，所以加强对设备维修工程的管理，将是一项越来越重要的工作。设备管理的内容很多，由于设备不同，管理内容也各有不同。从设备管理实践来看，基本的管理措施主要有以下几个方面：

① 建立关于设备的基础资料管理制度，如建立设备登记卡、管理账册、技术档案、维修方案等方面的管理制度；

② 建立设备的运行管理制度，如设备使用、设备值班、设备巡检办法等和建立设备卡片；

③ 建立设备的维修管理制度，做好设备的保养、定期检查、日常修理、应急抢修等工作；

④ 建立物业设备大、中修工程的验收制度，明确相关责任，收集有关技术资料；

⑤ 建立物业设备的调拨、增添、更新、改造、改变、报废等方面的规划和审批制度；

⑥ 建立每年年末对物业设备进行清查、核对和使用鉴定的制度，遇有缺损现象，应采取必要措施，及时加以解决；

⑦ 建立承租户保管物业设备的责任制度；

⑧ 建立能源管理办法，如鼓励采用各种先进技术和管理措施节约能源、节省开支、减少浪费等。

11.4.3 物业的环境、绿化与保洁管理

(1) 物业环境管理

物业环境管理主要是指物业管理公司根据物业项目特点及物业服务合同的规定，运用

科学的手段和先进的管理技术，对物业区域的环境进行的维护和改善的一系列活动。物业环境管理的主要任务是保护和维持、改善物业区域内的环境，防止人为破坏和减缓自然损坏，维护正常的生产、生活和工作、学习环境，保持物业区域内整体形象，保证物业区域内业主及使用人的身心健康，提高物业的知名度和企业形象等。

① 建立环境管理机构。通常情况下，物业管理企业都设置专门的环境管理机构，具体负责物业区域内的环境管理工作，其职责主要包括：拟定物业区域内环境保护的标准和规范；组织环境监测，掌握所管物业区域的环境状况和发展趋势；会同有关部门组织所管物业区域的环境科学研究；负责具体的环保工作，如环境的净化、美化、绿化等。

有时，物业管理公司也可以发包的形式，委托社会上具有相应资质条件的专业环境管理公司承担。

② 治理环境污染。主要涉及空气污染、水污染、噪声污染，以及磁和辐射污染等。

③ 加强市政公用设施的管理。为物业区生活、办公服务的市政公共设施是该物业的一个重要组成部分，一旦它遭到破坏或损坏，便会影响人们正常的生活和社会经济活动。因此，加强市政公用设施的管理应是物业管理公司的一项重要工作。在管理过程中，物业管理公司要根据法律和合同规定，采取法律、经济、科学技术等各种措施，保证市政公共设施的完好，保障物业区内生活、学习和工作的顺利进行。

④ 建设各类环境小品。物业管理公司要搞好环境小品的建设。首先，要搞好园灯或路灯、座椅、桌、电话亭、垃圾桶、标志牌、休息亭廊、儿童游戏设施、地面铺装等功能性环境小品的建设，完善物业区的生活职能。其次，要搞好花坛、水池、花架、人工瀑布、人工喷泉、雕塑、假山、叠石等装饰性环境小品的建设，美化环境。最后，要搞好可以起到分割空间作用的环境小品的建设，要有入口标志、围墙、路障、台阶、栏杆、挡土墙等。物业管理公司应用少量的投资和简易可行的材料，力求建筑小品美观、新颖和实用，达到美化环境的效果。环境小品的种类、造型、质地、规格可根据实际需要而设计，不可强求应有尽有、样样俱全。对住宅区来说，小品的设计应从实用功能出发，在整体环境的统一要求下，与建筑群体和绿化种植密切配合；对写字楼和商业楼宇来说，小品的设计应从装饰性出发，美化环境，烘托氛围。

⑤ 认真清理物业区域内的违章搭建。违章搭建是未经规划审批建造的房屋或其他建筑物及构建物。违章搭建对整个物业区的环境具有明显的破坏作用，它既有碍观瞻，又可能影响其他人的通行、休闲，还可能带来交通不安全的问题。因此物业公司一定要根据国家和地方的相关法律、规定和政策，认真做好物业区域内违章搭建的清理工作。

⑥ 加强教育与引导。加强环境保护的相关宣传教育是环境管理工作不可缺少的手段。物业管理公司应当教育与引导业主和居民营造良好的人文环境，使大家和睦共处、互帮互助、给人温馨文明、融洽和谐、轻松有序的感觉。这方面的工作主要由物业管理公司公共关系部负责。另外，物业管理公司还要利用期刊、书报、广播、电影、电视、报告会、展览会、专题讲座等多种形式，向公众传播环境科学知识，宣传环境保护的意义以及国家有关环境保护和防止污染的方针、政策、法律等。

(2) 物业绿化管理

物业绿化管理是指物业管理公司为美化和净化受托物业的环境和改进物业景观而在物业范围内进行的绿地、花圃等地的养护行为，以及该类行为的计划与组织。

① 培训绿化养护员工。配备绿化工人不是一次性的，而是随着物业管理企业业务的开

展和绿化生产的需要而逐步建立到位的。物业管理企业在培训绿化管理养护员时要注意应招收热爱绿化工作、思想素质好的人员。在初期，由于招收的员工不多，不需要集中进行正规培训、系统学习，可采取做什么学什么的方式，联系实际具体教，结合绿化养护管理现场学。在布置安排工作时，要讲授技术，交代措施。过一段时间后，物业管理企业已经拥有了一定数量的绿化员工时，再集中学习，系统讲授有关的绿化知识，学习园林技艺。绿化工作工种多，不同的工种技术要求不同，但在培训时要求本部门员工要全面掌握有关绿化方面的知识，学会所有技艺，每人做到一专多能。这样才有利于人员调剂变动，将环境绿化管理工作做好。

② 做好绿地的营造工作。进行绿地设计时，一般应满足"实用、经济、美观"的原则，并讲求功能与美观结合；对物业区域内的出入口等醒目之处，实施重点美化，以及与物业氛围及周边环境相协调等要求。

做好绿地的营造工作，首先要进行树木的选择与配置。选择绿化树木的种类时，应注意以下几个问题：生命周期较长，抗病、虫害能力较强；道路旁的树木，应树干高大、树冠浓密，清洁无臭；绿地上的树木，不应带刺、有毒；水池边的树木，应落叶较少、不产生飞絮等。其次完成园林小品的建造。物业区域的绿化虽然是以植物为主，但园林小品也是其中的重要组成部分。而且，可能对于进一步提升绿化的美化功能，起到画龙点睛的作用。还要实施竖向绿化。竖向绿化也称垂直绿化。屋顶、墙面、阳台等竖向绿化作为地面绿化的补充，不仅可以提高观赏性和绿化率，而且可以在一定程度上弥补建筑物自身功能的不足。

③ 搞好绿化的养护管理工作。绿地营造工作完成后，加强养护与管理、巩固建设成果是发挥绿化效用的关键，主要内容包括：浇水、施肥、整形、修剪、除草、松土、病虫害的防治。

④ 制定绿化管理规定。要搞好环境绿化管理工作，除了物业管理公司要做好绿化设计、营造、施工、养护外，还需要广大业主和使用人的配合。因此，物业管理公司要采取各种形式向广大业主和使用人，特别是对儿童进行宣传教育，使人人都来关心爱护绿化，并制定相应的绿化管理规定。

(3) 物业保洁管理

在物业环境中，整洁所带来的舒适和优美，是衡量物业管理工作的一个十分重要的评价指标，它具有视觉上的直观性和心理上惬意、舒适的感受。因此，保洁管理是物业环境管理中最经常、最普遍的一项基础工作，是提供优雅、舒适、清洁的生活环境和工作环境的主要组成部分。

保洁管理就是指物业公司对所管辖的区域有计划、有条理、有程序、有目标的，并按指定的时间、地点、人员进行日常的清洁服务，并结合精神文明建设，依照规范服务的要求对业主(使用人)进行宣传教育、专业管理，并使其能自觉养成良好的卫生习惯，遵守规章制度，保持物业区域容貌整洁，减少疾病，促进身心健康，以提高物业区域使用环境的效益，也就是指物业管理公司通过宣传教育、直接监督和日常的清洁工作，保护物业环境，防治环境污染，定时、定点、定人进行日常生活垃圾的分类收集、处理和清运。通过清、扫、擦、拭、抹等专业化操作，维护公共区域的清洁卫生，从而塑造良好的环境氛围。保洁管理是一项服务性很强的工作，不同类型、不同档次的物业对楼宇公共部位清洁管理的质量要求也不同，物业管理企业要根据自己所管辖物业的特点和实际情况制定一套相应的对保洁管理的具体要求，通过物业管理者和使用者共同在制度上、管理上、精神上、文化上的规范努力，达到安全、舒适、整洁、优美、和谐的生活环境和工作环境。保洁管理的重点是大力防治“脏、乱、差”等。

11.4.4 物业的安全管理

(1) 物业保安管理

物业的保安管理主要是指物业管理公司采取各种措施和手段，保障其所管区域内的财物不受或少受损失，人身不受伤害，并维护正常的工作和生活秩序。它是指通过各种先进的科学技术措施和管理手段，依靠必备的设备与工具，防止和终止任何危及或影响物业管理区域内的业主或使用人的生命财产与身心健康所进行的一系列活动，也就是指物业管理公司为防盗、防流氓活动、防意外及人为突发事故而对所管理的物业及相关人员行为进行的一系列管理活动。

物业的保安管理工作要求相关的管理单位必须去阻止和预防任何危及物业管理区域内相关人员的生命财产的行为，打击各种违法犯罪活动；必须终止任何影响业主或使用人身心健康的行为，维护正常的工作和生活秩序；确保物业及相关设施设备、公共场所、建筑地块等不受人为的损坏、破坏或尽可能地减少损失，以及必须要加强对物业管理区域内的精神文明建设，宣传教育物业保安相关知识和技能等。

物业保安管理的主要措施包括：

① 时刻加强对保安人员进行相关的职业道德教育。保安人员是物业保安管理工作的具体执行者，保安人员素质的高低决定了物业保安管理质量的好坏。因此，物业管理公司在选聘保安人员及在日常的保安管理工作中要特别注意这方面的问题，并对相关人员定期或不定期地进行职业道德方面的宣传教育工作。

② 建立健全完善有效的保安制度。根据物业类型、档次、规模等，以及周边治安形势和物业管理区域的封闭性情况，配齐保安固定岗位和流动岗位及其人数。确定保安巡逻的岗位和线路，做到定时、定点、定线路巡逻与突击检查相结合，特别要注意出入口、隐蔽处、仓库、车库、车棚等位置或区域。建立 24 小时固定值班、站岗和巡逻制度，做好交接班工作和相关制度等。

③ 日常工作要求。与街道、居委会、派出所建立密切联系，随时了解社会治安情况。采取发放通行证、出入证、来访登记等措施，控制人流、物流和车流等。加强物业基础资料的管理，熟悉业主或使用人的基本情况，掌握物业管理区域内的结构布局、设备性能等情况。及时、正确处理各种突发事件。填写每日工作报告和特别工作报告。严禁保安人员滥用权力，超出物业管理保安人员的权力范围。

(2) 物业消防管理

物业消防管理主要是指物业管理公司采取各种措施和手段，预防物业管理区域内火灾的发生，最大限度地降低火灾的损失，为业主和使用人的工作和生活提供安全保障的一系列管理活动。物业消防管理的基本目的是预防物业火灾的发生，控制火灾的蔓延，减少火灾损失及其他善后工作，为业主和使用人的生产和生活提供安全的环境，增强城市居民安全感，保证其生命和财产安全。

物业的消防管理，包括“消”和“防”，即“消灭”和“预防”两个方面的工作。防火是把消防工作做到前面，防患于未然。物业管理公司要广泛开展防火宣传教育活动，树立消防安全意识，群防群治，“防”才有基础，“消”才有力量。物业的消防管理必须贯彻执行“预防为主，防消结合”的方针。要求消防工作在指导思想上，要把预防火灾放在首位。要采取一切行政的、技术的和组织的措施，防止火灾的发生。所以，物业的消防管理也应立足于火灾的预防上，从人力、物力、技术等多方面充分做好灭火准备。

消防管理的具体工作包括：

① 消防中心值班制度。消防中心是火警预报、信息通信中心，消防值班员必须有高度的责任感，认真严肃地做好消防中心的值班监视工作。

② 防火档案制度。消防部门要建立防火档案，对防火隐患、消防设备状况（位置、功能、状态等）、重点消防部位、当期消防工作概括要记录在案，以备随时检阅。还要根据档案记载的前期消防工作概况定期进行研究，不断提高防火、灭火的水平和效率。

③ 消防岗位责任制度。要建立各级领导负责的逐级防火责任制，上至公司领导，下至普通的消防员，都对消防负有一定的责任，从而建立健全防火制度和安全操作制度，层层明确责任，建立全方位的监督制度体系。

④ 定期进行消防安全检查。要确保消防栓玻璃、水枪、水带齐全完好，报警系统运行良好，准确无误，达到应急要求。配电房、值班室等位置或区域应按规定配齐各种消防设备设施。备用发电机、消防水泵、消防电梯等状态完好，达到应急要求。定期组织检查，做到普查与自查相结合，还要对重点部位进行定期重点抽查等，做到发现隐患要立即消除。

⑤ 专职消防员的定期培训和演习。做好物业安全的消防管理工作，必须要配备一定数量和质量的消防队员，建立消防义务组织，并定期对消防人员进行模拟训练和开展消防演习，提高消防意识和技能，增强火灾扑救能力。

⑥ 用户消防宣传教育。消防工作仅靠物业公司的努力是不够的，还需要物业区域内全体用户的积极配合。管理公司必须加强对用户的消防宣传教育工作，积极促使用户学习消防知识、增强防火意识、提高自救能力。对用户来说，必须了解并掌握以下三个方面要求：大楼防火工作的各项规定；手提式灭火器的使用方法；消防应急通道的位置及出现紧急情况时的疏散方法等。

⑦ 消防设备管理。通常情况下，建筑物内部都设有基本的消防设备，以保证其消防工作的需要。消防设备的管理主要是对消防设备的保养和维护，以保证其时刻处于完好的状态。消防设备的维修需要专门的技术，特别是一些关键设备，一般应聘请经相关部门认可、达到一定要求的持有合格消防牌照的专业公司来维修和养护。

（3）车辆管理

车辆管理的主要目的是为了建立良好的车辆停放和交通秩序，营造良好的区域交通环境，确保业主使用人的相关财产不受损失。良好的车辆停放及交通管理是实现人、物保持顺畅、快捷的对外联系的保障。

根据目前物业区域内车辆管理存在的问题，物业管理公司要搞好车辆管理工作，主要应搞好停车场的规划和建设，以及建立健全车辆管理制度等。

11.5　物业管理实例

11.5.1　实例一

因新买房屋漏水业主拒交物业管理费

案情介绍：胡女士看中了某处商品房的顶层，在一次性付清全部房款后顺利入住，同时向物业管理公司缴纳了当年的物业管理费。入住后两个月雨季来临,几场大雨之后,胡女士发现天花板有水洇湿的现象,后来竟然发展到漏雨的地步。于是,胡女士找到物业管理公司报修。物业管理公司通知了原施工单位,施工单位重新在楼顶进行了防水处理。胡女士此时已经对现在的房屋有些反感,经过和开发商协商后准备换房,但是双方对漏雨造成损失的赔偿问题产生了争议。

胡女士认为自己购买房屋就为了居住,现在因为漏雨无法居住,并且自己进行的装修也遭到破坏,她认为这是开发商造成的,所以准备不再缴纳第二年的物业管理费和供暖费等。开发商认为自己出售的房屋有质量问题是事实,也愿意赔偿胡女士部分经济损失,但是他们认为自己已经同意为胡女士调换房屋,自己和胡女士之间没有纠纷。物业管理公司认为自己及时联系维修房屋,并且现在看来房屋存在质量问题也不是物业管理不到位,如果胡女士不缴纳物业管理费他们无法接受,并且,因为这个小区是采用小区外的供热厂的热力供热,统一供暖时间已到,如果胡女士不缴纳供暖暖气费,他们就要受到经济损失。

处理情况:由于三方对于债权、债务没有任何异议,胡女士认为自己的行为属于法律所允许的抵消行为,但是又不十分肯定自己的行为是否合法。于是,三方一同找到律师咨询,最终在律师主持下达成书面协议:三方协商解决,由开发商向物业管理公司支付了胡女士下年度的物业管理费,胡女士不再向开发商要求赔偿,同时胡女士向物业管理公司支付本年度供暖费。

案例分析:胡女士不能直接向物业管理公司主张抵消。《合同法》第九十九条所讲的抵消是指:当事人互负到期债务,该债务的标的物种类、品质相同的,任何一方可以将自己的债务与对方的债务抵消,但依照法律规定或者按照合同性质不得抵消的除外。

开发商、胡女士、物业管理公司三者存在的债权、债务关系:

① 开发商与胡女士之间存在房屋买卖合同关系,因为房屋质量问题,开发商基于赔偿责任对胡女士负有债务。

② 胡女士与物业管理公司之间存在物业管理合同关系,如果物业管理公司如约履行自己的义务,胡女士不交纳物业管理费,那么就是胡女士对物业公司负有债务。

③ 关于供暖费的问题,一般是业主和物业管理公司单独签有供暖协议,应当依照执行,如果胡女士拒绝交纳供暖费,那么胡女士对物业管理公司负有债务。

④ 开发商与物业管理公司之间没有债权、债务关系。胡女士开始主张抵消是不妥的,因为开发商对胡女士负债而胡女士却对物业管理公司负债,这两种债务虽然都是金钱债务,但是并不符合"当事人互负到期债务"的条件。

最终的解决方案的产生也是依据法律作出的,相关法律规定:债务人将合同的义务全部或者部分转移给第三人的,应当经债权人同意。在物业管理公司同意的情况下,胡女士可以将自己对物业管理公司所负有的交费义务转移给开发商,开发商在替胡女士向物业管理公司支付物业管理费后,开发商对胡女士的赔偿义务就履行完毕。本案中,因胡女士向开发商要求的赔偿数额仅与物业管理费相当,所以胡女士自己还要缴纳供暖费。

点评:本案中各方对于债务都没有争议,分析清楚各自的关系后履行各自的义务能够节省时间和金钱,物业管理公司和开发商一般是两个独立的单位,如果希望减少不必要的财务转换环节,例如用实测面积后发生的退款冲抵物业管理费是完全可以的,但是不要忘记事先协商一致,以免日后无法说明白。

11.5.2 实例二

私自安装飘出式防盗网

案情介绍:某小区建成时间为1998年。由于小区业主入住时间早,小区业主刚入住时,小区还没有完全建成。加上小区地处偏远,早期入住的业主出于安全考虑,家家户户安装了防盗网,部分居民为了扩大家居的实用空间,又把防盗网安装在了窗外。由于小区还没有完全竣工,当时的物业管理公司也没有对此事加以劝阻,致使该小区随意安装防盗网现象严重。2002年该小区原物业管理公司因管理不善撤出,新的物业管理公司接管了该小区的物业。此时该小区的入住率已达到了30%。私自安装防盗网的趋势有一发不可收拾之势。物业管理公司刚接管该小区时,就发现该小区由于部分业主私自在窗外安装防盗网,已经严重影响了该小区的整体美观及原有环境,而没安装防盗网的业主也怨声载道,刚进住还没来得及安装防盗网的业主有的也想效仿,也准备私自安装防盗网。如果此趋势不尽快加以制止,将一发不可收拾,任由其发展下去小区环境将无法治理。对此,公司物业管理人员在刚一接手此小区物业时就召开专门会议,讨论此事,争取在最短的时间内解决此事,恢复小区原有风貌。

解决方法:通过开会讨论,就小区现状做了如下总结:

① 小区已竣工4年之久,楼体已经不像刚建成时那样干净,经过风吹雨淋外墙已经需要粉刷。

② 由于小区业主私自安装防盗网现象严重,楼体外观已经失去了原有的风貌,高低不平的防盗网使整个楼体十分难看,使小区整体形象受损。

③ 小区入住率才达30%,及时控制新进住及还未进住业主私自安装防盗网现象还来得及。

④ 本小区周围建的全是高档社区,整体形象美观大方,与本小区形成鲜明的对比,使本小区整体形象大打折扣,房价也有相应影响。

⑤ 由于小区周围高档社区的相继建成,及市政道路的修建,小区房价成上涨趋势,有不少业主想将房屋卖出,但小区环境也影响房屋的出售。

经过以上几点现状分析,该公司制定了以下几点治理小区业主私自安装防盗网的方案。

首先,考虑到业主会在楼体外安装防盗网,是因为出于安全考虑,担心小区会出现治安问题,因此,物业公司首先加强了小区的治安管理,增加保安数量,并实行24小时治安巡逻,给业主营造一个安全的生活空间。其次,制定楼体外墙粉刷方案,并告知业主,希望那些已经安装防盗网的业主能在楼体粉刷前将防盗网自行拆除。那些准备在楼体外安装防盗网的业主能够放弃安装。再次,在小区公共位置张贴宣传海报,向业主宣传要爱护小区公共环境,不要在楼体外安装防盗网,把本小区的整体形象和周围小区的形象进行对比,对业主晓以利弊,以此种形式对小区全体业主加以劝阻。

另外,对小区业主实行分类劝阻原则,具体办法如下:

对于新进住的业主:

① 制定物业管理公约,在公约中的有关用户守则中要明确规定,禁止业主私自在楼体外安装飘出式的防盗网,并在物业交付使用时让其签订管理公约,并以管理公约为依据制止

此类行为。

② 制定完善的装修管理措施。该公司在公约中制定了完善的装修管理制度。要求每位新进住的业主在装修前必须向物业管理公司提出装修申请,办理装修审批手续。该公司在按章审批装修项目时向业主重申有关规定,并向装修单元的业主征收一定数额的装修保证金。如果业主在装修期间违反装修规定,管理公司有权在装修保证金中扣罚。

③ 说服教育。对于新进住的业主因不了解或不重视有关管理规定而出现的违章情况,物业公司工作人员尽可能通过说服教育的方式向业主晓以利害,说服业主放弃违章的装修方案,以维持良好的管理关系。公司的方针是对新进住的业主能说服的力求说服,实在不得已时才采取处罚措施。

④ 禁制措施。对新进住的正在违章装修的业主,管理公司经反复说服教育不果,可以根据管理公约的规定,暂停对该单元的供电、供水,令其违章装修无法继续下去。

⑤ 强制拆除并扣款处罚。对于新进住的执意要非法违章安装飘出式防盗网的业主,管理公司经过说服教育、扣留押金、暂停供电(水)等方法仍不奏效时,可以视情况决定是否通知城管部门,根据当地有关法规依法拆除其违章飘出的防盗网,并从装修保证金中扣除因此而产生的费用。

对已经入住的业主:

① 对于已经进住但还未私自在楼体外安装飘出式的防盗网的业主,采取上门拜访的形式让其签署物业管理公约,对不签公约的业主通过耐心的解释让他意识到个人既有享受公共设施的权利,也有维护公共利益的义务,做到晓之以理,动之以情,劝其签署。

② 对已经入住并已经在楼体外安装飘出式的防盗网的业主,首先对其进行说服教育。物业公司的工作人员通过上门拜访的形式,对小区业主加以劝阻,上门拜访并告诉他们小区的安全是有保障的,由于他的行为已经严重影响了小区的整体形象,再加上与周围高档社区对比,已经使本小区物业受到了一定的贬值,损害了他自己及其他业主的利益。其次,告诉他,要实在放心不下小区的治安情况,可以将防盗窗改安装在阳台以内,不影响室外环境,力争让其自己将安装在楼体外的防盗网拆除,并劝其签署物业管理公约。

③ 强制拆除。对于已经进住的违章安装飘出式防盗网的业主,管理公司经过说服教育等方法仍不奏效时,可以视情况决定是否通知城管部门,根据当地有关法规依法拆除其违章安装的防盗网。

通过上述方法,对于新进住的业主违章安装防盗网的现象已经得到了有效的抑制,对于已经安装防盗网的业主,通过公司的说服教育,已有陆续拆除的效果,小区环境已得到明显的改善。由于公司对小区公共环境好坏的利弊加以宣传,环境治理得到了大多数业主的支持,小区管理已进入正规化。

复习思考题

1. 物业管理的自然属性表现在哪些方面?
2. 通常情况下,物业管理可分为哪几种类型?

3. 物业服务公司组织机构通常由哪几个部分构成?

4. 业主委员会的职责是什么?

5. 物业管理早期介入的作用是什么?

6. 前期物业管理与早期介入的区别有哪些?

7. 物业维修管理包括哪些内容?

8. 物业安全管理包括哪些内容?

参考文献

[1] 卜一德.房地产开发经营管理实用手册[M].第3版.北京:中国建筑工业出版社,2010.
[2] 柴强.房地产估价理论与方法[M].北京:中国建筑工业出版社,2004.
[3] 崔裴,关涛.房地产价格评估[M].北京:高等教育出版社,2007.
[4] 郭玉社.房地产测绘[M].北京:机械工业出版社,2010.
[5] 韩国波,黄万新.房地产概论[M].北京:煤炭工业出版社,2010.
[6] 胡晓龙.房地产投资与分析[M].北京:中国电力出版社,2010.
[7] 贾士军.房地产项目策划[M].第2版.北京:高等教育出版社,2011.
[8] 寇慧丽.房地产金融[M].北京:人民交通出版社,2007.
[9] 兰峰.房地产项目策划[M].西安:西安交通大学出版社,2009.
[10] 李燕华,姚建军.房地产开发经营[M].北京:清华大学出版社,2008.
[11] 刘正山.房地产投资分析[M].第2版.大连:东北财经大学出版社,2004.
[12] 刘薇.房地产经纪[M].北京:化学工业出版社,2010.
[13] 刘学应.房地产开发与经营[M].北京:机械工业出版社,2010.
[14] 戚瑞双,刘新华.房地产经纪理论与实务[M].上海:上海财经大学出版社,2008.
[15] 沈建忠.房地产基本制度与政策[M].北京:中国建筑工业出版社,2004.
[16] 施建刚.房地产开发与管理[M].上海:同济大学出版社,2007.
[17] 石海均.房地产开发[M].北京:北京大学出版社,2010.
[18] 谭峻.房地产产权产籍管理[M].北京:中国人民大学出版社,2002.
[19] 谭善勇,郭立.物业管理理论与实务[M].北京:机械工业出版社,2005.
[20] 王爱民.房地产市场营销[M].上海:复旦大学出版社,2006.
[21] 王直民,黄卫华.房地产策划[M].北京:北京大学出版社,2010.
[22] 殷红,张卫东.房地产金融[M].北京:首都经济贸易大学出版社,2002.
[23] 张作祥.物业管理实务[M].北京:清华大学出版社,2006.
[24] 张沈生.房地产市场营销[M].大连:大连理工大学出版社,2009.
[25] 中国房地产估价师与房地产经纪人学会.房地产基本制度与政策[M].北京:中国建筑工业出版社,2010.
[26] 周云,倪莉.房地产概论[M].北京:中国环境科学出版社,2006.
[27] 周柳.房地产经纪[M].北京:中国建筑工业出版社,2007.
[28] 周中元.房地产市场营销[M].重庆:重庆大学出版社,2007.
[29] 周小平,熊志刚.房地产开发与经营[M].北京:清华大学出版社,2010.
[30] 周宇,董藩.物业管理概论[M].北京:清华大学出版社,2010.